삼례도집주 三禮圖集注
권8~권14

【二】

삼례도집주【二】三禮圖集注 二

1판 1쇄 인쇄　2023년 11월　1일
1판 1쇄 발행　2023년 11월 15일

—

저　자 | 섭숭의
역주자 | 문정희·박윤미·방향숙·최진묵
발행인 | 이방원

—

발행처 | 세창출판사
　　　　신고번호·제1990-000013호 | 주소·서울 서대문구 경기대로 58 경기빌딩 602호
　　　　전화·02-723-8660 | 팩스·02-720-4579
　　　　http://www.sechangpub.co.kr | e-mail: edit@sechangpub.co.kr

—

ISBN 979-11-6684-213-9 94380
　　　979-11-6684-211-5 (세트)

—

·이 책은 한국연구재단의 지원으로 세창출판사가 출판, 유통합니다.
·잘못된 책은 구입하신 서점에서 바꾸어 드립니다.

—

이 번역서는 2019년 대한민국 교육부와 한국연구재단의 지원을 받아 수행된 연구임 (NRF-2019S1A5A7068295).

삼례도집주 三禮圖集注

권8~권14

The Translation and Annotation of "Sanlitujizhu"

【二】

섭숭의聶崇義 저

문정희·박윤미·방향숙·최진묵 역주

세창출판사

　　그림[圖]은 날실[經]이고, 글[書]은 씨실[緯]이니, 하나의 날실과 하나의 씨실이 서로 갈마들어 문장을 이룬다. 그림은 식물이고 글은 동물이니, 하나의 동물과 하나의 식물이 서로 필요로 하여 변화를 이룬다. 글만 보고 그림을 보지 않으면 그 소리를 들어도 그 형상을 보지 못하고, 그림만 보고 글을 보지 않으면 그 사람을 보아도 그 말을 듣지 못한다. 그림은 지극히 요약된 것이고 글은 지극히 넓은 것이니, 그림에 나아가서 쉬움을 구하고 글에 나아가서 어려움을 구한다. 옛날의 학자들은 학문하는 데 요점이 있었으니, 왼쪽에 그림을 두고 오른쪽에 글을 두고서, 그림에서 상징[象]을 찾고 글에서 이치[理]를 찾았다. 그러므로 옛사람들은 배우기가 쉬웠고 배우면 또한 공을 세우기 쉬웠으니, 들어서 시행하기만 하면 부절을 맞춘 듯이 일치하였다. 후세의 학자들은 그림에서 벗어나 글에만 나아가서 문사를 숭상하고 설명에 힘썼다. 그러므로 사람이 또한 배우기가 어려웠고 배워도 또한 공을 세우기 어려웠으니, 비록 평소 가슴속에 수많은 문장과 책을 통한 지식이 있더라도 일을 행해야 할 상황에 놓이게 되면, 망망히 향할 바를 알지 못했다. 진(秦)나라 사람이 비록 유학을 버렸지만, 또한 일찍이 도서(圖書)를 버린 적이 없었으니, 진실로 나라를 다스리는 도구는 하루라도 없어서는 안 되기 때문이었다. "圖, 經也, 書, 緯也, 一經一緯, 相錯而成文. 圖, 植物也, 書, 動物也, 一動一植, 相須而成變化. 見書不見圖, 聞其聲不見其形, 見圖不見書, 見其人不聞其語. 圖, 至約也, 書, 至博也, 卽圖而求易, 卽書而求難. 古之學者, 爲學有要, 置圖於左, 置書於右, 索象於圖, 索理於書. 故人亦易爲學, 學亦易爲功, 擧而措之, 如執左契. 後之學者, 離圖卽書,

尚辭務說, 故人亦難爲學, 學亦難爲功, 雖平日胷中有千章萬卷, 及實之行事之

間, 則茫茫然不知所向. 秦人雖棄儒學, 亦未甞棄圖書, 誠以爲國之具, 不可一

日無也."(鄭樵, 『通志』 권72, 「圖譜略」)

　　각종 의례에 사용하는 명물(名物)에 대한 이해는 단지 문자의 설명
만으로는 부족하며 도상의 도움을 필수로 한다. 남송시대 정초(鄭樵,
1104~1162)의 위 발언은 도상과 문자의 상보적 관계를 매우 적절하게 표
현한 것이라 할 수 있다.
　　본서는 내부소장(內府所藏) 전증(錢曾) 야시원(也是園) 영송초본(影宋鈔
本)에 의거하여 선록(繕錄)한 문연각(文淵閣) 사고전서본(四庫全書本) 섭숭
의(聶崇義) 『삼례도집주(三禮圖集注)』를 저본으로 삼아 우리말로 옮기고
주해한 것이다. 섭숭의 『삼례도집주』는 이미 산일된 당대(唐代)까지의
각종 『삼례도』를 수집하고 고증을 가해 완성한 책으로, 예에 관한 도
해 가운데 현존하는 가장 오래되고 완전한 형태의 삼례(三禮) 도상(圖像)
저작이다.

1. 섭숭의와 『삼례도집주』 편찬 과정

　　섭숭의의 행적에 관해서는 주로 『송사』 권431 「섭숭의열전」에 기
록되어 있으며, 『삼례도집주』 맨 앞에 부기된 두엄(竇儼, 921~963)의 원
서(原序), 권11 「제옥도(祭玉圖)」의 서(序), 권20 「목록(目錄)」의 섭숭의 후
서(後序) 및 『사고전서총목제요』 등을 통해서도 그와 관련한 정보를 얻
을 수 있다. 하지만 "섭숭의가 세상에 이름을 떨친 것은 실로 『삼례도집
주』 한 책으로 인한 것이다."라고 말해지듯이, 이들 문헌 자료의 내용은
대부분 『삼례도집주』 찬작에 관한 것이며 그의 자(字)나 호(號), 가계는

물론 생졸 연대조차 명확히 확인할 수 있는 언급이 보이지 않는다.

이들 한정적인 문헌 자료에 의하면, 섭숭의는 하남(河南) 낙양(洛陽) 출신으로, 어린 시절부터 '삼례(三禮)'에 뜻을 두어 예경(禮經) 안에서 칼날을 자유자재로 움직일 만큼 예학(禮學)에 뛰어났으며 경의(經義)에 정통했다. 오대 후한 은제(隱帝) 건우(乾祐) 연간(948~950)에 국자예기박사(國子禮記博士)에 이르렀는데, 이때 『공양춘추(公羊春秋)』를 교정하여 국학에서 판각으로 인행했다. 섭숭의가 예학과 함께 춘추학에도 조예가 깊었음을 알 수 있다. 이어서 후주 세종 현덕(顯德) 연간(954~960)에는 공적을 세워 관직이 국자사업겸태상박사(國子司業兼太常博士)에 이르렀다. 섭숭의는 후한·후주·북송 등의 왕조를 거치면서 20년 동안 학관(學官)의 관직과 예전(禮典)의 일을 함께 관장했고, 세상 사람들은 그의 박학다식함을 칭송했다고 한다.[1]

섭숭의의 『삼례도집주』는 북송 태조 건륭 연간에 완성되어 세상에 유포되었지만, 그 찬술 작업은 이미 오대 후주 시대부터 시작되었다. 오대는 당 제국이 붕괴한 후 정치적으로 혼란한 분열의 시대였지만, 수·당 이래의 예악적 성세의 뒤를 이은 통치자들은 여전히 예악 제도를 국가 통치의 기본 작동 시스템으로 삼았다. 이는 예학에 정통한 섭숭의에게 재능을 꽃피울 수 있는 공간을 제공했다.[2]

오대 마지막 왕조인 후주 세종 현덕(顯德) 3년(956) 겨울 10월, 세종은 교(郊)·묘(廟)의 제사에 사용하는 제기(祭器)와 옥기(玉器) 제작에 법식으로 삼을 만한 바가 없다고 생각해 섭숭의에게 이를 검토하여 도상으

---

1 『宋史』 권431, 「聶崇義列傳」.
2 喬輝, 『歷代三禮圖文獻考索』, 165쪽.

로 그려서 보고하도록 명했다. 이에 섭숭의는 전민(田敏, 880~971) 등과 함께 『주례』「고공기·옥인(玉人)」 등의 예서(禮書)와 완심(阮諶)·정현(鄭玄, 127~200)의 예도(禮圖)(『삼례도』)에 기록된 제도를 검토하여 수십 건의 제기와 옥기를 도상으로 그렸고, 이듬해 현덕 4년(957) 봄에 그 성과를 상주했다. 이에 세종은 국자감과 태상예원(太常禮院)에 명하여 예관(禮官)과 박사를 소집하여 함께 상세하게 고증하도록 했는데, 전대의 제도와 부합하고 전례(典禮)에 의거하였으므로 모든 사람이 찬동했다고 한다. 세종은 다시 소부감(少府監)에 명하여 섭숭의의 양식에 의거해서 이들 예기(禮器)를 제작하도록 했다. 이때 제작된 교(郊)·묘(廟)의 기물은 육준(六尊)·육이(六彝)·육뢰(六罍) 등 제기(祭器) 43개, 창벽(蒼璧)·황종(黃琮)·청규(靑圭) 등 옥기(玉器) 10개로 총 53개였는데, 현덕 6년(959)의 교(郊)·묘(廟)의 제사에서 실제로 행용되었다.

이후 세종은 또다시 섭숭의에게 교·묘의 제사에 사용할 제옥(祭玉)의 제도를 참작하여 정하도록 조칙을 내렸고, 한림학사 두엄(竇儼)에게 이를 통괄하도록 했다. 이에 섭숭의는 다시 당시까지 전해지던 각종 『삼례도』를 수집하여 고증을 행했다. 그러나 이 작업은 그사이 왕조교체가 이루어져 북송 태조 건륭(建隆) 2년(961)에 이르러 비로소 완성되었다. 이듬해 건륭 3년(962) 4월, 섭숭의는 표를 올려 상주했는데, 이때 두엄이 서문을 지었다.[3]

---

3 『宋史』 권431 「聶崇義列傳」에는 '建隆三年四月表上之'라고 하여 섭숭의가 건륭 3년에 『삼례도』를 상주한 것으로 되어 있는데, 原田信은 『삼례도집주』 권20 「목록」의 聶崇義 序에 '至大宋建隆二年四月辛丑, 第叙旣訖'이라고 하였고 『郡齋書錄解題』 권3과 『玉海』 권39 등에도 '建隆 2년'으로 되어 있는 것에 의거하여 『송사』 「섭숭의열전」의 잘못이라고 하였다(「聶崇義『三禮圖』の編纂について」, 125쪽). 그러나 許雅惠는 송 태조 건륭 2년(961)에 완성했고, 그 이듬해에 조정에 표를 올려 상주한 것으로 해석하였다. 「元·宋<三禮圖>的版面形式與使用」(『臺灣歷史學報』 60, 2017), 64쪽 참조.

태조는 이를 열람한 후 가상하게 여기면서 "섭숭의는 국상(國庠, 국자감)에서 직임을 맡아 충심으로 유업(儒業)에 힘썼고, 고실(故實)을 검토하여 찾고 의와(疑訛)를 바로잡아서 관직을 받들어 책임을 다했으니, 충분히 표창할 만하다. 숭의에게 마땅히 헤아려 포상해 주어야 할 것이며, 진헌한 『삼례도』는 태자첨사(太子詹事) 윤졸(尹拙)로 하여금 35인의 유학자를 모아 다시 함께 참작하여 의론하게 해야 할 것이다."(『宋史』 권431, 「聶崇義列傳」)라고 하였다. 이처럼 태조는 섭숭의의 고실(故實)에 바탕을 둔 고증적 예학의 방법론을 상찬하면서도, 윤졸에게 유학자들을 소집하여 참의(參議)를 통해 더욱 상세하고 정확하게 할 것을 요구했다.

이에 유학자들 사이에 『삼례도』의 내용에 대한 토론이 전개되었는데, 여기서 윤졸은 섭숭의에게 반박하는 의견을 제시했고, 이에 맞서 섭숭의는 다시 경문을 인용하여 해명했다. 태조는 두 사람의 의견을 공부상서 두의(竇儀, 914~976)에게 내려 보내 재정(裁定)하여 보고하게 했다. 두의는 윤졸의 박의(駁議)와 섭숭의의 답의(答義)를 검토하여 문장에 따라 조목조목 가부를 판단하여 정하고, 두 사람의 설에 주석을 덧붙여 각각 15권으로 만들어서 상주했다. 이에 태조는 조칙을 내려 섭숭의의 『삼례도』를 천하에 반포하여 시행하게 했다.

2. 『삼례도집주』의 판본과 전승

섭숭의 사후 『삼례도집주』는 세상에 크게 유행했을 뿐 아니라 국자감 강당의 벽에 그림으로 그려졌다. 이 국자감 강당의 벽화본이 섭숭의 『삼례도집주』의 최초 전본(傳本)이다.[4] 북송 태종 때의 판국자감(判國子監) 이지(李至, 947~1001)가 찬한 「삼례도기(三禮圖記)」에 의하면, 태조의 명으로 국자감 선성전(宣聖殿) 뒤쪽의 북헌(北軒) 담장에 그려진 섭숭의 『삼례도』는 오랜 세월이 흘러 비바람에 습기가 차서 그림이 흐릿해진 상태였다. 이에 태종은 지도(至道) 2년(996)에 논당(論堂)(명륜당) 위에 벽화를 대신하여 판으로 개작할 것을 명하니, 며칠이 지나지 않아 완성되어 단청이 찬란하게 되었다. 이리하여 섭숭의 『삼례도집주』의 벽화가 판각으로 대체되어 비로소 『삼례도집주』 각본(刻本)이 출현하였다.

그러나 오늘날 섭숭의 『삼례도집주』는 초판본은 물론 국자감의 벽화도 남아 있지 않다. 현존하는 가장 오래된 판본은 남송 효종 순희(淳熙) 2년(1175) 진강부학각(鎭江府學刻) 공문지인본(公文紙印本)이다. 이 판본에는 근 400폭에 달하는 삽도(揷圖)가 그려져 있는데, 그 삽도 전각(鐫刻)의 정밀함 및 판화의 수에 있어 송대 삽도본의 백미이자 중국 판화 역사상 기념비적인 걸작으로 꼽힌다.[5]

원대에 이르러 다시 『삼례도집주』의 각본이 출현했는데, 『사부총간 삼편(四部叢刊三編)』(商務印書館, 1936) '경부(經部)'에 『석성정씨중교삼례도(析城鄭氏重校三禮圖)』의 이름으로 수록되어 있다. 이 판본은 앞의 2권과 권9 끝부분은 모진(毛晉, 1599~1659)의 급고각(汲古閣)에서 송각본(宋刻本)에 의거하여 영초(影抄)한 것이고, 그 나머지 18권은 각본(刻本)이다. 모진과 하작(何焯, 1661~1722)은 이 판본의 각본 부분을 송각(宋刻)이라 하였고, 책 위쪽에는 모씨급고각(毛氏汲古閣)의 '송본(宋本)' '갑(甲)'이라는 장인(藏印)이 찍혀 있다.[6] 권20 뒤쪽에는 왕리(王履)가 찬술한 후

<hr>

4   喬輝는 섭숭의의 졸년을 태조 乾德 3년(965)으로 비정하고, 따라서 이 벽화본은 북송 태조 건덕 연간(963~968)에 그려진 것으로 보았다(『歷代三禮圖文獻考索』, 174쪽 참조).
5   吉藝龍, 「何必衣冠定相襲—聶崇義<三禮圖>的版本與揷圖」(『文津學志』. 2022年 第01 期), 1쪽 참조.
6   吉藝龍, 「何必衣冠定相襲—聶崇義<三禮圖>的版本與揷圖」(『文津學志』. 2022年 第01

서(後序)가 있는데, 이 판본의 출현 과정을 상세하게 기술하고 있다. 그러나 이 왕리의 후서에는 '병오'년의 이듬해 봄에 정후(鄭侯)에 의해 이 판본이 완성되었다고 기록할 뿐 그해의 연호가 없으며, 또 이 판본을 간각한 '정후'가 구체적으로 어떤 인물인지 밝히지 않아 간행 연도를 둘러싸고 오랜 동안 논쟁이 일었다.

왕국유(王國維, 1877~1927)는 '병오'는 몽고 정종(定宗) 원년(1246)이므로 이 책은 정종 2년(1247)의 간본(刊本)이고, '정후'는 그 이름을 알 수 없으며 따라서 그의 신분도 고찰할 수 없다고 하였다.[7] 장원제(張元濟, 1867~1959)도 상해 함분루(涵芬樓)에서 이 판본을 영인하여 『사부총간 삼편(四部叢刊三編)』에 수록하고 발문을 지을 때, 기본적으로 왕국유의 설을 따르면서 '석성'은 하남(河南) 등주(登州) 석천현(淅川縣)이며, 따라서 이 책은 하남에서 간각되었다고 하였다. 이는 이후 『사부총간』이 보급됨에 따라 통설이 되어 학자들에게 커다란 영향을 끼쳤다.[8] 그러나 화철(華喆)과 이명비(李鳴飛)는 이 판본을 주관하여 간각한 '정후'는 『원사』「정정전(鄭鼎傳)」에 기록된 정정(鄭鼎, 1215~1277)으로, 정정은 산서(山西) 양성(陽城)의 정씨(鄭氏) 일족 출신이며, '석성'은 양성현의 명승지인 석성산(析城山)을 가리키며, 따라서 이 책을 간각한 곳은 산서 지역이라고 하였다.[9]

청대에 이르면 각본(刻本)·사본(寫本)·초본(抄本) 등 섭숭의 『삼례도

期), 2쪽 참조.

7 王國維, 『傳書堂藏善本書志·經部·析城鄭氏家塾重校三禮圖』(『王國維先生遺書續篇』 7책, 臺北大通書局, 1976, 2674쪽); 華喆·李鳴飛, 「<析城鄭氏家塾重校三禮圖>與鄭鼎關係略考」(『文獻』, 2015年 第1期), 9쪽 참조.
8 陳高華, 「元代出版史概述」(『歷史敎學』 2004年, 第11期), 13쪽 참조.
9 華喆·李鳴飛, 「<析城鄭氏家塾重校三禮圖>與鄭鼎關係略考」(『文獻』, 2015年 第1期), 7~14쪽; 喬輝, 『歷代三禮圖文獻考索』, 175~176쪽 참조.

집주』 판본이 다수 등장한다. 그중 가장 대표적인 것이 강희 19년(1680)의 통지당장판본(通志堂藏板本)이다. 이 판본은『통지당경해(通志堂經解)』에 수록되어 있는데, 이는 강희 연간에 선진부터 당·원·명대에 이르는 제유(諸儒)의 경설(經說) 138종과 납란성덕(納蘭成德, 1655~1685)의 자찬 2종 등 총 1,800권을 집각한 대형 총서이다. 이 총서는 서건학(徐乾學, 1631~1694)이 서적을 수집하고 납란성덕이 간각했다는 설, 그리고 서건학이 완각한 후 납란성덕의 아버지 납란명주(納蘭明珠, 1635~1708)에게 아부하고자 총서의 이름에 '통지당'이라는 글자를 붙였다는 설이 있다.

또한 청 건륭제 때 편찬한 대형 총서인『사고전서』와 그에 앞서 건륭제가 생전에『사고전서』의 완성을 보지 못할 것을 걱정하여 간행한『사고전서회요(四庫全書薈要)』에서도 섭숭의『삼례도집주(三禮圖集注)』를 수록하였다. 두 판본 모두 영초순희본(影鈔淳熙本)을 저본으로 한 송본(宋本) 계열에 속한다.『사고전서』 총교관(總校官) 육비지(陸費墀, 1731~1790)는 회요본『삼례도집주』에 대해 천록임랑(天祿琳琅) 명(明) 모진(毛晉) 영송초본(影宋鈔本)에 의거하여 선록(繕錄)하고, 통지당본에 의거하여 교감한 것이라고 하였다.[10]

문연각(文淵閣)『사고전서』본은 '내부소장(內府所藏) 전증(錢曾) 야시원(也是園) 영송초본(影宋鈔本)'에 의거하여 선록한 것이다. 청대의 장서가인 전증(1629~1701)의『독서민구기(讀書敏求記)』에 의하면, 송참본(宋槧本)은 본래 전증이 소장하고 있던 것인데, 후에 계우용(季寓庸)에게 전

---

10 陸費墀,『摛藻堂影印四庫全書薈要』(臺灣 世界書局, 1985), "宋國子司業兼太常博士 洛陽 聶崇義 撰. 今依天祿琳琅明毛晉影宋鈔本繕錄, 據通志堂本恭校"; 孫蘊, 「文淵閣<四庫全書>本<三禮圖集注>的版本學價值」(『歷史文獻研究』, 2022年 第2期), 91쪽 참조.

해진 뒤 다시 서건학에게 전해졌고, 후에 다시 전증이 서건학에게 빌려서 초록하고 영송초본으로 만들었다고 한다.[11]

『사고전서총목』『삼례도집주』20권의 제요(提要)에서는 통지당 간본과 영송초본의 판식(板式)을 다음과 같이 비교했다. 통지당본은 한쪽에 한 개 혹은 여러 개의 도상을 그려 넣고 도상의 네 귀퉁이에 이에 대한 설명을 붙여 놓아, 글자의 배열이 들쑥날쑥한 탓에 열람하기 어렵다. 이에 반해서 내부에 소장되어 있는 전증의 영송초본은 쪽마다 한 개의 도상을 그려 넣고 그 뒤에 설명을 붙여 놓아서 비교적 깔끔하게 정리되어 열람하기 쉽다.[12]

3. 『삼례도집주』의 체례 및 고증 방법

섭숭의 『삼례도집주』는 송대 이전까지 전해지던 각종 『삼례도』를 수집하고 고증을 가해서 완성한 책으로, 현존하는 가장 오래되고 완정한 형태를 갖춘 예도(禮圖)이다.

이 책의 가장 앞머리에는 북송 태조에게 헌상할 때 쓴 두엄(竇儼, 921~963)의 원서(原序)가 첨부되어 있다. 이 서문에서는 후주 세종에서 북송 태조에 이르는 시기의 예악제도 진작의 분위기, 섭숭의 생애에 대한 간략한 소개, 『삼례도집주』 편찬 과정 및 집필의 원칙, 두엄 자신이 이 책의 편찬을 통령하고 서문을 짓게 된 경위 등을 기술하고 있다.

이어서 권1에서 권19까지는 『삼례도집주』의 본편으로, 행례에 동

---

11 孫蘊, 「文淵閣<四庫全書>本<三禮圖集注>的版本學價値」(『歷史文獻研究』, 2022年 第2期), 91쪽 참조.
12 『欽定四庫全書』經部 4, 『三禮圖集注』提要, "通志堂刊本, 或一頁一圖, 或一頁數圖, 而以說附載圖四隙, 行欵參差, 尋覽未便, 惟內府所藏錢曾也是園影宋抄本, 每頁自爲一圖, 而說附於後, 較爲淸整易觀, 今依仿繕錄焉."

반하는 다양한 기물을 유형화하여 분류하고, 그 아래에 세부 항목을 설정하여 해당 기물의 연원과 제도 등을 기술하였다. 먼저 『주례』·『의례』·『예기』의 이른바 '삼례(三禮)'에서 언급한 복식·궁실·제기·옥기 등의 기물을 면복도(冕服圖)·후복도(后服圖)·관면도(冠冕圖)·궁실도(宮室圖)·투호도(投壺圖)·사후도(射侯圖)·궁시도(弓矢圖)·정기도(旌旗圖)·옥서도(玉瑞圖)·제옥도(祭玉圖)·포작도(匏爵圖)·정조도(鼎俎圖)·준이도(尊彝圖)·상복도(喪服圖)·습렴도(襲斂圖)·상기도(喪器圖)의 총 16개 유형으로 나누어 각각 한 권에 담아서 서술했다. 이 가운데 편폭이 많은 사후도·상복도·상기도는 상·하로 나누어 총 19권이 되게 하였다.

이 19권에서 오른쪽 부분에 행례 때 사용하는 기물의 형상을 도상으로 게시하여 시각적으로 이해할 수 있게 했을 뿐 아니라 왼쪽 부분에는 다양한 문헌 자료를 인용하여 해당 기물에 대해 문자로 고증과 해설을 가함으로써 그 기물의 연원과 제도의 변화를 알 수 있게 하였다. 이리하여 이 책은 '좌문우도(左文右圖)', '도문병거(圖文幷擧)' 체례의 전범을 보여 주었다.

권1 「면복도」, 권2 「후복도」, 권3 「관면도」, 권5 「투호도」, 권6 「사후도 상」, 권9 「정기도」, 권11 「제옥도」, 권15 「상복도 상」, 권16 「상복도 하」의 앞머리에는 각각의 서序가 첨부되어 있다. 여기에서는 그 아래에서 설명하는 유형별 기물의 제도와 형태, 그 기물을 사용하는 의례에 대한 개념, 이와 관련한 문헌 기록, 그리고 행례 절차 등을 개괄적으로 소개하고 있다.

『삼례도집주』의 마지막 권20에는 별도의 「목록(目錄)」을 작성하여 수록했다. 이는 권19까지의 기물의 연혁과 제도 및 도상에 대한 미진한 설명을 보충한 것으로, 『삼례도집주』의 전체 내용을 총괄적으로 요약·정리한 부분이다. 따라서 이 「목록」 한 권을 일별한다면, 『삼례도집주』 전체의 흐름과 맥락을 짚어 내기에 충분하다. 또한 「목록」의 앞머리에는 섭숭의 본인이 쓴 후서(後序)가 실려 있다. 여기에서 섭숭의는 북송 이전에 찬술된 각종 『삼례도』의 문제점, 섭숭의 자신이 새로운 『삼례도』를 찬술하는 과정, 자료의 수집 방법과 그 범위, 고증의 원칙 등을 언급함으로써 『삼례도』를 통해 그 자신이 도달하고자 하는 예제의 이상을 보여 주었다.

섭숭의는 『삼례도집주』 권20 「목록」의 '후서'에서 참고한 자료와 고증의 방법에 대해 다음과 같이 말했다.

> 무릇 수집한 주석[集注]은 모두 주공의 올바른 법도로서, 중니(공자)가 정한 것이고, 강성(康成)(정현)이 주를 단 것인데, (가공언의) 『주소(注疏)』와 (공영달의) 『정의(正義)』를 아울러 의거했습니다. 기물에 대해 명확하게 설명할 수 없는 부분이 있을 경우, 한나라 시대의 법을 인용하여 비유하였습니다. … 또 근래의 예제를 상세하게 살펴서 연혁을 두루 알도록 하였습니다.("凡所集注, 皆周公正經, 仲尼所定, 康成所注, 傍依『疏』『義』. 事有未達, 則引漢法以況之 … 或圖有未周, 則於目錄內詳證以補其闕. 又案詳近禮, 周知沿革.")

또 권1 「면복도」의 서(序)에서도 "이제 살펴보건대, '삼례'의 경문(經文)과 주문(注文), 가공언의 『주소(注疏)』와 공영달의 『정의(正義)』 및 제가(諸家)의 예도(禮圖)에 근거하여 면관의 항목 아래에 별도로 각각 그 제도를 밝혀 놓았으니, 고금의 연혁에 관한 일을 알 수 있습니다."라고 하였듯이, 다음과 같은 방식으로 해당 기물을 고증하였다.

① 『주례』·『의례』·『예기』의 이른바 '삼례' 경문을 이용했다.

② 다음으로 '삼례' 경문에 대한 정현의 주와 가공언의 『주례주소』·『의례주소』 및 공영달의 『예기정의』를 이용했다.

③ 이상으로도 기물의 실체를 밝히기 어려울 경우 주대의 유풍이 강하게 남아 있던 한대의 제도를 인용하여 방증하였다.

④ 나아가서는 당대까지의 각종 『삼례도』 및 송대와 가까운 시대의 예제를 살펴서 해당 기물의 연혁까지 파악할 수 있도록 했다.

하라다 마코토(原田 信)에 의하면, 실제 『삼례도집주』 안에서 기물의 고증을 위해 인용한 문헌 자료의 사례는 총 1,213건에 달하는데, 이 가운데 『주례』에서 인용한 것이 482사례(경문 226, 정현의 주 181, 가공언의 소 75), 『의례』에서 인용한 것이 358사례(경문 149, 정현의 주 151, 가공언의 소 58), 『예기』에서 인용한 것이 214사례(경문 115, 정현의 주 54, 공영달의 정의 45)로, 이상이 전체의 약 90%를 차지한다.[13] 이처럼 섭숭의는 기물을 고증할 때 먼저 그 근거를 '삼례'에서 찾았음을 알 수 있다.

그러나 섭숭의는 이들 '삼례'의 경문, 정현의 주, 가공언과 공영달의 『주소』와 『정의』뿐 아니라 한대의 문헌을 비롯해서 당대에 이르는 다양한 문헌을 인용하여 기물을 고증하는 데 활용했다. 특히 채옹(蔡邕, 133~192)의 『독단(獨斷)』, 『숙손통(叔孫通, B.C.245?~B.C.190?)의 『한예기제도(漢禮器制度)』, 응소(應劭, 153~196)의 『한관의(漢官儀)』·『풍속통(風俗通)』뿐 아니라 『상옥서(相玉書)』·『구명결(鉤命決)』·『통괘험(通卦驗)』·

---

13 原田信, 「聶崇義『三禮圖』の編纂について」(『早稲田大學大學院文學研究科紀要』 2分冊, 2010), 122쪽.

『춘추위(春秋緯)』 등의 위서(緯書)에 이르기까지 한대에 저작되었거나 그와 관계된 수많은 문헌을 고증의 자료로 활용하였다.

이처럼 '삼례' 이외에 한대의 문헌 자료를 다수 인용한 것은, "숙손통이 예를 제정할 때 주나라의 법에 많이 의거하였다."[14]고 하였듯이 한나라의 제도 안에 주나라의 예법이 남아 있다는 인식 아래 '삼례'의 경문에 기물의 제도가 명확하게 기록되어 있지 않을 경우 한나라의 제도를 인용하여 추론함으로써[15] 새로운 도상을 만들어 내고자 했기 때문이다.

또 삼국시대 위나라 동파(董巴, ?~?)의 『한여복지(漢輿服志)』, 서진시대 사마표(司馬彪, ?~306)의 『속한서(續漢書)』, 남조 유송의 서광(徐廣, 352~425)의 『거복의주(車服儀注)』를 비롯해서 최영은(崔靈恩)의 『삼례의종(三禮義宗)』, 황간(皇侃, 488~545)·심중(沈重, 500~583)의 예설(禮說), 북주 웅안생(熊安生)의 예설 등 위진남북조 시대의 문헌도 인용하였다. 나아가서는 당대의 자료로서 위동(韋彤)의 『오례정의(五禮精義)』, 소숭(蕭嵩, ?~749)의 『개원의감(開元義鑑)』, 『개원례(開元禮)』 및 『당육전(唐六典)』을 인용하고 있으며, 권20 「목록」 '면복(冕服) 제1', '후복(后服) 제2', '면관(冠冕) 제3'에서는 각 명물의 제도와 관련하여 당 고조 무덕(武德) 연간(618~626)에 반포한 『무덕령(武德令)』의 「의복령(衣服令)」 규정을 인용하고 있어, 섭숭의가 면복·후복·면관 등의 도상을 제작할 때 이것들의 영향을 강

---

14 『三禮圖集注』권3「冠冕圖」, '四冕', "叔孫通制禮多依周法"; 같은 책, 권20「目錄」后服 제2, '首飾 副', "漢叔孫通制禮, 多依周法. 唯見冕板制度, 不見婦人首飾"; 같은 책, 권20 「目錄」冠冕 제3, '四冕' 原注, "叔孫通法周制."
15 『三禮圖集注』권20「目錄」'聶崇義 後序', "事有未達, 則引漢法以況之"; 같은 책, 권2 「后服圖」, '褘衣', "漢之步摇如周副之象, 故可以相類也."

하게 받았음을 보여 준다.[16]

이렇게 '삼례'의 경문, 정현의 주, 가공언과 공영달의 주소뿐 아니라 한대에서 당대에 이르는 다양한 문헌 자료를 인용하여 고증에 활용했다는 점에서, 섭숭의가 단순히 주대의 예제를 복원하는 데 그 목적을 둔 것이 아니라 시대에 따른 예제의 변화를 수용하여 송대라는 현실에 실질적으로 실행할 수 있는 실용적 측면까지 염두에 두었다고 할 수 있다. 또한 『송사』「예문지」와 문연각 『사고전서』본에서 이 책의 이름을 『삼례도집주(三禮圖集注)』라고 한 것은 이러한 섭숭의의 고증적 방법론에 비추어 볼 때 매우 적절한 표현이라 할 수 있다.

섭숭의 『삼례도집주』는 기물에 대한 문자적 설명과 더불어 총 380여 폭에 이르는 도상을 그려 넣어 문자와 도상이 서로 상응하게 함으로써 기물의 제도와 형태를 시각적으로 명료하게 이해할 수 있도록 하였다. 권3 「관면도」 '위모(委貌)' 항목에서 "고금의 제도가 혹 문헌에 나타나기도 하는데, 장일(張鎰)의 도상이 겨우 근사할 뿐이다. 이제 오른쪽에 도상을 함께 수록하여 후대 지혜로운 사람들이 선택하기를 기다린다."고 하였으며, 같은 권3 「관면도」 '모퇴(毋追)·장보(章甫)' 항목에서 "옛날의 법식은 알기 어려우니, 문(文, 문헌 기록)에 의거하고 상(象)을 살펴서 오른쪽에 도(圖, 도상)로 갖추어 나타낸다."고 하였듯이, 왼쪽의 문자 설명과 오른쪽의 도상으로 이루어진 '좌문우도(左文右圖)'의 형식을 취했다.

---

16 原田信은 섭숭의는 당대뿐 아니라 송초 당시의 祭器에 대해서도 부분적으로 언급하고 있는데, 이는 송초의 禮樂制度가 당대의 영향을 강하게 받았으며, 양자의 관계성을 보여 주는 것이 고증의 중요한 근거 가운데 하나였을 것이라고 추론했다.(「聶崇義『三禮圖』の編纂について」, 『早稻田大學大學院文學硏究科紀要』2分冊, 2010, 123~124쪽 참조.)

또 『삼례도집주』에서는 일반적으로 하나의 기물에 대한 문자 설명에 하나의 도상을 취하는 '1문(文) 1도(圖)'의 형식을 취했다. 이는 해당 기물의 제도에 대한 다양한 이설이 존재할 경우 그 가운데 하나의 설을 취하거나 여러 설을 종합해서 하나의 도상으로 만든 것으로, 그 도상은 행례 시에 필요한 기물을 직접 제작할 때의 표준이 되므로 통일성을 기하고자 한 것이다. 권4 「궁실도(宮室圖)」의 '명당' 항목에서 명당의 제도에 대한 『주례』 「고공기(考工記)·장인(匠人)」의 경문, 정현의 주 및 『주례』 「춘관(春官)·태사(太史)」 가공언의 소 등에 보이는 다양한 이설을 종합하여 5실(室)·12당(堂)·4문(門)의 명당 도상을 게시한 것이 그 대표적인 사례다.

하지만 때로 하나의 기물에 대해 2개의 도상 혹은 그 이상의 여러 도상을 게시한 경우도 있다.[17] 하나의 문자 설명에 2개의 도상, 즉 '1문 2도'의 형식은 이설이 존재하여 섭숭의 자신이 하나의 설로 확정할 수 없거나 혹은 잘못된 설을 분명히 밝혀 두고자 2개의 도상을 나란히 게시하여 양설을 병존시킨 것이다. 권3 「관면도」 '태고관(太古冠)' 항목에서 양정(梁正)은 "사설(師說)이 같지 않고, 오늘날의 『전(傳)』과 『소(疏)』에는 2개의 태고관의 상(象)이 있고, 또 아래에 진현관(進賢冠)이 있는데, 모두 옛날 치포관(緇布冠)의 유상(遺象)이라고 한다."고 하였고, 장일은 "구도(舊圖)에 이 세 가지 상이 있었다. 그 본래의 형태와 제도의 크기에 대해서는 들어 보지 못했다."고 하였다. 이에 대해서 섭숭의는 이들의 주장은 모두 경전의 뜻에 근본하지 않은 것이므로 법도가 실추되지 않

---

17 喬輝에 따르면 '一文二圖' 15사례, '一文三圖' 4사례, '一文四圖' 3사례, '一文五圖' 1사례, '一文六圖' 1사례, '二文二圖' 9사례, '二文三圖' 2사례, '三文三圖' 4사례, '四文四圖' 1사례, '有圖無文' 5사례가 있다고 한다.(『歷代三禮圖文獻考索』, 170쪽 참조.)

도록 하기 위해 별도의 도상을 게시한다고 하였다.[18]

섭숭의는 북송 태조 건륭 3년(962), 한대 이후 당대까지 찬술된 6본의 『삼례도』를 기초로 이에 고증을 가해 『삼례도집주』를 완성하여 헌상하였고, 태조는 조직을 통해 이 책을 반포하게 하였다. 또 섭숭의 사후에는 태조의 명으로 국자감 선성전(宣聖殿) 뒤쪽의 북헌(北軒)에 『삼례도집주』를 벽화로 그려 넣어 학생들이 열람할 수 있게 하였으며, 태종 지도(至道) 2년(996)에는 논당(論堂)(명륜당) 위에 판으로 벽화를 대신하여 개작하게 하였다. 이는 '지도(至道)의 고사(故事)'로서 이후 지방의 군현학(郡縣學)을 통해 『삼례도집주』를 전국으로 보급시키는 계기가 되어 그 영향력이 더욱 확대되었다.

그러나 『삼례도집주』의 영향력의 확대와 지식의 보급은 도리어 비난의 칼날이 되어 되돌아왔다. 북송 중기 이후 유창(劉敞)·구양수(歐陽修)·채양(蔡襄) 등에 의해서 금석학이 성행하게 되자, 이를 바탕으로 섭숭의 『삼례도집주』에 서술된 명물 제도에 대한 검증이 이루어져 모순점이 지적되면서 그 신뢰성은 급전직하했다. 그 비난은 휘종 시대에 극에 달했다. 적여문(翟汝文, 1076~1141)은 "섭숭의는 부유(腐儒)의 설을 수집하여 『삼례도』를 저술함으로써 후학을 잘못되게 만들었다."[19]고 맹비난했다. 또 정화(政和) 5년(1115), 휘종은 섭숭의 『삼례도』는 제유(諸儒)의 억설로서 경문에 근거가 없으며, 국자감과 군현학의 벽화는 학자들에게 보여 줄 만한 것이 못 된다는 교서랑(校書郎) 가안택(賈安宅, 1088~?)

---

18 『三禮圖集注』 권3, 「冠冕圖」 '太古冠', "梁正又云, '師說不同, 今『傳』『疏』二冠之象, 又下有進賢, 皆云古之緇布冠之遺象.' 其張鎰重修亦云, '舊圖有此三象. 其本狀及制之大小, 未聞.' 此皆不本經義, 務在相沿, 疾速就事. 今別圖於左, 庶典法不墜."

19 翟汝文, 『忠惠集』, 「孫繁重刊翟氏公異埋銘」, "聶崇義集腐儒之說, 著『三禮圖』以誤後學."(『文淵閣四庫全書』 1129책, 附錄.)

의 주장에 따라 조칙을 내려 국자감에 그려진 『삼례도』 벽화를 철거하게 했으며, 주현학(州縣學)에 그려진 벽화도 개정하였다.[20]

그러나 송 왕조가 항주로 남천한 후 조정의 의물(儀物)이 유실되고, 휘종 때 새로 만든 예기(禮器)도 대거 산일되자 섭숭의 『삼례도』의 전통이 일시적으로 회복되기도 하였다. 섭숭의 『삼례도』는 "고제(古制)에 부합하지 않으니, 극히 가소롭다."[21]고 비난하던 고종도 '지도의 고사'에 따라 섭숭의 『삼례도』를 강당의 벽에 그려 넣었다.[22] 또 『보우수창승(寶祐壽昌乘)』 '기복(器服)' 조목에 의하면, 휘종 정화 연간(1111~1118) 의례국(儀禮局)에서 제기(祭器)를 제조할 때 삼대(三代)의 법식에 따라 만들어 그 기물의 제도가 정밀하고 기상이 순고(淳古)하여 고종 소흥 연간(1131~1162)에 이미 반포했지만, 지방의 군현에서는 여전히 섭숭의 『삼례도』의 제도를 따르는 경우가 많았다고 한다. 이는 남송 시대에 이르러서도 섭숭의 『삼례도』의 영향력이 지속되고 있었음을 방증한다.

섭숭의 『삼례도집주』 이후 송대에는 예악제도 관련 도상 저작이 줄지어 등장하게 된다. 진상도(陳常道)의 『예서(禮書)』, 진양(陳暘)의 『악서(樂書)』, 양복(楊復)의 『의례도(儀禮圖)』, 양갑(楊甲)의 『육경도(六經圖)』가 그것인데, 섭숭의 『삼례도집주』는 이들 저작의 선구라고 할 수 있다. 그 영향은 이후에도 이어졌는데, 원대 한신동(韓信同)의 『한씨삼례도설(韓氏三禮圖說)』 2권, 명대 유적(劉績)의 『삼례도』 4권, 청대 손풍익(孫馮

---

20 王應麟, 『玉海』 권56, "政和五年六月丁巳, 校書郎賈安宅言, '崇義圖義皆諸儒臆說, 於經無據, 國子監三禮堂實存圖繪, 下至郡縣學間亦有之, 不足示學者. … 詔『三禮圖』及郡縣學繪畫圖象並改正, 舊所繪兩壁『三禮圖』並毀去."

21 熊克(宋), 『中興小紀』 권28, "紹興十年 … 甲子上曰, '近世禮器大不合古制, 如聶崇義『三禮圖』, 極可笑.'"

22 許雅惠, 「宋·元<三禮圖>的版面形式與使用－兼論新舊禮器變革」(『臺灣歷史學報』 60, 2017), 79쪽 참조.

翼)의『삼례도』3권 등의 저작도 그 계발을 받아서 찬작된 것이다. 송대 이후 시대에 따른 예도(禮圖) 및 예제(禮制)의 변화와 전개과정을 고찰하고자 할 때『삼례도집주』는 그 출발점이 된다고 할 수 있다. 또 송대 이전 대부분의 예도가 망실된 현 상황에서 이를 완정한 형태로 담고 있는 섭숭의『삼례도집주』는 사료적 가치의 측면에서도 매우 귀중하다고 할 수 있다.

　옮긴이들이 중국의 예제와 예학이라는 공동의 관심사로 모여 공부를 시작한 지도 벌써 20년 가까운 시간이 흘렀다. 새까맣던 머리카락이 이제 하나둘 허연색으로 변해 가는 서로의 모습을 바라보면서 시간의 덧없음을 느끼면서도 한편으론 학문의 내공도 그만큼 깊어졌으리라고 믿는다.

　그동안 우리의 작업은 주로 중국 정사 예악지(禮樂志)와『예기』·『의례』·『주례』등 문헌 연구에 집중하여 몇 권의 책을 출간하는 등 나름의 성과를 얻었다. 하지만 복식·거마·기물·건축·음악 나아가서는 해당 시대의 제도와 사상 등 다방면에 걸친 지식을 요하는 '예학'이라는 연구영역의 특성상 문헌만으로는 해결되지 않는 어려움을 느끼곤 했다. 특히 행례의 의절마다 등장하는 옥기·궁시(弓矢)·거기(車旗) 등의 구체적 명물도수(名物度數)에 대한 지식의 필요성을 절감하면서 도상(圖像)과 도해(圖解)를 겸한 섭숭의『삼례도집주』에 대한 공부를 시작했다. 다행히 2019년에 본서가 한국연구재단의 '명저번역과제'로 선정됨으로써 정기적인 모임을 갖고 작업에 집중할 수 있게 되었다. 과제로 선정해 주신 한국연구재단 관계자분들께 감사의 말씀을 드린다.

　지금까지 섭숭의『삼례도집주』에 관해서는 딩딩(丁鼎) 선생이 송

(宋) 순희(淳熙) 2년(1175) 각본을 저본으로 삼고 석성정씨가숙 중교삼 례도본과 문연각 사고전서본을 참교본(參校本)으로 삼아 점교(點校)·해 설한 『신정삼례도(新定三禮圖)』(淸華大學出版社, 2006)가 그 유일한 성과 다. 이 문헌의 중요성에 비해 아직까지 전체 번역서가 등장하지 않았 다는 것은 그만큼 이 문헌의 번역이 쉽지 않다는 방증이기도 하다. 그 어려움은 우리 번역 팀에도 똑같이 적용되었다. 기본적으로 『예기』· 『의례』·『주례』 '삼례'의 전체 맥락을 이해해야 하는 것은 물론이지만, 『삼례도집주』 안에서 인용한 정현의 주, 가공언과 공영달의 『주소』와 『정의』가 정제되지 않은 채로 잘못 인용된 곳도 다수 발견될뿐더러 게 시한 도상과 이를 설명하는 문장이 서로 일치하지 않는 등 텍스트 자 체의 문제점이 번역을 더욱 어렵게 했다. 이를 역주로 처리하여 문장의 앞뒤 모순을 없애는 작업은 많은 시간을 필요로 했다. 또 수많은 기물 의 명칭을 우리말로 표현하는 작업도 중요한 만큼 토론을 통해 최대한 통일성을 기하고자 했다. 덧붙이자면, 『삼례도집주』는 섭숭의가 북송 태조의 명에 따라 찬정하여 올린 칙찬서이다. 따라서 우리말로 옮길 때 원칙적으로 경어체를 사용해야 하지만 문장의 간결성을 기하고자 평어 체를 채용하였다. 다만 '신 숭의 안(臣 崇義案)' 등으로 시작하는 문장의 경우에 한하여, 문맥을 자연스럽게 하고자 경어체로 번역하였다.

　이제 지난한 번역의 모든 여정을 마치고 탈고를 앞두고 있다. 늘 그 렇듯이 하나의 일을 마쳤다는 뿌듯한 성취감보다 생각지도 못한 '망문 생의(望文生義)'의 엉뚱한 오역이 들통날까 하는 두려움이 앞선다. 그래 도 본서가 예학과 예제의 연구자들에게 조그마한 보탬은 될 수 있을 것 이라는 희망으로 위안을 삼아 본다.

　공동작업의 성격상 늘 원고 제출 일정을 지키지 못하는 우리의 사정을 이해하고 기다려 주신 세창출판사 편집부 선생님들께 고마움을 전합니다. 꼼꼼한 교열과 윤문으로 책의 완성도를 높여 주신 임길남 선생님께 특히 감사의 말씀 드립니다.

2023년 5월 18일
막바지 봄꽃의 향기를 만끽하며 문원재(文園齋)에서
옮긴이를 대표하여 김용천 씀

차례

삼례도집주 【二】

삼례도집주 【一】

三禮圖集注

弓矢圖

권8 궁시도

—

역주 방향숙

옛 『삼례도』에서 "'핍(乏: 화살막이)[1]'은 '용(容)'이라고도 칭하니, 오늘
날의 병풍(屛風)과 유사하다. 그 제도는 세로와 가로 7척이다. 소가죽으로
씌우고,[2] 검은 칠을 한다"라고 하였다. 이제 살펴보건대, 『의례』「대사의
(大射儀)」에서는 '핍'이라고 하였고, 『주례』「사인(射人)」에서는 '용'이라고
하였다. 정현은 이 두 편에 주를 달면서, "창획자(唱獲者)[3]가 몸을 가려서
화살을 막을 수 있게 하는 것이다"라고 하였고, 『의례』「대사의」의 가공
언 소에서는 "용(容: 화살막이)으로 그 몸을 가리기 때문에 화살을 막을 수
있는 것이다. '핍(乏)'이라 한 것은 화살이 이곳에 이르러서 힘이 결핍되어
더 나아가지 못하기 때문이다[4]"라고 하였다. 또 (『의례』「대사의」의) 다음
경문에서 "무릇 핍은 가죽으로 만든다"라고 하였으므로, 대사(大射)[5]와 빈
사(賓射)[6] 등에서 사용하는 핍은 모두 가죽으로 만든다.

　[舊『圖』云, "乏, 一名容, 似今之屛風. 其制從廣七尺. 以牛革鞔, 漆之."
今案, 「大射禮」謂之乏, 「射人職」謂之容. 鄭之兩注謂, "唱獲者所蔽, 以禦矢
也." 賈釋云, "以容蔽其身, 故得禦矢. 言'乏'者, 矢至於此乏匱不去也." 又下
文云, "凡乏用革", 卽大射·賓射等乏, 皆用革也.]

① 핍(乏: 화살막이): 고대 활쏘기를 할 때 화살의 과녁을 알리는 자가 화살로부터 자신을 방어하기 위한 호신물을 말한다.

② 만(鞔)은 가죽을 씌운 북이나 기타 기물을 말한다.

③ 창획자(唱獲者): 화살의 명중 여부를 신호로 알려 주는 사람을 말한다.

④ 용(容)으로 ~ 때문이다: 『주례』「하관·복불씨(服不氏)」에 "(복불씨는) 활쏘기를 할 때 과녁 펼치는 일을 도우니, 깃발[旌]을 들고서 핍(乏)에 머물면서 명중이라는 신호를 기다린다[射則贊張侯, 以旌居乏而待獲.]."라고 하였는데, 정현은 "'핍(乏)'은 '궤핍(匱乏)'이라고 할 때의 '핍(乏: 결핍되다)'의 뜻으로 읽는다[乏讀爲匱乏之乏.]."라는 두자춘(杜子春)의 말을 인용하였다. 가공언은 「하관·불복씨」의 소에서 "'핍(乏)'이란 화살이 이곳에 이르러 힘이 결핍되고 다하여 지나가지 못한다는 뜻이다[乏者, 矢至此乏極不過.]."라고 하였다.

⑤ 대사(大射): 제사에 참여할 사(士)를 선발하기 위해 거행하는 사례(射禮)를 말한다. 『주례』「천관·사구(司裘)」 정현의 주에서는 "대사란 제사를 거행하기 위해 활쏘기를 하는 것이다. 왕이 교묘(郊廟)의 제사를 거행하고자 할 때 활쏘기를 하여 제후 및 군신과 방국에서 추천한 사(士) 가운데 제사에 참여할 만한 자를 선발하는 것이다[大射者, 爲祭祀射. 王將有郊廟之事, 以射擇諸侯及群臣與邦國所貢之士可以與祭者.]."라고 하였다.

⑥ 빈사(賓射): 사례 중의 하나로 주나라 천자가 옛 붕우들과 연음의 예를

행한 후에 활쏘기를 하였던 일에서 유래했다. 『주례』「춘관·대종백」에 빈사의 예로서 옛 친구들과 친교한다[以賓射之禮, 親故舊朋友.]"라고 하였다. 이에 대한 가공언의 소에서는 "빈사의 예는 연회의 예를 행한 후에 활쏘기를 하는 것으로, 즐거움의 정을 펼치는 것이다[賓射之禮者, 謂行燕飮之禮, 乃與之射, 所以申歡樂之情.]"라고 하였다.

『주례』「하관·사궁시(司弓矢)」에 "(사궁시는)① 대사(大射)나 연사(燕射)를 거행할 때 궁시(弓矢)와 병협(幷夾: 화살 집게)②을 공급한다"라고 하였다. 정현의 주에서는 "병협(幷夾)은 시섭(矢籋: 화살집게)이다"라고 하였고, 가공언의 소에서는 "'시섭'이라는 말은 한나라 때에 나왔다"라고 하였다. (정사농은) "왕이 활을 쏠 경우, 사조씨(射鳥氏)③가 화살 줍는 일을 주관한다. 그 화살이 과녁 높은 부위에 꽂혀서 사람의 손이 닿지 않게 되면 병협으로 그 화살을 끼워서 뽑아낸다"④라고 하였다.

[「司弓矢」云, "大射 燕射共弓矢 幷夾." 注云, "幷夾 矢籋." 賈釋云, "矢籋之言出於漢時." "若王射, 則射鳥氏主取矢, 其矢著侯高, 人手不能及, 則以幷夾取之.]

① 사궁시(司弓矢): 제사·택궁(澤宮)·대사(大射)·회동(會同)·전렵 등을 행할 때 각종 궁시(弓矢)를 공급하는 일을 관장하는 관직명이다.

② 병협(絣夾: 화살 집게): 화살이 과녁 높은 곳에 꽂혀서 손이 닿지 않을 때, 끼워서 뽑아내는 도구 즉 화살 집게다.

③ 사조씨(射鳥氏): 사조씨는 새를 쏘아 맞히는 일을 담당한다. 『주례』「하관·사조씨(射鳥氏)」에서는 "제사에서는 활과 화살로서 까마귀와 솔개를 잡는다. 빈객(賓客), 회동(會同), 군려(軍旅)에서도 역시 이와 같이 한다. 활을 쏘는 데에서는 화살을 거두고, 화살이 과녁 높은 데에 있으면 병협으로 화살을 거둔다"라고 하였다.

④ 그 화살이 ~ 뽑아낸다: 이 문장은 『주례』「하관·사조씨(射鳥氏)」에서 "화살이 과녁의 높은 부위에 꽂히면 병협을 사용하여 그것을 집는다[矢在侯高則以絣夾取之.]"라고 한 것에 대한 정현의 주에서 인용한 정사농(鄭司農: 鄭衆)의 말이다.

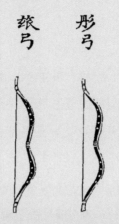

사궁시(司弓矢)[1]는 왕궁(王弓)[2]·호궁(弧弓)[3]·협궁(夾弓)[4]·유궁(庾弓)[5]·
당궁(唐弓)[6]·대궁(大弓)[7]의 6등급 활을 관장한다. 공영달(孔穎達)의 『춘추
좌전정의(春秋左傳正義)』에 의하면, 진 문공(晉文公)이 주나라 왕에게서 궁
시(弓矢)의 하사품을 받았는데, 이 당궁과 대궁이 그가 받았던 동궁(彤弓)과
노궁(旅弓)에 해당한다.[8] (『주례』「하관·사궁시」 정현의 주에) "활시위를 풀어
놓았을 때 활의 몸체가 밖으로 휘어지는 각도[往體]와 활시위를 당겼을 때
활시위가 안쪽으로 휘어지는 각도[內體]가 같은 활을 '당궁'·'대궁'이라 한
다"[9]라고 하였다. 그렇다면 당궁·대궁은 활의 강약에 따른 명칭이고, 동
궁·노궁은 활에 칠한 색깔에 따른 명칭이다.[10]

또 『주례』「고공기·궁인(弓人)」에 "길이가 6척 6촌인 활을 '상제(上制)'
라 하는데 (키가 큰) 상사(上士)가 사용한다. 길이가 6척 3촌인 활을 '중제(中
制)'라고 하는데, (키가 중간 정도 되는) 중사(中士)가 사용한다. 활의 길이가 6
척인 활을 '하제(下制)'라고 하는데, (키가 작은) 하사(下士)가 사용한다"라고
하였다. 이는 사람의 체형·신장과 활이 서로 상응하도록 상·중·하의 3등

급으로 만들어서 각자가 그 활을 사용할 수 있게 한 것이다.

활시위를 풀어놓았을 때 활의 몸체가 밖으로 휘어지는 각도[往體]가 활시위를 당겼을 때 활시위가 안쪽으로 휘어지는 각도[內體]보다 작은 활을 '왕궁'·'호궁'이라 하니,⑪ 천자의 활은 활 9개를 합하여 원을 이루도록 만들어야 한다.⑫ 활시위를 풀어놓았을 때 활의 몸체가 밖으로 휘어지는 각도[往體]와 활시위를 당겼을 때 활시위가 안쪽으로 휘어지는 각도[內體]가 같은 활을 '당궁'·'대궁'이라 하니,⑬ 제후의 활은 활 7개를 합하여 원을 이루도록 만들어야 한다.⑭ 활시위를 풀어놓았을 때 활의 몸체가 밖으로 휘어지는 각도가 활시위를 당겼을 활시위가 안쪽으로 휘어지는 각도보다 큰 활을 '협궁'·'유궁'이라 하니,⑮ 대부의 활은 활 5개를 합하여 원을 이루도록 만들어야 한다.⑯ 6등급의 활은 각각 그 명칭이 있지만, 붉은 칠을 한 활은 '동궁(彤弓)'이라 하고, 검은 칠을 한 활은 '노궁(旅弓)'이라 한다.

[司弓矢掌王·弧·夾·庾·唐大六等之弓. 孔『義』以晉文公受王弓矢之賜, 以此唐·大, 當彼彤·旅. 以往來之體若一, 謂之唐·大. 然則唐·大是彊弱之名, 彤·旅是弓所漆之色. 又「弓人職」云, "弓長六尺有六寸, 謂之上制, 上士服之. 弓長六尺有三寸, 謂之中制, 中士服之. 弓長六尺, 謂之下制, 下士服之." 此取人形貌長短與弓相稱, 爲上中下三等, 各服其弓也. 又"往體寡, 來體多, 謂之王·弧." 當天子之弓, 合九而成規者也. 往來之體若一, 謂之唐·大, 當諸侯之弓, 合七而成規者也. 往體多, 來體寡, 謂之夾·庾, 當大夫之弓, 合五而成規者也. 六弓各有其名, 但赤漆者, 曰'彤弓', 黑漆者, 曰'旅弓'.]

① 사궁시(司弓矢): 제사·택궁(澤宮)·대사(大射)·회동(會同)·전렵 등을 행할 때 각종 궁시(弓矢)를 공급하는 일을 관장하는 관직명이다.

② 왕궁(王弓): 고대 6궁 중의 하나로 가장 강한 인력을 가진 활이다.『주례』「하관·사궁씨(司弓氏)」에서 "왕궁과 호궁은 가죽 과녁을 쏘는 사람에게 준다고 하였다[王弓, 弧弓, 以授射甲革椹質者.]"라고 하였다.

③ 호궁(弧弓): 인력이 강하여 화살을 멀리까지 쏠 수 있는 활이다.

④ 협궁(夾弓): 비교적 가까운 거리의 새나 짐승을 쏠 수 있는 활이다. 정현의 주에서는 한후는 50보 거리에서 새나 짐승을 맞히니 모두 가까운 곳을 쏘는 것이다[鄭玄注 : "豻侯五十步, 乃射鳥兽, 皆近射也.]"라고 하였다.

⑤ 유궁(庾弓): 인력이 약해서 가까운 거리에서 사용하는 활이다.

⑥ 당궁(唐弓): 인력의 강약이 중간 정도에 해당하여 주로 연습용으로 사용하던 활이다.『주례』「하관·사궁씨(司弓氏)」에서 당궁과 대궁은 활쏘기를 배우는 자, 사자, 노자에게 준다["唐弓, 大弓, 以授學射者, 使者, 劳者.]라고 하였고, 정현의 주에서는 활쏘기를 배울 때 중간 정도의 인력의 활을 사용하면 후에 강한 활도, 약한 활도 쉽게 사용할 수 있다. 사자나 노자 역시 중간 정도 인력의 활을 사용하는데, 멀거나 가까운 곳, 어디에서나 사용할 수 있다[鄭玄注 : "學射者弓用中, 后習强弱则易也…使者劳者弓亦用中, 远近可也".]라고 하였다.

⑦ 대궁(大弓): 중간 정도의 인력을 가진 활이다.

⑧ 진 문공(晉文公)이 ~ 해당한다: 『춘추좌전』 희공(僖公) 28년 조에 의하면, 진 문공이 초나라와의 전투에서 얻은 전리품을 주나라 왕에게 바쳤다. 이에 왕은 진문공에게 동궁(彤弓: 붉은 활) 1개, 동시(彤矢: 붉은 화살) 100개, 노궁(旅弓: 검은 활)과 노시(旅矢: 검은 화살) 1,000개 및 거창(秬鬯) 한 통·호분(虎賁) 3백 명을 하사하였다. 공영달은 이때 진문공이 받은 동궁과 노궁을 각각 당궁(唐弓)과 대궁(大弓)으로 해석한 것이다(『춘추좌전정의』 희공 28년 조의 공영달의 소 참조.).

⑨ 왕체(往體)와 ~ 한다: '왕체'는 활시위를 풀어놓았을 때 활의 몸체[弓臂]가 밖으로 휘어지는 정도를 말한다. '내체'는 활시위를 당겼을 때 활의 시위가 안쪽으로 휘어지는 정도를 말한다.

⑩ 진 문공(晉文公)이 ~ 명칭이다: 이는 『춘추좌전정의』 희공 28년 공영달의 소를 요약한 문장이다.

⑪ 활시위를 ~ '왕궁'·'호궁'이라 하니: 『주례』 「하관·사궁시」 정현 주의 문장이다.

⑫ 천자의 활은 ~ 만들어야 한다: 『주례』 「하관·사궁시」의 문장이다.

⑬ 활시위를 ~ '당궁'·'대궁'이라 하니: 『주례』 「하관·사궁시」 정현 주의 문장이다.

⑭ 제후의 활은 ~ 만들어야 한다: 『주례』 「하관·사궁시」 경문의 문장이다.

⑮ 활시위를 ~ '협궁'·'유궁'이라 하니: 『주례』 「하관·사궁시」 정현 주의 문장이다.

⑯ 대부의 활은 ~ 만들어야 한다: 『주례』 「하관·사궁시」의 문장이다. 손이양은 "이러한 4등급(천자·제후·대부·사)의 활이 원을 이루는 각도는, 할원술(割圓術)로 말한다면, 9개를 합할 경우 1호(弧)는 40도가 되고,

7개를 합할 경우 1호는 51여도가 되고, 5개를 합할 경우 1호는 72도가 되고, 3개를 합할 경우 1호는 120도가 된다[此四等成規之度, 以割圓術言之, 合九者, 其弧四十度, 合七者, 五十一强, 合五者, 七十二度, 合三者, 百二十度也.]."라고 하였다. 활을 합하는 수가 많아질수록 활의 호도(弧度)는 더욱 작아지고 활의 강도는 더욱 커진다. 이곳에서 '9개의 활을 합하여 원(360°)을 이룬다'라는 것은 활의 호도가 40도가 된다는 뜻이니, 가장 강한 활로서 천자가 사용하는 활이다. 7개의 활을 합하여 원을 이루면, 활의 호도는 51도가 되고, 5개의 활을 합하여 원을 이루면 활의 호도는 72도가 되고, 3개의 활을 합하여 원을 이루면 활의 호도는 120도가 되어 가장 약한 활이 된다.

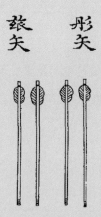

　동시(彤矢)^①와 노시(旐矢)^②는 각각 활에 칠을 한 색깔에 따라 이름 붙
인 것이다. 활을 쏠 때는 4개의 화살을 쓰는데, 4대의 화살은 사방에 일이
있음을 상징하는 것이다. 그 화살대[笴]는 모두 길이가 3척이고, 화살 깃
털은 길이가 6촌이고 화살의 날은 길이가 2촌이다. 또『주례』「하관·사
궁시」에는 '왕시(枉矢)'와 '혈시(絜矢)'^③가 있는데, (왕시와 혈시의 화살대는) 앞
쪽 2/5와 뒤쪽 3/5의 무게가 동등하다.^④ 불화살을 쏠 때에 유리하여 수성
(守城)과 차전(車戰)에 사용한다. 「하관·사궁시」의 '항시(恆矢)'와 '유시(庳
矢)'는 화살대의 앞쪽과 뒤쪽의 무게가 균형을 이루니, 산사(散射)를 할 때
에 사용한다. 「하관·사궁시」 정현의 주에서는 "산사는 예사(禮射)^⑤와 습
사(習射)를 가리킨다"라고 하였다. 공영달의『춘추좌전정의』에서는 "다만
활과 화살은 서로 짝을 이루어야 하니, 활이 강하면 무거운 화살을 사용하
고, 활이 약하면 가벼운 화살을 사용한다. 당궁(唐弓)과 대궁(大弓)은 이미
강약의 정도가 중간이고, 항시(恆矢) 또한 앞쪽과 뒤쪽의 무게가 균형을 이
루니, 그렇다면 동시(彤矢)와 노시(旐矢)의 두 화살은 항시에 해당한다"라

고 하였다. 전쟁에서 사용하려면 마땅히 왕시(枉矢)를 사용해야 한다.

[彤矢·旅矢, 各隨弓漆色爲名. 射用乘, 矢象有事於四方也. 其笴皆長三尺, 羽六寸, 刃二寸. 又「司弓矢」有'枉矢'·'絜矢', 五分二在前, 三在後. 利火射, 用諸守城車戰. 其'恆矢'·'庳矢', 軒輖中, 用諸散射. 注云, "散射, 謂禮射及習射." 孔『義』云, "但弓矢相配, 彊弓用重矢, 弱弓用經矢. 旣唐·大彊弱中, 恆矢軒輖中, 則彤·旅二矢當恆矢." 若用之於戰, 則當枉矢矣.]

① 동시(彤矢): 붉은색 칠을 한 화살이다. 천자가 공을 세운 제후나 대신에게 하사하였다. 『서경』「文侯之命」에서는 "동궁 하나와 동시 100개[彤弓一, 彤矢百.]"라고 하였다.

② 노시(旅矢): 검은색 화살이다.

③ '왕시(枉矢)'와 '혈시(絜矢)': 고대 화공전을 펼칠 때 사용하던 화살 이름이다. 『주례』「하관·사궁시(司弓矢)」에 "무릇 화살 가운데 왕시와 혈시는 불화살 쏘기에 유리하니, 수성(守城)과 차전(車戰)을 할 때에 사용한다[凡矢, 枉矢, 絜矢利火射, 用諸守城, 車戰.]"라고 하였다. 정현의 주에서는 "왕시(枉矢)는 변성(變星: 빛의 강도가 변화하는 항성)이 비행하면서 빛을 발하는 데에서 명칭을 취한 것이니, 오늘날의 '비모(飛矛)'가 그것으로 '병시(兵矢)'라고도 한다. '혈시(絜矢)'는 왕시를 본뜬 것이다. 두 화살은 모두 불을 붙여서 적에게 쏠 수 있다[枉矢者, 取名變星, 飛行有光, 今之飛矛是也, 或謂之兵矢. 絜矢象焉. 二者皆可結火以射敵.]"라고 하였다. '왕시'는 활에 사용하고, '혈시'는 노(弩)에 사용한다.

④ 앞쪽 ~ 동등하다: 『주례』「고공기·시인(矢人)」에서 "병시(兵矢)와 전시(田矢)의 화살대는 앞쪽 2/5와 뒤쪽 3/5의 무게가 동등하다[兵矢·田矢, 五分二在前, 三在後.]"라고 하였는데, 정현의 주에서는 "병시는 왕시와 혈시를 가리킨다[兵矢謂枉矢·絜矢也.]"라고 하였다.

⑤ 예사(禮射): 예를 익히기 위한 활쏘기를 말한다. 활쏘기에는 과녁의 가죽을 꿰뚫는 것을 위주로 하는 주피(主皮)의 '습무(習武)'와 과녁의 가죽

을 꿰뚫는 것을 위주로 하지 않는 불주피(不主皮)의 '습례(習禮)'가 있다. 불주피의 활쏘기는 예를 익히는 것을 목적으로 하기 때문에 활을 쏠 때 형체가 예(禮)에 합치되고 동작이 악(樂)에 부합하도록 한다. 이러한 활쏘기를 '예사(禮射)'라고 한다. 『의례』「향사례·기(記)」정현의 주에서는 "'예를 익히기 위한 활쏘기[禮射]'는 예를 익히고 음악을 연주하면서 활쏘기 하는 것을 말한다. 대사(大射), 빈사(賓射), 연사(燕射)가 그것이다. '가죽 꿰뚫기를 위주로 하지 않는다[不主皮]'는 것은 그 몸가짐이 예에 걸맞고 그 절도가 음악에 걸맞은 것을 귀하게 여기는 것이니, 명중시키지 못하더라도 빼어난 것이기 때문이다['禮射', 謂以禮樂射也. 大射·賓射·燕射是矣. '不主皮'者, 貴其容體比於禮, 其節比於樂, 不待中爲備也.]"라고 하였다.

楅

『의례』「향사례」에 "사마(司馬)가 제자에게 복(楅: 화살꽂이 통)을 진설하도록 명한다"①라고 하였다. 정현의 주에서는 "'복(楅)'은 폭(幅: 가선)의 뜻으로, 화살대를 받아 꽂고 화살을 가지런히 하는 기물이다"라고 하였고, 가공언의 소에서는 "(정현이) '복(楅)'을 폭(幅: 가선)의 뜻으로 해석한 것은 포백(布帛)에 가선이 있는 것처럼 가지런하다는 뜻을 취한 것이다. 그러므로 '화살대를 받아 꽂고 화살을 가지런히 한다'고 한 것이다"라고 하였다. 아래의 「향사례·기(記)」에서 "화살꽂이 통[楅]은 길이가 화살대[笴]와 마찬가지로 3척이고, 너비는 3촌이며 두께는 1촌 반이다. (양 끝에는) 용의 머리 모양을 조각하고, 중앙에는 두 마리 뱀의 몸통이 서로 교차하는 형상을 만들어 땅에 닿게 하여 화살꽂이 통을 안정시킨다. 화살꽂이 통은 적흑색의 옷칠[髹]을 한다"라고 하였다. 정현의 주에서는 "양 끝에는 용의 머리 모양을 조각하고, 중앙에는 뱀의 몸통이 서로 교차하는 모양을 만든다. 뱀과 용은 군자의 부류이다. 교차하도록 만드는 것은 군자가 화살꽂이 통 위에서 화살을 집어 드는 것을 상징한다. '휴(髹)'는 검붉은 옷칠을 하여 장식한다는 뜻이다"라고 하였다. 「향사례·기」의 가공언 소에서는 정현이

『역(易)』의 '용이 들판에서 싸움을 한다[龍戰于野]'에 대해 "성인은 용에 비유되고, 군자는 뱀에 비유된다"라고 주를 단 것②을 인용하면서 "용과 뱀은 모두 군자의 부류다"라고 하였다.

옛 『삼례도』에는 "화살꽂이 통[楅]은 길이가 3척이고, 다리가 있으며, 등 쪽에 붉은 가죽으로 만든 등거리[韋當]③를 입힌다"라고 하였다.

[「鄕射禮」, "司馬命弟子設楅." 賈釋注云, "楅猶幅也, 所以承笴齊矢也. 以楅爲幅者, 義取若布帛有邊幅整齊之意. 故云'承笴齊矢'也."¹ 下記云, "楅, 長如笴, 博三寸, 厚寸有半, 龍首, 其中蛇交. 楅, 髤." 注云, "兩端爲龍首, 中央爲蛇身相交. 龍蛇, 君子之類. 交者, 象君子取矢於楅上. 髤, 赤黑漆." 賈疏引鄭注『易』, "龍戰于野." 云, "聖人喻龍, 君子喻蛇." 是龍蛇總爲君子之類也. 舊『圖』云, "楅長三尺, 有足, 置韋當於背."]

---

1   賈釋注云 ~ 故云承笴齊矢也:『의례주소』「향사례」에 의하면, 앞의 문장 '楅猶幅也, 所以承笴齊矢也'는 정현의 주이고, '以楅爲幅者' 이하의 문장은 가공언의 소이다. 이에 따라 번역한다.

① 사마(司馬)가 제자에게 ~ 명한다: 이 문장은 『의례』「향사례」“司馬出
于左物之南, 還其後, 降自西階, 遂適堂前, 北面立于所設楅之南, 命弟
子設楅”에서 가져왔다.

② 정현이 ~ 주를 단 것: 『주역』「곤괘」에서 “상육은 용이 들판에서 싸움을
하는 것이니, 그 피가 검고 누렇다[上六, 龍戰于野, 其血玄黃.]”라고 한 것
에 대해서 정현의 『주역정강성주(周易鄭康成注)』에서는 “성인은 용에 비
유되고, 군자는 뱀에 비유된다[聖人喩龍君子喩蛇.]”라고 주를 달았다.

③ 등 쪽에 붉은 가죽으로 만든 등거리[韋當]: ‘위당’은 화살꽂이[楅]의 등
쪽 정중앙을 덮어서 화살을 담는 가죽 자루를 말하는데, 일반적으로 붉
은색 가죽으로 만든다. 정현은 『의례』「향상례·기」의 주에서 “가슴에
서 등까지 덮는 옷을 ‘당(當)’이라고 하는데, 붉은 가죽으로 만든다[直
心背之衣曰‘當’, 以丹韋爲之.]”라고 하였다. 아래의 【弓矢圖08 : 06-韋當】
참조.

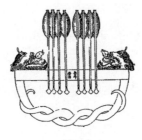

복(楅)
『흠정의례의소』(청)

【弓矢圖08：06-韋當위당】

옛 『삼례도』에 "붉은 가죽으로 만든 화살받이 자루[韋當]는 길이가 2척, 너비가 1척으로, 화살꽂이 통[楅]의 등 위쪽에 두어서 화살을 받는다"라고 하였다. 『의례』「향사례·기」정현의 주에서는 "가슴에서 등까지 덮는 옷을 '당(當: 등거리)'이라고 하는데, 붉은 가죽으로 만든다. 사마(司馬)는 왼손과 오른손으로 화살을 매만지면서 네 대씩 헤아려 화살받이 자루 위에 나누어 놓는다"①라고 하였다. 가공언의 소에서는 "'직(直)'은 몸을 두루 통한다는 뜻이다. 그 화살꽂이 통[楅] 양 끝에 용의 머리 모양을 조각하고,② 등 쪽에 몸을 두루 통하게 하여 화살받이 자루를 붙인다. '직(直)'이라고 말한 것은 가슴의 중앙에 해당하기 때문이다. (정현이) 붉은 가죽으로 만든다는 것을 알았던 것은 주나라가 붉은색을 숭상했기 때문이다"라고 하였다.

[舊『圖』云, "韋當, 長二尺, 廣一尺, 置楅之背上, 以藉箭." 「鄕射·記」注云, "直心背之衣曰'當', 以丹韋爲之. 司馬左右撫矢而乘之, 分委於當." 賈釋

云, "'直'者, 通身之言. 其(幅)[楅]¹兩頭爲龍首, 於背通身著當. 言直者, 當心中央也. 知丹韋爲之者, 周尙赤故也."]

---

1 (幅)[楅]: 저본에는 '幅'으로 되어 있으나, 『의례주소』 「향사례·기」의 가공언 소에 의거하여 '楅'으로 교감하였다.

① 가슴에서 등까지 ~ 나누어 놓는다: 이 문장은 『의례』「향사례」의 정현
의 주에서는 "가슴에서 등까지 덮는 옷을 잠방이[當]라고 하는데, 붉은
가죽으로 만든다. 사마는 좌우에 화살을 쥐고 올라 당(當)에서 나누어
맡긴다"라고 하였다.

② 용의 머리 모양을 조각하고: 楊復은 "양쪽 끝에 용머리를 만든 것은 화
살을 제한하려는 것이다. 그 가운데에 뱀의 몸을 만들고 두 마리가 서
로 교차하도록 하였으니 땅에 놓아도 안정된다"라고 하였다. 敖繼公은
"용머리라는 것은 위쪽 끝에 용머리 형상을 조각하여 표시하고 아울러
장식한 것이다. … 뱀이 교차한다는 것은 나무 두 개를 구부려서 뱀이
교차한 것과 같은 모양을 만드는데, 구부려서 만든 것은 활을 상징한
다"라고 하였다.

　　『의례』「향사례·기(記)」정현의 주에서는 "사(榭: 州學)에서 활쏘기를 할 때에는 사슴 형상의 산가지통[鹿中]①을 사용한다②"라고 하였다. 당(堂)은 있지만 실(室)이 없는 건물을 '사(榭)'라고 하니, '사(榭)'는 곧 주서(州序)이다.③

　　옛 『삼례도』에 "사(士)의 산가지통[中]은 길이 1척 2촌이고, 머리의 높이는 7촌이며, 등 위쪽의 높이가 4촌이다. 그곳에 구멍을 내어서 산가지를 담는데, 길이는 1척 2촌이다"라고 하였다. 『의례』「향사례·기(記)」에 "사슴 형상의 산가지통[鹿中]은 적흑색의 옻칠을 하고, 사슴의 앞발은 꿇고 있으며, 등 위에 구멍을 뚫어서 8개의 산가지를 담는다"라고 하였다. 정현의 주에서는 "앞발을 꿇고 있는 것은 길들여진 짐승이 짐을 지고 있는 것을 상징한다④"라고 하였다. 가공언의 소에서는 "복불씨(服不氏)⑤는 맹수를 가르쳐서 길들이는데, 짐을 지는 일을 감당하는 경우도 있고, 짐을 지는 일을 감당하지 못하는 경우도 있다. 만약 이제 낙타가 짐을 지게 되면, 네 다리를 모두 꿇는다"라고 하였다. 또 『예기』「투호」의 공영달 소에서는 "그 산가지통[中]의 형태는 나무를 깎아서 만드는데, 형상이 사슴이나

외뿔소와 유사하며 엎드려 있으며, 등 위를 파서 산가지를 담는다"라고
하였다.

[鄭注「鄕射禮」, "射於榭, 用鹿中." 有堂無室曰'榭', 榭卽州序也. 舊『圖』
云, "士之中, 長尺二寸, 首高七寸, 背上四寸. 穿之容筭, 長尺二寸."「鄕射·
記」曰, "鹿中, 髤, 前足跪, 鑿其背容八筭." 注云, "前足跪者, 象敎擾之獸受
負也." 賈釋云, "服不氏敎擾猛獸, 有堪受負, 有不合受負者. 若今馳受負, 則
四足俱屈." 又「投壺禮」孔『義』云, "其中之形, 尅木爲之, 狀如鹿兒而伏, 鑿
背盛筭."]

① 녹중(鹿中): 중(中)은 산가지를 담는 그릇이다. 『예기』「투호」에 "모두 나무를 깎아서 만드는데 위 부분에 둥근 우리가 있어서 산가지를 담는다"라고 하였다. 사슴 모양일 경우 녹중(鹿中), 외뿔소 모양일 경우는 시중(兕中), 호랑이 모양일 경우 호중(虎中), 여(閭) 모양일 경우는 여중(閭中)이라 한다.

② 사(榭: 州學)에서 ~ 사용한다: 이 문장은 『의례』「향사례·기」정현의 주에는 없다. 다만 「향사례·경」의 정현 주에 "'사슴 형상의 산가지통[鹿中]'은 사(謝: 州學)에서 활쏘기를 할 때 사용하는 산가지통을 가리킨다. 상(庠: 鄕學)에서는 외뿔소 형상의 산가지통[兕中]을 사용한다['鹿中', 謂射於謝也, 於庠當兕中.]"라고 하여 유사한 문장이 보인다.

③ 당(堂)은 있지만 ~ 주서(州序)이다: '서(序)'는 학교의 명칭으로, 주(州)와 당(黨)의 학교를 '서'라고 한다. 학교는 수업을 전수하는 교육기관일 뿐 아니라 양로(養老), 사례(射禮) 및 음주례(飮酒禮)를 행하는 공간이기도 하다. 『주례』「지관·주장(州長)」정현의 주에서는 "서(序)는 주와 당의 학교이다[序, 州黨之學也.]"라고 하였고, 『의례』「향사례·기」가공언의 소에서는 "상(庠: 鄕學)과 서(序)가 모두 마찬가지이다. 다만 실(室)이 있거나 실(室)이 없는 차이가 있다[庠序皆然, 但有室·無室爲異.]"라고 하였다. 『맹자』「등문공 상」에 "하나라는 '교(校)'라 하고, 은나라는 '서(序)'라 하고, 주나라는 '상(庠)'이라 하였다[夏曰校, 殷曰序, 周曰庠.]"라고 하였는데, 호배휘는 '서(序)'를 『주례』에 의거하여 주(州)와 당(黨)의

학교라고 하였다. 『예기』「향음주의(鄕飮酒義)」에서 "주인은 상문(庠門)의 밖에서 배례를 하고 빈을 맞이한다[主人拜迎賓于庠門之外]"라고 한 것에 대해 정현은 "상(庠)은 향학(鄕學)이다. 주(州)와 당(黨)의 학교는 '서(序)'라고 한다[庠, 鄕學也. 州黨曰序.]"라고 하였다. '서(序)'에는 실(室)이 없고 당(堂)이 깊어서 사례(射禮)를 행할 수 있으며, '예(豫)'·'사(榭)'로 쓰기도 한다(호배휘, 『의례정의』, 452쪽 참조.).

④ 앞발을 꿇고 있는 것은 ~ 상징한다: 이 문장은 『의례』「향사례」의 정현 주의 내용으로 "앞발을 꿇린 것은 날뛰는 짐승에게 등짐지기를 가르쳤음을 표상한 것이다[前足跪者, 象教擾之獸受負也]."

⑤ 복불씨(服不氏): 『주례』 하관의 관직명으로, 호(虎)·표(豹)·웅(熊)·비(羆) 등의 맹수를 길들이는 일을 관장한다.

대부가 상(庠: 향학)에서 활쏘기를 할 때에는 외뿔소 형상의 산가지[兕中]를 사용한다. 『의례』「향사례·기」정현의 주에서는 "상(庠)의 제도는 당(堂)이 있고 실(室)이 있다"[①]라고 하였다.

옛 『삼례도』에 "외뿔소[兕]는 소와 유사한데 뿔이 하나이다. (외뿔소 형상의 산가지통은) 크기의 규정은 사슴 형상의 산가지통[鹿中]과 같다"라고 하였다.

[大夫射於庠, 用兕中.「鄕射禮」注云, "庠之制, 有堂有室也." 舊『圖』云, "兕似牛一角, 大小之制如鹿中."]

① 상(庠)의 제도는 ~ 있다: 『의례』 「향사례」에 "'구영(鉤楹)'은 영(楹)을 돌아 동쪽으로 향하는 것이다. 서(序)에는 실(室)이 없으므로, 깊을 수 있다. 주(周) 나라는 도성에 4대의 학궁을 세웠으며, 또 유우씨(有虞氏)의 상(庠)을 향학(鄕學)으로 삼았다. 『예기』 「향음주의(鄕飲酒義)」에 "주나라 사람은 상(庠)의 문 밖에서 빈(賓)을 맞이한다"라고 한 것이 그것이다. 상(庠)의 제도는 당(堂)이 있고 실(室)이 있다. 지금 '예(豫)'라고 말한 것은 주학(州學)을 일컫는 것이다['鉤楹', 繞楹而東也. 序無室, 可以深也. 周立四代之學於國, 而又以有虞氏之庠爲鄕學. 『鄕飲酒義』曰"主人迎賓於庠門外"是也. 庠之制, 有堂有室也. 今言豫者, 謂州學也]".

　『의례』「향사례·기(記)」에 "군주가 도성 안[國中]에서 활쏘기 할 때에는 피수(皮樹) 형상의 산가지통[皮樹中]을 사용한다"①라고 하였다. 정현의 주에서는 "'국중'은 성안을 가리키니, 연사(燕射)②를 행하는 것을 말한다. '피수(皮樹)'는 들짐승의 이름이다"라고 하였고, 가공언의 소에서는 "(정현이) 성안에서 활쏘기 하는 것이 연사임을 알았던 것은 그다음 문장에 '빈사(賓射)'③와 '대사(大射)'는 도성 안[城中]에서 거행하지 않기 때문이다. 그러므로 성안에서 활쏘기 하는 것이 연사임을 알았던 것이다"라고 하였다.

　장일(張鎰)의 『삼례도』에서 "'피수'는 사람의 얼굴에 짐승의 형상이다. 금문본(今文本)에는 '樹'가 '豎'로 되어 있다"라고 하였다.

　[「鄕射·記」云, "君國中射, 則皮樹中." 注云, "國中, 城中也, 謂燕射也. 皮樹, 獸名." 賈釋云, "知城中是燕射者, 以下有賓射·大射不在國, 故知城中, 是燕射也." 張鎰『圖』云, "皮樹, 人面獸形, 今文樹作豎."]

① 군주가 도성 안[國中]에서 ~ 사용한다: 『의례』「향사례」에 "군주가 도성 안에서 활쏘기를 하면, 피수중(皮樹中)을 산통으로 사용하고, 깃털로 만든 정기(旌旗)로 적중했음을 알리는데, 흰 깃털과 붉은 깃털을 섞어 만든다[君國中射, 則皮樹中, 以翿旌獲, 白羽與朱羽糅]"라고 하였다.

② 연사(燕射): 연음(燕飮)을 할 때에 행하는 활쏘기를 말한다. 즉 천자와 제후가 연음을 한 후에 거행하는 사례(射禮)이다. 손이양(孫詒讓)은 『주례정의』에서 "'연사'는 왕이 제후 등 군신들과 연음을 이용하여 활쏘기를 하는 것으로, 『주례』「고공기·재인(梓人)」 정현의 주에 '연사는 사신을 위로하거나 군신들과 음주를 즐긴 후에 활쏘기를 하는 것이다.'"라고 한 것이 이것이다[燕射者, 王與諸侯諸臣因燕而射, 「梓人」注云, '燕謂勞使臣, 若與羣臣飮酒而射', 是也.]"라고 하였다.

③ 빈사(賓射): 천자가 조회하러 온 제후나 사신들과 조정에서 활쏘기 하는 것을 말한다. 활쏘기를 하기 전에 연음을 한다.

閭
中

제후는 교(郊)에 태학을 세우는데, 이 태학에서 대사(大射)를 거행할 경우 여(閭)① 형상의 산가지통[閭中]을 사용한다. 『의례』「향사례·기(記)」 정현의 주에서는 "'여'는 들짐승 이름으로, 나귀처럼 생겼는데 뿔이 하나이다. 어떤 사람은 '나귀'처럼 생겼는데, 굽이 갈라져 있다"②라고 하였다.

[諸侯立大學於郊, 若行大射於此大學, 則閭中.「鄕射·記」注云, "閭, 獸名, 如驢一角. 或曰如驢, 歧蹄."]

① 여(閭): 『산해경(山海經)』 권3의 곽박(郭璞)의 주에 "'여'는 검은 암양[羭]
이다. 나귀와 유사한데 굽이 갈라져 있고, 뿔은 영양(羬羊)과 같다. 일명
산려(山驢)라고도 한다[閭, 卽羭也, 似驢而歧蹄, 角如羬羊, 一名山驢.]"라
고 하였다.

② '여'는 들짐승 이름으로 ~ 있다: 이 문장은 『의례』「향사례」를 인용한
것으로, 이 내용 또한 『산해경(山海經)』과 『주서(周書)』에 있다고 하였
다[閭獸名如驢一角, 或曰如驢, 歧蹄, 周書曰北唐以閭者歧蹄, 巳上山海經
文, 周書見於國語也]

제후가 이웃 나라의 군주와 국경에서 활쏘기를 할 경우 호랑이 형상의 산가지통[虎中]을 사용한다.① 『의례』 「향사례·기(記)」 가공언의 소에서는 "이웃 나라의 군주와 활을 쏘는 것은 빈사(賓射)이다. 그 주국의 군주[主君]에게는 빈을 전송하는 일이 있으면 전송할 때를 이용해서 활쏘기를 하는 것이다"②라고 하였다.

[諸侯與鄰國君射於境, 則虎中. 賈釋云, "與鄰國君射, 則賓射也. 以其主君有送賓之事, 因送則射."]

① 제후가 이웃 나라의 군주와 ~ 사용한다: 국경에서 활쏘기를 할 때는, 호중(虎中)을 산통으로 사용하고 용을 그린 전기(旃旗)를 사용하여 적중 하였음을 알린다[『주례』「춘관종백·사마」於竟, 則虎中, 龍旃].

② 이웃 나라의 군주와 ~ 하는 것이다: 『의례정의』에서 가공언은 군주가 빈을 전송할 일이 있어 전송하는 것을 기회로 활쏘기를 하는 것이라고 보아 빈사(賓射)라고 규정한다. 이에 반해 성세좌(盛世佐)는 "제후가 서 로 조회를 하면 이에 빈사를 하게 되는데, 빈사는 국경에서 할 필요가 없다. 천자의 빈사는 조정에서 하므로 제후의 경우도 알 수 있다"라고 하여 가공언의 주장에 반대한다.

　　옛『삼례도』에 "산가지[筭]는 길이가 1척 2촌으로, 이것을 산가지통 [中]에 담는다. 한 사람이 4개의 산가지를 잡으니, 한 짝은 8개의 산가지를 잡는다. 그 개수는 정해진 것이 없으니, 짝의 많고 적음에 따른다"라고 하였다. 예를 들면,『의례』「향사례·기(記)」에서 "산가지[筭] 80개를 마련한다"라고 한 것은 10개의 짝이 있음을 가리키는 것으로,① 수에 정해진 것이 없음을 말해 주는 것이다. 또 이 옛『삼례도』에서 "산가지는 길이가 1척 2촌이다"라고 한 것은 "『예기』「투호」와 같은 것이다②"라고 하였다. 『의례』「향사례·기(記)」에 "산가지는 길이가 1척에 악(握)③이 더 있다"라고 하였다. '악(握)'은 네 손가락의 너비이다. 한 손가락의 너비는 1촌이므로, 1척 4촌이 된다.

　　[舊『圖』云, "筭, 長尺二寸, 以實於中. 人四筭, 一偶八筭. 其數無常, 隨偶多少." 若「鄕射·記」云, "筭八十", 謂十偶, 而言是數無常也. 又此云, "筭, 長尺二寸", 與「投壺禮」同. 其「鄕射·記」, "筭, 長尺有握.", 握, 四指也. 一指, 一寸, 是尺四寸也.]

① 10개의 짝이 있음을 가리키는 것으로: 활쏘기를 할 때에는 반드시 2인
이 함께 사대로 나아가서 서로 짝을 이룬다. 2명으로 구성되는 짝[偶,
耦] 가운데 신분이 높은 사람을 상사(上射)라 하고 신분이 낮은 사람을
하사(下射)라 하는데, 상사는 오른쪽 사대[右物]에서 활을 쏘고, 하사는
왼쪽 사대에서 활을 쏜다. 학경(郝敬)은 무릇 활쏘기에는 2인이 짝(耦)을
이루는데, 천자는 6짝[耦], 제후는 4짝[耦], 대부와 사는 3짝[耦]으로서
이를 '정우(正耦)'라고 하며, 향사례에서의 정우는 3우이므로 6인이 필
요한데 사사(司射)가 빈 가운데 덕행과 도예가 있는 자를 선발하여 충당
한다고 하였다. 또 활쏘기는 모두 세 차례를 하는데, 첫 번째는 이들 삼
우의 활쏘기, 두 번째는 빈·주인·대부·중빈의 우사(耦射), 세 번째는 음
악을 동반한 활쏘기이다(호배휘, 『의례정의』, 495쪽 참조).

② 또 이 옛 『삼례도』 ~ 것이다: 『예기』「투호(投壺)」에 "산가지의 개수는
좌석의 투호를 할 인원 수를 살펴서 정한다. 화살[籌]은 실(室)에서 투호
를 하면 5부(扶), 당(堂)에서 하면 7부(扶), 뜰에서 하면 9부(扶)의 길이로
한다. 산가지[筭]는 길이가 1척 2촌이다[筭多少視其坐. 籌, 室中五扶, 堂
上七扶, 庭中九扶. 筭, 長尺二寸.]."라고 하였다.

③ 악(握): 네 손가락의 너비를 가리키는데, 한 손가락의 너비는 1촌이므로
네 손가락의 너비는 4촌이 된다. 따라서 '척유악(尺有握)'은 1척 4촌을 의
미한다. 이 4촌의 부분을 깎아서 휘게 만들어 손잡이 부분이 되게 하므
로 '악소(握素)'라고 한 것이다(호배휘, 『의례정의』, 656쪽 참조).

扑

　『의례』「향사례·기(記)」에서 "가시나무 회초리[楚扑]①의 길이는 화살 대[笴]의 길이와 같게 만드는데, 손으로 잡는 부분을 1척 깎아 낸다"라고 하였다. 또 「향사례·기(記)」에 "활을 쏘는 사람이 잘못을 저지르면 회초 리로 벌을 준다"라고 하였다. 정현의 주에서는 "손잡이 할 만한 부분을 깎 아 낸다는 뜻이다. '복(扑)'은 형벌 기구로, 사사(司射)②가 항상 허리춤에 차 고 다닌다. '잘못[過]'이란 화살이 날아가 사람을 맞히는 것을 말한다. 무 릇 활쏘기를 할 때 화살이 사람을 맞히면 마땅히 형벌을 가해야 한다. 이 제 마을에서 여러 현자를 모아 놓고 예악으로 백성들을 권면하는데, 활을 쏘는 사람이 사람을 맞힌 것이다. 본래 의도는 과녁을 맞히려는 것이지 상 해를 입히려는 마음과는 거리가 있었다. 이때문에 가볍게 처리하여 뜰 가 운데서 회초리[扑]로 매질을 할 뿐이다. 『상서(尙書)』「순전(舜典)」에는 '회 초리[扑]로 학교의 형벌을 삼았다'라고 하였다."

　[「鄕射·記」曰, "楚扑長如笴. 刊本尺." 又曰, "射者有過, 則撻之." 注云, "刊其可持處. '扑', 刑器, 司射常佩之. '過', 謂矢揚中人也. 凡射時矢中人, 當

刑之. 今鄕會衆賢, 以禮樂勸民, 而射者中人. 本意在侯, 去傷害之心遠, 是以
輕之. 扑撻於中庭而已. 『書』曰, '扑作敎刑'."]

① 가시나무 회초리[楚扑]: '초복(楚扑)'은 가르침을 어긴 자를 매질하기 위해 가시나무로 만든 회초리이다. 호조흔(胡肇昕)은 『예기』「학기(學記)」에 "개오동나무[夏]와 가시나무[楚] 두 가지는 (회초리로 만들어) 학생들이 몸가짐을 수렴하게 한다[夏楚二物, 收其威也.]"라고 한 것을 인용하여, '복(扑)'과 '하초(夏楚)'는 대체로 동일한 물건이기 때문에 「기문(記文)」에서 '복(扑)'을 '초복(楚扑)'이라 한 것이라고 하였다.

② 사사(司射): 사례(射禮)에서 활쏘는 일을 주관하는 사람으로, 상설직이 아니라 일이 있을 때마다 설치하는 관직이다. 천자와 제후는 사인(射人: 예의 진행을 돕는 주인 쪽 사람)을 사사(司射)로 삼고, 대부와 사는 임시로 한 사람을 세워 활쏘는 일을 관장하게 한다.

살펴보건대, 『의례』의 「향사례」와 「대사의」의 의리에 의하면 활쏘기할 때의 사대[射物]는 향학[庠] 건물의 동쪽 기둥과 서쪽 기둥 사이에 붉은색이나 검은색으로 가로 세로로 교차하게 선을 그린다. 세로선의 길이는 3척이고, 가로선을 '거수(距隨)'①라고 하는데 길이는 1척 2촌이다.② (가로선을) '거수'라고 말하는 것은 먼저 왼쪽 발로 활쏘기 사대의 동쪽 끝을 밟아서 거리를 벌려 며느리발톱[距] 모양을 하고, 이어서 오른쪽 발이 와서 합해져 남쪽을 향해 두 발이 나란히 서는 것이 뒤따르는 형상[隨]이 되는 것을 가리킨다.

[案「鄕射」·「大射」之義, 其射物在庠之楹間, 若丹·若黑而午畫之. 從者長三尺, 橫者曰'距隨', 長尺二寸. 言'距隨'者, 謂先以左足履射物東頭爲距, 後以右足來合, 而南面並立曰'隨'.]

① 거수(距隨): 『의례』「향사례」 정현의 주에서는 "'거수(距隨)'는 활을 쏠 때 서 있는 곳을 표시한 물(物)의 가로획으로, 앞발에서 시작하여 동쪽까지가 '거(距)'가 되고, 뒷발이 와서 합해져 남쪽을 향하는 것이 '수(隨)'가 된다"라고 하였다.

② 향학[庠] 건물의 ~ 1척 2촌이다: 『의례』「향사례」에 "향학(鄕學)에서 활을 쏠 때는 두 기둥 사이에서 한다. 활 쏘는 자리를 가로와 세로로 표시한 물(物)의 세로획의 길이는 화살대와 같은 3척이고, 상사(上射)와 하사(下射)의 거리는 활이 들어갈 정도인 3척이며, 물의 가로획의 길이는 발자국의 길이와 같은 1척 2촌이다[射自楹間. 物長如笴, 其間容弓, 距隨長武]"라는 설명이 있다.

　옛 『삼례도』에 "활깍지[決]①는 또한 붉은 가죽으로 만든다"라고 하였다. 살펴보건대, 『의례』 「대사의(大射儀)」에 "(小射正은) 군주가 세 개의 손가락에 붉은 가죽골무를 착용하는 것을 돕는다"라고 하였다. 정현의 주에서는 "('決'은) 연다[闓]【음은 '開'이다】는 뜻과 같으니, 상아 뼈로 만들어 오른손 세 손가락를 끼우고 활시위를 꽉 쥐어서 활의 몸체를 여는 것이다.② '극(極: 가죽골무)'은 튕기다[放]의 뜻인데, 손가락을 감싸는 것으로, 활시위를 놓는 데 이롭게 하는 것이다. 붉은 가죽으로 만든다. '세 개의 손가락[三]'은 집게손가락[食指]·가운뎃손가락[將指]·약손가락[無名指]이다. 만약 활깍지[決]와 가죽골무[極]를 착용하지 않으면, 활시위를 놓을 때 이 손가락에 활시위가 맞붙게 되니, 화살을 많이 쏘면 통증이 있게 된다. 새끼손가락[小指]은 짧기 때문에 가죽골무를 사용하지 않는다"라고 하였다.

[舊『圖』云, "決亦以朱韋爲之." 案「大射禮」云, "設決朱極三." 注云, "猶閘【音開】, 以象骨爲之. 著右(三)[巨]¹指, 所以鉤弦, 而閘之. 極猶放也, 所以韜指, 利放弦也. 以朱韋爲之. 三者, 食指·將指·無名指. 若無決·極, 放弦契於此指, 多則痛. 小指短, 不用極."]

---

1 (三)[巨]: 저본에는 '三'으로 되어 있으나, 『의례』「대사의」정현의 주에는 '巨'로 되어 있다. 옆의 『삼례도』그림에 의하면, 섭숭의는 현행본 『의례』「대사의」정현 주가 잘못이라 판단하고, '三'으로 고친 것으로 보인다.

① 활깍지[決]: '결(決)'은 활쏘기를 할 때 손 부위를 보호하기 위해 엄지손 가락에 씌워 끼우는 깍지를 말한다. 상아 뿔, 가죽, 비단 등으로 만든 다. '抉', '玦', '鞢'이라고도 한다.

서안묘(산동 거야)출토 '옥첩'
(쑨지, 『한대물질문화자료도설』)

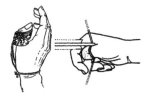

결(決)과 화살 잡는 법
(쑨지, 『한대물질문화자료도설』)

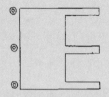

　옛 『삼례도』에 "수(遂: 활팔찌)[1]는 팔 보호막이니, 붉은 가죽으로 만든 다"라고 하였다. 『의례』 「향사례」 정현의 주에서는 "'수(遂)'는 사구(射韝: 활을 쏠 때 소매를 걷어 매는 띠)인데, 부드러운 가죽으로 만들며, 활시위가 몸에 튕기는 것을 막아 준다. 활을 쏠 때가 아니면 '습(拾)'이라고 칭한다. '습'은 거두어들인다[斂]는 뜻이니, 피부를 가리거나 옷을 거두어들이는 것이다"라고 하였다. 또 『의례』 「대사의」 정현의 주에서는 "'수'는 왼쪽 팔에 붙여 팔을 감싸서 활시위가 튕기는 것을 막아 준다"라고 하였다.

　[舊『圖』云, "遂臂捍, 以朱韋爲之." 案「鄕射禮」注云, "遂, 射韝也. 以韋爲之. 所以遂弦也. 其非射時, 則謂之拾. 拾, 斂也, 所以蔽膚斂衣也." 又「大射」注云, "遂著左臂, 裹以遂弦也."]

① 수(遂: 활팔찌): 『의례』「향사례」정현의 주에서는 '수(遂)'는 사구(射韝) 인데, 가죽으로 만들며 왼팔에 착용하여 시위가 몸에 튕기는 것을 막 는 것이다. 방형으로 시위에 화살을 메긴 것을 '협(挾)'이라고 한다. '승 시(乘矢)'는 네 개의 화살이다. '부(弣: 줌통)'는 궁파(弓杷: 활의 손잡이)이다. 화살촉을 보이게 하는 것은 활쏘기를 순하게 하기 위해서이다. '우거지 (右巨指)'는 오른손 엄지손가락인데 시위를 걸어 시위가 곁에 있으므로 화살을 끼우기가 편하게 된다. 금문본(今文本)에 '挾'은 모두 '接'으로 되 어 있다['遂', 射韝也, 以朱韋爲之, 著左臂, 所以遂弦也. 方持弦矢曰'挾'. '乘矢', 四矢. '弣', 弓杷也. '見鏃'焉, 順其射也. '右巨指', 右手大擘, 以鉤 弦, 弦在旁, 挾由便也. 古文'挾'皆作'接'].

次

『의례』「대사례」정현의 주에서는 "차(次: 임시 장막)①는 오늘날의 옷을 갈아입는 곳과 같다"라고 하였으니, 곧 (幕人이) 관장하는 유(帷)·막(幕) 등을 가리킨다. 그러므로 막인(幕人)②은 유(帷)·막(幕)·악(幄)·역(帟)을 관장하여 장차(掌次)③에게 공급한다. 왕이 해를 제사 지내거나[朝日],④ 오제(五帝)⑤에게 제사 지내면 장차는 대차(大次)와 소차(小次)를 설치한다. 무릇 제사를 지낼 경우 여막(旅幕)을 펼치고, 시차(尸次)를 펼치는데, 활쏘기를 할 경우에는 우차(耦次)⑥를 펼친다. 후정(後鄭: 정현)은 (『주례』「천관·장차」의 주에서) "우차는 물받이 항아리[洗]의 동쪽에 있다"라고 하였다. 대차(大次)는 커다란 임시 장막[大幄]이니, 처음 행례 장소에 나아가서 머무는 곳이다. 소차(小次)는 작은 임시 장막[小幄]이니, 제사를 마친 후 이어서 물러나 대기하는 곳이다.

이제 또 활쏘기를 할 때에는 세 곳의 위치가 있으니, 왕이 활을 쏠 경우 우차(耦次)를 설치하고 또한 마땅히 대차(大次)와 소차(小次)도 두어야 한다. 또 『주례』「천관·막인」의 정현 주에 "사방에 둘러쳐진 것을 '유(帷)'

라 하고, 그 위에 덮여 있는 것을 '막(幕)'이라 하는데, 막은 혹 땅바닥 위에 펼쳐 놓기도 한다. '유'와 '막'은 모두 베로 만든다. 사방으로 둘러쳐 합쳐서 궁실 모양을 본뜬 것을 '악(幄)'이라 하니, 왕이 머무는 장막이다. '역(帟)'은 왕이 막(幕)이나 악(幄) 안에 있을 때 자리 위에 깔아서 먼지를 받게 하는 것이다. '악'과 '역'은 모두 비단으로 만든다"라고 하였다. 가공언의 소에서는 "'유'는 아래에 둘러치고, '막'은 그 위에 덮는 것이니, 함께 실(室)의 장막이 된다. '역'은 또 유막의 실 안에 설치한다"라고 하였다.

[「大射禮」注云, "次, 若今更衣處", 卽所設之帷幄也. 故幕人掌帷·幕·幄·帟, 以供掌次. 若王朝日祀五帝, 則掌次張大次, 小次. 凡祭祀, 張旅幕, 張尸次, 射, 則張耦次. 後鄭以耦次在洗東. 大次, 大幄也, 初往所止居也. 小次, 小幄也, 旣接祭退俟之處. 今又射, 有三位. 若王射設耦次, 亦宜有大次, 小次也. 又「幕人職」注云, "在傍曰帷, 在上曰幕, [幕]¹或在地展陳於上. 帷幕皆以布爲之, 四合象宮室曰幄, 卽王所居之帳也. 帟, 王在幕若幄中, 坐上承塵也. 幄, 帟皆以繒爲之." 賈釋云, "帷在下, 幕在上, 共爲室幄. 帟, 又在帷幕室內設之也."]

---

① 차(次: 임시 장막): 왕이 제사를 위해 출궁하거나 제후의 조현(朝見), 회동(會同) 등으로 외출했을 때 머물러 쉬는 장소이다. 악(幄), 장(帳) 등을 설치하여 만든다. 처음 행례 장소에 도착하여 행사 전에 머무는 곳을 대차(大次), 행례 후에 물러나서 다음 행례를 대기하는 곳을 소차(小次)라고 한다(『주례』「천관·장차」의 경문 및 정현의 주 참조).

② 막인(幕人): 유(帷)·막(幕)·악(幄)·역(帟)·수(綬) 등의 일을 관장하는 『주례』「천관」의 관직명이다. 하사(下士) 1인이 담당하고, 휘하에 부(府) 2인, 사(史) 2인, 도(徒) 40인이 있다.

③ 장차(掌次): 천자가 출행하여 밖에 머물 때 유·막 등을 설치하는 일을 관장하는 『주례』「천관」의 관직명이다. 막인(幕人)이 유(帷)·막(幕)·악(幄)·역(帟)을 제공하면 장차(掌次)가 그것을 펼친다. 하사(下士) 4인이 담당하고 휘하에 부(府) 4인, 사(史) 2인, 도(徒) 80인이 있다.

④ 해를 제사 지내거나[朝日]: '조일(朝日)'은 왕이 해에 제사 지내는 예를 말한다. 『주례』「천관·장차(掌次)」에 "조일과 오제에 제사를 지내면, (장차는) 대차와 소차를 펼친다.[朝日祀五帝, 則張大次小次.]"라고 하였는데, 정현의 주에서는 "'조일(朝日)'은 춘분에 동문 밖에서 해를 제사 지내는 것이다[春分拜日於東門之外]"라고 하였다. 『한서』「교사지 상(郊祀志上)」에는 "11월 신사일 초하루 동지에, 동이 트면 천자는 비로소 교외에서 태일(泰一)에 제사 지내고, 아침에 해에게 제사를 지내고, 저녁에 달에 제사를 지낸다[十一月辛巳朔旦冬至, 昒爽, 天子始郊拜泰一,

朝朝日, 夕夕月.]"라고 하였는데, 안사고(顏師古)는 "아침에 해에 제사 지내는 것을 '조(朝)'라고 한다[以朝旦拜日爲朝]"라고 하였다.

⑤ 오제(五帝): 하늘에 있으면서 사방과 중앙을 주재하는 신으로, '오방제(五方帝)'라고도 한다. 다양한 설이 있지만, 정현에 따르면 동방의 창제 영위앙(蒼帝 靈威仰), 남방의 적제 적표노(赤帝 赤熛怒), 중앙의 황제 함추뉴(黃帝 含樞紐), 서방의 백제 백초거(白帝 白招拒), 북방의 흑제 즙광기(黑帝 汁光紀)를 가리킨다(『주례』「춘관·소종백」 정현의 주 참조).

⑥ 우차(耦次): 활쏘기를 할 때 머무는 임시 장막을 말한다. 『주례』「천관·장차(掌次)」 정현의 주에서는 "'우(耦: 짝)'는 함께 올라가 활을 쏘는 사람이다. '차(次: 임시 장막)'는 세(洗: 물받이 항아리)의 동쪽에 있다[耦俱升射者次在洗東]"라고 하였다.

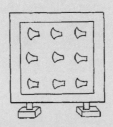

『주례』「춘관·사궤연」에 "무릇 대조근(大朝覲)[1]·대향례(大饗禮)[2]·대사례(大射禮)[3]를 거행하거나 제후국을 분봉하고 제후에게 책명을 내릴 때에는 왕의 자리에 흑백의 도끼문양을 수놓은 병풍[黼依]을 진설한다"라고 하였다. 정현의 주에서는 "도끼 문양을 수놓은 병풍을 '보(黼)'라고 하니, 흑백의 문채로 수를 놓고, 진홍빛의 비단으로 바탕을 만든다. '의(依)'【음은 '扆(의)'이다】는 그 제도가 병풍과 같다"고 하였다. 가공언의 소에서는 "여러 문장에 ('黼'자가) '斧'자로 되어 있는 경우가 많다. 만약 채색에 의거하여 말한다면, 『주례』「고공기·궤인직(繢人職)」에 '흑색과 백색을 어우러져 넣은 것을 보(黼)라고 한다'라고 한 것이 그것이다. 물건 위에 수를 놓는 것에 의거하여 말한다면, 곧 금부(金斧: 황금으로 장식한 도끼)[4]의 문양이 된다. 도끼날에 가까운 부위가 흰색이고, 도끼자루 끝의 구멍에 가까운 부위가 검은색인 도끼를 '부(斧)'라고 하니, 【'銎'의 음은 曲과 恭의 반절(공)이다】금부로 자르고 베는 뜻을 취한 것이다. 그러므로 정현은 '부(斧)'로 보(黼)를 풀이한 것이다"라고 하였다. '병풍'이라는 명칭은 한나라 때에 출현하였다. 그러므로 (정현이) 인용하여 비유한 것이다.

옛 『삼례도』에 "세로와 가로가 8척이고, 도끼 문양을 그려 넣는데 자루가 없으니, 진설만 하고 사용하지 않는 의리이다"라고 하였다.

[「司几筵」云, "凡大朝覲·大饗·射, 凡封國·命諸侯, 王位設黼依." 注云, "斧謂之黼, 其繡白黑采, 以絳帛爲質. 依【音扆】, 其制如屛風." 賈釋云, "諸文多作'斧'字, 若據采色而言, 卽「繢人職」'白與黑謂之黼', 若據繡於物上, 卽爲'金斧'之文, 近刃白, 近銎黑, 則曰斧【銎, 曲恭切】. 取金斧斷割之義. '屛風'之名, 出於漢世. 故引爲況." 舊『圖』云, "從廣八尺, 畫斧無柄, 設而不用之義."]

① 대조근(大朝覲): 왕이 회동(會同)을 기회로 종묘 안에서 조근(朝覲)의 예를 행하는 것을 말한다. 『주례』「춘관·대종백」에 의하면 봄에 천자를 뵙는 것을 '조(朝)', 여름에 천자를 뵙는 것을 '종(宗)', 가을에 천자를 뵙는 것을 '근(覲)', 겨울에 천자를 뵙는 것을 '우(遇)'라고 하며, 때때로 천자를 뵙는 것을 '회(會)', 여럿이 함께 천자를 뵙는 것을 '동(同)'이라 한다[春見曰朝 夏見曰宗 秋見曰覲 冬見曰遇 時見曰會 殷見曰同.]". '대조근'은 사시의 정기적인 조근[常朝]이 아니라 회동을 기회로 조근의 예를 행하는 것이다.

② 대향례(大饗禮): 왕이 조회하러 온 제후들을 위해 종묘 안에서 거행하는 향례(饗禮)를 말한다.

③ 대사례(大射禮): 왕의 제사에 참여할 사(士)를 선발하기 위해 태학의 벽옹(辟雍)에서 활쏘기 하는 것을 말한다.

④ 금부(金斧: 황금으로 장식한 도끼): 황금으로 장식한 도끼로서, 천자의 의장용 도끼이다. 최표(崔豹)의 『고금주(古今注)』「여복(輿服)」에서는 "금부(金斧)는 황월(黃鉞)이다. … (하은주) 삼대에서 통용하여 사용했는데 그것으로 자르고 베었다. 오늘날에는 금부와 황월을 승여(乘輿)의 장식으로 삼고 있다[金斧, 黃鉞也 … 三代通用之, 以斷斬.今以金斧黃鉞爲乘輿之飾.]"라고 하였다.

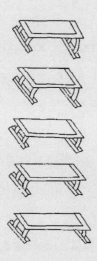

완심(阮諶)의 『삼례도』에 "궤(几: 안석)는 길이가 5척이고, 높이는 1척 2
촌이며, 너비는 2척이다. 양쪽 끝에는 붉은 칠을 하고, 중앙에는 검은 칠
을 한다"라고 하였다. 마융(馬融)은 길이가 3척이라고 하였다.

살펴보건대, 『주례』「춘관·사궤연」에 "(사궤연은) 5궤의 명칭과 종류
를 관장한다"라고 하였는데, (정현은) "(5궤란 자리의) 좌우에 진설하는 옥궤
(玉几)[1]·조궤(彫几)[2]·동궤(彤几)[3]·칠궤(漆几)[4]·소궤(素几)[5]를 말한다"라고
하였다. 5궤의 명칭을 통해 살펴보건대, 양쪽 끝에 붉은 칠을 중앙에 검
은 칠을 한 궤는 없다. 동궤(彤几)와 칠궤(漆几)의 부류를 취하여 검붉은 칠
을 하는 것인 듯하다. 「춘관·사궤연」의 다음 문장에서 "(자리의) 좌우에 옥
궤를 진설한다"라고 하였고, 이 경문에서 "왕은 모두 서서 앉지 않는다"
라고 하였는데, 자리의 좌우에 궤를 진설하는 것은 지존을 우대하는 것이

다.⑥ 선왕을 제사 지내는 경우에는 단지 '작석(昨席)'을 진설한다고만 말하고 '궤(几)'를 진설한다는 말은 하지 않았다.⑦

왼쪽에 진설하는 궤는 왕이 의지하는 것이고, 오른쪽에 진설하는 궤는 귀신이 의지하는 것이다. 이 경문의 뜻을 살펴보면, 살아 있는 사람을 위한 궤는 왼쪽에 있고, 귀신을 위한 궤는 오른쪽에 있는 듯하다. 곧 아래 「춘관·사궤연」에서 "동궤를 오른쪽에 진설하고, 칠궤를 오른쪽에 진설하고, 소궤를 오른쪽에 진설한다"라고 하였으니, 모두 귀신을 위해 진설하는 것이다. 또 "국빈(國賓)을 위해 (室의 창 앞에) 자리를 펼쳐놓고, 그 왼쪽에 동궤를 진설한다"라고 한 것은 살아 있는 사람을 위해 진설하는 것이다.

[阮氏『圖』, "几長五尺, 高尺二寸, 廣二尺, 兩端赤, 中央黑漆." 馬融以爲長三尺. 案「司几筵」, "掌五几", "左右玉·彫·彤·漆·素." 詳五几之名, 是無兩端赤·中央黑漆矣. 蓋取彤·漆類而髹之也. 下云, "左右(五)[玉]¹几," 此經所云, "王皆立不坐, 設左右几"者, 優至尊也. 祀先王唯言昨席, 不言几. 左者, 王馮之, 右者, 神所依. 詳此經義, 則似生人几在左, 鬼神几在右. 卽下云, "右彫几, 右漆几, 右素几", 俱爲神設也. 又云, "筵國賓, 左彤几", 爲生者設也.]

---

1   (五)[玉]: 저본에는 '五'로 되어 있으나 『주례』「춘관·사궤연」에 의거하여 '玉'으로 교감하였다.

① 옥궤(玉几): 옥으로 장식한 궤(안석)를 말한다. 5궤 가운데 가장 존귀하다. 예를 행할 때 사용하는 것으로 선왕의 혼령 및 천자가 기대어 의지하는 안석이다. 『주례』「천관·태재(大宰)」의 정현 주에 "옥궤는 신을 의지하게 하는 것이다. 천자의 좌우에 옥궤를 진설한다[玉几所以依神. 天子左右玉几]"라고 하였고, 또 같은 곳의 정현 주에는 "옥궤는 왕이 기대어 의지하는 곳이다[玉几王所依也]"라고도 하였다. 옥궤가 왕·왕후 및 귀신이 기대어 의지하도록 진설하는 안석임에 반하여, 나머지 4개의 궤는 자리의 왼쪽이나 혹은 오른쪽에 진설한다.

② 조궤(彫几): 문양을 조각하여 넣은 궤로서 5궤 가운데 하나다. 제후들이 제사를 지낼 때 진설한다. 『주례』「춘관·사궤연(司几筵)」에서는 "제후가 종묘에 제사를 지낼 경우, 문양을 그려 넣은 비단의 가선장식을 한 부들자리[蒲筵]를 진설하는데 그 위에 검은색 비단으로 가선장식을 한 왕골자리[莞席]를 포개어 진설하고, 자리 오른쪽에 조궤(彫几)를 진설한다[諸侯祭祀, 席蒲筵繢純, 加莞席紛純, 右彫几.]"라고 하였다.

③ 동궤(肜几): '동(肜)'은 붉은 장식이라는 뜻으로, '동궤'는 붉은색의 안석을 말한다. 빙례를 행할 때 사용한다. 정현의 주에서는 "조빙하러 온 고(孤)·경(卿)·대부(大夫)를 위해 진설하는 것으로, 제후를 위해서는 조궤(彫几)를 진설한다"라고 하였다.

④ 칠궤(漆几): 단옥재(段玉裁)의 『주례한독고(周禮漢讀考)』에 의하면, 칠궤는 검은 칠을 한 안석이다. 『주례』「춘관·사궤연(司几筵)」에서는 "왕이

전렵을 할 경우, 곰 가죽으로 만든 자리[熊席]를 진설하고, 그 오른쪽에 칠궤를 진설한다[甸役則設熊席右漆几.].”라고 하였다.

⑤ 소궤(素几): ‘소궤’는 흰 흙을 바른 안석으로, 상사(喪事)에 사용한다. 손이양(孫詒讓)은 『주례』「춘관·건거(巾車)」의 ‘소거(素車)’에 대한 정현의 주에서는 “소거는 흰 흙으로 회칠을 한 수레다[素車以白土堊車也]”라고 한 것에 의거하여 이 ‘소궤’ 역시 마찬가지이며, 상사(喪事)에서는 간략히 하므로 칠을 하지 않는 것이라고 하였다.

⑥ (자리의) 좌우에 ~ 것이다: 『주례』「천관·태재(大宰)」에서는 “회동을 기회로 왕이 대조근의 예를 행할 때, (태재는) 왕이 제후들의 옥폐(玉幣)를 받는 것을 돕고, 왕이 제후들의 옥헌(玉獻)을 받는 것을 돕고, 왕을 위해 옥궤(玉几)를 진설하고, 왕이 제후들의 옥작(玉爵)을 받는 것을 돕는다[大朝覲會同, 贊玉幣玉獻玉几玉爵.].”라고 했는데, 정현의 주에서는 “옥궤(玉几)는 왕이 의지하는 안석이다. <태재는> 왕이 서 있는데 궤(几)를 진설하니, 존귀한 자를 예우하는 것이다[玉几, 王所依也, 立而設几, 優尊者.].”라고 하였다.

⑦ 선왕을 ~ 않았다: 「춘관·사궤연」에서는 “선왕을 제사 지낼 때 작석(昨席)을 진설하는 것도 이와 마찬가지로 한다[祀先王昨席, 亦如之]”라고 하였다. 정현의 주에서는 “정사농은 ‘작석은 주인의 계단[主階: 동쪽 계단, 왕의 계단]에 진설하는 자리로서, 왕이 앉는 곳이다’라고 하였다. 나는 생각건대, ‘昨’은 ‘酢’의 뜻으로 읽어야 하니, 제사 및 왕이 작(酢)의 예를 받는 자리이다[鄭司農云, ‘昨席於主階設席, 王所坐也.’ 玄謂‘昨’讀曰‘酢’, 謂祭祀及王受酢之席.].”라고 하였다. 즉 ‘昨席’은 ‘酢席’의 뜻으로, 왕이 먼저 시동에게 술을 따라 ‘헌(獻)’의 예를 행하면, 이어서 시동이 이에 대한 보답으로 왕에게 술을 올리는 ‘酢’의 예를 행하는데, 그 술잔을 받는 자리가 ‘작석(酢席)’이다.

筵

옛『삼례도』에 "사(士)의 포연(蒲筵)은 길이가 7척이고, 너비가 3척 3촌인데, 가선장식이 없다"라고 하였다. 『주례』「춘관·사궤연」에 의하면, 선왕을 제사 지낼 때 완석(莞席: 왕골자리)①·조석(繅席: 오채색의 부들자리)②·차석(次席: 붉은 대나무자리)③의 세 가지 자리를 진설하는데, 모두 가선장식이 있다. 또『의례』「향사례·기(記)」에 "포연을 사용하는데, 검은 베로 가선장식을 한다"라고 하였다. 또『의례』「공사대부례·기(記)」에 "검은 베로 가선장식을 한 1장 6척의 부들자리를 진설한다"라고 하였다. 정현의 주에서는 "1장 6척을 상(常)이라고 한다"라고 하였다. 또『예기』「문왕세자」정현의 주에서는 "자리의 규정은 한쪽 넓이가 3척 3촌 3푼이다"라고 하였다.

[舊『圖』云, "士蒲筵, 長七尺, 廣三尺三寸, 無純." 其「司几筵」, 祀先王設莞·繅·次三種之席, 皆有純也. 又「鄉射·記」, "蒲筵, 用緇布純." 又「公食大夫·記」云, "蒲筵常." 注云, "丈六[尺]¹曰常." 又「文王世子」注云, "席之制, 廣三尺三寸三分."]

---

1 尺: 저본에는 '尺'의 글자가 없지만『의례』「공사대부례·기」정현의 주에 의거하여 '尺'을 보충하였다.

① 완석(莞席: 왕골자리): 왕골로 엮어서 만든 자리이다. 왕골은 못에서 자생하는 풀인데, 이 역시 부들의 일종으로 조금 섬세하다. 이 때문에 소포(小蒲)라고도 한다. 천자의 오석(五席) 가운데 하나이다.

② 조석(繰席: 오채색의 부들자리): 정사농(정중)에 의하면, '조석'은 부들의 싹을 엮어서 만든 오채색의 자리를 말한다. 옥을 받칠 때에도 사용한다. 천자의 오석(五席) 가운데 하나이다.

③ 차석(次席: 붉은 대나무자리): 정현의 주에서는 "'차석'은 껍질이 붉은 대나무인 도지죽(桃枝竹)을 엮어서 만들었는데 차례로 문양을 이루기 때문에 명칭이 생긴 것이라고 하였고, 가공언도 한나라 때에 도지죽을 엮어 자리를 만들었는데, 차례로 행렬을 따라 문채를 이루었다"라고 하였다. 천자의 오석(五席) 가운데 하나이다(『주례』「춘관·사궤연」정현의 주 및 가공언 소 참조).

『주례』「춘관·귀인」에 "거북을 잡아서 껍질을 취하는 것은 가을철에 하고, 거북의 내장을 걷어내고 껍질을 가공하는 것은 봄철에 한다. 상춘(上春: 맹춘 정월)에 거북 껍데기에 희생의 피를 바르고, 선복(先卜)①에 제사를 지낸다." 정현은 "가을에는 만물이 완성되므로 거북 껍질을 취하는 것이다. '공(攻)'은 가공한다[治]는 뜻이다. 거북의 뼈를 가공하는 일을 봄철에 하는 것은 이때가 날씨가 건조하여 뼈에 상처가 생기지 않기 때문이다"라고 하였다. '상춘'은 하력(夏曆) 정월(주력 3월)을 말한다. 거북의 껍질에 희생의 피를 발라서 점을 치는 것은 거북을 신으로 여기는 것이다. 그 점복을 칠 경우, 봄에는 뒷면의 왼쪽을 불사르고, 여름에는 앞면의 왼쪽을 불사르고, 가을에는 앞면의 오른쪽을 불사르고, 겨울에는 뒷면의 오른쪽을 불사른다.②

[「龜人」云, "取龜用秋時, 攻龜用春時. 上春釁龜, 祭祀先卜." 鄭以"秋萬物成, 故取龜. 攻, 治也. 治龜骨以春者, 是時乾解不發傷也." 上春, 謂夏正也. 釁之以卜, 神之也. 其卜卽春灼後左, 夏灼前左, 秋灼前右, 冬灼後右.]

① 선복(先卜): '선복'에 대해 정중은 '제사에 앞서 먼저 점복을 치는 것으로, 제사 날짜와 거북의 길흉을 점치는 것'으로 해석하였다. 하지만 정현은 처음으로 점을 쳐서 길흉을 물을 사람에게 제사 지내는 것으로 해석하였다(『주례』「춘관종백·귀인」정현의 주 참조).

② 그 점복을 칠 경우 ~ 오른쪽을 불사른다: 『주례』「춘관종백·귀인」정현 주에서는 "정인이 점을 쳐서 묻고자 하면 먼저 반드시 바르게 하고 점을 쳐야 한다고 하였다[玄謂貞之爲問, 問於正者, 必先正之乃從問焉, 易曰師貞丈人吉, 作龜謂以火灼之, 以作其兆也. 春灼後左, 夏灼前左, 秋灼前右, 冬灼後右, 士喪禮曰, 宗人受卜人龜示高泚卜受視反之, 又曰卜人坐作龜].

'작(燋: 횃불)'은 작은 불을 붙이는 횃불이다. 거북 껍질을 그을릴 때 초돈(楚焞)을 태우는 데에 사용한다(『주례』「춘관·수씨(菙氏)」).① 가공언의 소에서는 "정현이 '燋'의 음을 '작(雀)'이라고 한 것은 『장자』의 '작화(爝火)'② 에서 뜻을 취한 것으로, 활활 타올라 끊임이 없다는 뜻이다"라고 하였다.

[燋, 存火之炬. 當灼龜之時, 用然楚焞也. 賈釋云, "燋, 鄭音'雀'者, 取「莊子」爝火之義, 熒熒然不絶."]

① 『주례』「춘관종백·수씨」에는 "수씨는 작과 설의 공급을 관장하며, 이로써 점치는 일을 대비한다[菙氏, 掌共燋契以待卜事]"라고 하였다.

② 『장자』의 '작화(爝火)': '작화(爝火)'는 『장자』「소요유(逍遙遊)」에 나오는 말이다. "요임금이 허유에게 천하를 양보하면서 말했다. '해와 달이 떴는데, 횃불을 끄지 않는다면, 그 빛을 발하기 어렵지 않겠는가?'[堯讓天下于許由曰, 日月出矣, 而爝火不息, 其于光也, 不亦難乎?]"

『주례』「춘관·수씨(菙氏)」【(菙의) 음은 時와 髓의 반절(수)이다】에 "(수씨는)
작(爝)과 설(契)을 공급하는 일을 관장한다. 무릇 점복을 칠 때에는 명화(明
火)로 홰[焦: 귀갑을 태우는 데 쓰는 나무]를 불태우고, 이어서 그 준설(焌契)
을 불어서 불사른다"①라고 하였다. 그러므로 돈(焞)과 준설(焌契) 3글자의
2가지 명칭은 모두 한 가지 물건으로, 모두 가시나무로 만든다. '초(楚)'는
가시나무[荊]의 뜻이다. 거북껍질을 불사를 때, 그 수씨가 가시나무로 만
든 돈(焞)과 설(契)을 불붙이는 횃불[炬] 위에 걸쳐 놓고 바람을 분다. 그 설
이 불타오르면, 이어서 복사(卜師)②에게 건네주어 거북 껍질을 불살라 조
짐[兆]을 열게 한다. '명화(明火)'는 양수(陽燧)③로 태양에서 취한 불이다.

[「菙氏」【音時髓反】, "掌供焦·契. 凡卜以明火爇焦, 遂歔其焌契." 然則焞·
焌契三字二名, 俱是一物, 皆用楚爲之. 楚, 荊也. 當灼龜之時, 其菙氏以荊之
焞契柱爇火之炬, 吹之, 其契既然, 乃授卜師灼龜開兆也. 明火, 以陽燧於日所
取之火也.]

① "(수씨는) 작(爝)과 설(契) ~ 불사른다": 『주례』「춘관종백·수씨」에 "수
   씨는 작과 설의 공급을 관장하며, 이로써 점치는 일을 대비한다. 무릇
   점을 치면, 명화로써 불을 사르는데 드디어 잘 그을려진 거북껍질을 복
   사에게 줌으로써 마침내 그 점이 이루어진다[菙氏掌共爝契以待卜事.
   凡卜以明火爇爝遂歠其焌契以授卜師遂役之]"라고 하였다.

② 복사(卜師): 『주례』「춘관종백·복사」에 "복사는 거북의 4가지 조짐
   을 묻는 일을 관장한다. 첫째는 방조라 하고 둘째는 공조라 하고, 셋째
   는 의조라 하고, 넷째는 궁조라 한다[卜師掌開龜之四兆一曰方兆二曰功
   兆三曰義兆四曰弓兆]"라고 하였다. 그 지위는 大卜의 아래이고, 卜人
   의 위에 해당한다. 卜師가 바로 貞人이다.

③ 양수(陽燧): 햇빛으로 불을 취하는 구리거울을 말한다.

　『주역』「계사 상전(繫辭上傳)」에 "시초의 덕은 둥글면서 신묘하다"라고 하였다.① 『의례』「소뢰궤사례」에서는 "사(史)는 묘문의 서쪽에서 서쪽을 향해 서서 오른손으로 아래통[下韇]을 뽑아 벗겨 내고 왼손으로 시초를 잡은 다음 오른손으로 위통과 아래통을 함께 잡고 시초를 친다"라고 하였다. 정현의 주에는 "장차 시초(筮)에 길흉을 묻고자 하기 때문에 시초를 점대 통으로 쳐서 그 신령을 움직이게 하는 것이다. '독(韇: 점대통)'은 시초를 넣어 두는 기구이다"②라고 하였다. 가공언의 소에는 "점대통[韇]'은 두 부분으로 나뉘는데, 또한 가죽으로 만든다. 그 한 부분은 위에서 아래로 향하여 점대를 감추고, 다른 하나는 아래에서 위로 향하여 점대를 감춘다"라고 하였다.

　[『易』曰, "著之德, 圓而神." 「少牢禮」, "史西面于門西, 抽下韇, 左執筮, 右兼執韇以擊筮." 注云, "將問吉凶, 故擊之以動其神. 韇, 藏籌之器." 賈釋云, "韇有二, 亦用皮爲之, 其一從上向下韜之, 其一從下向上韜之."]

① 『주역』 ~ 하였다: 정현은 둥글다는 것을 시초의 모양이 둥근 것을 가리
킨다고 보았다. 가공언은 "시초의 형태가 둥글어 변화의 수를 세울 수
있다. 그러므로 '신(神)'이라고 말한 것이다[蓍形圓, 而可以立變化之數.
故謂之神也]"라고 해석하였다. 시초에는 신이 깃들어 있어 그것을 쳐서
움직이게 한다는 뜻이다(『의례주소』, 1039쪽 참조).

② '독(櫝: 점대통)'은 시초를 넣어 두는 기구이다: 이 문장은 『의례』「사관
례(士冠禮)」의 정현 주이다. 서(筮)는 점을 치는 점대, 즉 시초이다. 시
초는 점대를 넣어 두는 통인 '독(櫝)'에 들어 있다. 원래 '독(櫝)'은 활을
넣는 전통(箭筒)이다. 이 '전통'은 보통 가죽으로 만들며 아래통과 위
통 두 분으로 되어 있어 위통을 열고 닫는다. 점대를 넣어 두는 통도 역
시 윗부분인 '상독(上櫝)'과 아래 부분인 '하독(下櫝)'의 두 부분으로 되어
있다.

【弓矢圖08 : 25-畫爻木획효목】

　『의례』「사관례」 정현의 주에서는 "'소괘자(所卦者)'는 땅에 그어서 효
(爻)를 기록하는 도구이다"라고 하였다. 가공언의 소에서는 "옛날에는 나
무로 땅에 그었는데, 오늘날에는 동전으로 한다"라고 하였다. 『의례』「소
뢰궤사례」에서는 "괘자(卦者: 괘를 기록하는 사람)는 사(史)의 왼쪽에 앉아 점
을 쳐서 얻은 괘를 나무막대기[木]로 땅에 그린다"①라고 하였다. 그러므
로 옛날에는 나무로 괘를 그렸음을 알 수 있다.

　[「士冠禮」注云, "[所]卦者, (有司)所以畫地記爻也¹." 賈釋云, "古者用
木畫地, 今則錢." 故「少牢」云, "卦者左坐, 卦以木." 故知古者畫卦以木
也.]

1　[所]卦者, (有司)所以畫地記爻也: 『의례』「사관례」의 정현 주에서는 '卦者' 앞에 '所' 한 글자
　가 더 있고, '有司' 두 글자가 없다. 이 인용문은 '畫爻木'이라는 괘를 그리는 도구를 설명하는
　것으로 괘를 그리는 사람을 설명하는 것이 아니다. 따라서 '卦者' 앞에 '所'가 있어야 '괘를 그
　리는 도구' 즉 '획효목'의 의미가 될 수 있다. 또 '卦者'가 바로 '有司'이므로 중복이다. '卦者'
　앞에 '所'자를 넣으면 '有司' 두 글자는 있어도 무방하지만, 현행본 『의례』「사관례」에 따라
　연문으로 처리하였다.

① 괘자(卦者: 괘를 기록하는 사람)는 ~ 그린다': 한 효(爻)가 결정될 때마다 땅에 그려서 표시해 둔다. 6효가 갖추어지면 목판에 괘를 기록한다. 사(史)가 그것을 받아 주인에게 보여주고 물러나와 점괘의 길흉을 판단하는데, 묘문의 서쪽에서 동쪽을 향하여 휘하의 여러 사람과 함께 점괘의 길흉을 판단한다.

卦
版

　『의례』「사관례」에 "(筮人은) 점치는 일을 마치면,① 얻은 괘를 목판에 기록하고,② 그것을 가지고 가서 주인에게 보여 준다"라고 하였다. 정현의 주에서는 "'획괘(畫卦)'라는 것은 서인(筮人: 점치는 사람)이 점을 쳐서 얻은 괘를 목판[方]에 옮겨 기록하는 것을 말한다"라고 하였다. 가공언의 소에서는 "점을 쳐서 6효가 모두 갖추어져서 괘체(卦體)가 완성되면, 다시 목판에 괘체를 기록하여 주인에게 보여 주는 것이다"라고 하였다.

　[「士冠禮」云, "卒簭, 畫卦執以示主人." 注云, "畫卦者, 簭人以方寫所得卦." 賈釋云, "言所簭六爻俱了, 卦體得成, 更以方版畫卦體, 示主人也."]

① (筮人은) 점치는 일을 마치면: 점을 칠 때는 '서(筮)'와 '점(占)'의 두 과정
   이 있는데, 먼저 '서'를 한 후에 '점'을 한다. '서'는 일정한 방법으로 시
   초를 나누고 뽑아서 괘를 구하는 것이고, '점'은 그렇게 해서 얻은 괘를
   가지고 다시 길흉을 점치는 것을 말한다. 『의례』에서 점치는 내용을
   기록할 때에는 먼저 '서'의 일을 기술한 후에 '점'의 일을 기술하는데,
   점을 친 후에 주인에게 그 길흉을 보고한다.

② 얻은 괘를 목판에 기록하고: 가공언은 괘자(卦者)는 서인(筮人)이 점
   을 쳐서 얻은 효를 땅에 나무 막대기로 차례차례 그려서 괘를 기록하
   고, 서인은 이렇게 해서 얻은 괘를 목판에 기록해서 주인에게 보여 주
   는 것이며, 또 이때에 서인이 직접 괘를 목판에 기록하는 것은 그것이
   괘를 존중하고 시귀(蓍龜)를 존중하는 도리이기 때문이라고 하였다. 또
   한 『의례』「특생궤사례」에서는 괘자가 땅에 획을 그어서 괘를 기록한
   후에 이렇게 해서 얻은 괘를 목판에 기록하면, 이것을 서인이 주인에
   게 보고하는데, 이것은 제사와 같은 길례는 완만하게 진행되기 때문이
   라고 하였다. 그러나 강균(江筠)은 「사상례」와 「특생궤사례」 및 이 경
   문에 대한 정현의 주와 가공언의 소의 모순점을 지적하고, '괘를 기록
   하는 것'(書卦)은 괘자의 담당이고, '그것을 집어서 주인에게 보여 주는
   것'(執以示主人)은 서인의 담당이라고 하였다(『의례주소』, 10쪽, 가공언의 소
   및 호배휘, 『의례정의』, 20~21쪽 참조).

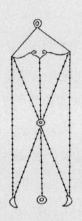

『주례』「천관·옥부(玉府)[1]」에 "(옥부는) 왕의 패옥(佩玉)[2]을 공급하는 일을 관장한다"라고 하였다. 정현의 주에서는 "패옥은 왕이 허리띠에 차는 것이다. 『예기』「옥조」에 '군자는 옥으로써 덕을 비유한다. 천자는 흰색의 옥[白玉]을 차고 검은색의 인끈[玄組綬][3]을 한다'라고 하였다. 『시전(詩傳)』[4]에서는 '패옥은 위쪽에는 총형(葱衡)[5]이 있고, 아래쪽에는 쌍황(雙璜)[6]이 있고, 충아(衝牙)와 빈주(蠙珠)를 그 사이에 넣는다'고 하였다"라고 하였다.

가공언은 (「천관·옥부」의 소에서) "(정현이) '패옥은 왕이 허리띠에 차는 것이다'라고 한 것은 혁대(革帶)의 위에 찬다는 뜻이다"라고 하였고, (또 「천관·옥부」의 소에서) "(『예기』「옥조」에서 말한) '허리띠에 차는 흰색의 옥'이란 형(衡)[7]·황(璜)·거(琚)·우(瑀)를 가리킨다. '검은색의 인끈(玄組綬)을 한다'는 것은 검은색의 인끈으로 형(衡)·황(璜) 등의 구슬을 꿰어서 서로 이어받게 한다는 뜻이다. (정현의 주에서) 인용한 『한시전(韓詩傳)』에서 '패옥은 위쪽에는 총형이 있다'라고 하였는데, '형(衡)'은 횡(橫: 가로)의 뜻이니, 총옥(葱玉)을 횡량(橫梁: 가로 들보)이라 한다. '아래쪽에는 쌍황·충아가 있다'라고 하였는데, 끈으로 형(衡)의 양 끝에 매다는 것을 가리킨다. 두 끈의 아래쪽에는 모두 벽(璧)을 절반으로 자른 형태의 황(璜)이 있다. 그러므로 '쌍황(雙璜: 짝을 이루는 2개의 황)'이라 한 것이다. 또 한 가닥의 끈으로 형(衡)의 중앙에 매달고 끄트머리에서 옥을 묶는다. 그 형상이 송곳니[牙]와 같은데, 앞뒤로 쌍황을 충돌하게 한다. 그러므로 '충아(衝牙)'라고 한다. 살펴보건대, 『모시(毛詩)』에서는 '형(衡)·황(璜) 이외에 별도로 거(琚)·우(瑀)가 있다'라고 하였다. 거와 우의 위치는 충아를 매다는 끈의 중앙에 해당한다. 또 두 가닥의 끈으로 거와 우 사이의 각도를 뚫고서 비스듬히 형(衡)의 양 끝에 묶고, 끈 끄트머리에서 황(璜)에 묶는다. (『한시전(韓詩傳)』에서) '빈주(蠙珠)를 그 사이에 넣는다'라고 하였는데, '빈(蠙)'은 방합[蜯: 민물조개]의 뜻이다. 진주는 방합에서 채취한다. 그러므로 '빈주'라고 한 것이다. '그 사이에 넣는다'는 것은 끈목으로 만든 줄 5개가 있는데, 모두 그 사이에 방합에서 채취한 진주[蠙珠]를 넣는다. 그러므로 '(빈주를) 그 사이에 넣는다'라고 한 것이다"라고 하였다.

옛 『삼례도』에서 "패옥은 위쪽에 쌍형(雙衡)이 있는데 길이가 5촌, 너비가 1촌이다. 아래쪽에 쌍황(雙璜)이 있는데, 지름이 2촌이며, 충아(衝牙)는 길이가 3촌이다"라고 하였다.

[「玉府職」云, "共王之佩玉." 注云, "佩玉, 王之所帶者. 「玉藻」曰, '君子以玉比德. 天子佩白玉而玄組綬.' 『詩傳』曰, '佩玉上有葱衡, 下有雙璜, 衝牙·蠙珠, 以納其間.'" 賈釋云, "佩玉, 王所帶玉. 謂佩於革帶之上者也." "所佩白玉謂衡·璜·琚·瑀也. 玄組綬者, 用玄組條穿連衡璜等, 使相承受. 所引

『韓詩傳』佩玉'上有葱衡'者, 衡, 橫也. 謂葱玉爲橫梁. '下有雙璜·衝牙'者, 謂以組縣於衡之兩頭. 兩組之末, 皆有半璧之璜. 故曰雙璜. 又以一組縣於衡之中央, 於末繫玉. 其狀如牙, 使前後衝突雙璜, 故曰衝牙. 案『毛傳』云'衡璜'之外. 別有琚瑀. 其琚瑀所置當於縣衝牙組之中央. 又以二組穿於琚瑀之內角, 斜繫於衡之兩頭, 於組末繫於璜. 云'蠙珠以納其間', 蠙, 蜯也. 珠出於蜯, 故言蠙珠. 納於其間者, 組繩有五, 皆穿蠙珠於其間, 故云'以納其間'." 舊『圖』云, "佩上有雙衡, 長五寸, 博一寸. 下有雙璜, 徑二寸, 衝牙長三寸."]

① 옥부(玉府): 『주례』「천관」의 관직명으로, 금옥(金玉)·이물(異物)·병기(兵器) 등의 재물을 수장하고 보관하는 일을 관장한다. 상사 2인이 담당하고, 중사 4인이 보좌를 하며, 휘하에 부(府) 2인, 사(史) 2인, 공(工) 8인, 고(賈) 8인, 서(胥) 4인, 도(徒) 48인이 있다.

② 패옥(佩玉): 허리띠에 매다는 옥 장식을 말한다. 위쪽의 형(衡), 중간의 거(琚)·우(瑀), 아래쪽의 충아(衝牙)의 세 부분으로 구성된다. 충아의 좌우 양쪽에서 황(璜)이 있어 걸을 때 충아가 황을 쳐서 옥소리를 낸다.

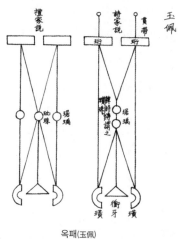

옥패(玉佩)
황이주, 『예서통고』(청)

③ 검은색의 인끈[玄組綬]: 옥을 매다는 비단 끈을 말한다. 진호(陳澔)의 『예기집설』「옥조」에 "인끈은 차고 있는 구슬과 옥을 꿰어서 서로 이

어지게 하는 것이다['綬', 所以貫佩之珠玉, 而相承受者]"라고 하였다.

④『시전(詩傳)』: 전한시대 한영(韓嬰)이『시(詩)』를 해설한『한시외전(韓詩外傳)』을 말한다. 오늘날 이 책은 망실되었지만, 이곳에서 인용한 문장은 청대 범가상(范家相)이 찬한『삼가시습유(三家詩拾遺)』등에 전해지고 있다.

⑤ 총형(葱衡): '총(葱)'은 푸른색의 뜻이고, '형(衡)'은 패옥의 형(衡)으로 '珩'으로도 쓴다. 패옥 위쪽의 횡량(橫梁)을 말한다.『예기』「옥조」에 "일명(一命)은 적황색의 폐슬에 흑색의 패옥을 차고, 재명(再命)은 적색의 폐슬에 흑색의 패옥을 차고, 삼명(三命)은 적색의 폐슬에 총형(葱衡)을 찬다[命縕韍幽衡, 再命赤韍幽衡, 三命赤韍葱衡]"라고 하였는데, 정현은 "푸른색을 총이라 한다[靑謂之葱]"라고 하였다.

⑥ 쌍황(雙璜): '황(璜)'은 벽(璧)을 절반으로 자른 형태의 옥으로서, 규(圭)나 장(璋)보다 등급이 낮다.『주례』「춘관·대종백」의 정현 주에 "벽을 절반으로 자른 것을 '황'이라 하니, 겨울철에 닫고 저장하여 땅 위에 아무런 물건이 없고 오직 하늘만이 절반 나타나는 것을 상징한다[半璧曰璜, 象冬閉藏地上無物, 唯天半見]"라고 하였다.

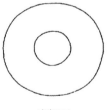

선벽(羨璧)
『흠정주관의소』(청)

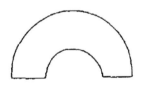

황(璜)
『흠정주관의소』(청)

⑦ 형(衡): 패옥 위쪽의 가로 시렁을 말하며 이것으로 황(璜)과 충아(衝牙)를 매단다.

'불(韍: 무릎가리개)'①은 천자 이하 모두 붉은색 가죽으로 만든다. 『예기』「명당위」에 "유우씨는 가죽으로 만든 불(韍)을 만들어 착용하였다. 하후씨는 거기에 산을 그려 넣었고, 은나라는 또 불을 그려 넣었고, 주나라에서는 다시 용을 그려 넣어 문식으로 삼았다"라고 하였다. 정현의 주에서는 "'불(韍)'은 면복(冕服)에 착용하는 필(韠: 폐슬)이다. 순임금 때 처음 만들어서 제복(祭服)을 존귀하게 하였다. 우왕에서 탕왕을 거쳐 주나라에 이르기까지 그림과 문양을 증가시켜 후대의 왕일수록 문식을 더욱 늘렸다. '산(山)'은 그 인(仁)의 우러러볼 만함을 취한 것이다. '화(火)'는 그 밝음을 취한 것이다. '용(龍)'은 그 변화함을 취한 것이다. 천자는 모든 문양을 갖추어 그려 넣고, 제후는 '불[火]' 이하의 문양을 그려 넣고, 경·대부는 '산'을 그려 넣고, 사는 (문양이 없이) 적황색 무릎가리개[韎韐]②를 착용할 뿐이다"라고 하였다.

그 (불의) 제도는 아래쪽의 너비는 2척, 위쪽의 너비는 1척, 길이는 3척이며 (위쪽의) 목[頸]의 너비는 5촌, 양쪽 어깨[肩]와 혁대(革帶)의 너비는 2촌

이다. 천자는 네 모서리를 곧게 하고,③ 공(公)과 후(侯)는 네 모서리를 깎아
줄여서 방형이 되게 하고,④ 대부는 앞쪽(아래 부분)은 방형이 되게 하고 뒤
쪽(윗부분)은 모서리를 꺾어서 둥글게 한다.⑤ 사는 앞쪽(아래 부분)과 뒤쪽
(윗부분)을 바르게 한다.⑥ 필(韠)의 제도도 이와 마찬가지인데, 치마[裳]의
색깔에 맞추어 만들지만, 산·화·용의 문식은 없다【모든 필과 불은 아랫부분을
앞쪽으로 삼고, 윗부분을 뒤쪽으로 삼는다.】.

[韍, 天子已下皆用朱韋爲之. 「明堂位」曰, "有虞氏服韍, 夏后氏山, 殷火,
周龍章." 注云, "韍, 冕服之韠也. 舜始作之以尊祭服. 禹湯至周, 增以畫文, 後
王彌飾也. 山, 取其仁可仰也. 火, 取其明也. 龍, 取其變化也. 天子備焉. 諸侯
火而下, 卿·大夫山, 士韎韋而已." 其制下廣二尺, 上廣一尺, 長三尺, 其頸五
寸, 肩·革帶博二寸. 天子四角直, 公侯殺四角使之方, 大夫前方, 後挫角, 士
前後正, 韠制同, 隨裳色無山·火·龍之飾.【凡韠韍以下爲前, 以上爲後.】]

① '불(韍: 무릎가리개): 무릎가리개로서 '필(韠)'이라고도 한다. 왕이 조근을
하거나 제사를 지낼 때 착용하는 무릎을 가리는 앞치마 모양의 복식이
다. 다룸가죽으로 만들며, 그 형체와 도안, 색깔 등은 신분에 따라 다르
게 한다. 그 색깔은 치마의 색깔과 같게 한다. 『예기』「옥조」의 정현
주에서는 "이는 현면복과 작변복의 폐슬로서, 제복(祭服)을 높여서 그
명칭을 달리한 것이다. '불(韍)'은 또한 가린다[蔽]는 뜻이다[此玄冕爵弁
服之韠, 尊祭服異其名耳. '韍'之言, 亦蔽也.]"라고 하였다. 같은 『예기』
「옥조」 공영달의 소에서는 "다른 복식에서는 '필'이라고 칭하는데, 제
복의 경우 '불'이라 칭하니, 이것이 그 명칭을 달리한다는 뜻이다. '불'

필 : 정주 공·후필
황이주, 『예서통고』(청)

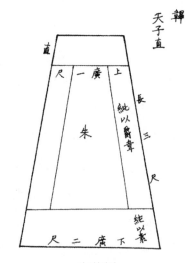

필 : 천자직
황이주, 『예서통고』(청)

과 '필'은 모두 가린다[蔽]는 뜻으로, 가리고 막는다는 뜻을 취한 것이다[他服稱韠, 祭服稱'韍'·'韍', 是異其名. '韍'·'韠'皆言爲蔽, 取蔽鄣之義也.]."라고 하였다.

② (문양이 없이) 적황색 무릎가리개[韎韐]: 『의례』「사관례(士冠禮)」에서 사(士)는 '매겹(韎韐)'을 착용하는 것으로 되어 있으므로, 원문의 '매위(韎韋)'는 '매겹'의 뜻으로 보아야 한다. 『의례』「사관례」에 "작변복(爵弁服)에는 옅은 진홍색 치마(纁裳), 검은색 비단 웃옷[純衣], 검은색 비단으로 가선장식을 한 허리띠[緇帶], 적황색의 무릎가리개[韎韐]를 착용한다[爵弁服, 纁裳, 純衣, 緇帶, 韎韐.]."라고 하였다. 정현의 주에서는 "이는 (士가) 군주의 제사에 참여할 때 착용하는 복장이다. '매겹(韎韐)'은 적황색 무릎가리개이다. 사(士)는 적황색 무릎가리개에 흑색 패옥을 차는데, 가죽을 합쳐서 만든다. 사는 꼭두서니 띠풀로 가죽을 물들이기 때문에 그것으로 인해서 '매(韎)'로 이름을 삼은 것이다"라고 하였다. '매'는 꼭두서니 띠풀로 물들인 가죽을 말하는데, 한 번 물들인 것을 '매(韎)'라고 한다. 『이아(爾雅)』「석기(釋器)」에서는 한 번 물들인 것을 '전(縓: 분홍색)'이라고 하고(一染謂之縓 再染謂之赬 三染謂之纁), 『설문해자』에서는 '전(縓)'을 분홍색 비단이라고 하였다. '매'와 '전'은 모두 한 번 물들여 분홍색으로 만든 것인데, 가죽을 물들이면 '매(韎)'라고 하고, 비단을 물들이면 '전(縓)'이라고 한다.

③ 천자는 네 모서리를 곧게 하고: 『예기』「옥조」의 정현 주에 의하면, 네 모서리를 곧게 하고 둥글게 하거나 깎아서 줄이지 않는다는 뜻이다(四角直無圜·殺).

④ 공(公)과 후(侯)는 ~ 되게 하고: 『예기』「옥조」의 정현 주에 "네 모서리를 깎아 내 줄여서 방형이 되게 하는 것으로, 천자의 경우와 다르게 변

경을 가하는 것이다. 깎아 내서 줄이는 부분은 위아래로 각각 5촌씩
이다.

⑤ 대부는 ~ 둥글게 한다: 『예기』「옥조」 정현의 주에 "위쪽의 모서리를
둥글게 하는 것으로, 군주의 경우와 다르게 변화시킨 것이다. 무릎가리
개[韠]는 아래 부분을 앞쪽으로 삼고, 윗부분을 뒤쪽으로 삼는다[圜其
上角, 變於君也. 韠以下爲前, 以上爲後]"라고 하였다.

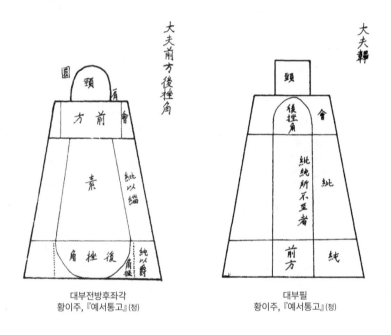

대부전방후좌각
황이주, 『예서통고』(청)

대부필
황이주, 『예서통고』(청)

⑥ 사는 ~ 바르게 한다: 『예기』「옥조」의 정현 주에 "사의 신분은 비천
하기 때문에 군주(천자)와 마찬가지로 바르게 하더라도 혐의를 받지 않
기 때문이다. '바르다'는 것은 곧음과 방형의 사이라는 뜻이다. 천자의
사는 곧게 하고, 제후의 사는 방형으로 한다[士賤, 與君同, 不嫌也. '正',
直·方之間語也. 天子之士則直, 諸侯之士則方]"라고 하였다. 공영달의

소에서는 "'바르다[正]'는 것은 비스듬히 하지 않는다는 뜻이다. 곧게 하여 비스듬히 하지 않는 것을 '정'이라 하고, 방형으로 하고 비스듬히 하지 않는 것 또한 '정'이라 한다. 그러므로 '곧음과 방형의 사이'라고 한 것이다['正'謂不衺也. 直而不衺謂之正, 方而不衺亦謂之正, 故云直方之閒]"라고 하였다.

　『예기』「옥조」에 "천자는 흰색 비단으로 만든 허리띠[素帶]를 착용하는데, 안감은 붉은색 비단으로 만들고[朱裏], 허리띠 전체에 붉은색과 녹색 비단으로 가선장식을 한다[朱緑終辟]"라고 하였다. 대부 이상은 흰색 비단으로 (허리띠를) 만드는데, 모두 너비가 4촌이다. 제후는 안감을 붉은색 비단으로 만들지 않고, 흰색 비단을 합해서 만들며, 또한 천자와 마찬가지로 허리띠 전체에 붉은색과 녹색 비단으로 가선장식을 한다. 대부는 검은색과 황색[玄華]의 비단으로 가선장식을 한다.[①] 허리띠와 혁대를 고정시키는 끈[紐]과 허리띠의 아래로 늘어뜨린 부분[垂: 紳][②]에는 모두 전체에 가선장식을 한다. 사는 누인 비단으로 만든 허리띠[練帶]를 착용하는데, 너비는 2촌이며, 띠의 양쪽 가장자리를 꿰매고, 허리띠의 아래로 늘어뜨린 부분[紳]에만 가선장식을 한다.[③] (천자에서 사까지) 모두 비단 끈으로 허리띠와 혁대를 고정시키는 끈[紐約用組]을 만드는데, 너비는 3촌이고, 길이는 허리띠의 길이와 나란하게 한다.[④] 그 허리띠의 아래로 늘어뜨린 부분[紳]·무릎가리개[韠]·허리띠의 묶음 부분을 고정시키는 끈[紐]의 길이는 모두 3척이다.

[「玉藻」云, "天子素帶, 朱裏, 朱緑終辟." 大夫已上, 用素, 皆廣四寸. 諸侯不朱裏, 合素爲之, 亦朱緑終辟. 大夫飾以玄華辟. 紐及垂終之. 士練帶, 廣二寸, 緈, 下辟, 幷紐約用組, 廣三寸, 長齊於帶. 其紳·韠·紐俱三尺.]

① 검은색과 황색[玄華]의 비단으로 가선장식을 한다:『예기』「옥조」에 "허리띠의 가선장식은 군주의 경우 붉은색과 녹색으로 하고, 대부의 경우 검은색과 황색으로 하고, 사의 경우 흑색으로 하는데, 그 너비는 2촌이지만 두 번 둘러서 4촌이 된다[雜帶, 君朱綠, 君朱綠, 大夫玄華, 士緇辟二寸, 再繚四寸]"라고 하였는데, 정현의 주에서는 "대부는 허리띠의 아래로 늘어뜨린 부분[垂: 紳]에만 가선장식을 하는데, 바깥쪽은 검은색으로 하고, 안쪽은 화(華)로 한다. '화(華)'는 황색이다[大夫裨垂, 外以玄, 內以華, '華', 黃色也]"라고 하였다.

② 허리띠의 아래로 늘어뜨린 부분[垂: 紳]: 대대(大帶)의 '신(紳)'을 가리키는데, 그것이 아래로 늘어뜨려져 있기 때문에 '수(垂)'라고도 한다.『예기』「옥조」정현의 주에서는 "'신(紳)'은 띠의 늘어뜨리는 부분이다. 그것이 구부러져 겹쳐져 있음을 말한다['紳', 帶之垂者也, 言其屈而重也]" 고 하였다.

③ 사는 ~ 가선장식을 한다:『예기』「옥조」의 정현 주에서는 "율(率)'은 봉합한다[縫]는 뜻이다. 사(士) 이하는 모두 홑겹으로 하여 합치지 않고 양쪽 가장자리를 꿰매서 봉합하는데, 오늘날 조두(幧頭)를 만들 때 하는 방식과 같다. '비(辟)'는 '비면(裨冕)'이라고 할 때의 '비(裨)'의 뜻으로 읽는다. '비(裨)'는 비단[繒]으로 그 측변에 색깔을 넣어 장식하는 것이다. 군주는 위쪽 부분에서 아래 끝까지 모두 가선장식을 하고, 대부는 뉴(紐) 및 끝부분에 색깔을 넣어 가선장식을 하고, 사는 그 끝부분에만 색

깔을 넣어 가선장식을 할 뿐이다[士以下皆襌, 不合而緀積, 如今作幧頭 爲之也. '韠', 讀如'裨冕'之裨, 裨謂以繒采飾其側. 人君充之, 大夫裨其紐 及末, 士裨其末而已.]"라고 하였다.

④ 모두 ~ 나란하게 한다: '뉴(紐)'는 허리띠의 묶음 부분에서 허리띠와 혁 대를 고정시키는 끈을 가리킨다. 『예기』 「옥조」에서 "천자에서 제자 에 이르기까지 허리띠의 묶음 부분을 고정시키는 끈은 너비 3촌의 얇 고 넓은 실가닥을 사용한다[幷紐約用組三寸]"라고 한 것에 대해 공영달 의 소에서는 "'뉴(紐)'는 허리띠의 교차하여 묶는 곳에 그 뉴를 붙이는 것을 말한다. '약(約)'은 물건으로 뉴를 꿰뚫고서 그 허리띠를 묶는 것 을 가리키니, 천자 이하 제자 등에 이르기까지 뉴를 묶는 물건은 모두 얇고 넓은 비단 띠로 만든다. 그러므로 '幷紐約用組'라고 말한 것이다. '3촌'은 뉴약을 만드는 실가닥의 너비가 3촌이라는 뜻이다. '길이는 허 리띠와 나란하게 한다'는 것은 뉴약을 만드는 끈의 나머지 길이가 3척 으로 허리띠의 아래로 늘어뜨린 부분(垂: 紳)의 길이와 같다는 뜻이다 ['紐謂帶之交結之處, 以屬其紐. '約'者謂以物穿紐, 約結其帶, 謂天子以下 至弟子之等, 其所紐約之物, 並用組爲之, 故云'幷紐約用組.' 三寸者謂紐 約之組闊三寸. '長齊於帶'者, 言約紐組餘長三尺, 與帶垂者齊.]"라고 하 였다.

笏

『예기』「옥조」에 "홀(笏)①의 길이는 2척 6촌이다. 그 중간 몸체의 너비는 3촌인데, 뾰족하게 깎은 부분은 3촌을 6등분하여 하나를 제거한 길이(2.5촌)이다"라고 하였다. 정현의 주에서는 "'쇄(殺)'는 (베틀의 북처럼) 뾰족하게 깎는다[杼]는 뜻과 같다. 천자는 위쪽을 뾰족하게 깎고 머리를 망치모양으로 만든다. 제후는 머리를 망치모양으로 하지 않는다. 대부와 사는 또한 홀의 아래 부분을 뾰족하게 깎고, 머리 부분의 너비는 2.5촌이 되게 한다"라고 하였다. 공영달의 『예기정의』에서는 "'제후는 머리를 망치모양으로 하지 않는다'는 것은 곧 앞(『예기』「옥조」)에서 '제후는 서(荼)를 꽂는데, 앞쪽은 둥글게 깎고 뒤쪽은 곧게 만드니 천자에게 겸양함을 보이는 것이다'②라고 한 것이 그것이다. (정현의 주에서) '대부와 사는 또한 홀의 아래 부분을 뾰족하게 깎는다'라고 말한 것은 (『예기』「옥조」의) 경문에서는 특별히 '그 중간 몸체의 너비는 3촌이다'라고 하여 홀의 위와 아래의 두 머리 부분이 너비 3촌이 될 수 없음을 밝혔기 때문이다. 제후는 남면을 하는 군주이니, 천자와 마찬가지로 위쪽을 뾰족하게 깎는다. 대부와 사는 북면을 하는 신하이니, 모두 (위쪽 부분을 뾰족하게 깎고) 다시 그 아래 부분까지 뾰족하게 깎아야 한다"라고 하였으니, 곧 (『예기』「옥조」에서) "대부의 홀은 앞쪽도 둥글게 깎고 뒤쪽도 둥글게 깎으니, 겸양하지 않는 바가 없음을 보이는 것이다"라고 한 것이 이것이다. 이 2척 6촌의 홀은 오직 제후 이하의 경우일 뿐이다.

[「玉藻」云, "笏度二尺有六寸, 其中博三寸, 其殺六分而去一." 注云, "殺猶杼也. 天子杼上終葵首, 諸侯不終葵首, 大夫·士又杼其下, 首廣二寸半." 孔『義』云, "'諸侯不終葵首', 卽上云'諸侯荼, 前詘後直, 讓於天子'是也. '大夫·士又杼其下'者, 以經特云'其中博三寸', 明笏上下二首, 不得博三寸. 諸侯南面之君, 同殺其上. 大夫士北面之臣宜俱更殺其下." 卽 "大夫前詘, 後詘, 無所不讓", 是也. 此二尺六寸之笏, 唯諸侯已下.]

① 홀(笏): 좁고 기다란 판자[手板]로서, 옥·상아·대나무 등으로 만들어서 일을 지휘하거나 기록할 때 사용한다. 『예기』「옥조」공영달의 소에서는 "신하가 군주를 뵐 때에는 모두 홀을 잡으니, 홀은 일을 기록하는 도구이다[凡臣見君, 皆執笏, 笏所以記事.]"라고 하였다. 『송서(宋書)』「예지(禮志)」에서는 "홀(笏)이란 일이 있으면 거기에 기록을 하는 것이다. 수판(手版)은 곧 옛날의 홀(笏)이다[笏, 有事則書之…手板則古笏矣.]"라고 하였다. 또 서광(徐廣: 352~425)의 『거복의제(車服儀制)』에 "홀은 수판이다. 『삼국지』「촉지(蜀志)」에 의하면, '진복이 광한 태수 하후찬을 만났을 때 부(簿)로 뺨을 때렸다'라고 하였으므로 한위시대 이후에는 모두 수판을 들고 다녔던 것이다['笏', 卽手板也. 「蜀志」秦密見太守, 以簿擊頰, 則漢魏以來, 皆執手板.]"라고 하였다. 천자는 아름다운 옥으로 만들고, 제후는 상아로 만들고, 대부는 대나무로 만드는데 물고기의 수염으로 장식을 하고, 사는 대나무로 만드는데 상아로 가장자리를 문식한다. 집에서는 자식이 부모를 뵐 때에도 홀을 사용하는데, 일을 할 때에는 허리띠에 꽂고, 일이 없으면 손에 들고 다닌다.

② 제후는 ~ 보이는 것이다: 『예기』「옥조」의 정현의 주에서는 "'서(荼)'는 '서지(舒遲: 더디고 느리다)'라고 할 때의 '서(舒: 더디다)'의 뜻으로 읽는다. 더디고 유순한 것은 두려워하는 바가 앞에 있기 때문이다. '굴(詘)'은 그 머리 부분을 둥글게 깎아서 망치의 머리 부분처럼 네모 반듯하게 만들지 않음을 뜻한다. 제후는 오직 천자에게만 굽힌다. 이 때문에

홀(笏)을 서(荼)라고 하는 것이다['荼', 讀爲'舒遲'之'舒', 舒懦者, 所畏在
前也. '詘', 謂圜殺其首, 不爲椎頭. 諸侯唯天子詘焉, 是以謂笏爲荼.]"라고
하였다.

(『주례』「천관·구인(屨人)」에) "구인은 왕과 왕후의 의복에 수반하는 각종 신발에 관한 일을 관장하니, 적석(赤舃)①·흑석(黑舃)②·적억(赤繶)③·황억(黃繶)④·청구(靑句)⑤를 제작한다"라고 하였다. 정현의 주에서는 "아래 부분을 겹으로 한 신발을 '석(舃)'이라 하고, 아래 부분을 홑겹으로 한 신발을 '구(屨)'라고 한다. '석'과 '구'에는 구(絇: 코장식)·억(繶: 끈장식)·준(純: 가선장식)이 있는데, 장식물이다"라고 하였다. 가공언의 소에는 "아래 부분을 '바닥[底]'이라고 하는데, '복하(複下)'는 바닥을 두 겹으로 한다는 뜻이다. 바닥을 두 겹으로 한 신발은 '석(舃)'이라 칭하고, 바닥을 홑겹으로 한 신발을 '구(屨)'라고 칭한다. '억(繶: 끈장식)'은 신발의 에워싼 부분(옆면)과 바닥이 서로 만나는 부분의 꿰맨 곳의 그 중간에 끈을 묶은 것이다"라고 하였다.

황후는 황억(黃繶)을 사용한다. '구(句)'는 '구(絇)'의 뜻으로 읽으니, '구(絇)'라는 글자는 구애된다[拘]는 뜻이다. 그 형상이 도의비(刀衣鼻: 칼집의 코)⑥와 같다. 신발의 머리 부분에 부착하니, 스스로를 구속하여 항상 눈을 낮게 하고 함부로 뒤돌아보지 않도록 하는 뜻을 취한 것이다. '준(純: 가선장식)'은 끈으로 신발 입구의 둘레에 가선장식을 한 것이다. 구와 석은 각각 치마와 같은 색깔로 한다. 왕의 석(舃)에는 3등급이 있으니, 면복(冕服)⑦에는 적석(赤舃)을 신고, 위변복(韋弁服)⑧과 피변복(皮弁服)⑨에는 백석(白舃)을 신고, 관변복(冠弁服)⑩에는 흑석(黑舃)을 신는다. 왕후 역시 3등급이 있는데, 현석(玄舃)은 휘의(褘衣)⑪에 배합하여 신고, 청석(青舃)은 요적(揄翟)⑫에 배합하여 신고, 적석(赤舃)은 궐적(闕翟)⑬에 배합하여 신는데, 국의(鞠衣)⑭이하에는 모두 구(屨)를 신는다.

["屨人掌王及后之服屨, 爲赤舃·黑舃·赤繶·黃繶·青句." 注云, "複下曰舃, 單下曰屨. 舃·屨有絇有繶有純者, 飾也." 賈釋云, "下謂底也, '複下', 重底也. 重底者, 名'舃', 單底者, 名'屨'. '繶'者, 是牙底相接之縫, 綴條於其中." 后用黃繶. '句'讀曰絇, '絇'之言拘, 狀如刀衣鼻. 拘著舃屨之頭, 取自拘持爲行戒, 使常低目, 不妄顧視也. '純'謂以條爲口緣. 屨·舃, 各象裳色. 王舃有三, 冕服則赤舃, 韋弁·皮弁則白舃, 冠弁之服則黑舃. 王后亦三, [玄]¹舃配褘衣, 青舃配揄翟, 赤舃配闕翟, 鞠衣已下, 皆屨.]

---

① 적석(赤舃): '석(舃)'은 밑바닥을 두 겹으로 만든 신발로, 가죽으로 밑바닥을 만들고 그 위에 나무로 만든 이중의 밑바닥을 덧입힌다. 밑바닥이 홑으로 되어 있는 신발을 '구(屨)'라고 한다. '적석'은 '금석(金舃)'이라고도 하는데, 밑바닥이 이중으로 되어 있는 붉은색의 신발로서, 왕이나 제후가 면복을 착용할 때 신는 가장 존귀한 신발이다. 『주례』「천관·구인(屨人)」정현의 주에 "왕의 길복에는 9가지가 있고, 석(舃)에는 3등급이 있는데, '적석'이 상등급으로 면복을 착용할 때 신는 신발이다[王吉服有九, 舃有三等, 赤舃爲上, 冕服之屨]"라고 하였다.

구(屨)와 석(舃)
장혜언, 『의례도』(청)

억(繶)
진상도, 『예서』(북송)

② 흑석(黑舃): 밑바닥이 이중으로 되어 있는 검은색의 신발로서, 면복을 착용할 때 신는데, 치마와 같은 색으로 만든다.

③ 적억(赤繶): '억(繶)'은 신발의 옆면과 바닥이 서로 만나는 곳에 비단끈을 매어서 장식한 둥근 끈을 말한다. 정현에 의하면 '적억'은 왕이 신는 흑석(黑舃)의 장식물이다(『주례』「천관·구인」 정현의 주, "赤繶者王黑舃之飾.").

④ 황억(黃繶): 신발의 옆면과 바닥이 서로 만나는 부분의 꿰맨 곳에 누런 비단끈을 매어서 장식한 둥근 끈을 말한다. 정현에 의하면 '황억'은 왕후가 신는 현석(玄舃)의 장식물이다(『주례』「천관·구인」 정현의 주, "黃繶者, 王后玄舃之飾.").

⑤ 청구(青句): 정현은 『주례』「천관·구인」의 주에서 "'구(句)'는 마땅히 '구(絇)'가 되어야 하니, 성음으로 인한 잘못이다['句'當爲'絇', 聲之誤也]"라고 하였다. '구(絇)'는 신발의 앞머리에 끈으로 동여매서 구멍 형상으로 만든 장식물을 말한다. 『의례』「사상례(士喪禮)」의 정현 주에서는 "'구(絇)'는 신발의 장식으로, 칼집의 고리처럼 신발의 앞쪽에 있는데 거기에 남은 끈을 연결하여 신발이 갈라지지 않도록 한다['絇', 屨飾, 如刀衣鼻, 在屨頭上, 以餘組連之, 止足坼也.]"라고 하였다. 정현에 의하면, '청구'는 왕이 신는 백석(白舃)의 장식물이다(『주례』「천관·구인」 정현의 주, "青鉤者, 王白舃之飾."). 신발에는 모두 구(絇: 코장식)·억(繶: 끈장식)·준(純: 가선장식)이 있다. '준(純)'은 '연(緣)'의 뜻으로, 신발 앞머리 부분의 가선장식을 말한다. 『주례』「천관·구인」의 경문에서는 '준'에 대해서는 말하지 않았다. 정현에 의하면, 왕의 길복에는 9가지가 있는데 이와 서로 배합하는 신발[舃]에는 적석(赤舃)·백석(白舃)·흑석(黑舃)의 3등급이 있으며, 왕후의 길복에는 6가지가 있는데 이와 서로 배합하는 신발[舃]에는 현석(玄舃)·청석(青舃)·적석(赤舃)의 3등급이 있다(『주례』「천관·구인」의 정현 주, "王吉服有九, 舃有三等. 赤舃爲上冕服之舃.… 下有白舃·黑舃. 王后吉服六, 唯祭服有舃. 玄舃爲上, 褘衣之舃也. 下有青舃·赤舃.").

⑥ 도의비(刀衣鼻: 칼집의 코): 칼집 위의 옥 장식[璲]을 말하는데, 그 끝이 위
로 감아 올라가서 옆에서 보면 ⊂▭의 형상을 하고 있어 신발 앞머리
의 코장식[屨絇]과 매우 유사하다.

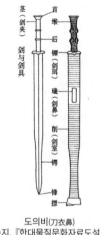

도의비(刀衣鼻)
쑨지, 『한대물질문화자료도설』

⑦ 면복(冕服): 면관(冕冠)을 착용하는 대부 이상의 의복을 총칭하여 '면복'
이라 한다. 변(弁)을 쓰는 변복(弁服: 韋弁, 皮弁, 冠弁)과 구별되는 것으로,
예복 가운데 가장 존귀한 의복이다. 『주례』 「춘관·사복(司服)」에 의하
면, 무릇 길례에는 모두 면(冕)을 쓰는데, 복식은 일에 따라 달라진다.
대구면(大裘冕), 곤면(袞冕), 별면(鷩冕), 취면(毳冕), 치면(絺冕), 현면(玄冕)
의 6면복이 있다.

⑧ 위변복(韋弁服): 천자·제후·대부가 병사(兵事) 때에 착용하는 관복(冠服)
으로, 붉은색의 다룸가죽으로 관과 의상을 만든다. 『주례』 「춘관·사
복」의 정현 주에 "위변은 붉은 가죽으로 변을 만들고, 또 그것으로 상
의와 하의를 만든다[韋弁, 以靺韋爲弁, 又以爲衣裳.]"라고 하였다. 손이

양의 『주례정의』 권40, 「춘관·사복」에서는 임대춘(任大椿)의 말을 인용하여 "위변은 천자·제후·대부가 병사가 일어났을 때 착용하는 의복이다. 융복(戎服)을 가죽으로 만드는 것은 위(韋)와 혁(革)은 같은 종류로서 그것을 착용하고서 군사에 임할 때 그 견고함의 뜻을 취한 것이다. 『진서(晉書)』「예지(禮志)」에 의하면, 위변(韋弁)의 제도는 피변(皮弁)과 유사한데, 위 끝부분이 뾰족하고, 꼭두서니 띠풀로 물을 들였는데, 색깔이 옅은 진홍색이다. 그렇다면 형상이 피변과 같은 것이다[韋弁爲天子·諸侯·大夫兵事之服. 戎服用韋者, 以革韋同類, 服以臨軍, 取其堅也. 『晉志』韋弁制似皮弁, 頂上尖, 韎草染之, 色如淺絳. 然則形狀似皮弁矣.]" 라고 하였다.

⑨ 피변복(皮弁服): 흰색 사슴가죽으로 관을 만들고, 상의는 흰색의 베로 만들고, 치마는 흰색의 비단으로 만들고, 허리 양측에는 주름이 있으며, 흑색의 허리띠[大帶]에 흰색의 무릎가리개를 하는 복식을 말한다. 천자가 조회를 볼 때[視朝], 제후들이 서로 조빙을 할 때[朝聘], 제후가 신하들과 매달 초하루 조묘에 제사를 올려 고할 때[視朔], 사관례에서 두 번째 관을 씌울 때[再加] 모두 이 복장을 착용한다.

⑩ 관변복(冠弁服): 천자가 사냥을 할 때에 착용하는 복장으로, 제후·대부·사의 조복(朝服)으로도 착용한다. '관변(冠弁)'은 곧 현관(玄冠)이다. 그 복식은 검은색 비단으로 만든 관[玄冠], 검은색의 웃옷[緇衣], 흰색의 치마[素裳]를 착용한다.

⑪ 휘의(褘衣): 웃옷에 오채색의 산 꿩 문양을 새겨 넣은 검은색의 옷이다. 왕후의 6복 가운데 가장 존귀한 의복이다. 왕후가 왕을 따라 선왕(先王)에게 제사를 올릴 때 착용한다.

⑫ 요적(褕翟): '褕狄'으로도 쓴다. 비단에 유적(褕翟: 꿩의 깃)의 형상을 새겨

넣은 의복으로, 왕후의 6복 가운데 하나이다. 왕후가 왕을 따라 선공(先公)에게 제사를 올릴 때 착용한다.

⑬ 궐적(闕翟): 비단에 꿩의 깃 형상을 새겨 넣은 의복으로, 왕후의 6복 가운데 하나이다. 왕후가 왕을 따라 소사(小祀)에 제사를 지낼 때 착용한다.

⑭ 국의(鞠衣): 옅은 황색의 복식으로, 왕후의 6복 가운데 하나이다. 왕후가 계춘 3월에 선왕에게 채상(採桑)과 양잠(養蠶)을 기원하는 고상(告桑)의 예를 행할 때 착용하는 복장이다. 후·백·자·남의 부인 및 경의 처도 이 복장을 입는다.

三禮圖集注

旌旗圖

권9 정기도

—

역주 방향숙

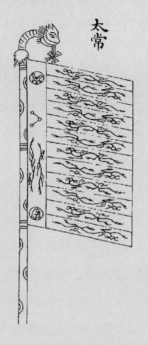

살펴보건대, 『주례』「춘관·건거(巾車)①」에 "왕은 옥로를 타고, 태상 기를 세우는데, 12류(旒)로 장식하고 제사를 지낸다"라고 하였다. 또 『의 례』「근례」② 정현(鄭玄)의 주에서는 "왕이 태상을 세우는데, 정폭[緣]의 윗부분에 해와 달을 그리고, 그 아래와 깃발 가장자리의 장식[旒]에는 승 천하는 용과 하강하는 용을 교차하여 그린다"라고 하였다. 삼(緣)은 모 두 정폭으로 하는데, 붉은색 비단으로 바탕을 만들고, 유를 단다. 또 호장 삼의 폭을 이용하여 삼의 윗부분에는 구부러진 화살을 그린다. 그러므로 『주례』「고공기·주인(輈人)」에서 "호정왕시(弧旌枉矢)"라고 한 것이 이것 이다.③ 모든 정기의 깃대는 모두 모(旄)와 우(羽)를 깃대의 머리 부분에 꽂 는다. 이 때문에 『주례』「천관·하채(夏采)」 정현의 주에서는 "유(緌)④에

다는 기는 소의 꼬리털로 만들며, 동상(棟上)에 매다는데, 그 깃대는 9인(仞)이고, 그 류는 땅에 닿는다"라고 하였고, 또 『춘추좌전』에서는 "삼신의 류기는 그 밝음을 밝히는 것이다"라고 하였다. 두예(杜預)와 정현의 주에서는 모두 삼신은 해·달·별이라고 하였다. 대개 태상(太常)의 윗부분에는 또 별[星]을 그리는 것이다. 완심(阮諶)과 양정(梁正) 등의 『삼례도』에서는 기(旗)의 머리 부분은 금으로 만든 용머리 장식이다. 『구당서』「예악지」에서는 "금으로 된 용머리가 결수와 영유를 물고 있다"라고 하였는데, 즉 예전에 "모(旄)와 우(羽)를 깃대의 머리 부분에 꽂는다"는 제도의 유제이다.

[案「巾車」, "王乘玉路, 建太常, 十有二斿, 以祀." 又「覲禮」注云, "王建太常, 繳首畫日月, 其下及斿交畫升龍·降龍." 繳皆正幅, 用絳帛爲質, 斿則屬焉. 又用弧張繳之幅, 又畫枉矢於繳之上. 故「輈人」云 "弧旌枉矢", 是也. 凡旌旗之杠, 皆注旄與羽於竿首. 故「夏采」注云, "緌以旄牛尾爲之, 綴於橦上, 其杠長九仞, 其斿曳地." 又「左傳」云, "三辰旂旗, 昭其明也." 據杜·鄭二注皆以三辰爲日月星. 盖太常之上, 又畫星也. 阮氏·梁正等『圖』斿首爲金龍頭. 案「唐志」云, "金龍頭銜結綬及鈴綬", 則古 "注旄及羽於竿首"之遺制也.]

① 건거(巾車):『주례』「춘관·대종백」의 속관으로, 수레와 깃발과 관련된
일을 관장한다.

②『의례』「근례」: 왕례(王禮)의 오례(五禮) 가운데 빈례(賓禮)에 속하는 근
례(覲禮)는 제후가 가을에 천자를 뵙는 정기적인 의례이며, 제후가 천자
를 뵙는 사계절 조(朝)·종(宗)·근(覲)·우(遇)의 의례 모두 근례로 전칭(專
稱)하기도 한다. 제후는 가을에 천자를 뵙고 자신의 공적을 진술하고 평
가를 받는다. 근례의 의미에 대해서 정현은『삼례목록』에서 "'근(覲)'은
뵙는다[見]는 뜻이다"라고 하였는데,『주례』「춘관·소종백(小宗伯)」정
현의 주에서는 "'근'은 부지런하다[勤]는 뜻이다. 왕을 위한 일에 부지
런하고자 하는 것이다"라고 하였다.『의례』17편 가운데 유일한 천자
의 의례이며, 정현에 따르면 사계절의 근례 가운데 본 편의 근(覲)만이
온전한 기록으로 남아 있는 것이어서, 고대 왕례의 시행 모습을 볼 수
있는 중요한 자료인 셈이다. 근례의 절차는, 왕의 사자(使者)가 벽(璧)을
예물로 가지고 가서 교외에 유문(帷門)을 설치하고 도착한 후씨(侯氏)를
위로하는 교로(郊勞), 왕이 후씨에게 관사를 하사하고 후씨가 사자에게
빈례(儐禮)를 하는 사사(賜舍), 왕의 대부가 근례의 날짜를 후씨에게 알
리는 계근기(戒覲期), 후씨가 묘문(廟門) 밖에서 임시거처[舍]를 받은 후,
관사에서 석폐(釋幣)를 행하고, 묵차(墨車)를 타고 묘(廟)에 나아가 서옥
(瑞玉)을 바치고 근례를 거행하는 행근례(行覲禮), 근례가 끝나고 왕에게
마피(馬皮) 등의 예물을 세 차례 진헌하는 삼향(三享), 후씨가 육단(肉袒)

을 하고 죄(罪)를 청하면 왕이 사양하고, 이에 노정에서의 노고를 위로하는 육단청사(肉袒請事), 왕이 후씨에게 명서(命書)를 보내 거복(車服)을 하사하는 사제후거복(賜諸侯車服), 왕이 후씨에게 향(饗), 사(食), 연(宴)을 행함으로써 근례가 완결되는 향(饗), 예(禮)의 순서로 거행된다. 제후국 간에 사자를 보내어 서로 빙문(聘問)하는 의례를 기록한 『의례』「빙례」에는 「근례」와 부분적으로 유사한 의례 절차들이 상대적으로 자세히 기록되어 있어 비교, 참조가 된다. 본 편에는 이 외에도 특별한 일이 있을 때 제후가 부정기적으로 천자를 뵙는 회(會)와 천자의 명으로 사방육복(六服)의 모든 제후들이 모여 천자를 뵙는 동(同)의 의례가 부기되었다. 태상기에 대한 정현의 주에서는 "'대기(大旂)'는 태상(大常)을 가리킨다. 왕이 태상을 세우는데, 정폭[緣]의 윗부분에 해와 달을 그리고, 그 아래와 깃발 가장자리의 장식[旒]에는 승천하는 용과 하강하는 용을 교차하여 그린다"라고 하였다.

③ 『주례』「고공기·주인(輈人)」에서 ~ 이것이다: 『주례』「고공기·주인(輈人)」 정현의 주에서는 "『의례』「근례」에 '제후는 교룡(交龍)이 그려진 깃발[龍旂]과 궁의(弓衣)를 씌운 호(弧)를 싣는다'라고 하였다. 그렇다면 정기(旌旗)의 등속에는 모두 호(弧)가 있는 것이다. 호로 정폭을 펼치는데, 옷을 입힌 것을 '독(韣)'이라 한다. 또 화살을 설치하는데 호성에 화살이 있는 것을 상징한다[「覲禮」曰, '侯氏載龍旂弧韣.' 則旌旗之屬皆有弧也, 弧以張緣之幅, 有衣謂之韣. 又爲設矢, 象弧星有矢也.]"라고 하여 호성에 시가 있는 것을 상징한다고 하였다.

④ 유(綏): 깃대의 끝에 쇠 깃털을 매단 기를 말한다.

【旌旗圖09：02-旂기】

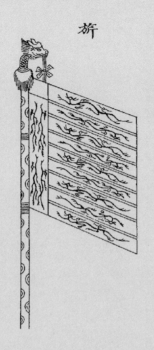

『주례』「춘관·사상(司常)①」에 "교차하는 용을 그려 넣은 깃발을 '기 (旂)'라고 한다"②라고 하였다. 정현의 주에서는 "하나는 (제후가) 올라가서 (천자를) 조회하는 것을 상징하고, 하나는 (제후국으로) 내려와서 복귀하는 것을 상징한다"라고 하였으니, 또한 올라가는 용과 내려오는 용을 교차하여 그리는 것을 가리킨다. 이 깃발은 제후가 세우는데 깃대의 길이는 7인 (仞)③이고 상공(上公)은 9류로 장식하는데 이것은 대화(大火)를 상징한다고 하였다. 이 때문에 『주례』「고공기·주인」 정현의 주에서는 "대화④는 창룡⑤ 별자리의 중심이며, 꼬리가 있는데 꼬리는 9개의 별이다"라고 하였다. 또 후백은 7류이고, 자남은 5류인데, 위 신분은 아래 신분의 제도를 겸할 수 있지만 아래 신분은 위 신분의 제도를 함부로 겸할 수 없다. 그 류의 길이는 제후는 수레 뒤턱[軫]⑥의 높이와 나란하게 하고, 경대부는 교(較)⑦의 높이와 나란하게 하고, 사는 어깨 높이와 나란하게 한다. 천왕이 세우는 경우에는 류와 깃대의 길이는 태상(太常)의 길이와 같다.

[「司常」云, "交龍爲旂." 注云, "一象其升朝, 一象其下復", 亦謂交畫升龍·降龍也. 此諸侯所建, 杠長七仞, 而上公九旒, 以象大火. 故「輈人」注云, "大火, 蒼龍宿之心, 其屬有尾, 尾九星." 若侯伯則七旒, 子男五旒, 上得兼下, 下不得僭上. 其旒長短, 諸侯齊軫, 卿大夫齊較, 士齊肩. 若天王所建, 其旒與杠長短, 一如太常.]

① 「사상(司常)」: 『주례』 「춘관·대종백」의 속관으로, 깃발을 관리하는 업무를 맡는다[司常掌九旗之物, 名各有屬, 以待國事, 日月爲常, 交龍爲旂.通帛爲旜, 雜帛爲物. 熊虎爲旗, 鳥隼爲旟. 龜蛇爲旐. 全羽爲旞. 析羽爲旌].

② 『주례』 「춘관·사상」에 9기 중의 하나를 설명하는 부분이다[司常掌九旗之物, 名各有屬, 以待國事, 日月爲常, 交龍爲旂, 通帛爲旜, 雜帛爲物, 熊虎爲旗, 鳥隼爲旟, 龜蛇爲旐. 全羽爲旞, 析羽爲旌].

③ 인(仞): 중국 고대의 길이 단위. 8척 혹은 7척을 1仞으로 한다.

④ 대화(大火): 창룡 별자리의 중심이다. 氐·房·心을 말한다. 『爾雅』 「释天」에 "대화는 대진이라고 일컫는다.[大火谓之大辰]"라고 하였고, 郭璞은 注에서 "대화는 심이다. 가장 밝으므로, 때를 주관하는 일을 담당한다[大火, 心也, 在中最明, 故时候主焉]"라고 하였다.

⑤ 창룡(蒼龍): 청룡이라고도 부르며, 28수 중에서도 동방의 7개 별자리(角·亢·氐·房·心·尾·箕)를 합하여 부른다.

⑥ 진(軫): 수레 뒤턱을 말한다.

⑦ 교(較): 수레 상자 양쪽 위에 있는 판이며, 손으로 잡는 횡목을 말한다.

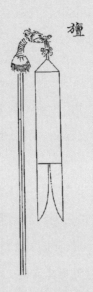

　『주례』「춘관·사상(司常)」에 "전체를 한 가지 색의 비단으로 만든 깃
발을 '전(旜)'이라 한다"①라고 하였다. 정현의 주에서는 "'전체를 한 가지
색의 비단으로 만든다[通帛]'는 것은 대적(大赤)을 가리키는데, 주나라의
정색을 따르며,② 장식은 없다"라고 하였다. 길이는 8척③이고, 너비는 정
폭이다. 가공언의 소에서는 "주나라는 건자(建子: 11월)를 정월로 하였으
며,④ 장식은 없고, 색은 적색이다. 지금의 정기(旌旂)는 진홍빛의 적백(赤
帛)을 모두 통으로 쓰며, 그 색은 주나라의 정색이며, 그 외에 장식은 없
다"라고 하였다. 그러나 깃대의 머리 부분에 모와 우 깃털을 꽂고, 그 끝에
는 패(旆)를 매다는데 제비 꼬리 같다.

　[「司常」云, "通帛爲旜." 注云, "通帛, 謂大赤, 從周正色, 無飾." 長尋, 正
幅. 賈釋云, "以周建子爲正, 物萌, 色赤. 今旌旂通體, 盡用絳之赤帛, 是用周
之正色, 無他物之飾也." 然仍注旄羽於杠首, 亦繫旆於末, 若燕尾也.]

① 『주례』「춘관·사상」에 ~ 한다: 9기 중의 하나인 전(旃)을 설명하는 부
분이다[司常掌九旗之物, 名各有屬, 以待國事, 日月爲常, 交龍爲旂, 通帛
爲旃, 雜帛爲物, 熊虎爲旗, 鳥隼爲旟, 龜蛇爲旐. 全羽爲旞, 析羽爲旌].

② 주나라의 정색을 따르며: '전'은 적색의 비단으로 만드는데, 주왕조가
적색을 숭상하였기 때문이다. 한대에 유행하였던 '삼통설(三通說)'과 '오
덕종시설(五德終始說)'에 의하면 주나라는 적통(赤統), 화덕(火德)으로 적
색을 숭상하였다.

③ 길이는 8척: '심(尋)'은 고대 길이의 단위로 8척이다.

④ 주나라는 건자(建子: 11월)를 정월로 하였으며: 주나라에서는 저녁 무렵
에 북두성의 자루가 자(子)의 방위를 가리키는 달, 즉 11월을 세수(歲首)
로 삼았다.

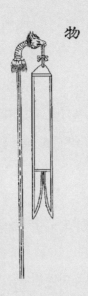

物

『주례』「춘관·사상(司常)」에 "여러 색의 비단[雜帛]으로 만든 깃발을 '물(物)'이라 한다"①라고 하였다. 대부와 사가 이 기를 세운다. 정현의 주에서는 "'여러 색의 비단'이란 흰색의 비단으로 그 옆을 문식하는 것을 말한다.② 백은 은나라의 정색이다. 선왕의 정도로 직무를 보좌하기 위한 것이다"③라고 하였다. 가공언의 소에서는 "'여러 색의 비단'이란 중앙은 적색으로 하고 옆의 가장자리는 흰색으로 하는 것을 말한다. 흰색은 은나라의 정색인데 옆 부분에 있다. 그러므로 '선왕의 정도로 직무를 보좌하기 위한 것이다'라고 한 것이다"라고 하였다.

[「司常」云, "雜帛爲物." 大夫士之所建. 注云, "雜帛以[帛]¹素飾其側. 白,

1 　帛: 저본에는 '帛'이 없으나 『주례』「춘관·사상」과 사고전서 본에 의거하여 보충하여 번역하였다.

殷之正色. 以先王正道佐職也." 賈釋云 "雜帛者, 謂中央赤, 傍邊白. 白者, 殷之正色而在傍, 故云以先王正道佐職也."]

① 『주례』「춘관·사상」에 ~ 한다: 9기 중의 하나인 물(物)을 설명하는 부분이다[司常掌九旗之物, 名各有屬, 以待國事, 日月爲常, 交龍爲旂, 通帛爲旜, 雜帛爲物, 熊虎爲旗, 鳥隼爲旟, 龜蛇爲旐. 全羽爲旞, 析羽爲旌.].

② 흰색의 비단으로 ~ 말한다: 한대에 유행하였던 '삼통설(三統說)'과 '오덕종시설(五德終始說)'에 의하면 은나라는 백통(白統) 금덕(金德)으로 백색을 숭상하였다.

③ 선왕의 정도로 ~ 것이다: 이 문장은 『주례』「춘관·사상」 정현의 주에 없는 말이다.

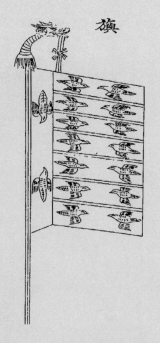

　『주례』「고공기·주인(輈人)」에 "조여는 7류로, 순화(鶉火)①를 상징한다"라고 하였다. 정현의 주에서는 "새들이 여(旟)에 모여 있다. 순화, 주조(朱鳥)②가 유(柳)③별자리에 속하며, 별은 7성(星)이다"라고 하였다. 이 때문에 7류이다. 이 깃발 역시 왕이 세운다. 또 살펴보건대, 『주례』「춘관·사상」에 "주리(州里)마다 여(旟)를 세운다"라고 하였다. 또 향(鄉)의 주장(州長)은 중대부인데 4명이다. 수(遂)의 이재(里宰)는 하사인데 1명이다. 모두 이 7류의 여를 세울 수 없다. 또 정현의 주에서는 "'새가 모여든다'는 것은 그 용감하고 민첩함[勇捷]을 상징한다"라고 하였다. 가공언의 소에서는 "곰, 호랑이, 거북이, 뱀은 이미 각각 양물이 되었다. 즉 그 마땅함에 준하여 응집이라고 말하는 것으로 이것은 용맹한 것이다. 새는 새의 빠른 속도를 취한 것이다"라고 하였다.

[「輈人」云, "鳥旟七斿, 以象鶉火." 注云, "鳥隼爲旟. 鶉火, 朱鳥宿之柳, 其屬有星, 星七星." 故七斿. 此亦王者所建. 又案「司常」云, "州里建旟." 且 鄉之州長是中大夫, 四命. 遂之里宰是下士, 一命. 皆不得建此七斿之旟. 又 後鄭云, "'鳥隼', 象其勇捷也." 賈釋云, "以熊虎龜蛇旣各爲兩物, 則隼當謂鷹 隼, 是勇者也. 鳥, 謂鳥之捷疾者也."]

① 순화(鶉火): 남방 주작(朱雀) 7수(宿) 중에서 정(井)과 귀(鬼) 2수를 '순수(鶉首)'라고 하고, 유(柳)·성(星)·장(張)의 3수를 '순화(鶉火))'라고 하고, 익(翼)·진(軫) 2수를 '순미(鶉尾)'라고 부른다.

② 주조(朱鳥): '주작(朱雀)'이라고도 부른다. 28수 가운데 남방 7수 즉 정(井)·귀(鬼)·유(柳)·성(星)·장(張)·익(翼)·진(軫)의 합칭이다.

③ 유(柳): 28수 남방 주작 중의 제3수를 말한다.

【旌旗圖09：06-熊旗웅기】

『주례』「고공기·주인(輈人)」에 "웅기는 6류이며, 벌(伐)①을 상징한다"
라고 하였다. 정현의 주에서는 "곰과 호랑이로 장식한 깃발이다. 벌(伐)은
백호의 별자리에 속한다. 삼성과 함께 형체가 이어지니 6개의 별이 된다"
라고 하였다. 이 때문에 6류이다. 이 깃발은 왕이 세운다. 그 류와 깃대의
길이는 모두 태상의 길이와 같다. 대개 신하는 즉 각각 의거해야 하는 명
수에 따른다. 그렇다면 수대부는 4명②에 4류이고, 향대부는 6명이니 6류
이다. 류와 깃대의 길이는 왕의 길이와 같을 수 없다.

[「輈人」云, "熊旗六斿, 以象伐." 注云, "熊虎爲旗. 伐, 屬白虎宿. 與參連
體而六星." 故六斿. 此王者所建也. 其斿與杠長短亦如太常. 若臣下則各依命
數. 然則遂大夫四命, 四斿, 鄕大夫六命, 則爲六斿, 斿之與杠長短, 則不得如
王者之數.]

① 벌(伐): 서방 백호 삼수 중의 일자(一字)로 배열된 세 개의 작은 별이다.

② 4명(四命): 주나라 때의 관직은 모두 9등급이며 9명이라고 부른다. 명은 봉작을 내리고 임무를 맡긴다는 의미다. 사명은 왕의 대부와 공의 고 (孤)이다.

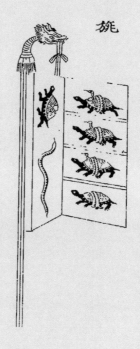

『주례』「춘관·사상(司常)」에 "거북이와 뱀의 문양의 깃발이 조(旐)이다"①라고 하였다. 또 「고공기·주인(輈人)」에서는 "거북이와 뱀 문양에 4류로 영실(營室)②을 상징한다"라고 하였다. 정현의 주에서는 "영실은 현무의 별자리다. 동벽과 이어져서 4성이 된다"라고 하였다. 이 때문에 4류이며, 이 깃발 역시 왕이 세우는 것이다. 또 비사(鄙師)③는 상사로 3명인데 조를 세울 수 있지만 류는 세 개다. 현정의 하대부는 4명인데 조(旐) 깃발에 4류지만 류와 깃대의 길이가 왕과 같을 수는 없었다. 또 살펴보건대, 『주례』「춘관·사상」에 9기의 수에는 또 "온전한 깃털[全羽]은 수(旞)이고, 나누어진 깃털[析羽]은 정(旌)이다"④라고 하였다. 정현의 주에서는 "온전한 깃털과 나누어진 깃털은 모두 5채색으로 수와 정에 매어 단다"라고 하였다. 위에서 말한 바와 같이 주에 의하면 깃대의 머리에 단다는 것이다. 모든 9기에 사용되는 비단은 모두 강색을 사용한다. 가공언의 소에서는 "온전한 깃털, 나누어진 깃털은 깃털이 있으면 비단은 없다"라고 하였다. 정현이 말한 '9류의 백'이라는 것은 누군가의 말에 의거한 것이다. 또 『춘추좌전』 양공 14년 조에는 "범선자가 제나라에서 우모를 빌렸다"⑤라고 했고, 정공 4년에는 "진나라 사람[晉人]은 정(鄭)나라에서 정(旌)을 빌렸다"라고 하였다. 비록 모와 정 두 글자는 같지 않지만, 두예의 주에서는 모두 석우로 정을 만든 것이라고 하였다. 공영달의 『춘추좌전정의』에 의하면 전우나 석우의 아래에는 모두 비단이 있다고 하였다.

[「司常」云, "龜蛇爲旆." 又「韗人」云, "龜蛇四斿, 以象營室." 注云, "營室, 玄武宿. 與東壁連體而四星." 故四斿, 此亦王者所建也. 又鄙師是上士, 三命. 雖得建旗, 而三斿. 其縣正是下大夫, 四命. 旗雖四斿, 其斿與杠長短亦不得與王者同. 又案「司常」九旗之數又有 "全羽爲旞, 析羽爲旌." 注云, "全羽, 析羽皆五采, 繫之於旞, 旌之. 上所謂注旄於竿首也. 凡九旗之帛皆用絳." 賈釋云, "全羽, 析羽直有羽而無帛." 鄭云 '九旂之帛'者, 據衆有者而言也. 又『左傳』襄十四年, "范宣子假羽毛於齊", 定四年 "晉人假羽旌於鄭." 雖毛·旌二字不同, 杜注皆以析羽爲旌. 孔『義』以全羽·析羽之下皆有其帛.]

① 『주례』「춘관·사상」에 ~ 조(旐)이다: 9기 중의 하나인 조(旐)를 설명하는
부분이다[司常掌九旗之物, 名各有屬, 以待國事, 日月爲常, 交龍爲旂, 通
帛爲旜, 雜帛爲物, 熊虎爲旗, 鳥隼爲旟, 龜蛇爲旐. 全羽爲旞, 析羽爲旌.].

② 영실(營室): 28수 중 북방 현무의 여섯 번째 별을 말한다.

③ 비사(鄙師): '비(鄙)'는 교외(郊外)의 행정구획 단위로서, 500가(家)를 '비'
라고 한다. '비사(鄙師)'는 이 500가의 정령(政令)과 제사(祭祀)를 관장하
는 관직으로, 작위는 상사(上士)이다.

④ 온전한 깃털[全羽]은 ~ 정(旌)이다: 전우는 온전한 새의 깃털을, 석우는
쪼개어 나누어진 새의 깃털을 말한다. 『주례』「춘관·사상」에 "전우로
수(旞)를 만들고, 석우로 정(旌)을 만든다[全羽爲旞, 析羽爲旌]"라고 하
였다. 鄭玄 注에서는 "전우, 석우는 모두 오채색의 깃털로 수와 전의
깃발 위를 장식한다[全羽析羽, 皆五彩系之於旞旌之上]"라고 하였다.

⑤ 범선자가 제나라에서 우모를 빌렸다: 이 대목은 『좌전』 양공 14년에
"범선자가 제나라에서 우모를 빌리고 돌려주지 않았다. 제나라는 이때
부터 진나라를 배신할 마음을 품게 되었다[范宣子假羽毛於齊 而弗歸,
齊人始貳]"라고 하였는데 주소에서는 "석우로 만든 정은 왕이 외유할
때 세우는 것인데, 제나라에서 사사로이 이 깃발을 가지고 있었으므로
범선자가 이를 빌린 것"이라고 하였다[析羽爲旌, 王者游車之所建, 齊私
有之. 因謂之羽毛宣子聞. 而借觀.]

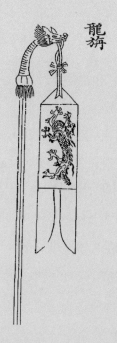

『의례』「향사례·기(記)」에 "군주가 국경에서 활쏘기를 할 때에는 호 중(虎中)①을 사용하고 용전을 세운다"라고 하였다. 정현의 주에서는 "'국 경에서[於境]'라는 것은 이웃 나라의 군주와 함께 활쏘기를 하는 경우를 말한다.② 용을 그린 전기는 문장을 숭상한 것이다"라고 하였다. 이것 역 시 진홍색의 비단을 사용하여 만든다.

[「鄕射·記」曰, "君射於境, 則虎中·龍旃." 注云, "於境, 謂與鄰國君射也. 畫龍旃, 尙文章也." 此亦通用絳帛爲之.]

① 호중(虎中): 사례(射禮)를 거행할 때 사용하는 호랑이의 머리 모양을 장
식한 산가지통을 말한다.

② 국경에서[於竟]'라는 것은 ~ 경우를 말한다: 가공언은 군주가 빈을 전송
할 일이 있어 전송하는 것을 기회로 활쏘기를 하는 것으로 보고 빈사(賓
射)라고 규정하였다. 이에 반해 성세좌(盛世佐)는 "제후가 서로 조회를
하면 이에 빈사를 하게 되는데, 빈사는 국경에서 할 필요가 없다. 천자
의 빈사는 조정에서 하므로 제후의 경우도 알 수 있다"라고 하여 가공
언의 설을 비판하였다(호배휘, 『의례정의』, 660쪽 참조).

　도정(翿旌)[1]은 백색 깃털과 주색 깃털을 섞어서 만든다. 살펴보건대, 『의례』「향사례·기」에 국군이 성중에서 연사를 거행할 때 '획'을 외치는 자가 핍(乏: 화살막이)[2]의 남쪽에서 정을 잡고 동쪽으로 향하며, 정을 기울여 세운다. 화살이 명중하였음을 살피는 자는 즉 정을 들면서 큰 소리로 '획'이라고 말한다. 획이라는 것은 득점하였다는 것이다. 활을 쏘는 것은 무예와 사냥과 같은 일을 연무하는 것이기 때문에 명중한 것을 획이라고 한다. 또 위의 『의례』「향사례·기」에서 "깃발(旌)은 장소에 따라 각각 잡색 비단의 깃발[物]을 사용한다. 잡색 비단의 깃발이 없으면, 흰 깃털과 붉은 깃털을 섞어서 만든 깃발을 사용한다. 깃대의 길이는 3인(仞: 21척)이고, 깃대의 위쪽 2심(尋: 16척) 되는 곳에 기러기 머리 부분의 털과 가죽을 둘러

장식한다"라고 하였다. 정현의 주에서는 "여러 색깔 비단으로 물을 만든 것은 대부·사가 세우는 것이다. 명이 없는 사는 물이 없다. 이 정기는 즉 일산 같은 깃발[翢旌]이다. '유(糅)'는 섞는다는 것이다. '강(杠)'은 깃대[橦] 다. '홍(鴻)'은 새의 긴 목덜미다. 또 국군은 스스로 그 정기가 있으면서도 명이 없는 사의 정기를 쓰는 것은 그 주연을 베푼 자의 마음을 기쁘게 하기 위하여 사용하는 것이다. 반드시 도(翢)를 정기로 삼은 것은 문덕을 숭상하는 까닭이다"라고 하였다. 가공언의 소에서는 "문덕을 나타내는 것은 문무와 우무를 추는 것이다. 무덕을 나타내는 것은 무무와 간무를 추는 것이다. 이 도정은 이미 깃털을 사용하여 만들었으므로 문덕을 숭상하는 것을 취한 것이다"라고 하였다.

[‘翢旌’者, 雜用白羽·朱羽以爲之. 案「鄕射·記」國君行燕射於城中, 命獲者執旌於乏南, 東面, 偃旌而立. 候射中者, 則擧旌而大聲言‘獲’. 獲, 得也. 射者講武田之類, 是以中爲獲也. 又上文云, "旌各以其物. 無物, 則以白羽與朱羽糅. 杠長三仞, 以鴻脰韜上, 二尋." 注云, "雜帛爲物, 大夫士之所建也. 不命之士無物. 此旌卽翢旌也. 糅, 雜也. 杠, 橦也. 鴻, 鳥之長脰者. 且國君自有其旌, 而用不命之士旌者, 以其燕主歡心, 故用之也. 必以翢爲旌者, 尙文德也." 賈釋云, "以文德者, 舞文舞, 羽舞也. 以武德者. 舞武舞, 干舞也. 此翢旌旣用羽爲之, 故取尙文德也."]

① 도정(翿旌): 깃털로 장식한 깃발이다. 춤을 출 때 사용하거나 사례를 행
할 때 '획'이라고 외치는 자가 이 깃털을 잡고 '획'이라고 한다.

② 핍(乏: 화살막이): 고대 사례를 행할 때 화살을 뽑는 자가 몸을 가려 보호
하였던 기구이다.

『주례』「춘관·건거(巾車)[1]」에 왕의 오로(五輅)[2]를 관장한다. 옥로·금로·상로·혁로[3]의 사로(四輅)는 그 장식은 비록 다르지만 제도는 같다. 이제 특별히 옥로 가운데 하나를 그렸는데, 태상의 기(旂)를 세워서 제사 지낼 때 타는 것에 대비한다. 그 나머지 수레의 형식은 모두 「고공기(考工記)」에 갖추어져 있다. 별도로 아래에서 기록한 것은 윤지(輪軹)[4]의 높이, 대이(轛輢)[5]의 모양, 안 바퀴 폭과 바깥 바퀴 폭의 제도, 대천(大穿)과 소천(小穿)[6]의 수, 덮개가 설치되는 곳, 걸(釳)[7]을 다는 곳으로 성심을 보여 주는 것을 여러 로(輅)의 제도에서 모두 알 수 있다【'釳'의 음은 乞(걸)이다.】.

[「巾車」, 掌王之五輅. 玉·金·象·革四輅, 其飾雖異, 其制則同. 今特圖玉輅之一, 兼太常之旂, 以備祭祀所乘. 其餘車式, 皆具「考工記」. 別録於下, 則輪軹之崇, 轛輢之狀, 輻内輻外之制, 大穿小穿之殊, 蓋之所居, 釳之所在, 若誠心觀之, 則諸輅皆可知矣.【釳音乞.】]

① 건거(巾車): 『주례』「춘관·대종백」의 속관으로 수레와 깃발과 관련된 일을 관장한다.

② 오로(五輅): 『후한서(後漢書)』「여복지(輿服志)」 세주에서는 "『주례』에서는 왕의 다섯 수레를 첫째는 옥로, 둘째는 금로, 셋째는 상로, 넷째는 혁로, 다섯째는 목로라 했다. 『석명(釋名)』에서는 '천자가 타는 것을 로(路)라 하는데, 로는 또한 군사(軍事)와 관계가 있다. 로(輅)라고 부르는 것은 길을 다니는 것을 말한 것이다'고 하였다"라고 하였다.

③ 옥로·금로·상로·혁로: '옥로(玉輅)'는 옥으로 장식한 수레로, 천자의 오로(五輅) 가운데 하나이다. 제사를 지낼 때 탄다. '금로(金輅)'는 금으로 수레 윗부분의 끝을 장식한 수레로, 천자의 오로 가운데 하나이다. 천자가 빈객 접대, 조근(朝覲)·종우(宗遇)·향례(饗禮)·사례(食禮) 및 동성의 제후를 봉할 때에 탄다. '상로(象輅)'는 상아로 장식을 한 수레로, 천자의 오로 가운데 하나이다. 천자가 조회를 보거나 이성의 제후를 봉할 때에 탄다. '혁로(革輅)'는 가죽을 입히고 칠을 한 수레로, 천자의 오로 가운데 하나로서 전쟁을 할 때에 탄다.

④ 윤지(輪軹): '지(軹)'는 수레바퀴 끝에서 수레 축을 꿰는 작은 구멍을 말한다. 수레바퀴와 연결되어 회전운동의 동력을 전달하는 부품으로 오늘날 자동차의 샤프트와 같은 역할을 한다. 『주례』「동관·윤인(輪人)」에 "그 곡(轂)의 길이를 5등분하고 그 2등분을 제거하면 현(賢)의 길이가 되고, 3등분을 제거하여 지(軹)의 길이로 삼는다[五分其轂之長, 去(一)

[二]以爲賢, 去三以爲軹]"라고 하였다. 정중(鄭衆)에 의하면 '현'은 큰 구멍이고, '지'는 작은 구멍이다.

⑤ 대이(轛輢): '대(轛)'는 수레의 앞창, 즉 식(軾)의 하면에 종횡으로 교차하여 설치한 나무 난간을 말한다. 『주례』「고공기·여인(輿人)」에 "지(軹)의 둘레를 3등분하고 그 1등분을 제거하여 대(轛)의 둘레를 만든다[參分軹圍去, 一以爲轛圍]"라고 하였다. '이(輢)'는 수레에 오른 사람이 기댈 수 있도록 나무로 설치한 부분이다.

⑥ 대천(大穿)과 소천(小穿): 수레의 바퀴통 곡(轂)의 가운데를 수레 축(軸)이 관통하는데, 곡(轂)의 안쪽은 가마의 부분과 가까워 그 안쪽 끝부분 지름이 커서 '대천(大穿)'이라고 부르며, 바깥 끝부분 지름은 작아서 '소천(小穿)'이라고 부른다.

⑦ 걸(釳): 말의 머리에 다는 금속 장식이다.

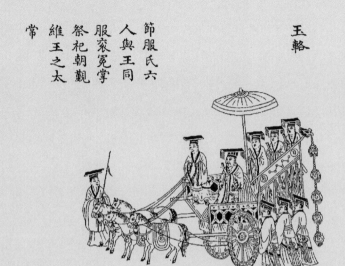

節服氏六
人與王同
服袞冕掌
祭祀朝覲
維玉之太
常

玉輅

『주례』「고공기·총서(總序)」에 "승거(乘車: 황제가 타는 수레)의 바퀴 높이는 6척 6촌이다"라고 하였는데, 정현의 주에서는 "'승거'는 옥로·금로·상로를 말한다"라고 하였다. (「고공기·총서(總序)」 6척 6촌 높이의 수레바퀴에서) "지(軹)[1]의 높이는 3척 3촌인데, 진(軫)[2]과 복(樸)[3] 7촌을 더하면 모두 4척이 된다. 사람의 신장은 8척이니, 수레에 오르고 내릴 때 (軫의 높이의) 기준으로 삼는다"라고 하였다. '복(樸)'은 가마의 아랫부분의 복토(伏兔)[4]를 말한다. 아(牙)[5]의 바깥 둘레는 1척 1촌으로, 옻칠을 하지 않으며, 땅에 닿는 부분이다. 곡(轂)[6]은 길이가 3척 2촌이며, 둘레 지름은 1척 2/3촌이다. 바퀴통 안 구멍[車藪空][7]의 지름은 3과 5/9촌이며, 대천 구멍의 지름은 4와 2/5촌이며, 소천 구멍의 지름은 2와 4/15촌이다. 바퀴살의 너비는 3촌 반이며, 바퀴통에 들어가는 복(輻: 바퀴살)[8]의 안쪽 부분은 9촌 반, 바퀴살 바깥 부분은 1척 9촌이다. 바퀴살을 바퀴의 가장자리 둘레에 꽂는 곳의 너비는 2와 2/6촌이다. 바퀴통을 뚫어 바퀴 살을 끼우는 곳의 깊이는 3촌 반이다.

또 「고공기·여인(輿人)⁽⁹⁾」에서는 바퀴의 높이, 수레의 너비, 형(衡)⁽¹⁰⁾의 길이는 모두 6척 6촌이며, 가마의 길이는 4척 4촌이고, 식의 깊이는 1척 4와 2/3촌이고, 식(式)⁽¹¹⁾의 높이는 3척⁽¹²⁾ 3촌이며, 교의 높이는 5척 5촌이라고 하였다.【가공언의 소에서는 "교는 지금의 평격(平鬲)이다"라고 하였다. 공영달의 소에서는 "식의 윗부분은 2척 2촌인데. 따로 횡목이 하나 있으며, 이를 교(較)라고 한다"라고 하였다.】 가마 뒤에 횡목을 진이라고 하는데, 둘레는 1척 1촌, 식의 둘레는 7과 1/3촌, 교의 둘레는 4와 8/9촌, 지의 둘레는 3과 7/27촌, 대의 둘레는 2와 14/81촌이며, 곡과 여는 모두 가죽으로 매고, 옻칠을 한다. 옥로는 옥으로 수레의 끝부분을 장식한다. 끌채[輈]의 깊이는 4척 7촌이며, 끌채의 길이는 1장 4척 4촌이고, 끌채의 둘레는 1척 4와 2/5촌이고, 끌채의 지름둘레는 9와 9/15촌이다【끌채의 목 부분은 수레 가름대[衡]를 지탱하는 곳에 해당한다.】. 끌채의 종위[踵圍]는 7과 51/75촌이고【종은 가마의 가로로 댄 횡목이다.】 형임(衡任)⁽¹³⁾의 둘레는 1척 3과 1/5촌이며, 임정(任正)⁽¹⁴⁾의 둘레는 1척 4와 2/5촌이다. 임정은 가마 아랫부분의 3면에 댄 횡목이다.

[「考工記」云, "乘車之輪六尺有六寸." 注云, "乘車, 玉輅·金輅·象輅也". "軹崇三尺有三寸, 加軫與轐七寸, 共四尺. 人長八尺, 登下之以爲節也." 轐, 輿下伏兔也. 牙圍一尺一寸, 不漆其踐地者. 轂長三尺二寸, 圍徑一尺三分寸之二. 車藪空徑三寸九分寸之五, 大穿空徑四寸五分寸之二, 小穿空徑二寸十五分寸之四. 輻廣三寸半, 轂輻內九寸半, 輻外一尺九寸. 輻近罔處廣二寸六分寸之二. 轂鑿受輻深三寸半. 又「輿人」云, 輪崇·車廣·衡長俱六尺六寸, 輿長四尺四寸, 式深一尺四寸參分寸之二, 式之高三尺三寸, 較高五尺五寸.【賈疏云, "較, 今之平鬲也." 孔疏云, "式上二尺二寸, 別橫一木, 謂之較."】輿後橫

木謂之軫, 圍尺一寸, 式圍七寸參分寸之一, 較圍四寸九分寸之八, 軹圍參寸二十七分寸之七, 轛圍二寸八十一分寸之十四, 轂·輿皆以革鞔, 漆之. 玉輅以玉飾諸末. 輈深四尺有七寸, 輈之長丈四尺四寸, 輈圍一尺四寸五分寸之二, 輈之頸圍九寸十五分寸之九, (頸當持衡之處.) 輈之踵圍七寸七十五分寸之五十一,【'踵'承輿橫軫者.】衡任圍一尺三寸五分寸之一, 任正圍尺四寸五分寸之二. 任正者, 輿下三面材也.]

① 지(軹): 수레 부품과 마구 명칭은 아래의 그림 참조. 수레 위에는 명칭이
　　같은 3가지의 지(軹)가 있는데, 이곳의 '지'는 축(車軸: 수레 굴대) 끝부분
　　에서 곡(轂: 수레 바퀴통) 밖으로 나온 것을 가리킨다. '곡'은 수레바퀴의
　　중앙에 있는데, 그 중앙 부분은 비어 있으며, 중앙의 비어 있는 부분에
　　축을 끼우는데, '축'이 길게 곡 밖으로 나와 있는 부분을 '지'라고 한다.

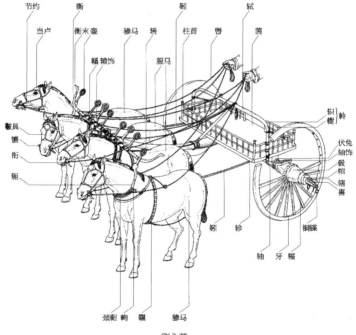

劉永華,
『中國古代車輿馬具』(淸華大學出版社, 2013)

② 진(軫): 수레 상자의 하부 4부분에 댄 횡목으로 양쪽과 앞뒤 모두 4개이다. 4개를 서로 묶어 결구를 만든 것을 '진광(軫框)'이라고 하며, 수레 상자의 하부를 지탱하는 주요 부분이다. 『주례』「고공기·여인(輿人)」에 "수레 상자[箱]를 6등분하여 그 1등분으로 진(軫)의 둘레 길이를 삼는다[六分其廣, 以一爲之軫圍]"라고 하였다.

③ 복(轐): 수레 상자의 바닥을 수레의 바퀴의 축에 고정시키는 장치를 말한다.

④ 복토(伏兔): 복(轐)을 이용하여 수레 상자의 바닥을 수레의 바퀴의 축에 고정시키면, 그 형태가 누워 있는 토끼의 형상을 하므로 '복토'라고 한다.

⑤ 아(牙): 수레바퀴의 바깥 둘레를 말한다. 바퀴 테, 즉 망(輞)을 가리킨다.

⑥ 곡(轂): 수레 바퀴살이 모여 꽂히는 중심축의 둥근 나무장치를 말한다.

⑦ 거수(車藪): 바퀴통인 곡의 비어 있는 공간으로 바퀴살이 모이는 곳이다.

⑧ 복(輻: 바퀴살): 바퀴 테와 바퀴통을 연결하는 곧은 나무, 바퀴살을 말한다.

⑨ 여인(輿人): 『주례』「고공기(考工記)」에 나오는 관직명이다. 수레 상자, 가마를 제작하는 일을 관장한다.

⑩ 형(衡): 수레의 끌채 앞의 가로 막대, 그 아래에 두 개의 멍에가 있고, 멍에에 말을 맨다.

⑪ 식(式): 식(軾)과 통용되며, 수레 앞에 잡고 서서 지지하는 지지대다.

⑫ 3척: 이 부분은 송본에는 2척으로 되어 있으나, 『주례』「고공기」정현의 주와 사고전서 본에는 3척으로 되어 있다.

⑬ 형임(衡任): 형에 단 두 개의 멍에 사이의 부분을 말한다.

⑭ 임정(任正): 수레 상자 아래 좌우 및 앞 가장자리에 있는 가로 막대를 말한다.

節
服
氏

『주례』「하관·절복씨(節服氏)①」에 "(왕은) 교(郊) 제사를 지낼 때 대구
(大裘)를 입고 면관(冕冠)을 쓴다. (절복씨 가운데) 2인은 창을 들고서 시동을
맞이하는데, 시동의 수레 뒤를 따른다"라고 하였다. 이제 그림 하나로 그
뜻을 밝힌다. 또 「하관·태어(太馭)②」에 "옥로를 몰아 제사하러 가는 것을
담당한다. 모든 말을 모는 의례는 난방울과 화방울로 조절한다"라고 하였
다. 정현의 주에서는 "난방울은 형(衡)에 매달고, 화방울은 식(軾)에 매단
다"③라고 하였다. 또 「하관·재우(齋右)④」에 "제사가 있을 때 옥로의 오른
쪽에서 왕이 수레에 오르면 말을 잡고, 왕이 행차하면 배승한다. 무릇 (왕
이) 희생을 살필 때에는 말의 앞쪽으로 나아간다"라고 하였다. 정현의 주
에서는 "이는 왕이 희생을 살필 때 두 손을 모아 식(軾)의 예를 행하면, 재
우는 말의 앞쪽에서 뒤로 물러나 말이 놀라서 달아나는 것에 대비함을 말

한 것이다"라고 하였다. 『예기』 「곡례 상(曲禮上)」에서는 "군주는 종묘에 이르면 수레에서 내려 희생에 쓰일 소에 식(軾)의 예를 행한다"라고 하였다.

[「節服氏」, "郊祀裘冕, 二人執戈, 送逆尸, 從車." 今圖一以曉之. 又「太馭」, "掌馭玉路以祀. 凡馭路儀, 以鸞·和爲節." 注云, "鸞在衡, 和在軾." 又「齋右」, "有祭祀之事, 兼玉路之右, 王乘則持馬, 行則陪乘. 凡有牲事, 則前馬." 注云, "此謂王見牲則拱而式, 齋右居馬前却行, 備驚奔也." 「曲禮」曰, "國君下宗廟, 式齋牛."]

① 절복씨(節服氏): 하관 대사마(大司馬)의 속관으로 천자가 제사를 거행하거나 조근의 예를 행할 때 곤면의 예복을 관장한다. 작위는 하사(下士)이다.

② 태어(太馭): 하관 대사마(大司馬)의 속관으로, 왕의 가마 옥로를 모는 일을 관장한다.

③ 난방울은 ~ 매단다: '난(鸞)'은 수레의 형(衡)에 다는 방울이고, '화(和)'는 수레의 식(軾)에 다는 방울이다. 수레가 움직이면, 난과 화가 호응하여 절주를 이룬다. 그 소리의 조화로움으로 수레의 운행이 순조로움을 알 수 있다.

④ 재우(齋右): 하관 대사마(大司馬)의 속관으로, 제사나 회합 등에 왕이 행차할 때 왕의 수레에 참승한다.

　　윤인(輪人)은 수레 덮개[蓋]①를 만든다. 덮개의 꼭대기는 '부(部)'라고 부르는데, '부'는 지름이 6촌이고, 두께는 1촌이며, 위로 융기한 부분은 1분이다. 덮개의 꼭대기 아래의 달상(達常: 덮개 자루의 윗부분)②은 길이가 2척이고, 지름은 1촌이다. 달상 아래는 강(杠: 깃대)에 끼우는데, 강의 길이는 8척이고, 지름은 2촌으로, 달상을 끼우기에 적당하다. 덮개의 살은 28궁(弓)으로 궁마다 길이는 6척이고, 너비는 4분이다. 먼저 '부'를 뚫어서 28개의 구멍을 뚫고, 궁을 그 구멍 안으로 끝부분을 밀어 넣는데, 들어가는 부분은 2/3를 넣는다. 궁은 부에 가까이에서 2척이 되는 부분부터 점차 평평한 모양이 되고, 바깥쪽으로는 4척이 되는 부분부터 휘어서 점점 아래로 굽어지며, 궁의 끝부분에 2척이 되는 부분부터는 (각도가 안으로) 꺾인다. 2척이 되는 부분부터 (각도를 안으로) 꺾는 것은 강과 달상이 모두 높이가 1장인데, 사람의 키는 8척이어서 4면이 지붕처럼 아래로 2척 꺾이게 한 것이다. 수레의 덮개[蓋]가 넓고 좁은 것에 따라 지(軹)를 덮는 것은 가능하지만, 할(轄)③까지 미치지는 않는다.

[輪人爲蓋. 蓋斗曰部, 部徑六寸, 厚一寸, 上隆一分. 斗下達常長二尺, 徑一寸. 達常下入杠, 杠長八尺, 徑二寸, 足以含達常也. 用弓二十有八, 每弓長六尺, 廣四分. 先鑿部爲二十八空, 乃置弓於其空內端, 卽大一分. 其弓近部二尺稍平, 外四尺卽撓之漸漸下曲, 而爪末低二尺. 所以低二尺者, 謂杠與達常共高一丈, 人高八尺, 故四面宇曲下低二尺也. 蓋之寬狹, 唯可覆軹, 不及於轄.]

① 수레 덮개[蓋]: '개(蓋)'는 수레의 몸체 상자 위에 설치하여 비를 막거나 해를 가리는 기구로, 형태는 일산처럼 생겼다.

② 달상(達常: 덮개 자루의 윗부분): 덮개 자루의 윗부분이다. 『주례』「고공기·윤인(輪人)」에 "윤인은 수레 덮개[蓋]를 만든다. '달상'은 둘레가 3촌이다[輪人爲蓋, 達常圍三寸]"라고 하였는데, 정현의 주에는 정중의 말을 인용하여 "'달상'은 개두(蓋斗)의 자루이니, 아래로 강(杠: 덮개 자루의 아랫부분) 안에 삽입한다[達常, 蓋斗柄, 下入杠中也]"라고 하였다. 수레 덮개 꼭대기의 나뭇조각을 '개두(蓋斗)'라고 한다. 이를 '부(部)'라고도 하

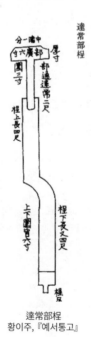

達常部程
황이주, 『예서통고』

는데, 직경 6촌, 두께 1촌이며 위쪽으로 1분이 융기되어 있다. 이 개두 (蓋斗)의 아래로 이어지는 수레 덮개의 자루가 '달상(達常)'이다. '달상'은 길이가 2척, 직경이 1촌이다. 수레 덮개의 자루는 2개의 부분으로 이루어지는데, 위쪽 부분이 '달상(達常)'이고, 아랫부분이 '강(杠, 槓)'이다. '달상'은 '강' 안에 삽입되어 둘은 실질적으로는 하나의 자루가 된다. 강 (杠)은 길이 8척, 직경 2촌으로, 달상을 삽입하기에 충분하다. 이 두 자루가 이어지는 곳에 관으로 테두리를 하여 연결을 견고하게 한다.

③ 할(轄): 수레 축의 양 끝에 구멍을 내어 꽂는 장치로 수레바퀴를 고정시켜서, 수레바퀴가 이탈하는 것을 방지한다.

戈

　(『주례』「고공기·야씨(冶氏)」에) "과(戈: 창)①는 너비가 2촌이다. '내(內)'②
의 길이는 너비의 2배이고, '호(胡)'③의 길이는 너비의 3배이고, '원(援)'④
의 길이는 너비의 4배이다"라고 하였다. 정현의 주에서는 "'과(戈)'는 오늘
날의 '구혈극(句子戟)'⑤인데, '계명(雞鳴)'⑥이라고도 하고 혹은 '옹경(擁頸)'⑦
이라고도 한다. '내(內)'는 호(胡)의 안쪽 부분으로 창의 자루[柲]를 붙이는
부분인데, 길이는 4촌이다. '호'의 길이는 6촌이고, '원'의 길이는 8촌이다.
'원'은 곧은 칼이고, '호'는 거기에 달린 짧은 칼의 부분이다. 너비가 2촌이
되는 것을 '호(胡)'라고 하는데, 실제 '원' 또한 너비가 2촌이다"라고 하였
다. 가공언의 소에서는 "호혈(胡子)은 가로로 꽂아서 약간 비스듬하게 위

로 향하게 하며 구부리지 않은 듯 구부리는 것이 경(磬)의 각도를 꺾는 것과 같다. 무게는 20냥인데, 1열(鋝)⁸의 무게는 6과 2/3냥으로, 3열의 무게는 1군과 4냥이다. 과의 자루의 길이는 6척 6촌이다"라고 하였다.

["戈廣二寸. 內倍之, 胡三之, 援四之." 注云, "戈, 今之'句子戟', 或謂之 '雞鳴', 或謂之'擁頸'. 內謂胡以內, 接柲者也. 長四寸. 胡六寸. 援八寸. 援, 直刃也. 胡, 其子也. 廣二寸, 謂胡也. 其實援亦廣二寸." 疏云, "胡子橫歃, 微邪向上, 不倨不句, 似磬之折殺也. 重三鋝, 鋝重六兩大半兩. 三鋝重一斤四兩. 柲長六尺六寸."]

① 과(戈: 창): 상나라에서 전국시대까지 성행했는데, 진나라 이후 점차 소
멸되었다. 보통 긴 대나무나 나무로 된 손잡이에 청동제 날을 수직으로
부착한 병기로 전차전에 많이 사용되었다. 돌출된 부분을 '원(援)'이라
고 하는데, '원'의 위아래가 모두 칼날이다. 옆으로 타격을 가하거나 갈
고리를 사용하여 사람을 죽인다. 석과(石戈), 옥과(玉戈) 등이 있으며 대
부분 의장용이나 명기(明器)로 사용한다.

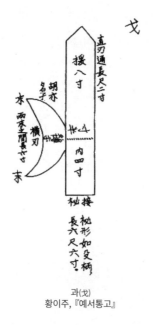

과(戈)
황이주, 『예서통고』

② 내(內): 과의 머리 부분에 나온 칼날에 짧게 달린 가로 자루이며, 구멍을

내서 과의 자루 상단에 끈으로 묶는다.

③ 호(胡): 과의 머리 부분에서 아래로 곧게 내려온 부분으로 과와 과의 자루가 묶이는 부분이다.

④ 원(援): 과에서 가로로 빗겨 나온 칼이다.

⑤ 구혈극(句子戟): 한대(漢代) 과의 속명이다. 과의 호 부분이 구부러진 극의 머리 부분과 비슷하여 이렇게 불리었다.

⑥ 계명(雞鳴): 한대 과의 속명이다. 과의 호가 닭의 벼슬과 비슷하여 이렇게 불리었다.

⑦ 옹경(擁頸): 한대 과의 속명이다. 과의 호가 굽은 목덜미 같은 모양이라고 이렇게 불리었다.

⑧ 열(鋝): 무게의 단위다. 6과 2/3냥으로 3열이면 20냥이다. 고대에 1근은 16냥이었으므로, 3열은 1근 4냥이 된다.

(『주례』「고공기·야씨(冶氏)」에) "극(戟: 갈래진 창)①의 너비는 1촌 반이다. '내'의 길이는 너비의 3배이고, '호'의 길이는 너비의 4배이고, '원'의 길이는 너비의 5배이다. (刺·胡는 援·內와 종횡으로 서로 교차하여) 직각을 이루고, (援·胡·內)는 자(刺: 창끝 부분의 날)와 합하여 무게가 3열(鋝)이다"라고 하였다. 정현의 주에서는 "'극'은 오늘날의 삼봉극(三鋒戟)이다. '내'의 길이는 4촌반이고, '호'의 길이는 6촌이고, '원'의 길이는 7촌반이다. '삼봉'이라는 것은 호가 곧다가 중간에서 구부러진 것으로 정방형임을 말한다. '자(刺)'는 자루의 손잡이에 붙여서 곧게 앞으로 나온 부분으로 준(鐏)②과 같은 것이다. 극의 호는 가로가 넓은데, 호가 중간에서 구부러져 원의 바깥쪽으로

경이 꺾인 것처럼 구부린 것이다.③ 자루의 길이는 1장 6척이다"라고 하였다.

　["戟廣寸半. 內三之, 胡四之, 援五之, 倨句中矩, 與刺重三鋝." 注云, "戟, 今三鋒戟也. 內長四寸半, 胡長六寸, 援長七寸半. '三鋒'者, 胡直中矩, 言正方也. 刺者, 著秘直前, 如鐏者也. 戟胡橫貫之. 胡中矩, 則援之外句磬折, 與秘長一丈六尺."]

① 극(戟: 갈래진 창): 과(戈)와 모(矛)를 합한 형태의 병기이다. 모(矛)와 유사한 창끝 부분의 날을 '자(刺)'라고 하고, 과(戈)와 유사한 형태로 손잡이 방향과 수직으로 돌출한 날 부분을 '원(援)'이라 한다. 살상력은 '과'나 '모'보다 강력하다.

극(戟)
황이주, 『예서통고』(청)

② 준(鐏): 창의 물미를 말하며, 과나 극의 자루 끝에 송곳 모양으로 붙인 금속이다. 뾰족해서 땅에 꽂을 수 있었다.

③ 원의 바깥쪽으로 ~ 것이다: 원이 바깥쪽으로 구부러진 각도가 경의 구부러진 각도와 같다는 의미다.

三禮圖集注

玉瑞圖

권10 옥서도

—

역주 박윤미

『주례』「고공기·옥인(玉人)」에 "대규(大圭)는 길이가 3척이고, 위쪽을 깎아서 머리를 종규(終葵) 모양으로 하며, 천자가 착용한다."라고 하였다. 정현 주에는 "왕이 꽂는 것이 대규이다. 혹은 정(珽)①이라고도 한다."라고 하였다. 『예기』「옥조」에는 "천자가 정을 꽂는 것은 천하에 방정한 도를 보여 준다는 의미이다."라고 하였다.

(『주례』「고공기·옥인」 정현의 주에) "'저(杼)'는 깎는다[剟]는 뜻이다. '종규(終葵)'는 망치[椎]이다."라고 하였다. (『주례』「고공기·옥인」 가공언의 소에) "제나라 사람들이 망치를 종규라고 하였으므로, '종규는 망치이다'라고 한 것이다."라고 하였다. (『주례』「고공기·옥인」 정현 주에) "깎은 위쪽에 망치 모양으로 네모지게 하여,② 둥글게 굽은 바가 없음을 밝힌 것이다."라고 하였다. 이것은 제후의 서(荼: 홀)③가 앞쪽(위)은 둥글게 굽고 뒤쪽(아래)은 곧으며, 대부의 홀은 앞쪽도 둥글게 굽고 뒤쪽도 둥글게 굽은 것과 비교한 것이다.④ 그러므로 『예기』「옥조」 정현 주에 "이 정(珽) 역시 홀이다. '정'

이라고 한 것은 곧아서 굽은 바가 없음을 말한 것이다."라고 하였다.

(『주례』 「고공기·옥인」 정현 주에) "『상옥서』에 '정옥(珽玉)의 6촌은 스스로 비춘다는 뜻을 밝힌 것이다'라고 하였다."고 하였다. (『주례』 「고공기·옥인」 가공언의 소에) "그렇다면 6촌의 정은 위쪽의 도려내지 않은 부분에 의거한 것이니 망치머리 모양을 가리킨다.⑤ 옥이라는 물질은 고운 부분이 티를 가리지 않고, 티가 고운 부분을 가리지 않아, 좋고 나쁜 부분들이 겉으로 드러나니, 이것이 그 충실함이다. 그러므로 '스스로 비춘다는 뜻을 밝힌 것이다'라고 한 것이다.【소(炤)는 '조(照: 비추다)'와 같다.】 따라서 군자는 옥에 덕을 비유하여 그 충실함을 말하는 것이다.⑥ 다른 규(圭)에 비해 가장 길기 때문에 '대규(大圭)'라는 명칭을 얻었으며, 그것을 상의와 대(帶) 사이에 꽂으니 의복과 같으므로 '착용한다[服]'라고 말한 것이다.⑦"라고 하였다.

[「玉人職」云, "大圭長三尺, 杼上, 終葵首, 天子服之." 注云, "王所搢大圭也, 或謂之珽." 「玉藻」云, "天子搢珽, 方正於天下也." "杼, 親也. 終葵, 椎也." "以齊人謂椎爲終葵, 故云'終葵, 椎也.'" "爲椎於杼上, 明無所屈也." 此對諸侯荼前屈後直, 大夫前屈後屈. 故「玉藻」注云, "此珽亦笏也. 謂之珽者, 言珽然無所屈也." "『相玉書』曰, '珽玉六寸, 明自炤.'" "然則六寸之珽, 據上不殺者, 椎頭也. 玉體瑜不掩瑕, 瑕不掩瑜, 善惡露見, 是其忠實. 故云明自炤也.【炤與照同.】 故君子於玉比德焉, 言其忠實也. 比他圭最長, 故得大圭之名, 以其搢於衣帶之間, 同於衣服, 故以服言之."]

① 정(珽): 천자의 옥홀(玉笏)이다. 천자의 홀은 정(珽), 제후의 홀은 서(荼), 대부의 홀은 홀(笏)이라고 부른다. 『순자』「대략(大略)」 및 『대대례기』「우대덕(虞戴德)」 등을 통해 확인할 수 있다.("天子御珽, 諸侯御荼, 大夫服笏.")

② 깎은 위쪽에 망치 모양으로 네모지게 하여: 『예기』「옥조」 정현 주에는 "'머리를 종규 모양으로 한다[終葵首]'는 것은 깎은 위쪽에 또 그 머리를 넓게 하여 망치머리처럼 네모지게 하는 것이다.[終葵首者, 於杼上又廣其首, 方如椎頭.]"라고 하였다. 또한 『주례』「춘관·전서(典瑞)」가 공언의 소에는 "'머리를 종규 모양으로 한다[終葵首]'는 것은 대규의 위쪽을 말하는 것이다. 머리 가까이를 도려내어 없애니, 없애지 않아 남아 있는 머리 부분이 망치머리가 된다.[終葵首, 謂大圭之上, 近首殺去之, 留首不去處爲椎頭.]"라고 하였다. 즉 본문의 그림과 같이 대규의 윗부분 모양이 네모진 것을 망치에 비유한 표현이다.

③ 서(荼: 홀): 『예기』「옥조」 정현 주에는 "'서(荼)'는 '舒遲'라고 할 때의 '서(舒)'로 읽는다. 유약한 자[舒懦者]는 두려워하는 바가 앞에 있다.[荼, 讀爲'舒遲'之'舒'. 舒懦者, 所畏在前也.]"라고 하였다. 이에 대해 진호(陳澔)의 『예기집설(禮記集說)』에는 "'서(荼)'는 더디고 느리다[舒遲]는 의미이다. 앞에 두려워하는 바가 있으면 그 나아가는 것이 더디고 느린 것이다.[荼者, 舒遲之義. 前有所畏, 則其進舒遲.]"라고 하였다.

④ 이것은 제후의 서(荼: 홀)가 ~ 비교한 것이다: 『예기』「옥조」에 "제후의

서가 앞쪽은 굽고 뒤쪽은 곧은 것은 천자에게 겸양함을 보이는 것이다. 대부의 홀이 앞쪽도 굽고 뒤쪽도 굽은 것은 겸양하지 않는 바가 없음을 보이는 것이다.[諸侯荼, 前詘後直, 讓於天子也. 大夫前詘後詘, 無所不讓也.]"라고 한 내용을 인용한 것이다. 이에 대해 정현 주에는, 굽었다는 것은 그 머리를 둥글게 깎아서 망치머리 모양을 만들지 않는 것을 의미한다고 하였다. 즉 앞쪽은 위, 뒤쪽은 아래를 가리킨다. 또한 제후는 오직 천자에게만 굽히기 때문에 위쪽만 깎고, 대부는 군주의 명을 받들어 출입하는 자로서 위로는 천자가 있고 아래로는 자신의 군주가 있기 때문에 위아래를 모두 깎아 둥글게 하는 것이라고 하였다.

⑤ 그렇다면 6촌의 정은 ~ 망치머리 모양을 가리킨다: 해당 부분은 『주례』「고공기·옥인」의 정현 주에서 언급한 『상옥서』의 "정옥(珽玉)의 6촌"에 대해 설명한 것으로, 그 내용은 가공언의 소를 인용한 것이다. 본래 가공언의 소에는 "『상옥서』에서 '정옥의 6촌은 스스로 비춘다는 뜻을 밝힌 것이다'라고 한 것은, 3척의 규에서 (위로부터) 6촌 아랫부분을 제거하는데 양쪽 가를 도려내어 없애 윗부분이 망치머리 모양이 되게 하는 것을 말한 것이다. '6촌'이라고 한 것은 위쪽의 도려내지 않은 부분에 의거하여 말한 것이다.[云'『相玉書』曰, 珽玉六寸, 明自炤'者, 謂於三尺圭上, 除六寸之下, 兩畔殺去之, 使已上爲椎頭. 言'六寸', 據上不殺者而言.]"라고 하였다.

⑥ 옥이라는 물질은 ~ 충실함을 말하는 것이다: 해당 부분은 『주례』「고공기·옥인」의 정현 주에서 언급한 『상옥서』의 "스스로 비춘다는 뜻을 밝힌 것이다.[明自炤]"에 대해 설명한 것으로, 그 내용은 가공언의 소를 인용한 것이다. 본래 가공언의 소에는 "'스스로 비춘다는 뜻을 밝힌 것이다'라고 한 것은, 옥이라는 물질은 고운 부분이 티를 가리지 않고, 티

가 고운 부분을 가리지 않아, 좋고 나쁜 부분들이 겉으로 드러나니, 이 것이 그 충실함이다. 군자는 옥에 덕을 비유하여 충실함을 말하므로 '스스로 비춘다는 뜻을 밝힌 것이다'라고 말한 것이다.[云'明自炤'者, 玉體瑜不掩瑕, 瑕不掩瑜, 善惡露見, 是其忠實. 君子於玉比德焉, 言忠實, 故云明自炤也.]"라고 하였다. 그런데 이러한 가공언 소의 설명은『예기』「빙의(聘義)」에 "옛날에 군자는 덕을 옥에 비유하였다. … 고운 부분이 티를 가리지 않고, 티가 고운 부분을 가리지 않는 것은 충(忠)과 같다.[夫昔者, 君子比德於玉焉. … 瑕不揜瑜, 瑜不揜瑕, 忠也.]"라고 한 내용을 인용한 것이다. 한편『예기』「빙의」의 정현 주에는 "'티[瑕]'는 옥의 흠이다. '고운 부분[瑜]'은 그 중간에 아름다운 것이다. 옥의 성질은 좋고 나쁜 부분들이 서로를 가리지 않으니 충(忠)과 같다.[瑕, 玉之病也. 瑜, 其中間美者. 玉之性, 善惡不相揜, 似忠也.]"라고 하였다.

⑦ 다른 규에 비해 ~ 말한 것이다: 해당 부분은『주례』「고공기·옥인」가공언의 소를 인용한 것이다. 본래 가공언의 소에는 "'대규'라고 말한 것은 그것이 길기 때문에 대규라는 명칭을 얻은 것이다. '착용한다.'라고 말한 것은 그것을 상의와 대 사이에 꽂으니 의복과 같으므로 착용한다고 말한 것이다.[言'大圭'者, 以其長, 故得大圭之稱. 言'服之'者, 以其搢於衣帶之間, 同於衣服, 故以服言之.]"라고 하였다.

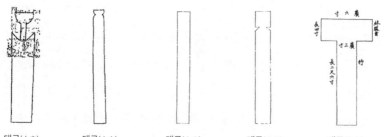

대규(大圭)	대규(大圭)	대규(大圭)	대규(大圭)	대규(大圭)
楊甲,『六經圖』(송)	陳祥道,『禮書』(송)	王應電,『周禮圖說』(명)	『欽定周官義疏』(청)	黃以周,『禮書通故』(청)

（『주례』「고공기·옥인」에） "천자는 4촌의 모(冒)를 잡고 제후에게 조근(朝覲)을 받는다."라고 하였다. 정현 주에는 "옥을 명명하여 모(冒)라고 한 것은 천자의 덕이 천하를 뒤덮을 수 있음을 말한 것이다. 4촌은 존귀한 것을 비천한 것에 접하게 할 때, 작음을 귀함으로 삼으려는 것이다."라고 하였다. 살펴보건대, 『상서대전』에 "옛날에는 반드시 모가 있었으니, 제후가 감히 마음대로 천자에게 나아가지 못하는 뜻을 말한 것이다. 천자는 모를 잡고 제후에게 조근을 받으며, 이에 모로 제후의 규(圭)를 덮는다."라고 하였다. 정현 주에는 "군주가 은혜로 이를 덮으면 신하는 비로소 감히 나아갈 수 있다."라고 하였다. （『주례』「고공기·옥인」 가공언의 소에는） "이것이 바로 모로 덮는 일이다."[①]라고 하였다.

그렇다면 제후가 천자로부터 받은 규벽(圭璧)은 제후에게 있어 서신[瑞: 瑞信][②]이 된다. 서신이라는 것은 소속됨을 표하는 것이다. 제후가 천자에게 조근할 때 잘못된 행위가 있는 경우에는 그의 규벽을 내놓는다. （잘못을 고치지 못하여） 3년 동안 규벽을 되찾지 못하면 작위를 조금 낮추고, 6년 동안 규벽을 되찾지 못하면 봉토를 조금 줄이며, 9년 동안 규벽을 되찾지 못하면 그의 봉토를 다 빼앗는다. 이것이 이른바 제후가 천자에 대하

여 의(義)를 지키면 소속되고, 불의(不義)하면 소속되지 못한다는 것이다.③

또 『상서』「고명」의 공안국 주에 "덮어씌운다[冒]고 말한 것은 제후의 규를 덮어씌우기 때문이며, (아랫면을) 경사지게 깎는다.④"라고 하였다. 제후의 규(圭)를 덮어씌워 서신(瑞信)을 삼는 것이다. 자·남은 벽(璧)을 잡는데, 아마도 이 역시 깎아서 덮어 증험할 듯하다.

(『주례』「고공기·옥인」가공언의 소에) "『상서대전』에 '옛날에 규(圭) 중에 모(冒)가 있었다'고 하였으니, 또한 이것이 모규(冒圭)의 제도이다. 이 모는 제후에게 조근을 받는 경우에 근거하여 잡는다. 『시』「은송·장발(長發)」에 '소구(小球)와 대구(大球)를 받으시니, 제후들[下國]이 마치 류(旒)가 (旌旗의 정폭에) 매여 있듯⑤ 하였네.'라고 하였다. 정현 주에는 '소구는 1척 2촌이고, 대구는 길이가 3척이다.⑥ 제후들에게 있어 그 마음을 (탕왕에게) 매어 고정시킴이 마치 정기의 류와 같다.'라고 하였다. 정현은 천자와 제후의 회맹(會盟)에 의거하였으므로 '그 마음을 매어 고정시킨다'고 말한 것이니, 그러므로 진규(鎭圭)를 잡고 모를 잡지 않은 것이다.⑦"라고 하였다.

["天子執冒四寸, 以朝諸侯." 注云, "名玉曰冒者, 言德能覆蓋天下也. 四寸者, 方以尊接卑, 以小爲貴也." 案, 『尙書大傳』云, "古者必有冒, 言下之不敢專達之義. 天子執冒以朝諸侯, 是冒覆之."¹ 注云, "君恩覆之, 臣乃敢進." "是其冒覆之事." 然則諸侯所受天子之圭璧者, 與諸侯爲瑞也. 瑞也者, 屬也. 諸侯朝於天子, 有過行者, 留其圭璧. 三年圭璧不復者, 少黜以爵, 六年圭璧不復者, 少黜以地, 九年圭璧不復者, 而盡黜其地. 此所謂諸侯之於天子也, 義則

---

1 古者必有 ~ 是冒覆之: 해당 부분은 『尙書大傳』에는 "古者圭必有冒, 言下之必有冒, 不敢專達也. 天子執冒以朝諸侯, 見則覆之."라고 하였고, 『周禮注疏』가공언의 소에는 "『書傳』云, '古者必有冒, 言不敢專達之義. 天子執冒以朝諸侯, 見則覆之.'"라고 하였다. 본문에는 두 책에서 다르게 표현된 부분이 섞여서 기재되어 있다.

見屬, 不義則不見屬也. 又孔注「顧命」曰, "言冒, 所以冒諸侯圭, 邪刻之." 以冒諸侯之圭, 以爲瑞信. 子男執璧, 蓋亦刻而覆驗之. "『大傳』以'古者圭有冒', 亦是冒圭之法也. 此冒據朝覲諸侯時執之. 『詩』「殷頌」云, '受小球大球, 爲下國綴旒.' 注, '小球尺二寸, 大球長三尺. 與下國結定其心, 如旌旗之旒.' 彼據天子與諸侯盟會, 故云'結定其心', 故執鎭圭, 不執冒也."]

① 이것이 바로 모로 덮는 일이다: 해당 부분은 『상서대전』 정현 주에는 없는 내용으로, 『주례주소』「고공기·옥인」 가공언의 소에서 발췌한 것이다. 가공언의 소에는 "『書傳』云, … 注云, '君恩覆之, 臣敢進.' 是其冒覆之事."라고 하여, "이것이 바로 모로 덮는 일이다.[是其冒覆之事.]"는 가공언의 견해임을 밝혔다.

② 서신[瑞: 瑞信]: 서신(瑞信)은 옥으로 만든 부신(符信=符節)이다. 『주례』「추관·소행인(小行人)」에는 "여섯 가지 서신을 고르게 한다. 왕은 진규(鎭圭)를 사용하고, 공은 환규(桓圭)를 사용하며, 후는 신규(信圭)를 사용하고, 백은 궁규(躬圭)를 사용하며, 자는 곡벽(穀璧)을 사용하고, 남은 포벽(蒲璧)을 사용한다.[成六瑞, 王用鎭圭, 公用桓圭, 侯用信圭, 伯用躬圭, 子用穀璧, 男用蒲璧.]"라고 하였다. 이에 대한 정현 주에는 "'성(成)'은 고르게 한다는 뜻이다. '서(瑞)'는 부신[信]이다. 모두 조현할 때 잡으므로 부신이 된다.[成, 平也. 瑞, 信也. 皆朝見所執以爲信.]"라고 하였다. 즉 4종의 규와 2종의 벽은 모두 서신이며, 그중 공·후·백의 환규·신규·궁규는 조근할 때 왕(천자)의 모와 맞추어 보는 것이다. 서신의 종류를 표로 정리하면 다음과 같다.

瑞信의 주인	瑞信의 종류	瑞信의 길이	命圭 여부
王(天子)	鎭圭	12寸	×
公(上公)	桓圭	9寸	○
侯	信圭	7寸	○
伯	躬圭	7寸	○
子	穀璧	5寸	○
男	蒲璧	5寸	○

③ 그렇다면 제후가 ~ 못한다는 것이다: 해당 부분은 『상서대전』을 인용한 것인데, 자구(字句)가 다소 변경되었다. 『상서대전』에 따르면, 제후들 가운데 잘못된 행위가 없는 경우에는 천자에게 조근한 후 그의 규(圭)를 돌려받아 귀국하지만, 과실이 있으면 규를 내놓았다가 과실을 고친 후에 되찾아가야 했다. 또한 3·6·9년 동안 찾아가지 못하는 경우에 대한 처리 방식을 본문에 언급한 것처럼 규정하였다. 『상서대전』의 원문은 다음과 같다. "故冒圭者, 天子所與諸侯爲瑞也. 瑞也者, 屬也. 無過行者, 得復其圭以歸其國, 有過行者, 留其圭, 能改過者復之. 三年圭不復, 少黜以爵, 六年圭不復, 少黜以地, 九年圭不復, 而地畢削. 此謂諸侯之於天子也, 義則見屬, 不義則不見屬."

④ (아랫면을) 경사지게 깎는다: 모(冒)는 '모(瑁)'가 정자(正字)이고, '모규(冒圭)'로도 부른다. 본문의 내용처럼 제후가 천자에게 조근할 때 제후의 규(圭) 윗부분에 씌워 맞추어 보는 천자의 규이다. 이 때문에 그 아랫면에는 공간이 있어야 하고, 그 공간은 규의 머리와 같아야 한다. 『상서』 「고명」 공영달의 소에 따르면, 규의 머리가 경사지게 솟아 있으므로 모의 아랫면을 경사지게 깎아서 그 너비와 길이가 규의 머리에 맞게 한다. 제후가 조근하러 와서 규를 들어 천자에게 주면 천자는 모의 깎은 부분으로 그 규의 머리를 덮어 크기가 서로 맞는지 확인하는 것이다. 즉 천자는 한 개의 모로 천하의 규(圭)를 모두 맞추어 보는데, 이는 공·후·백이 가진 규의 너비 등이 모두 같기 때문이다. 한편 모와 맞추어 보는 대상은 공·후·백이 가진 규이고, 자·남의 벽(璧)은 서신(瑞信)이기는 하지만 모와 맞추어 보지는 않는다.("禮天子所以執瑁者, 諸侯卽位, 天子賜之以命圭, 圭頭邪銳, 其瑁當下邪刻之, 其刻闊狹長短如圭頭. 諸侯來朝, 執圭以授天子, 天子以冒之刻處冒彼圭頭, 若大小相當, 則是本所賜, 其或不同, 則圭是僞

作, 知諸侯信與不信. 故天子執瑁, 所以冒諸侯之圭以齊瑞信, 猶今之合符. 然經傳惟言圭之長短, 不言闊狹. 瑁方四寸, 容彼圭頭, 則圭頭之闊無四寸也. 天子以一瑁冒天下之圭, 則公侯伯之圭闊狹等也. 此瑁惟冒圭耳, 不得冒璧. 璧亦稱瑞, 不知所以齊信, 未得而聞之也.")

⑤ 류(旒)가 (旌旗의 정폭에) 매여 있듯: 『시』「상송·장발」정현의 주에 따르면, '철(綴)'은 '매다[結]'와 같으며, '류(旒)'는 정기(旌旗)에 드리워진 부분이다. 또 공영달의 소에서는 이를 풀이하여, "제후의 마음이 천자에게 매인 것이 정기의 류가 삼(縿: 정기의 정폭)에 매여 붙어 있는 것과 같다.[諸侯心系天子, 如旌旗之旒綴著於縿.]"라고 하였다.

⑥ 소구는 1척 2촌이고 ~ 3척이다: 『시』「상송·장발」정현의 주에 따르면, 탕왕이 이미 천명을 받아 소옥과 대옥을 받았으니, 소옥은 1척 2촌의 규이고 대옥은 3척의 정(珽)이라고 하였다.("湯旣爲天所命, 則受小玉, 謂尺二寸圭也. 受大玉, 謂珽也, 長三尺.") 또한 공영달의 소에는 "소구옥을 받았으니 1척 2촌의 진규(鎭圭)를 말하고, 대구옥은 3척의 정을 말한다.[受小球玉, 謂尺二寸之鎭圭也, 大球玉, 謂三尺之珽也.]"라고 하였다. 즉 소구는 진규(【玉瑞圖10 : 03-鎭圭】참조)를, 대구는 대규(【玉瑞圖10 : 01-大圭】참조)를 가리키는 것이다.

⑦ 진규(鎭圭)를 잡고 모를 잡지 않은 것이다: 『시』「상송·장발」정현 주의 해당 내용은 "규를 잡고 정을 꽂고 제후와 회동(會同)하니, 제후들의 마음을 매어 고정시킴이 정기의 류가 삼에 붙어 있는 것과 같다.[執圭搢珽, 以與諸侯會同, 結定其心, 如旌旗之旒縿著焉.]"이다. 이에 대해 공영달의 소에서는 조일(朝日) 즉 춘분의 회동으로 풀이하였다. 춘분에 동교에서 태양에 제사 지낸 후 제후들과 회동하는 상황을 상정하여 천자의 권위를 상징하는 진규와 대규를 지참한다고 설명한 것이다. 또한 공

영달은 국외에서 회동을 할 경우에는 진규와 대규를, 국내에서 조근을 받을 경우에는 모를 지참한다고 하였다.

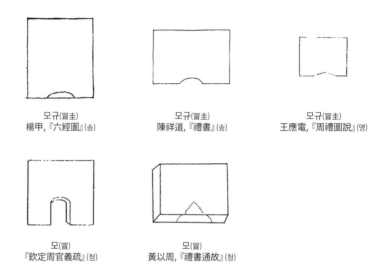

모규(冒圭)
楊甲,『六經圖』(송)

모규(冒圭)
陳祥道,『禮書』(송)

모규(冒圭)
王應電,『周禮圖說』(명)

모(冒)
『欽定周官義疏』(청)

모(冒)
黃以周,『禮書通故』(청)

진규(鎭圭).『주례』「춘관·대종백」에 "옥을 가지고 여섯 가지 서신[瑞: 瑞信]①을 만들어 제후들[邦國]을 가지런하게 한다.【'등(等)'은 가지런하게 한다는 말이다.】왕은 진규(鎭圭)를 잡는다."라고 하였다. 길이는 1척 2촌이고, 이것을 가지고 천하를 진정시켜 평안하게 한다. 아마도 네 가지 진산(鎭山)② 모양을 아로새겨 장식하므로 '진'이라는 명칭을 얻은 듯하다.

『주례』「춘관·전서」에는 "왕은 진규를 잡고 대규(大圭)를 꽂고 조일(朝日)③의 예를 행한다."라고 하였다. 또 "진규(珍圭)④를 가지고 나라를 지키는 제후들을 징집하고 흉년을 구휼한다."라고 하였다.【'珍'의 음은 '鎭'이다.】(정현의 주에) "(두자춘이 말했다.) '진규(鎭圭)를 가지고 나라를 지키는 제후들을 징집한다는 것은 한(漢)나라에서 군수(郡守)를 징집할 때 죽사부(竹使符)⑤를 가지고 하는 것과 같다. 제후 역시 일국을 진호(鎭護)하는 존재이므로 진규를 가지고 그들을 징집하는 것이다. 흉년이 들면 백성이 멀리 떠날 뜻을 품어 그 땅이 편안하지 못하므로 왕은 사자(使者)로 하여금 진규를 잡고 가서 왕명을 시행하여 그곳을 평안하게 하는 것이다.' 진규의 크기에 대한 규정은 마땅히 완규(琬圭)⑥와 염규(琰圭)⑦에 의거한다."라고 하였다.⑧ 공영달은 『예기정의(禮記正義)』「곡례 하(曲禮下)」에서 "무릇 규는 너비가 3촌이고, 두께는 반촌이며, 좌우로 각각 1촌 반씩 위를 깎는다."라고 하였다.

윤졸(尹拙: 891~971)⑨이 의론하여 "진규는 오색끈[五采組]를 사용하여 중앙에 묶음으로써 떨어뜨리는 것에 대비하였습니다."라고 하였다. 두의(竇儀: 914~966)⑩가 말했다. "『주례』와 『의례』의 경과 소의 의미를 살펴보건대, 천자와 공후 이하로부터 빙사(聘使)에 이르기까지 잡는 규장(圭璋)에는 모두 채색끈[絢組]이 있어, 규의 중앙에 묶어서 떨어뜨리는 것에 대비하였습니다. 새 『삼례도』의 규(圭)와 옥받침[繅]에 대해서는 서술 내용이 틀림없이 경문에 부합하니, 그 외 제도도 모두 잘 나타냈을 것입니다."

[鎭圭.「大宗伯」"以玉作六瑞, 以等邦國.【等謂齊也.】王執鎭圭." 長尺二寸, 以鎭安天下. 蓋以四鎭山爲瑑飾, 故得鎭名.「典瑞」曰, "王執鎭圭, 搢大圭, 以朝日." 又曰, "珍圭以徵守, 以恤凶荒."【珍音鎭.】"鎭圭以徵守者, 若漢時徵郡守以竹使符也. 諸侯亦一國之鎭, 故以鎭圭徵之. 凶荒則民有遠志, 不安其土, 故王使使執鎭圭以往致王命以安之.' 鎭圭大小之制, 當與琬圭·琰圭相依." 孔義云, "凡圭廣三寸, 厚半寸, 剡上左右各寸半." 又注云[1]. 尹拙議, "以鎭圭用五采組, 約中央, 以備失墜." 竇儀云, "詳『周禮』·『儀禮』經疏之義, 自天子公侯已降及聘使, 所執圭璋, 皆有絢組, 約圭中央, 備其失墜. 新『圖』圭·繅, 敘必以合正文, 則餘制皆顯矣."]

---

1   又注云: 연문(衍文)인 듯하다.

① 서신[瑞: 瑞信]: 서신(瑞信)은 옥으로 만든 부신(符信=符節)이다. 진규는
왕(천자)의 규이기 때문에 공·후·백의 환규·신규·궁규처럼 천자의 모
(瑁=瑁)와 맞추어 보지는 않지만, 그 역시 여섯 가지 서신에 포함된다.

② 네 가지 진산(鎭山): 『주례』「춘관·대사악(大司樂)」 정현의 주에 "네 가
지 진산[四鎭]은 산 중에 중대한 것으로서 양주의 회계산, 청주의 기산,
유주의 의무려산, 기주의 곽산을 말한다. 다섯 가지 악산[五嶽]은 연주
에 있는 대산, 형주에 있는 형산, 예주에 있는 화산, 옹주에 있는 악산,
병주에 있는 항산이다.[四鎭, 山之重大者, 謂揚州之會稽, 靑州之沂山,
幽州之醫無閭, 冀州之霍山. 五嶽, 岱在兗州, 衡在荊州, 華在豫州, 嶽在雍
州, 恆在幷州.]"라고 하였다. 이에 대해 가공언의 소에는, 구주(九州) 모
두 각기 큰 산으로 그 주의 진산을 삼는데, 다만 다섯 주의 진산은 '악
(嶽)'이라는 명칭을 얻어 '오악(五嶽)'으로 불리고, 오악에 들지 못한 네
주의 진산은 그대로 '진'으로 불려 '사진(四鎭)'이 되는 것이라고 하였다.

③ 조일(朝日): 춘분(春分)에 동문 바깥, 즉 동교(東郊)에서 태양에 제사 지내
는 의식을 말한다. 『주례』「춘관·전서」 정현의 주에는 "왕이 조일의
예를 행하는 것은 높이는 바가 있음을 보여 백성을 가르치고 군주를 섬
기게 하는 것이다. 천자는 항상 춘분에 조일의 예를 행하고, 추분에 석
월(夕月)의 예를 행한다.[王朝日者, 示有所尊, 訓民事君也. 天子常春分朝
日, 秋分夕月.]"라고 하였다. 한편 『주례』「춘관·대종백」 가공언의 소
에서는, 조일 때 왕이 진규를 잡고 제사에 임하므로 다른 제사 때에도

진규를 잡는다고 해석하며, 진규를 왕이 제사 지낼 때 잡는 것으로 보았다.

④ 진규(珍圭): 『주례』「춘관·전서」에 이 '진규(珍圭)'에 대한 내용은 앞의 진규(鎭圭)에 대한 내용과는 별도로 기재되어 있고, 순서상으로도 토규(土圭)의 다음으로 되어 있다. 정현 주에는 '진규(珍圭)'에 대해, '진(珍)'은 '진(鎭)'이 되어야 한다고 보는 두자춘(杜子春)의 의견을 소개하고, 이와는 달리 '진규(珍圭)' 그대로 이해하는 자신의 견해도 기재하였다. 이에 따르면, 두자춘은 "진산[鎭]은 나라를 진호(鎭護)하는 것인데 제후 역시 일국을 진호하는 존재이므로 진규(鎭圭)를 가지고 그들을 징집하는 것이다. 흉년이 들면 백성이 멀리 떠날 뜻을 품어 그 땅이 편안하지 못하므로 진규를 가지고 그곳을 안정시킨다.[鎭者, 國之鎭, 諸侯亦一國之鎭, 故以鎭圭徵之也. 凶荒則民有遠志, 不安其土, 故以鎭圭鎭安之.]"라고 하였고, 정현은 "진규(珍圭)는 왕사(王使)의 서절(瑞節=瑞信: 옥으로 된 부절)로, 크기에 대한 규정은 완규(琬圭)·염규(琰圭)에 의거한다. 왕의 사인(使人)이 제후를 징발하고 흉년이 든 방국을 구휼할 때 이것을 주니, 잡고 가서 왕명(王命)을 시행한다. 오늘날 사자(使者)가 부절을 지니는 것과 같다. '구휼한다[恤]'는 것은 창고[府庫]를 열어 구제하는 것이다. 모든 서절은 돌아와서도 그것을 잡고 복명한다.[玄謂珍圭, 王使之瑞節, 制大小當與琬琰相依. 王使人徵諸侯, 憂凶荒之國, 則授之, 執以往, 致王命焉, 如今時使者持節矣. 恤者, 闓府庫振救之. 凡瑞節, 歸又執以反命.]"라고 하였다. 이에 대해 가공언의 소에서는, 두자춘의 견해는 진산에 근거한 것이고 정현의 견해는 왕사(王使)의 서절을 의미하는 것이라고 하였다. 한편 『주례』「지관·장절(掌節)」 정현의 주에는 "방절(邦節)은 진규(珍圭), 아장(牙璋), 곡규(穀圭), 완규, 염규이다. 왕이 명하면 서절(瑞節)의 용

도를 구별하여 사자(使者)에게 준다.[邦節者, 珍圭·牙璋·穀圭·琬圭·琰圭也. 王有命, 則別其節之用, 以授使者.]"라고 하였다. 이에 대해 가공언의 소에서는, '방절'은 왕국(王國)에서 사용하는 서절이 아니라 방국(邦國)으로 가는 왕사(王使)의 서절을 의미하는 것이라고 하였다. 정리하면, 두자춘은 보호하고 안정시킨다는 의미를 강조하여 '진규(鎭圭)'로 이해하였고, 정현은 왕사가 지니는 방절의 종류 중 하나로서 '진규(珍圭)'로 이해한 것이다. 본서 『삼례도집주』에서는 두자춘의 견해에 따라 「진규(鎭圭)」 조에 해당 내용을 기재하였다.

⑤ 죽사부(竹使符): 한나라 때 이용되었던 대나무로 만든 부신(符信)이다. 오른쪽은 경사(京師)에 두고 왼쪽은 군국(郡國)에 두었으며, 군대를 일으킬 때는 동호부(銅虎符)를 사용하지만 그 외에 사람이나 물자를 징집 또는 지휘할 때는 죽사부를 사용하였다. 한편 『주례』「지관·사관(司關)」 가공언의 소에는, 응소(應劭)의 말을 인용하여 죽사부(竹使符)는 모두 대나무 화살 다섯 매를 가지고 만드는데 길이는 5촌이고 전서(篆書)로 '제일(第一)'부터 '제오(第五)'까지 새겨 넣는다고 하였다. 또 부절로 옛날의 규장(圭璋)을 대신하는 것은 간이함을 따르는 것이라는 장안(張晏)의 말도 함께 기록하였다.

⑥ 완규(琬圭): 왕사(王使)의 서절(瑞節)로서 크기는 9촌이다. 제후에게 덕(德)이 있어 왕이 하사물(下賜物)을 내리도록 명하면, 사자(使者)가 완규를 잡고 가서 명을 시행하였다.

⑦ 염규(琰圭): 왕사(王使)의 서절(瑞節)로서 크기는 9촌이다. 제후가 불의(不義)를 행함이 있어 사자(使者)가 정벌하도록 명하면, 염규를 잡고 가서 명을 시행하였다.

⑧ (정현의 주에) " ~ "라고 하였다: 해당 부분은 『주례』「춘관·전서」 정현

주의 내용을 인용한 것인데, 자구(字句)가 다소 변경되었다. 또한 정현 주에서는 '진규(珍圭)'를 진규(鎭圭)로 파악한 두자춘의 의견을 소개하고, 그와는 달리 진규(珍圭)로 파악한 자신의 견해도 기재하였는데(위의 역주④ 참조), 본문에서는 그러한 구분 없이 두자춘과 정현의 말에 등장하는 규의 명칭을 모두 '진규(鎭圭)'로 기록하였다. 그러나 진규의 크기에 대한 내용은 정현의 견해로, 원문에는 '진규(珍圭)'로 되어 있다. 『주례』「춘관·전서」 정현 주의 원문은 다음과 같다. "杜子春云, '珍當爲鎭. 書亦或爲鎭. 以徵守者, 以徵召守國諸侯, 若今時徵郡守以竹使符也. 鎭者, 國之鎭, 諸侯亦一國之鎭, 故以鎭圭徵之也. 凶荒則民有遠志, 不安其土, 故以鎭圭鎭安之.' 玄謂珍圭, 王使之瑞節, 制大小當與琬琰相依. 王使人徵諸侯, 憂凶荒之國, 則授之, 執以往, 致王命焉, 如今時使者持節矣."

⑨ 윤졸(尹拙: 891~971): 후량(後梁), 후당(後唐), 후진(後晉), 후한(後漢), 후주(後周)를 거치며 관직을 역임하고, 송(宋) 초에 검교공부상서(檢校工部尙書), 태자첨사(太子詹事), 판태부시(判太府寺), 판대리시(判大理寺) 등을 지냈다. 건덕(乾德) 6년(968)에 치사하였고, 개보(開寶) 4년(971)에 향년 81세로 사망하였다. 경전에 통달하여 건륭(乾隆) 3년(962)에 섭숭의(聶崇義)가 『삼례도집주』를 완성하자 태조의 명으로 이를 교정하였다.

⑩ 두의(竇儀: 914~966): 후진, 후한, 후주에서 관직을 역임하고, 송 초에 공부상서(工部尙書) 겸 판대리시사(判大理寺事), 예부상서(禮部尙書), 공부상서(工部尙書) 등을 지냈다. 건덕 4년(966)에 향년 53세로 사망하였다. 박학하고 전고(典故)에 정통하여 건륭(乾隆) 3년(962)에 섭숭의(聶崇義)가 『삼례도집주』를 완성하자 태조의 명으로 이를 교정하였다.

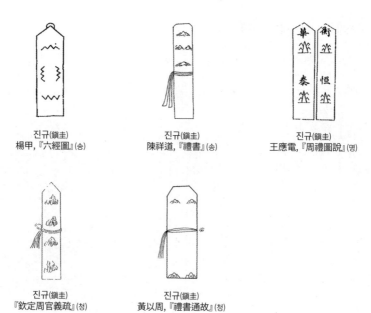

진규(鎭圭)
楊甲, 『六經圖』(송)

진규(鎭圭)
陳祥道, 『禮書』(송)

진규(鎭圭)
王應電, 『周禮圖說』(명)

진규(鎭圭)
『欽定周官義疏』(청)

진규(鎭圭)
黃以周, 『禮書通故』(청)

『주례』「춘관·대종백」에 "공(公)은 환규(桓圭)를 잡는다."라고 하였다. 정현 주에는 "공은 이전 하(夏)·은(殷) 두 왕조의 후예 및 왕의 상공(上公)이다."라고 하였다. 『주례』「고공기·옥인」에 "9촌의 명규(命圭)①를 환규라고 하며 공이 이것을 간수한다."라고 하였다. 신규(信圭)와 궁규(躬圭)도 모두 명규라고 하는데,② '이것을 간수한다[守之]'고 한 것은 조근(朝覲)할 때는 잡고 평소에는 간수하기 때문이다.③

(『주례』「춘관·대종백」) 정현의 주에 "쌍으로 세우는 것을 '환(桓)'이라고 한다."라고 하였다. 가공언의 소에는 "궁실(宮室)에 환영(桓楹)④이 있는 것을 본뜬 것이다. 궁실의 윗부분은 반드시 환영(桓楹)이 있어야 편안하고, 천자의 높은 자리는 반드시 제후가 보호하고 지켜야만 편안하다.⑤ 역시 환영 모양을 아로새겨 장식한 듯하다."라고 하였다.

[「大宗伯」云, "公執桓圭." 注云, "公者, 二王之後及王之上公也." 「玉人」云, "命圭九寸謂之桓圭, 公守之." 其信圭·躬圭, 皆言命圭, 而云'守之'者, 以

其朝覲執焉, 居則守之也. 後鄭云, "雙植, 謂之桓." 賈釋云, "象宮室之有桓楹
也. 以其宮室在上, 須桓楹乃安, 天子在上, 須諸侯乃安也. 蓋亦以桓楹爲瑑飾
也."1]

1 賈釋云 ~ 瑑飾也: 본문에서는 가공언의 소라고 하였으나, '象宮室之有桓楹也'는 정현 주의
   내용을 섭숭의의 방식으로 정리한 듯하고, '以其宮室在上, 須桓楹乃安, 天子在上, 須諸侯乃
   安也'는 소의 내용을 축약한 것이며, '蓋亦以桓楹爲瑑飾也'는 정현 주의 내용이다. 해당 부분
   가공언의 소 원문은 다음과 같다. "云'桓, 宮室之象, 所以安其上也'者, 以其宮室在上, 須得桓
   楹乃安, 若天子在上, 須諸侯衛守乃安, 故云'安其上也.' 云'桓圭蓋亦以桓爲瑑飾'者, 以無正
   文, 故亦云'盖'也."

① 명규(命圭): 『주례』「고공기·옥인」정현의 주에 "명규는 왕이 명(命)한 규(圭)이다.[命圭者, 王所命之圭也.]"라고 하였다. 이에 대해 가공언의 소에는 "왕이 제후를 책명(策命)할 때 단지 거복(車服)만을 더하는 것이 아니라 이때 규(圭)를 주어 서신(瑞信: 옥으로 된 부신)으로 삼는다.[於王以策命諸侯之時, 非直加之以車服, 時卽以圭授之, 以爲瑞信者也.]"라고 하였다. 즉 명규는 왕이 공·후·백·자·남을 책명할 때 주는 규벽을 말하는 것이다.

② 신규(信圭)와 궁규(躬圭)도 모두 명규라고 하는데: 『주례』「고공기·옥인」에 따르면, 길이가 1척 2촌인 진규(鎭圭)는 천자가 간수하고[守], 9촌의 명규인 환규(桓圭)는 공(公)이 간수하며, 7촌의 명규인 신규(信圭)는 후(侯)가 간수하고, 7촌의 명규인 궁규(躬圭)는 백(伯)이 간수한다고 하였다.("玉人之事, 鎭圭尺有二寸, 天子守之. 命圭九寸, 謂之桓圭, 公守之. 命圭七寸, 謂之信圭, 侯守之. 命圭七寸, 謂之躬圭, 伯守之.") 즉 규(圭)에 대해 천자의 '진규'와 공(환규)·후(신규)·백(궁규)의 '명규'로 구분하여 기재한 것이다. 여기에 자(子)와 남(男)이 언급되지 않은 것에 대해, 정현은 "자는 곡벽(穀璧)을 간수하고, 남은 포벽(蒲璧)을 간수한다. 언급하지 않은 것은 빠뜨린 것일 뿐이다.[子守穀璧, 男守蒲璧. 不言之者, 闕耳.]"라고 하였다.

③ 조근(朝覲)을 할 때는 잡고 평소에는 간수하기 때문이다: 해당 부분은 『주례』「고공기·옥인」정현의 주를 인용한 것으로, 원문은 "朝覲執焉, 居則守之."이다. 이에 대해 가공언의 소에서는 명규를 잡는 것은

왕에 대해 조(朝)·근(覲)·종(宗)·우(遇)·회(會)·동(同)할 때와 제후간의 상견례 때이고, 평소에는 진수(鎭守)한다고 하였다. 여기서 '조·근·종·우·회·동'은 순서대로 봄, 가을, 여름, 겨울, 때에 따라, 여럿이 함께 왕을 알현하는 것을 뜻한다.

④ 환영(桓楹): 본문의 내용과 같이 『주례』「고공기·옥인」 정현의 주에는 "쌍으로 세우는 것을 '환(桓)'이라고 한다.[雙植, 謂之桓.]"라고 하였다. 이에 대한 가공언의 소에 따르면, '환'은 가옥의 '환영(桓楹)'과 같으며 ("桓, 謂若屋之桓楹."), 『예기』「단궁」 정현의 주에는 "네 곳에 세우는 것을 '환(桓)'이라고 한다.[四植, 謂之桓.]"라고 하였는데, 이는 기둥을 세우는 것에 근거하여 말한 것으로써 네 곳에 기둥을 세우면 네 개의 모서리가 생긴다고 하였다. 또한 규의 윗부분에 새긴 두 개의 모서리는 보이지만 아랫부분의 두 모서리는 보이지 않기 때문에, 정현이 '쌍으로 세운다'고 한 것이라고 보았다. 한편 손이양(孫詒讓)의 『주례정의(周禮正義)』에는 "환규는 대체로 양면인데, 면마다 각각 두 개의 모서리를 새겨서 모두 네 개의 모서리를 만드니, 바로 네 개의 환영(桓盈)과 서로 유사하다."라고 하였다.

⑤ 궁실의 윗부분은 ~ 편안하다: 왕여지(王與之)의 『주례정의(周禮訂義)』에는 최영은(崔靈恩)의 말을 인용하여 이 부분의 의미를 서술하였다. 즉 '환'은 기둥이라는 것에 중점을 두고, 기둥은 궁실의 마룻대와 들보[棟梁] 등의 자재를 편안하게 하는 것이므로, 이를 통해 상공(上公)과 방백(方伯)이 왕을 보좌하는 것을 형상하였다고 하였다.

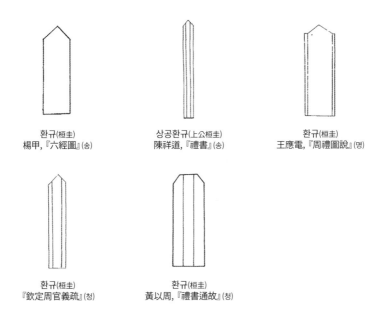

환규(桓圭)
楊甲,『六經圖』(송)

상공환규(上公桓圭)
陳祥道,『禮書』(송)

환규(桓圭)
王應電,『周禮圖說』(명)

환규(桓圭)
『欽定周官義疏』(청)

환규(桓圭)
黃以周,『禮書通故』(청)

信
圭

　『주례』「춘관·대종백」에 "후(侯)는 신규(信圭)①를 잡는다."라고 하였
다.【'信'의 음은 '身'이다.】 정현 주에 "신규와 궁규(躬圭)는 모두 길이가 7촌이
다. 아마도 모두 사람의 형상을 본떠 아로새겨 장식하는데,② 문양에 거칠
고 세밀한 차이[麤縟]③가 있을 뿐인 듯하다. 행실을 삼가서 자신을 보호하
고자 하는 뜻이다."라고 하였다.

　[「大宗伯」云, "侯執信圭."【信音身.】 注云, "(身)[信]¹圭·躬圭, 皆長七寸.
蓋皆象以人形爲瑑飾, 文有麤縟耳. 欲其愼行以保身."]

1　(身)[信]: 저본에는 '身'으로 되어 있으나 『주례』「춘관·대종백」에 의거하여 '信'으로 교감하
　였다.

① 신규(信圭): 『주례』「춘관·대종백」정현의 주에 "'信'은 '身'이 되어야 하는데, 소리가 같은 것으로 인한 오기이다.[信, 當爲身, 聲之誤也.]"라고 하였다.

② 아마도 모두 사람의 형상을 본떠 아로새겨 장식하는데: 이에 대해 가공언의 소에서는, 정현이 신규(信圭)를 신규(身圭)로 이해하기 때문에 규의 이름이 '신(身)'과 '궁(躬)'이라는 점에 근거하여 사람의 형상을 새긴 것으로 해석했다고 보았다.

③ 거칠고 세밀한 차이[麤縟]: 이에 대해 가공언의 소에서는 "'욕(縟)'은 세밀하다는 뜻이다. 모두 사람의 형상으로 장식하는데 만약 거칠고 세밀한 차이가 없다면 신규와 궁규가 무엇이 달라 구별하겠는가? 그러므로 문양에 거친 것과 세밀한 것이 있어 구별했음을 알 수 있다.[縟, 細也. 以其皆以人形爲飾, 若不麤縟爲異, 則身·躬何殊而別之? 故知文有麤縟爲別也.]"라고 하였다.

신규(信圭)
楊甲,
『六經圖』(송)

후신규(侯信圭)
陳祥道,
『禮書』(송)

신규(信圭)
王應電,
『周禮圖說』(명)

신규(信圭)
『欽定周官義疏』(청)

신규(信圭)궁규(躬圭)
黃以周,
『禮書通故』(청)

『주례』「춘관·대종백」에 "백(伯)은 7촌의 궁규(躬圭)를 잡는다."라고
하였다. 공영달의 『예기정의』「곡례하」에는 강남 유학자의 해석을 인용
하여 "'곧은 것은 신규(信圭)이며 그 문양이 세밀하다. 굽은 것은 궁규이며
그 문양이 거칠다'①고 하였는데, 그런 뜻인 듯하다."라고 하였다.

[「大宗伯」云, "伯執躬圭七寸."¹ 孔義引江南儒者解之云, "'直者爲信, 其
文縟細, 曲者爲躬, 其文麤略', 義或然也."²]

---

1 伯執躬圭七寸: 원문은 "伯執躬圭"이고, "七寸"은 정현의 주에 보인다.
2 孔義引 ~ 義或然也: 『예기정의』 원문은 "江南儒者解云, '直者爲信, 其文縟細. 曲者爲躬, 其
   文麤略.' 義或然也."이다.

① 곧은 것은 ~ 거칠다: 왕여지(王與之)의 『주례정의(周禮訂義)』에는 '곧은 것[直者]은 신규(信圭), 굽은 것[曲者]은 궁규(躬圭)'라는 설명에 대해 각기 다른 해석을 소개하였다. 이에 따르면, 정악(鄭鍔: 宋人)은 규에 새겨넣은 사람의 모습에 따른 것으로 이해하여, 몸을 곧게 편 사람이 새겨진 것이 신규, 몸을 굽힌 사람이 새겨진 것이 궁규라고 하였다. 반면에 육전(陸佃: 宋 1042~1102)은 규의 형태에 따른 것으로 이해하여, 규가 곧은 것은 신규, 규가 굽은 것은 궁규라고 하였다.("鄭鍔曰, '鄭說, 侯信圭, 琢人身之伸者以爲飾, 伯躬圭, 琢人身之曲者以爲飾.' 陸佃云, '圭形直者爲信圭, 曲者爲躬圭, 不作人屈伸之狀.'")

| 궁규(躬圭) 楊甲, 『六經圖』(송) | 백궁규(伯躬圭) 陳祥道, 『禮書』(송) | 궁규(躬圭) 王應電, 『周禮圖說』(명) | 궁규(躬圭) 『欽定周官義疏』(청) | 신규(信圭)궁규(躬圭) 黃以周, 『禮書通故』(청) |

『주례』「춘관·대종백」에 "자(子)는 5촌의 곡벽(穀璧)①을 잡는다. 제후 간의 상견례에도 이것을 잡는다."라고 하였다. 『예기』「곡례」공영달의 소에 "벽(璧)은 안쪽에 구멍이 있는데 이것을 '호(好)'라 하고, 바깥쪽은 옥으로 되어 있는데 이것을 '육(肉)'이라 한다. 그러므로 『이아』에 '육의 너비가 호의 너비의 두 배인 것을 벽(璧)이라 하고, 육과 호의 너비가 동일한 것을 환(環)이라 한다'고 하였다. 이것은 다섯 등급의 제후가 각각 잡는 규(圭)와 벽(璧)이며, 왕에게 조근할 때와 제후 간의 회견[相朝] 때에 사용하는 것이다."라고 하였다. 또 (『주례』「춘관·대종백」의 정현 주를 인용하여) "곡식은 사람을 기르는 것이다."②라고 하였다. 아마도 곡식 모양을 아로새겨서 장식한 듯하다.

[「大宗伯」云, "子執穀璧五寸. 諸侯自相見, 亦執之."¹「曲禮」疏云, "其璧則內有孔, 謂之好, 外有玉, 謂之肉. 故『爾雅』云, '肉倍好, 謂之璧, 肉好若一,

---

1 　子執穀璧 ~ 亦執之: 원문은 "子執穀璧"이고, "五寸"은 정현 주에 보인다. "諸侯自相見, 亦執之"는 섭숭의가 부기한 것으로 보인다.

謂之環.' 此五等諸侯各執圭璧, 朝於王及自相朝所用也."² 又云, "穀所以養
人." 蓋瑑穀稼之形爲飾.]

2 其璧則 ~ 所用也: 본문은『예기주소(禮記注疏)』원문을 다소 가감하였다. 원문은 다음과 같
   다. "其璧則內有孔, 外有肉, 其孔謂之好. 故『爾雅』「釋器」云, '肉倍好謂之璧, 好倍肉謂之
   瑗, 肉好若一謂之環.' 此謂諸侯所執圭璧, 皆朝於王及相朝所用也."

① 곡벽(穀璧): 본서 「옥서도」에 기재된 것처럼, 제후가 왕을 조근할 때 잡는 명규(命圭)는 공(公)의 환규(桓圭), 후(侯)의 신규(信圭), 백(伯)의 궁규(躬圭), 자(子)의 곡벽, 남(男)의 포벽(蒲璧)이다. 여기서 공·후·백은 규(圭)를 잡지만, 자·남은 규 대신 벽(璧)을 잡는 이유에 대해, 『주례』「춘관·대종백」 정현의 주에는 "규를 잡지 못하는 것은 나라를 이루지 못하였기 때문이다.[不執圭者, 未成國也.]"라고 하였다.

② 곡식은 사람을 기르는 것이다: 이 문장에 대해 본문에서는 『예기정의』「곡례」 공영달의 소를 출처로 하였으나, 본래는 『주례』「춘관·대종백」 정현 주의 문장이다. 이를 공영달의 소에서 인용한 것인데, 공영달은 이 문장을 그대로 인용하고 별다른 설명을 덧붙이지는 않았다.

곡벽(穀璧)　　　자곡벽(子穀璧)　　　곡벽(穀璧)　　　곡벽(穀璧)
楊甲, 『六經圖』(송)　陳祥道, 『禮書』(송)　王應電, 『周禮圖說』(명)　『欽定周官義疏』(청)

【玉瑞圖10：08-蒲璧포벽】

　　『주례』「춘관·대종백」에 "남(男)은 5촌의 포벽(蒲璧)을 잡는다."라고
하였다. 『예기』「곡례」 공영달의 소에는 『주례』「춘관·대종백」 정현의
주를 인용하여 "부들[蒲]은 자리[席]가 되니 사람을 편안하게 하는 것이
다."①라고 하였다. 아마도 부들 모양을 아로새겨서 장식한 듯하다.

　　[「大宗伯」云, "男執蒲璧五寸."¹ 「曲禮」疏引此注云, "蒲爲席, 所以安
人." 蓋瑑蒲草之形爲飾.]

1　男執蒲璧五寸: 원문은 "男執蒲璧"이고, "五寸"은 정현의 주에 보인다.

① 부들[蒲]은 ~ 하는 것이다: 본문에서 언급한 것처럼 이 문장은 『주례』 「춘관·대종백」 정현 주의 문장이다. 공영달은 이 문장을 그대로 인용하였고, 이에 대한 자신의 설명을 덧붙이지는 않았다.

포벽(蒲璧)
楊甲, 『六經圖』(송)

남포벽(男蒲璧)
陳祥道, 『禮書』(송)

포벽(蒲璧)
王應電, 『周禮圖說』(명)

포벽(蒲璧)
『欽定周官義疏』(청)

『주례』「춘관·전서」에 "아장(牙璋)으로 군대를 일으키고, 병력으로 수호하는 일[兵守]을 다스린다."라고 하였다. 정사농(鄭司農: 鄭衆)이 말했다. "아장은 어금니 모양을 아로새긴 것이다.① 치아[牙齒]는 전쟁의 상징이므로 아장을 가지고 군대를 일으켰으니, 지금 동호부(銅虎符)②로 군대를 일으키는 것과 같다." 정현(鄭玄)이 말했다. "아장 역시 왕사(王使)의 서절(瑞節: 옥으로 된 부절)이다.③ '병수(兵守)'는 군대를 써서 지키는 것으로, 제(齊)나라 사람들이 수(遂)나라에 주둔했던 일④이나 제후들이 주(周)나라에 주둔했던 일⑤ 등과 같은 것이다."

또 『주례』「고공기·옥인」에는 "아장과 중장(中璋)은 7촌이고 두께는 1촌이며, 이것을 가지고 군대를 일으키고, 병력으로 수호하는 일을 다스린다."라고 하였다. 정현이 말했다. "두 가지 장(璋)은 모두 옥을 깎은 측면에 톱니[鉏牙]⑥ 모양의 문식이 있다." (정현이) 그렇게 이해한 이유는 그 두 가지 장이 동일하게 군대를 일으키기 때문이다. 아마도 대규모의 군대는 아장을 사용하여 일으키고, 소규모의 군대는 중장을 사용하여 일으킨 듯하다. 아장을 먼저 말하고 중장은 '아(牙)'라고 말하지 않는 것은, 다만 아장에 문식이 많기 때문에 '아'라는 이름을 붙여 먼저 말한 것이다. 중장은 아장의 다음이니, 분명히 이것도 톱니 문양[牙]이 있으나 문식이 약간 적으므로, 단지 '중장'이라는 이름만 붙일 뿐 '아'라고 말하지는 않은 것이다.⑦

『주례』「춘관·전서」에서 중장에 대해 말하지 않은 것은, 대규모의 군대와 소규모의 군대를 동원하는 등의 차이가 있기 때문에 나타내지 않은 것이다.⑧

[「典瑞」云, "牙璋以起軍旅, 以治兵守." 先鄭云, "牙璋, 琢以爲牙. 牙齒, 兵象, 故以牙璋發兵, 若今銅虎符發兵也." 後鄭云, "牙璋, 亦王使之瑞節. 兵守, 用兵所守也, 若齊人戍遂, 諸侯戍周之類." 又「玉人」云, "牙璋·中璋七寸, 厚寸, 以起軍旅, 以治兵守." 後鄭云, "二璋, 皆有鉏牙之飾於琰側." 知然者, 以其二璋同起軍旅故也. 蓋大軍旅則用牙璋以起之, 小軍旅則用中璋以起之也. 首言牙璋, 中璋不言牙者, 但牙璋文飾多, 故得牙名而先言之也. 中璋次於牙璋, 明亦有牙也, 以文飾差少, 故惟有中璋之名, 不言牙也. 「典瑞」不言中璋者, 以其大小等, 故不見也.]

① 아장은 어금니 모양을 아로새긴 것이다: 이에 대해 가공언의 소에는, 정문(正文)이 없어 '아(牙)'라는 말에 따라 치아의 뜻으로 해석한 것이라고 하였다.("此無正文, 以意言之, 以其言牙, 卽以牙齒解之.")

② 동호부(銅虎符): 한나라 때 군대를 일으킬 경우에 사용하였던 구리로 만든 호랑이 모양의 병부(兵符)이다. 『주례』「춘관·전서」 가공언의 소에는 응소(應邵)의 말을 인용하여 "동호부는 '제일(第一)'부터 '제오(第五)'까지 있으며 국가에서 군대를 일으켜야 할 때 사자(使者)를 군국(郡國)에 보내 동호부를 합쳐 보아, 부절이 합치되면 군대를 내어 준다.[應邵曰, '銅虎符從第一至第五, 國家當發兵, 遣使者至郡國合符, 符合, 乃聽受之.']"라고 하였다. 또한 장안(張晏)의 말도 인용하였는데, "옛날의 규장(圭璋)을 대신하여 간이함을 따라 그 일을 편리하게 한 것이다.[張晏曰, '以代古圭璋, 從簡易, 便其事也.']"라고 하였다.

③ 아장 역시 왕사(王使)의 서절(瑞節)이다: 『주례』「춘관·전서」에서 '아장'은 '진규(珍圭)'의 다음 순서로 기재되어 있고, '진규(珍圭)'에 대한 정현 주에는 "진규(珍圭)는 왕사(王使)의 서절(瑞節)로, … 왕의 사인(使人)이 제후를 징발하고 흉년이 든 방국을 구휼할 때 이것을 주니, 잡고 가서 왕명(王命)을 시행한다. 오늘날 사자(使者)가 부절을 지니는 것과 같다."라고 하였다.(【玉瑞圖10 : 03-鎭圭】의 역주④ 참조) 여기에서 "아장 역시"라고 말한 것은 '진규(珍圭)와 마찬가지로' 왕사의 서절이라는 뜻을 강조하기 위한 것이다.

④ 제(齊)나라 사람들이 수(遂)나라에 주둔했던 일: 이에 대해 가공언의 소에는, "장공(莊公) 13년 봄에 제후(齊侯)가 제후들과 북행(北杏)에서 회합하였다. 여름 6월에 제인(齊人)이 수(遂)나라를 멸망시켰다. 『춘추좌전』에 '수인(遂人)이 오지 않았다. 여름에 제인이 수나라를 멸망시키고 군대를 보내 지켰다'고 하였다.[莊公十三年春, 齊侯會諸侯于北杏. 夏六月, 齊人滅遂. 『傳』曰, '遂人不至. 夏, 齊人滅遂而戌之'也.]"라고 하였다.

⑤ 제후들이 주(周)나라에 주둔했던 일: 이에 대해 가공언의 소에는, "소공(昭公) 27년 12월에 진(晉)나라 적진(籍秦)이 (주나라를) 지킬 제후의 군대를 주(周)나라에 보냈으니, 이것이 바로 그 일이다.[昭二十七年十二月, 晉籍秦致諸侯之戌于周, 是其事也.]"라고 하였다.

⑥ 톱니[鉏牙]: '서아(鉏牙)'는 톱니처럼 고르지 못한 모양을 뜻한다. 본문에서 보듯이 『주례』「춘관·전서」에서 정사농은 아장의 무늬를 치아[牙齒] 모양이라고 하였는데, 표면이 고르지 못한 모양을 의미한다는 점에서 톱니[鉏牙]와 다르지 않다고 할 수 있다.

⑦ (정현이) 그렇게 ~ 않은 것이다: 해당 내용은 섭숭의가 『주례』「고공기·옥인」 가공언의 소를 참고하여 서술한 것으로 보인다. 문장은 다르지만 내용은 상당 부분 일치하기 때문이다. 해당 부분 가공언 소의 원문은 다음과 같다. "二璋盖軍多用牙璋, 軍少用中璋. 鄭知二璋皆爲鉏牙之節者, 以其同起軍旅, 又以牙璋爲首, 故知中璋亦有鉏牙. 但牙璋文節多, 故得牙名而先言也."

⑧ 『주례』「춘관·전서」에서 ~ 나타내지 않은 것이다: 해당 부분은 『주례』「고공기·옥인」 가공언의 소를 인용한 것이다. 소의 원문은 다음과 같다. "正與「典瑞」文同. 彼無中璋者, 以其大小等, 故不見也."

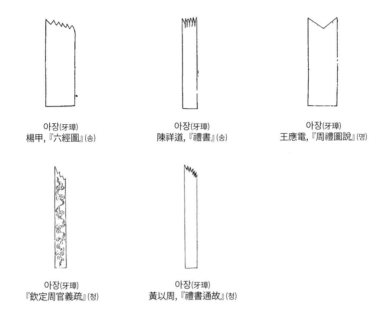

아장(牙璋)
楊甲,『六經圖』(송)

아장(牙璋)
陳祥道,『禮書』(송)

아장(牙璋)
王應電,『周禮圖說』(명)

아장(牙璋)
『欽定周官義疏』(청)

아장(牙璋)
黃以周,『禮書通故』(청)

【玉瑞圖10：10-穀圭곡규】

穀圭

『주례』「고공기·옥인」에 "곡규(穀圭)는 7촌이고, 천자(天子)가 이것으로 신부 될 사람을 빙문(聘問)한다.①"라고 하였다. 정현 주에는 "납징(納徵)②할 때 속백(束帛)③에 더하는 것이다."라고 하였다. 가공언의 소에는 "사(士) 이상은 모두 검은 비단[玄]과 연붉은빛 비단[纁]으로 속백을 하는데, 다만 천자는 여기에 곡규를 더하고, 제후는 대장(大璋)④을 더하니 역시 7촌이다."라고 하였다.

『주례』「춘관·전서」에 "곡규를 가지고 원수와 화해하고, 신부 될 사람을 빙문한다."라고 하였다. 정현이 말했다. "곡규 역시 왕사(王使)의 서절(瑞節)이다. '곡(穀)'은 좋다[善]는 뜻이다.⑤ 그 문식은 조[粟] 무늬 같다.('난(難)'은)⑥ 원수라는 뜻이다. 원수와 화해한다는 것은, 『춘추』에서 선공(宣公)이 제후(齊侯)와 함께 거(莒)나라와 담(郯)나라를 화해시키고자 한 일,⑦ 진후(晉侯)가 하가(瑕嘉)를 주나라에 사신으로 보내 융(戎)과 왕실을 화해시킨 일⑧과 같은 것이다. 신부 될 사람을 빙문한다는 것은 납징하기 위해서이다."

[「玉人」云, "穀圭七寸, 天子以聘女." 注云, "納徵加於束帛." 賈釋云, "自士已上, 皆用玄纁束帛, 但天子加以穀圭, 諸侯加大璋, 亦七寸."[1] 「典瑞」云, "穀圭以和難, 以聘女." 後鄭云, "穀圭, 亦王使之瑞節也. 穀, 善也. 其飾若粟文然. 仇讎.[2] 和之者, 若『春秋』宣公及齊侯平莒及郯, 晉侯使瑕嘉平戎於王也. 其聘女則以納徵焉."]

---

1   自士已上 ~ 亦七寸: 마지막의 '亦七寸'은 가공언의 소에 없는 내용으로, 섭숭의가 부기한 듯하다.
2   仇讎: 저본에는 '仇讎'로 되어 있으나 『주례』「춘관·전서」정현의 주에는 "難, 仇讎."라고 되어 있다.

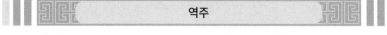
① 천자(天子)가 이것으로 신부 될 사람을 빙문(聘問)한다: 정확히는 천자가 이것을 사자(使者)에게 들려서 신부 될 사람을 빙문하게 하는 것이다. 뒤의 대장(【玉瑞圖10 : 11-大璋】) 역시 제후가 직접 신부 될 사람을 빙문하는 것이 아니라, 사자에게 들려서 보낸다는 뜻이다.

② 납징(納徵): 납징은 혼례의 육례(六禮) 절차 중 하나이다. 정현은 경문의 "신부 될 사람을 빙문(聘問)한다"의 '빙문'을 납징으로 이해하였는데, 그 이유는『주례』「춘관·전서」가공언의 소에 잘 설명되어 있다. 소에 따르면, 육례 절차 중 다섯 가지 예(禮)에서는 기러기[鴈]를 쓰지만 납징(納徵)에는 기러기를 사용하지 않고 속백(束帛)만을 가지고 간다고 한다. 이때 서민(庶民)은 치백(緇帛) 다섯 필을 사용하고, 사(士)는 검은 비단[玄] 셋, 연붉은빛 비단[纁] 둘을 사용한다. 그리고 천자는 여기에 곡규(穀圭)를 더하고, 제후는 대장(大璋)을 더하며, 대부는 사(士)와 동일하다. 또한『춘추』에서는 그것을 납폐(納幣)라고 하였는데, 춘추시대부터 다른 시대에까지 통용되었다.

③ 속백(束帛): 빙문(聘問)에 사용하는 비단으로, 다섯 필을 각각 양 끝을 마주 말아서 한 데 묶은 것이다. 납징에 쓰는 속백에 대해서는 위의 역주 ② 참조.

④ 대장(大璋): 제후가 납징할 때 속백에 더하는 것으로, 길이는 7촌이고 옥의 절반 이하 부분에 운기(雲氣) 모양을 아로새겨 장식한다. 자세한 내용은 아래의 【玉瑞圖10 : 11-大璋】 참조.

⑤ '곡(穀)'은 좋다[善]는 뜻이다: 가공언 소에서는 이를 근거로 곡규를 '좋은 규[善圭]'로 칭하면서 "그러므로 좋은 규를 잡고 화해시켜 좋게 하는 것이다. 신부 될 사람을 빙문하는 것도 화호(和好)한 일이므로 역시 좋은 규를 사용한다.[故執善圭和之使善也. 聘女亦是和好之事, 故亦用善圭也.]"라고 하였다.

⑥ ('난(難)'은): 『주례』「춘관·전서」정현의 주 원문에는 "難, 仇讎."로 되어 있는 것에 근거하여 덧붙여 넣었다.

⑦ 선공(宣公)이 ~ 화해시키고자 한 일: 해당 내용은 『춘추』노선공(魯宣公) 4년의 기록에 보인다. 즉 "4년 봄 주왕(周王) 정월에 선공이 제후(齊侯)와 함께 거(莒)나라와 담(郯)나라를 화해시키고자 하였는데 거인(莒人)이 동의하지 않으니, 선공이 거나라를 토벌하여 향(向) 땅을 취하였다.[四年春王正月, 公及齊侯平莒及郯, 莒人不肯, 公伐莒取向.]"에서 인용한 것이다.

⑧ 진후(晉侯)가 ~ 화해시킨 일: 해당 내용은 『춘추좌전』노성공(魯成公) 원년의 전문(傳文)에 보인다. "원년 봄에 진후(晉侯)가 하가(瑕嘉)를 주나라에 사신으로 보내 융(戎)과 왕실을 화해시키니, 단양공(單襄公)이 진(晉)나라에 가서 화평시켜 준 것에 대해 배사(拜謝)하였다.[元年春, 晉侯使瑕嘉平戎于王, 單襄公如晉拜成.]"에서 인용한 것이다.

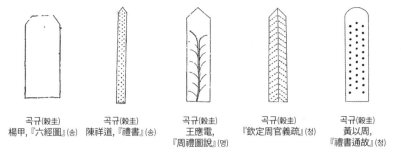

곡규(穀圭)
楊甲, 『六經圖』(송)

곡규(穀圭)
陳祥道, 『禮書』(송)

곡규(穀圭)
王應電,
『周禮圖說』(명)

곡규(穀圭)
『欽定周官義疏』(청)

곡규(穀圭)
黃以周,
『禮書通故』(청)

【玉瑞圖10：11-大璋대장】

(『주례』「고공기·옥인」에) "대장(大璋)은 7촌이고,① 상단의 돌출된 부분 [射]②은 4촌이며, 두께는 1촌이다. 제후가 이것으로 신부 될 사람을 빙문 (聘問)한다."라고 하였다. 정현 주에는 "이 역시 납징(納徵)할 때 속백(束帛) 에 더하는 것이다."③라고 하였다. 위에서는 "대장은 9촌"이라 하고 여기 서는 7촌인데도 '대장'이라고 한 것은,④ 천자가 7촌의 곡규(穀圭)로 신부 될 사람을 빙문하므로 제후가 천자를 넘어서 9촌을 쓸 수 없기 때문이다. 대장의 문양을 사용하여 문식하기 때문에 대장이라는 명칭을 얻었음을 말한다.

또 살펴보건대, "세 가지 장(璋)의 구기[勺]⑤"에 대하여 정현 주에 "대 장(大璋)은 문식을 가하고, 중장(中璋)은 문식을 줄이며, 변장(邊璋)은 문식 을 절반만 한다."⑥라고 하였다. 즉 여기서의 장(璋)은 비록 7촌이지만⑦ 대 장에 문식을 가한다는 뜻에서 취하여 장(璋)의 몸체에 두루 미치도록 운기 (雲氣)를 아로새긴 것이 대장과 같음을 말한 것이다.

["大璋七寸, 射四寸, 厚寸. 諸侯以聘女."[1] 注云, "亦納徵加於束帛也." 上云, "大璋九寸", 此七寸, 得云大璋者, 以天子穀圭七寸以聘女, 諸侯不可過於天子而用九寸也. 謂用大璋之文以飾之, 故得大璋之名. 又案, "三璋之勺",[2] 注云, "大璋加文飾, 中璋殺文飾, 邊璋半文飾."[3] 則此璋雖七寸, 取於大璋加文飾之義, 謂遍於璋體瑑雲氣如大璋也.]

---

1 大璋七寸 ~ 諸侯以聘女: 원문은 "大璋·中璋九寸, 邊璋七寸, 射四寸, 厚寸, 黃金勺, 靑金外, 朱中, 鼻寸, 衡四寸, 有繅, 天子以巡守, 宗祝以前馬. 大璋亦如之, 諸侯以聘女"로, 본문에서는 이 중 극히 일부만을 인용하였다.
2 三璋之勺: 『주례』 「고공기·옥인」 정현 주의 내용으로, 원문은 "三璋之勺, 形如圭瓚."이다.
3 大璋加文飾 ~ 半文飾: 원문은 "於大山川, 則用大璋, 加文飾也. 於中山川, 用中璋, 殺文飾也. 於小山川, 用邊璋, 半文飾也."이다.

① 대장(大璋)은 7촌이고: 『주례』「고공기·옥인」의 원문에는 "대장(大璋)
과 중장(中璋)은 9촌이고, 변장(邊璋)은 7촌이며, 상단의 나온 부분[射]
은 4촌이고, 두께는 1촌이며, … 천자가 순수(巡守)할 때 종축(宗祝)이 말
[馬]을 희생으로 바치기에 앞서 이것으로 산천에 제사 지낸다. 대장도
이와 같으며 제후가 이것으로 신부 될 사람을 빙문(聘問)한다.[大璋·中
璋九寸, 邊璋七寸, 射四寸, 厚寸, … 天子以巡守, 宗祝以前馬. 大璋亦如
之, 諸侯以聘女.]"라고 하였다. 즉 여기에서 말하는 대장은 두 가지 종
류로, 천자가 순수하면서 산천에 제사를 지낼 때 사용하는 것과 제후가
신부 될 사람을 빙문하는 데에 사용하는 것이 있다. 정현은 뒤의 대장
에 대하여 경문에서 '이와 같다[如之]'라고 한 것은 "변장은 7촌이며, 상
단의 나온 부분은 4촌"인 것과 같다는 의미로 이해하였다. 즉 앞과 뒤
의 대장은 이름은 같지만 그 용도와 크기가 다르며, 정현의 해석에 따
르면 앞의 대장은 9촌이고 뒤의 대장은 7촌이 되는 것이다. 여기 『삼례
도집주』의 본문에서는 뒤의 대장에 대해 서술하면서 『주례』 원문 "大
璋亦如之, 諸侯以聘女."에 정현의 해석을 적용하여 "大璋七寸, 射四
寸, 厚寸. 諸侯以聘女."로 바꾸어 기재한 것으로 볼 수 있다.

② 상단의 돌출된 부분[射]: 정현은 '사(射)'에 대해 "옥을 깎아서 돌출된 것
[琰出者]"이라고 해석하였고, 가공언의 소에서는 "위를 향하는 것을 '돌
출[出]'이라 하니, 절반 이상을 깎는 것을 말한다. 절반 이하에는 문식을
한다.(向上謂之出, 謂琰半已上, 其半已下爲文飾也.)"라고 하였다.

③ 이 역시 납징(納徵)할 때 속백(束帛)에 더하는 것이다: 『주례』「고공기·옥인」에서 '대장'은 '곡규(穀圭)'의 다음 순서에 기재되어 있다. 앞의 [玉瑞圖10：10-穀圭]에서 본 것처럼 곡규는 천자가 신부 될 사람에게 납징의 절차를 행할 때 속백에 더하는 것이고, 대장은 제후가 납징 때 속백에 더하는 것이므로 "이 역시…"라는 표현을 쓴 것이다.

④ 위에서는 ~ 한 것은: 9촌의 대장과 7촌의 대장은 그 용도가 다르다.(위의 역주① 참조) 다만 그 문양이 동일하기 때문에 동일한 이름으로 명명하는 것이다.

⑤ 세 가지 장(璋)의 구기[勺]: 해당 부분은 『주례』「고공기·옥인」정현 주의 내용으로 "세 가지 장(璋)의 구기[勺]는 형태가 규찬(圭瓚)과 같다. 천자가 순수하다가 산천에 제사 지낼 때 이것으로 땅에 술을 붓는다.(三璋之勺, 形如圭瓚. 天子巡守, 有事山川, 則用灌焉.)"라고 하였다. 규찬은 제기의 하나로, 제사에서 강신(降神)을 위해 땅에 술을 부을 때 사용하는 것이다.

⑥ 대장(大璋)은 ~ 절반만 한다: 해당 부분은 정현 주의 내용을 축약한 것으로 원문은 "큰 산천에 제사 지낼 때는 대장(大璋)을 사용하는데 문식을 가한다. 중간의 산천에 제사 지낼 때는 중장(中璋)을 사용하는데 문식을 줄인다. 작은 산천에 제사 지낼 때는 변장(邊璋)을 사용하는데 문식을 절반만 한다.[於大山川, 則用大璋, 加文飾也. 於中山川, 用中璋, 殺文飾也. 於小山川, 用邊璋, 半文飾也.]"라고 하였다.

⑦ 여기서의 장(璋)은 비록 7촌이지만: '여기서의 장(璋)'이란 본문에서 설명하고 있는 대장(大璋), 즉 길이는 7촌이고 제후가 납징의 예를 행할 때 사용하는 것을 말한다. 그런데 '문식을 가한다'는 설명의 대장은, 길이는 9촌이고 산천에 제사 지낼 때 사용하는 대장을 뜻하는 것이다. 따라

서 비록 길이와 용도가 다른 대장이지만, 마찬가지로 운기를 아로새겨 장식한다는 점을 강조한 것이다.

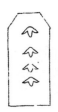

대장(大璋)
楊甲, 『六經圖』(송)

대장(大璋)
陳祥道, 『禮書』(송)

대장(大璋)
『欽定周官義疏』(청)

대장(大璋)
黃以周, 『禮書通故』(청)

【玉瑞圖10：12–駔琮조종(音組)】

　　『주례』「고공기·옥인」에 "조종(駔琮)은 5촌이고, 왕후가 이것으로 저울추를 삼는다."라고 하였다. 또 "조종은 7촌이고, 코[鼻]는 1.5촌이다. 천자가 이것으로 저울추를 삼는다."라고 하였다.[①] 정현은 '조(駔)'를 '조(組)'로 읽었는데, 끈[組]으로 종(琮)을 묶는 것에 근거하여 명명했음을 말한 것이다.[②] (가공언의 소에) "조종이라고 명명한 것은, 옥으로 두(豆)를 장식하면 '옥두(玉豆)'라고 명명하는 것과 같은 종류이다."라고 하였다.[③]

　　정사농은 조종에 대해 저울추로 무게를 달아 양을 측정하는 것이라고 이해하였다.[④] 본래 저울추로 사용하였기 때문에 코가 있는 것이다. 또한 가공언의 소에는 "'양(量)'은 두(斗)나 곡(斛)으로 따지는 용어인데 여기서는 저울에 달아서 양을 측정한다는 것이니, 말을 자세히 분석하면 '양'과 '저울에 다는 것'은 다르지만, 말을 개괄하면 저울에 다는 것도 '양'이라는 용어를 쓸 수 있는 것은 그것을 가지고 무게를 재기 때문이다."라고 하였다. 천자의 조종에 본래 코가 있으므로 왕후의 조종에도 코가 있는 것이 분명하다.[⑤]

[「玉人」曰, "駔琮五寸, 宗后以爲權." 又曰, "駔琮七寸, 鼻寸有半寸. 天子以爲權." 後鄭讀'駔'爲'組', 謂以組繫琮, 因名. "組琮, 以玉飾豆, 卽名玉豆, 是其類也."[1] 先鄭解組琮, 以爲稱錘以起量. 旣用爲權, 故有鼻. 又賈釋云, "量自是斗斛之名, 此權衡而爲量者, 對文, 量與權衡異, 散文, 權衡亦得量名, 以其量輕重故也."[2] 天子組琮旣有鼻, 明后組琮亦有鼻也.]

1　組琮 ~ 是其類也: 『주례』「고공기·옥인」 가공언 소의 원문은 다음과 같다. "以組爲繫, 名組綜, 似以玉飾豆, 卽名玉豆其類也."
2　量自是斗斛之名 ~ 以其量輕重故也: 원문은 다음과 같다. "量自是升斛之名, 而云爲量者, 對文, 量衡異, 散文, 衡亦得爲量, 以其量輕重故也."

① 『주례』「고공기·옥인」에 ~ 라고 하였다: 본문의 문장과 같이 『주례』「고공기·옥인」에는 '조종(駔琮)'에 대해 두 가지 내용을 기재하고 있다. 즉 조종은 두 가지로, 5촌의 조종은 왕후가 저울추로 사용하는 것이고, 7촌의 조종은 왕이 저울추로 사용하는 것이다.

② 정현은 '조(駔)'를 ~ 명명했음을 말한 것이다: '駔'자는 준마로 해석하면 '장'으로, 끈으로 해석하면 '조'로 읽는다. 정현은 조종에 달린 코[鼻]에 끈을 연결한다는 의미를 취하여 '조(組)'로 읽었다고 한 것이다. 한편 해당 부분은 정현 주의 내용을 섭숭의가 간접 인용한 것으로, 정현 주 원문은 "駔讀爲組, 以組繫之, 因名焉."이다.

③ 조종이라고 명명한 것은 ~ 라고 하였다: 이는 '조종'이라는 이름을 '끈'과 연결하여 해석한 정현의 말에 대한 가공언 소의 내용이다. 소에는 이 문장에 앞서 "뜻으로는 '조(駔)'에서 취할 것이 없기 때문에 '끈[組]'을 따랐으니, 끈을 사용하여 묶기 때문이다."라고 하였다.

④ 정사농은 ~ 이해하였다: 해당 부분은 『주례』「고공기·옥인」 정현의 주에 있는 정사농의 말을 간접 인용한 것으로, 원문은 "鄭司農云, '以爲稱錘, 以起量.'"이다.

⑤ 천자의 조종에 ~ 분명하다: 해당 부분은 『주례』「고공기·옥인」의 천자의 조종에 대한 가공언의 소를 요약하여 인용한 것이다. 원문은 "此天子以爲權, 故有鼻. 上后權不言鼻者, 擧以見后亦有鼻可知."이다.

조종(駔琮)
楊甲,『六經圖』(송)

왕조종(王駔琮)
陳祥道,『禮書』(송)

(宗后)조종(駔琮)　　　(天子)조종(駔琮)
王應電,『周禮圖說』(명)

조종(駔琮)
『欽定周官義疏』(청)

조종(駔琮)
黃以周,『禮書通故』(청)

『주례』「고공기·옥인」에 "대종(大琮)은 12촌이고, 돌출된 부분[射]①은 4촌이며, 두께는 1촌이다. 이것은 내치(內治)를 통해 진정시킴을 이르는 것이니, 왕후가 지닌다."라고 하였다. 정현이 말했다. "왕의 진규(鎭圭)②와 같다. '나온 부분[射]'은 그 바깥쪽의 톱니[鉏牙]③ 모양을 뜻한다."

가공언의 소에는 "'대종'이라고 말한 것은 위에서 '조종(駔琮)④은 5촌이다'라고 한 것에 비해 크기 때문이다. '12촌'이라고 말한 것은 뿔의 지름을 포함한 것이 1척 2촌이기 때문이다. '나온 부분[射]은 4촌이다'라고 한 것은 뿔이 각기 2촌인 것에 근거하면 양편을 합하여 4촌이 되기 때문이다. '내치(內治)를 통해 진정시킨다'는 것은 천자가 진규를 잡는 것에 비하면 안[內]이 되기 때문이니, 내재(內宰)가 태재(太宰)에 비해, 내사복(內司服)이 사복(司服)에 비해 모두 안으로 비교되는 것과 같음을 이르는 것이다. 왕에 대해서 '바깥[外]'이라고 말하지 않은 것은, 남자는 양(陽)이므로 바깥에 있는 것이 보통이기 때문이다. 다만 부인은 음(陰)인데도 내치를 주관하기 때문에 '안'이라고 말하였다. '그 바깥쪽의 톱니모양을 뜻한다'라고 말한 것은 여덟 개의 뿔이 뾰족하게 나온 것에 근거하여 말한 것이니, 그러므로

'톱니'라고 한 것이다."라고 하였다.

　　「玉人」云, "大琮十有二寸, 射四寸, 厚寸, 是謂內鎭, 宗后守之." 後鄭云, "如王鎭圭也. 射, 其外鉏牙." 賈釋曰, "言'大琮'者, 對上'駔琮五寸'者爲大也. 言'十有二寸'者, 幷角徑之爲尺二寸也. 云'射四寸'者, 據角各二寸, 兩廂幷四寸. '內鎭'者, 對天子執鎭圭爲內, 謂若內宰對太宰, 內司服對司服, 皆爲內之比也. 王不言外者, 男子陽居外, 是其常. 但婦人陰, 主內治, 故得稱內也. 云'其外鉏牙'者, 據八角鋒言之, 故云'鉏牙'也."]

① 돌출된 부분[射]:『주례』「고공기·옥인」'대장(大璋)'의 정현 주에서는 '사(射)'에 대해 "옥을 깎아서 돌출된 것[琰出者]"이라고 해석하였고, 가공언의 소에서는 "위를 향하는 것을 '돌출[出]'이라 하니, 절반 이상을 깎는 것을 말한다. 절반 이하에는 문식을 한다.[向上謂之出, 謂琰半已上, 其半已下爲文飾也.]"라고 하였다. 이를 참고할 때 '돌출된 부분[射]'이라는 용어는, 대장처럼 긴 형태의 옥에서는 절반보다 위쪽으로 옥을 깎은 부분을 의미하고, 여기 대종(大琮)처럼 옥의 바깥 부분을 뾰족한 뿔 모양으로 깎은 경우에는 뿔 부분을 의미하는 것이라는 점을 알 수 있다.

② 진규(鎭圭): 대규(大圭)·모(冒=瑁)와 함께 왕(천자)의 규(圭)이다. 그 길이는 1척 2촌이고, 네 가지 진산(鎭山) 모양을 아로새겨 장식하였다. 왕이 천하를 진정시켜 평안하게 한다는 의미를 갖고 있다. 자세한 내용은【玉瑞圖10:03-鎭圭】참조.

③ 톱니[鉏牙]: '서아(鉏牙)'는 톱니처럼 고르지 못한 모양을 뜻한다.

④ 조종(駔琮): 조종은 두 가지 종류가 있다. 하나는 5촌의 조종으로 왕후가 저울추로 사용하는 것이고, 다른 하나는 7촌의 조종으로 왕이 저울추로 사용하는 것이다. 자세한 내용은【玉瑞圖10:12-駔琮】참조.

대종(大琮)
楊甲,『六經圖』(송)

대종(大琮)
陳祥道,『禮書』(송)

대종(大琮)
王應電,『周禮圖說』(명)

대종(大琮)
黃以周,『禮書通故』(청)

琬
圭

『주례』「고공기·옥인」에 "완규(琬圭)는 9촌이고 옥받침[繅]이 있으며
덕(德)을 형상하였다.①"라고 하였다. 정현이 말했다. "'완(琬)'은 '둥글다
[圓]'와 같다. 왕사(王使)의 서절(瑞節: 옥으로 된 부절)이다. 제후에게 덕(德)이
있어 왕이 하사물(下賜物)을 내리도록 명하면,② 사자(使者)가 완규를 잡고
가서 명을 시행하였다." 그러므로 『주례』「춘관·전서」에 "완규(琬圭)를
가지고 덕을 치하하고 우호를 체결한다.③"라고 하였다. '덕을 치하한다'는
것은 『주례』「고공기·옥인」의 정현 주에 "제후에게 덕이 있어 왕이 하사
물을 내리도록 명한다."라는 것이다. (『주례』「춘관·전서」의 정현 주에) "'우호
를 맺는다'는 것은 제후들이 (왕에게) 대부를 보내와서 빙문하면,④ 빙문을
마친 후에 단(壇)을 만들어 그들을 모으고 대부로 하여금 완규를 잡게 한
뒤 그곳에서 일을 명하는 것을 말한다. 『주례』「추관·대행인」에는 '때에
따라 빙문[時聘]하여 제후국의 우호를 체결한다'고 하였다."라고 하였다.
'조(繅)'는 받침[藉]이다. 정사농은 "완규는 뾰족한 끝[鋒芒]이 없으므로 덕

을 치하하고 우호를 체결하는 것이다.”라고 하였다.

[「玉人」云, “琬圭九寸而繅, 以象德.” 後鄭云, “琬, 猶圓也. 王使之瑞節
也. 諸侯有德, 王命賜之, 使者執琬圭以致命焉.” 故「典瑞」云, “琬圭以治德,
結好.” 治德, 卽「玉人」注云, “諸侯有德, 王命賜之也.” “結好, 謂諸侯使大夫
來聘, 旣而爲壇會之, 使大夫執以命事焉.「大行人」曰, ‘時聘以結諸侯之好.’”
繅, 藉也. 先鄭云, “琬圭無鋒芒, 故治德以結好.”]

① 덕(德)을 형상하였다: 완규(琬圭)에 대해 『주례』「고공기·옥인」에서는 "덕을 형상하였다[象德]"고 하였고 『주례』「춘관·전서」에서는 "덕을 치하한다[治德]"고 하였다. 이에 관하여 『주례』「고공기·옥인」의 가공언 소에서는, '덕을 형상하였다'는 말은 규(圭)의 형체를 근거로 한 것이고, '덕을 치하한다'는 것은 사자(使者)에 근거하여 말한 것이라고 하였다.["彼云治德, 據使者而言. 此言象德, 據圭體而說."]

② 왕이 하사물(下賜物)을 내리도록 명하면: 이에 대해 가공언의 소에서는 "'천왕(天王)이 모백(毛伯)을 보내 와서 문공(文公)에게 작명(爵命)을 내렸다'는 것과 같다. … 이것이 제후에게 덕이 있으면 왕이 사람을 보내 작명을 내리는 일이다.[若天王使毛伯來錫公命. … 是諸侯有德, 王使人賜命之事也.]"라고 하였다. 여기서 '작명'은 『춘추좌전』에 따르면 '책명(策命)'을 하사한 것이다. 한편 손이양(孫詒讓)의 『주례정의(周禮正義)』에서는 "'제후에게 덕이 있어 왕이 하사물(下賜物)을 내리도록 명하면'이라고 한 것은 경사스러워 상을 주는 일이 있음을 말하는 것이다. … 『관자』「대광」편에서 '제후인 군주에게 선한 행위가 있으면 중폐(重幣)로 치하한다'고 하였다. 대개 이것이 덕을 치하하는 일이니, 『주례』「추관·대행인」의 한문(閒問: 천자가 격년으로 제후에게 사자를 파견하는 일)과는 다른 것이다.[云'諸侯有德, 王命賜之'者, 謂有慶賞之事. …『管子』「大匡」篇云, '諸侯之君有行事善者, 以重幣賀之.' 蓋卽此治德之事, 與「大行人」閒問異也.]"라고 하였다. 즉 가공언은 즉위한 제후에게 책명을 내

리는 일, 손이양은 상을 내리는 일로 해석하였다.

③ 완규를 가지고 ~ 우호를 체결한다: 본문과 같이 『주례』「춘관·전서」
에는 "완규(琬圭)를 가지고 덕을 치하하고 우호를 체결한다."라고 하였
다. 즉 완규의 기능은 두 가지로서, 제후의 덕을 치하하는 것과 제후국
과의 우호를 체결하는 것이다. 정현은 제후의 덕을 치하하는 것에 대해
서는 『주례』「고공기·옥인」의 주와 마찬가지로, 덕이 있는 제후에게
하사물을 내리기 위해 파견한 왕사(王使)의 서절(瑞節)로 풀이하였고, 제
후국과의 우호를 체결하는 것에 대해서는 제후가 대부를 보내 내빙(來
聘)하였을 때 대부가 들게 하는 것으로 풀이하였다.

④ 제후들이 (왕에게) 대부를 보내와서 빙문하면: 가공언의 소에서는 "이것
은 『주례』「춘관·대종백」의 '시빙(時聘)은 일정하게 정해진 날이 없다'
라는 것과 동일하다.[此卽「大宗伯」'時聘無常期', 一也.]"라고 하였다. 이
는 『주례』「춘관·대종백」의 정현 주에 있는 문장으로, "시빙은 또한
일정하게 정해진 날이 없이 천자에게 일이 있는 경우에 빙문하는 것이
다. 왕의 국경 밖 신하들은 조근하는 때가 아니면 감히 자주 소례(小禮)
를 행하지 못한다.[時聘者, 亦無常期, 天子有事乃聘之焉. 境外之臣, 旣非
朝歲, 不敢瀆爲小禮.]"라고 하였다.

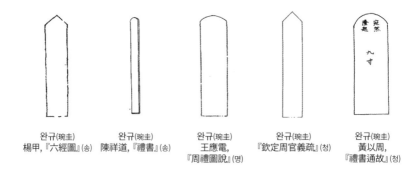

완규(琬圭)   완규(琬圭)   완규(琬圭)   완규(琬圭)   완규(琬圭)
楊甲, 『六經圖』(송)   陳祥道, 『禮書』(송)   王應電,   『欽定周官義疏』(청) 黃以周,
                                    『周禮圖說』(명)   『禮書通故』(청)

『주례』「고공기·옥인」에 "염규(琰圭)는 9촌이고 절반은 둥글게 깎으며, 이것을 가지고 제후국의 사특함을 제거하고 시행되는 정교(政敎)를 바꾼다."라고 하였다. 가공언의 소에 "'판(判)'은 절반이다."라고 하였다. (정현 주에) "무릇 규(圭)는 윗부분의 1촌 반을 깎는다. 염규는 절반 이상부터 머리에 이르기까지 깎아서 둥글게 하고① 또 절반 이하는 아로새겨 장식을 한다. 제후가 불의(不義)를 행함이 있어 사자(使者)가 정벌할 때 이것을 잡아 서절(瑞節)로 삼는다. 경문에서 '제후국의 사특함을 제거한다[除慝]'라고 한 것은 패역하고 흉악한 제후[逆惡]를 토벌하는 것을 말한다. '시행되는 정교를 바꾼다[易行]'는 것은 (정교의) 번잡하고 가혹함[煩苛]을 제거하는 것을 말한다."라고 하였다. (가공언의 소에) "그렇다면 번잡하고 가혹하다는 것은 악하고 흉악하고 패역한 특정 일이 아니라, 바로 정교(政敎)가 번거롭게 많아서 가혹하게 학대하는 것을 말하는 것이다. 이에 제후에게 악행이 있음을 아는 것이니, 그러므로 왕의 사인(使人)이 염규를 잡아 서절로 삼고 이를 바꾸고 제거하는 것이다.”라고 하였다.

또 정현은 『주례』「춘관·전서」의 주에 “악행을 제거하는 것은 또한 제후들이 (왕에게) 대부를 보내와서 알현하면,[2] 알현을 마친 후에 대부로 하여금 염규를 잡게 하고 단(壇)에서 일을 명하는 것이다. 『주례』「추관·대행인」에는 ‘정기적으로 알현[殷頫]하여 제후국의 사특함을 제거한다’고 하였다.”라고 하였다.[3]

또한 정사농은 『주례』「춘관·전서」의 주에 “염규는 뾰족한 끝[鋒芒]이 있어 상해(傷害), 정벌(征伐), 주토(誅討)를 상징하니, 그러므로 이것을 가지고 악행을 바꾸어 선(善)이 되게 하는 것이다. 즉 이 규를 가지고 꾸짖고 타이르는 것이다.”라고 하였다. 정사농의 ‘뾰족한 끝’이라는 말을 살펴보면, (경문의) ‘절반은 둥글게 깎는다’는 뜻에 어긋남이 있다. 경(經)을 등지고 기준을 정하여 오직 규(圭)의 명칭에만 부합하도록 한 것이다.

[「玉人」云, “琰圭九寸, 判規, 以除慝, 以易行.” 賈釋注云, “判, 半也.” “凡圭, 琰上寸半. 琰圭, 琰半以上至首而規, 又半已下爲瑑飾. 諸侯有爲不義, 使者征之, 執以爲瑞節也. 經云除慝, 謂誅逆惡也. 易行, 謂去煩苛也.” “然則煩苛非惡逆之事, 直謂政教煩多而苛虐也. 是知諸侯有惡行, 故王使人執之以爲瑞節, 易去之也.” 又後鄭「典瑞」注云, “除惡行,[1] 亦於諸侯使大夫來頫, 旣而使大夫執而命事於壇.「大行人職」曰, ‘殷頫以除邦國之慝.’” 又先鄭「典瑞」注云, “琰圭有鋒芒, 傷害征伐誅討之象, 故以使易惡行令爲善也. 則以此圭責讓諭告之.”[2] 詳先鄭‘鋒芒’之言, 有違‘判規’之義, 背經取法, 唯得圭名.]

1　除惡行: 해당 부분은 『주례』「춘관·전서」 “琰圭以易行, 以除慝.”에 대한 정현 주로, 원문은 “除慝”으로 되어 있다.

2　琰圭有鋒芒 ~ 責讓諭告之: 본문은 원문을 다소 요약하였다. 원문은 다음과 같다. “琰圭有鋒芒, 傷害征伐誅討之象, 故以易行除慝. 易惡行令爲善者, 以此圭責讓喩告之也.”

① 머리에 이르기까지 깎아서 둥글게 하고: 해당 부분은 정현 주에는 없는
내용이다. 즉 정현 주에는 "琰半以上"이라고 되어 있는 부분을 본문에
서는 "琰半以上至首而規"라고 하였는데, 이는 가공언의 소를 참고하
여 부기한 것으로 보인다.

② 제후들이 (왕에게) 대부를 보내와서 알현하면: 가공언의 소에서는 "이것
은 『주례』「춘관·대종백」의 '은조(殷覜)를 시(視)라 한다'는 것이니, 하
나의 복[一服]이 조근하는 해를 말한다.[此卽「大宗伯」云, '殷覜曰視', 謂
一服朝之歲也.]"라고 하였다. '은조'에 대한 설명은 『주례』「춘관·대종
백」의 정현 주에 있는 문장으로, "은조는 하나의 복(매년 조근하는 후복)
이 조근하는 해에 조근하는 자가 적으므로, (후복을 제외한 5복의) 제후들
이 이에 경(卿)을 시켜 대례(大禮)로써 여럿이 빙문하는 것을 말한다.[殷
覜, 謂一服朝之歲, 以朝者少, 諸侯乃使卿以大禮衆聘焉.]"라고 하였다.

③ 또 정현은 ~ 라고 하였다: 염규에 대하여 『주례』「춘관·전서」와 「고
공기·옥인」에서는 모두 두 가지 기능을 말하였는데, 즉 시행되는 정교
를 바꾸는[易行] 것과 제후국의 사특함을 제거하는[除慝] 것이 그것이
다. 정현은 시행되는 정교를 바꾸는 것에 대해서는 정교의 번잡하고 가
혹함을 제거하기 위해 파견한 왕사(王使)의 서절(瑞節)로 풀이하였다. 그
런데 제후국의 사특함을 제거하는 것에 대해서는 「고공기·옥인」에서
는 패역하고 흉악한 제후를 토벌하기 위해 파견한 왕사의 서절이라고
한 반면에, 「춘관·전서」에서는 제후들이 왕에게 대부를 보내와 알현

하면 그 대부로 하여금 염규를 잡게 하고 단(壇)에서 일을 명한다고 하여, 각각 다른 설명을 하였다.

한편 『주례』「춘관·전서」의 정현 주에 대한 가공언의 소에서는 앞의 '완규(琬圭)'와 여기 '염규(琰圭)'에 대한 정현 주를 통합하여 비교하였다. 즉 완규를 가지고 '덕을 치하한다[治德]'는 것과 염규를 가지고 '시행되는 정교를 바꾼다[易行]'는 것은 제후의 선행과 악행을 근거로 하여 왕의 사자가 제후국에 나아가 치하하거나 바꾸는 것인 반면에, 완규로 '우호를 맺는다[結好]'는 것과 염규로 '사특함을 제거한다[除慝]'는 것은 제후가 왕에게 대부를 보내 빙문할 때 왕이 대부로 하여금 단에서 명을 받도록 하는 차이점이 있다고 하였다.

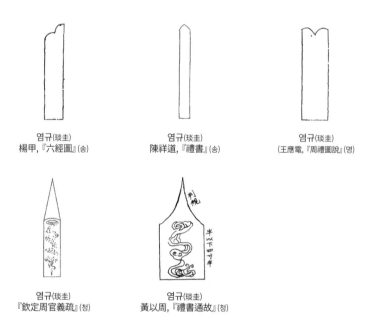

염규(琰圭)
楊甲, 『六經圖』(송)

염규(琰圭)
陳祥道, 『禮書』(송)

염규(琰圭)
(王應電, 『周禮圖說』(명)

염규(琰圭)
『欽定周官義疏』(청)

염규(琰圭)
黃以周, 『禮書通故』(청)

【玉瑞圖10：16-圭繅규조【音藻】】

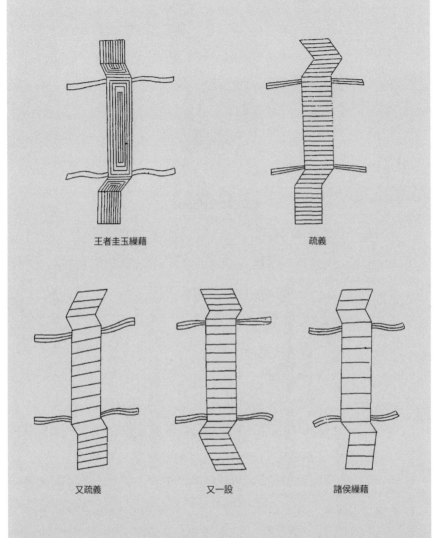

王者圭玉繅藉　　　　　　　　　疏義

又疏義　　　　　又一設　　　　諸侯繅藉

【玉瑞圖10∶17－璧繅벽조】

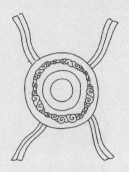

穀璧·蒲璧繅藉【同制】

　　『주례』「춘관·전서」에 "왕은 대규(大圭)를 꽂고 진규(鎭圭)를 잡으며, 조자(繅藉: 옥받침대)①는 다섯 가지 색채로 다섯 취(就)를 한다. 이것을 가지고 조일(朝日)②의 예를 행한다."라고 하였다. 정현 주에 "옥받침대[繅]에는 다섯 가지 색채의 문양이 있고 옥을 올려놓는 것이다. 나무로 가운데 본체를 만들고 다룸가죽으로 옷을 입히며 그것에 장식을 한다. '취(就)'는 완성한다는 뜻이다. (정사농은) '다섯 취를 한다는 것은 다섯 바퀴를 빙 두르는 것이다. 한 바퀴를 빙 두르면 하나의 취가 된다.'③고 하였다."라고 하였다.

　　(『주례』「춘관·전서」에) "공(公)은 환규(桓圭)를 잡고 후(侯)는 신규(信圭)를 잡으며 백(伯)은 궁규(躬圭)를 잡는데, 옥받침대[繅]는 모두 세 가지 색채④로 세 개의 취를 한다. 자(子)는 곡벽(穀璧)을 잡고 남(男)은 포벽(蒲璧)을 잡는데, 옥받침대는 모두 두 가지 색채⑤로 두 개의 취를 한다."라고 하였다. (정사농은) "'조(繅)'는 '조(藻)'로 읽는다."⑥라고 하였다.

　　가공언의 소에 "'조(藻)'는 물풀 문양이므로 (정사농이) 그 뜻을 따라 읽은 것이다. (정현은) '옥받침대[繅]에는 다섯 가지 색채의 문양이 있고 옥을 올려놓는 것이다. 나무로 가운데 본체를 만들고 다룸가죽으로 옷을 입히며 그것에 장식을 한다. '취'는 완성한다는 뜻이다.'라고 하였는데, 진규(鎭圭)는 1척 2촌에 너비가 3촌이니, 이에 해당하는 나무판도 길이 1척 2촌에 너비 3촌으로 옥과 동일하게 한다.⑦ 그런 뒤에 다룸가죽을 사용하여 그것에 옷 입히고 가죽 위에 장식한다. 한 가지 색으로 한 바퀴를 빙 두르기 때문에 다섯 가지 색이면 다섯 바퀴를 빙 두르고, 한 바퀴를 빙 두르는 것은 하나의 취가 된다. '취'는 완성한다는 뜻이다. 이는 한 가지 색을 채택한다는 것이다.

또 『의례』「빙례·기」를 살펴보면 '끈에 채색 무늬가 있고[絢組] 길이는 1척이다.'⑧라고 하였다. 정현 주에는 '다섯 가지 색이 무늬를 이룬 것을 '현(絢)'이라고 한다.'라고 하였다. 그 끈은 존비(尊卑)를 따지지 않고 모두 다섯 가지 색을 사용한 끈으로서 길이는 1척이며 그것을 매어서 옥을 단속하여 떨어지지 않게 하면서 장식으로 삼는 것이다. 그러나 채색 무늬가 있는 끈으로 매는 것은 또한 조자를 지칭하기도 하니, 『예기』「곡례」에는 '옥받침대[藉]가 있으면 석의(裼衣)를 드러내 보인다'⑨고 하였고, 『의례』「빙례」에서는 '상개(上介)는 옥받침대[繅]의 끈을 거두어 올려 합쳐 잡고서 빈(賓)에게 건네준다'⑩고 하였는데, 이 역시 끈으로 매는 것을 지칭하여 조자라고 한 것이다."라고 하였다.

또 『예기』「곡례」의 소에서는 『의례』「근례」의 정현 주를 인용하여 "조자는 다룸가죽을 나무에 입히는데, 너비와 길이는 각각 옥의 크기와 같게 한다."라고 하였다. 이미 그렇다면 곡벽(穀璧)과 포벽(蒲璧)의 조자의 형태도 이와 같을 것이다. 천자의 경우에는 다섯 가지 색채로 장식하고, 공·후는 세 가지 색채로, 자·남은 두 가지 색채로 장식하는데, 그 경·대부 역시 두 가지 색채로 장식한다. 그러므로 『주례』「춘관·전서」에 "왕의 조자는 다섯 가지 색채로 다섯 취를 한다. 공·후·백은 모두 세 가지 색채로 세 개의 취를 한다. 자와 남의 옥받침대[繅]는 모두 두 가지 색채로 두 개의 취를 한다."라고 하였고, 또 "규(圭)·장(璋)·벽(璧)·종(琮)을 아로새기고 두 가지 색채로 하나의 취를 한다."[⑪]라고 한 것이 이것이다.

웅안생(熊安生)[⑫]은 "다섯 가지 색채로 다섯 취를 하는 것은 색채별로 두 줄씩을 취로 삼는다. 세 가지 색채로 세 개의 취를 하는 것도 색채별로 두 줄씩이 하나의 취가 되기 때문에 세 개의 취인 것이다."라고 하였다.

또한 (『주례』「춘관·전서」 가공언의 소에) "아래에서[⑬] '두 가지 색채로 하나의 취를 한다'라고 한 것은 신하가 빙문을 행하여 인군과 동일하게 할 수 없는 경우이니, 이 때문에 두 가지 색채로는 색채별로 한 줄씩 하고 둘을 합하여 하나의 취로 삼은 것이다. 무릇 취라고 말하는 것은 어떤 경우에는 두 줄을 지칭하여 하나의 취라고 하니, 곧 이 위아래 문장이 그러하다. 그러나 어떤 경우에는 한 바퀴를 빙 두른 두 개의 줄은 두 개의 취가 된다. 취는 곧 모양[等]이니, 이를 알 수 있는 것은 『의례』「빙례·기」에 '천자를 조근할 때 사용하는 규(圭)와 옥받침대[繅]는 모두 9촌이다.'[⑭]라고 하고, 또 '옥받침대는 세 가지 색채로 여섯 개의 모양을 이루니 붉은색[朱], 흰색[白], 푸른색[蒼]으로 한다.'라고 하였는데, 그 주에 '세 가지 색을 사용하여 두 개씩의 취를 만든다.'라고 하였기 때문이다. 세 가지 색으로 색마다 두 개씩의 취를 한다는 말이다. 취는 또한 모양이기 때문에 세 가지 색은 곧 여섯 개의 모양을 이루는 것이다. 『예기』「잡기」에도 '세 가지 색채로 여섯 개의 모양을 이룬다.'고 하였고, 그 주에 '세 가지 색채로 여섯 개의 모양을 이루는 것은 붉은색, 흰색, 푸른색을 사용하여 장식하되 두 줄씩 하는 것이니, 줄은 하나의 모양이 된다.'라고 하였다. 이는 하나의 모양이 한 줄이 되고, 줄은 또한 취가 된다는 것으로, 홑줄일 경우에 근거하여 말한 것이다. 각각 근거하는 바가 있으므로 그 무늬에는 차이가 있다."

라고 하였다.⑮

　이미 세 가지 색채로 여섯 개의 모양을 이루었으니, 천자의 옥받침대에 다섯 가지 색채를 사용하는 것 이하는 색채별로 두 개씩의 모양을 만든다는 것을 알 수 있다. 이것은 주(周)나라의 제도이다. 은(殷) 이전에는 각각 숭상하는 색의 비단을 사용하였다. 그러므로『서경』「우서」의 정현 주에 "세 가지 비단이라는 것은, 고양씨(高陽氏)의 후예는 적색 비단[赤繒]을 사용하고, 고신씨(高辛氏)의 후예는 흑색 비단(黑繒)을 사용하며, 그 나머지 제후는 백색 비단[白繒]을 사용하는 것이다."라고 하였다. 그 나머지라는 것은 요(堯)의 제후를 말한다.

　이미 나무판 위에 입힌 다룸가죽을 아름다운 색채로 장식하였으면 앞뒤로 끈을 늘어뜨리니, 또한 다섯 가지 색채의 끈이 있어 이것으로 이어 맨다. 그 끈의 윗부분은 검은색[玄]으로 하여 하늘을 형상하고, 아랫부분은 진홍색[絳]으로 하여 땅을 형상한다. 즉 옥에 매어 놓았다가, 일이 있는 경우에는 아래로 늘어뜨려서 장식으로 삼는다. 그러므로『의례』「빙례·기」에 "검은색과 연붉은색[玄纁]의 끈을 사용하는데, 길이는 1척이며, 끈에 채색 무늬가 있다."라고 하였다. 정현 주에 "끈은 일이 없으면 옥에 매어 장식으로 삼는다. 다섯 가지 색채의 끈을 사용하며, 위쪽은 검은색[玄]으로 하여 하늘을 형상하고 아래쪽은 진홍색[絳]으로 하여 땅을 형상한다."라고 한 것이 이것이다.

　「典瑞」云, "王搢大圭, 執鎭圭, 繅藉五釆五就, 以朝日." 注云, "繅有五釆文, 所以薦玉, 木爲中幹, 韋衣而畫之. 就, 成也. 五就, 五帀也. 一帀爲一就." "公執桓圭, 侯執信圭, 伯執躬圭, 繅皆三釆三就. 子執穀璧, 男執蒲璧, 繅皆二釆再就." "繅, 讀曰藻." 賈釋云, "藻, 水草之文, 故讀從之. 言'繅有五釆文, 所以薦玉, 木爲中幹, 用韋衣而畫之. 就, 成也'者, 鎭圭尺二寸, 廣三寸, 卽此木板亦長尺二寸, 廣三寸, 與玉同. 然後用韋衣之, 乃於韋上畫之. 一采爲一帀, 五采則五帀, 一帀爲一就. 就, 成也. 是采一色者也. 又案「聘禮·記」云, ‘絢組尺.’ 注云, “五采成文曰絢.”[1] 彼不問尊卑, 皆用五采組, 長尺, 爲之繫, 所以束玉, 使不墜落, 因以爲飾. 然絢組繫亦名繅藉者, 則「曲禮」云, ‘其有藉者則裼.’ 「聘禮」曰, ‘上介屈繅以授賓.’ 是亦名組繫爲繅藉者也.” 又「曲禮」疏引鄭注「覲禮」云, “繅藉, 以韋衣木, 廣袤各如其玉之大小.” 旣然, 則穀璧·蒲璧其繅藉之形亦如之. 天子則以五采畫之, 公侯以三采, 子男則以二采, 其卿大夫亦二采. 故「典瑞」云, “玉繅藉五采五就. 公侯伯皆三采三就. 子男繅皆二采再就.” 又云, “瑑圭璋璧琮, 二采一就.” 是也. 熊氏云, “五采五就者, 采別二行爲就也. 三采三就者, 亦采別二行爲一就, 故三就也.” 又“下云, 二采一就者, 以臣下行聘不得與君同, 是以二采, 采別一行, 共爲一就. 凡言就者, 或兩行名爲一就, 卽此上下文是也. 或一帀二行爲二就. 就卽等也, 知者, 「聘禮·記」云, ‘所以朝天子, 圭與繅皆九寸.’ 又云, ‘繅三采六等, 朱白蒼.’ 注云, ‘以三色爲再就.’ 謂三色, 色爲再就. 就亦等也, 三色卽六等. 「雜記」亦云, ‘三采六等’, 注云, ‘三采六等, 以朱白蒼畫爲再行, 行爲一等.’ 是一等爲一行, 行亦就也, 據單行言之也. 各有所據, 故其文有異.” 旣三采爲六等, 則知天子五采已下, 采別爲二等也. 此是周法. 其殷已上, 則各用所尙色之帛. 故鄭注「虞書」“三帛, 高陽氏之後用赤繒, 高辛氏之後用黑繒, 其餘諸侯用白繒.” 其餘, 謂堯之諸侯也. 旣以采色畫韋衣於板上, 前後垂之, 又有五采組繩以爲繫. 其組上以玄爲天, 下以絳爲地. 則繫玉, 有事則垂爲飾. 故「聘禮·記」云, “玄纁繫, 長尺, 絢組.” 注云, “繫, 無事則以繫玉, 因爲飾. 用五采組, 上以玄爲天, 下以絳爲地.” 是也.]

---

1 注云, “五采成文曰絢.”: 해당 부분은 가공언의 소에 인용되지 않은 『의례』「빙례」의 정현 주 내용이다. 다만 원문에는 ‘五’자가 없다.

① 조자(繅藉: 옥받침대): 여러 가지 색채의 문양이 있는 것에 근거하여 말할 때는 '조(繅)'라고 하고, 옥을 올려놓기 위한 받침대로서의 기능을 가지고 말할 때는 '자(藉)'라고 하며, '조자(繅藉)'로 연칭하기도 한다. 즉 조자, 조, 자는 모두 동일한 것을 가리킨다. 『의례』「빙례」의 정현 주에서는 조자에 대해 색채가 섞여 있는 것[雜采曰繅], 규(圭)를 올려놓는 도구[繅, 所以藉圭也], 옥을 감싸서 바치기 위한 것[藉, 謂繅也. 繅所以縕藉玉], 끈이 달려 있는 것[繅有組繼也] 등으로 설명하였다.

② 조일(朝日): 춘분(春分)에 동문 바깥, 즉 동교(東郊)에서 태양에 제사 지내는 의식을 말한다. 『주례』「춘관·전서」의 정현 주에는 "왕이 조일의 예를 행하는 것은 높이는 바가 있음을 보여 백성을 가르치고 군주를 섬기게 하는 것이다. 천자는 항상 춘분에 조일의 예를 행하고, 추분에 석월(夕月)의 예를 행한다.[王朝日者, 示有所尊, 訓民事君也. 天子常春分朝日, 秋分夕月.]"라고 하였다. 한편 『주례』「춘관·대종백」의 가공언 소에서는, 조일 때 왕이 진규를 잡고 제사에 임하므로 다른 제사 때에도 진규를 잡는다고 해석하며, 진규를 왕이 제사 때 잡는 것으로 보았다.

③ 다섯 취를 한다는 것은 ~ 취가 된다: 해당 부분은 정현 주에서 정사농의 견해를 소개한 내용이다.

④ 세 가지 색채: 정현 주에 "세 가지 색은 붉은색, 흰색, 푸른색이다.[三采, 朱白蒼.]"라고 하였다.

⑤ 두 가지 색채: 정현 주에 "두 가지 색은 붉은색, 녹색이다.[二采, 朱綠

也.]"라고 하였다.

⑥ '조(繰)'는 '조(藻)'로 읽는다: 원문은 "'조(繰)'는 조율(藻率)의 '조(藻)'로 읽
는다(繰讀爲藻率之藻)"이다. 조율은 규(圭)나 장(璋) 등 옥으로 된 기물을
올리는 장식용 받침, 즉 옥받침대를 말한다.

⑦ 진규(鎭圭)는 ~ 옥과 동일하게 한다: 왕 즉 천자의 옥받침대에 대한 설
명이기 때문에 진규(鎭圭)를 기준으로 받침대의 크기를 말하였다. 왕은
대규(大圭)를 허리에 꽂고 진규를 손으로 잡으니, 진규를 내려놓을 때
옥받침대 위에 놓는 것이다.

⑧ 끈에 채색 무늬가 있고[絢組] 길이는 1척이다: 『의례』「빙례·기」 원문
은 "모두 검은색과 옅은 붉은색 끈을 사용하는데, 길이는 1척이며, 끈
에 채색 무늬가 있게 한다.[皆玄纁系, 長尺, 絢組]"이다. 이는 천자를 알
현할 때 사용하는 규(圭)와 제후를 빙문할 때 사용하는 규에 대한 설명
으로, 양자 모두 끈이 있다는 것이다. 이에 가공언은 "존비(尊卑)를 따지
지 않고 모두 다섯 가지 색을 사용한다"고 하였다.

⑨ 옥받침대[藉]가 있으면 석의(裼衣)를 드러내 보인다: 진호의 『예기집
설』에 따르면, 옛사람은 옷을 입을 때 먼저 포의(袍衣)나 탁의(襗衣) 등
을 입고, 그 위에 갖옷[裘]이나 갈옷[葛]을 입는다. 또한 갖옷 및 갈옷 위
에는 석의(裼衣)를 입고, 석의 위에 습의(襲衣)를 입으며, 습의 위에는 피
변복(皮弁服)이나 심의(深衣) 등 평소에 착용하는 옷을 입는다. '석의를
입는다[裼]'는 것은 습의를 벗어서 아름다운 석의를 드러내 보이는 것
을 말한다. 『예기』「잡기」 공영달(孔穎達)의 소에 의하면, 옥을 잡을 때
는 반드시 옥받침[藻]으로 옥을 받드는데, 장식을 극진하게 하여 아름
다움을 드러낼 때는 양끝으로 받침을 늘어뜨려서 아래로 늘어지게 한
다. 이것이 '옥받침이 있는 것[有藉]'이며, 이때 옥을 잡는 사람은 겉옷

을 벗어서 안에 있는 석의를 드러내 보이는데, 이것을 '옥받침이 있으면 석의를 드러내 보인다[有藉者則裼]'고 한다. 반대로 '받침이 없는 것[無藉]'은 옥을 받치고 있는 받침이 아래로 늘어지지 않게 하여 구부려서 왼손으로 잡는 것을 말하며, 이때 옥을 잡는 사람은 윗옷을 가려서 습의로 석의를 덮는다.

⑩ 상개(上介)는 ~ 빈(賓)에게 건네준다: 『의례』「빙례」 원문은 "상개는 습을 하지 않은 채로 규를 받아서 잡고, 옥받침의 끈을 거두어 올려 합쳐 잡고서 빈에게 건네준다.(上介不襲, 執圭, 屈繅, 授賓.)"이다. 정현은 '屈繅'에 대해 거두어 올린다[斂之]고 풀이하기도 하고, 옥받침의 끈을 나란히 하여 잡는다[並持之]고 풀이하기도 하였다.

⑪ 규(圭)·장(璋)·벽(璧)·종(琮)을 ~ 취를 한다: 『주례』「춘관·전서」 원문은 "규(圭)·장(璋)·벽(璧)·종(琮)을 아로새기고, 옥받침대는 모두 두 가지 색채로 하나의 취를 하며, 이것을 가지고 천자를 알현한다.(瑑圭璋璧琮, 繅皆二采一就, 以覜聘.)"라고 하였다. 이에 대해 정현은 "대부가 무리지어 오는 것을 '조(覜)'라고 하고, 적은 수가 오는 것을 '빙(聘)'이라고 한다.(大夫衆來曰覜, 寡來曰聘.)"라고 하였는데, 가공언은 이를 자세히 풀어서 "이것은 신하를 보내 빙문을 행할 때 잡는 것이다. 만약 제후국의 인군(人君) 본인이 직접 조근(朝覲)한다면 윗글에서 언급한 환규(桓圭) 등을 잡는 것이 옳다. 그러나 신하를 보내 빙문하는 경우라면 인군의 규벽(圭璧)을 잡을 수 없기 때문에 환규, 신규, 궁규와 포벽에 대한 말이 없고 다만 아로새긴다고 하였을 뿐이다. 그러므로 '규·장·벽·종을 아로새긴다'고 한 것이니, 이는 공·후·백의 신하를 말하는 것이다.(此遣臣行聘問之所執者. 若本君親自朝, 所執上文桓圭之等是. 若遣臣聘, 不得執君之圭璧, 無桓信躬與蒲璧之文, 直瑑之而已, 故云'瑑圭璋璧琮', 此謂公侯伯之臣也.)"라고 하였다.

한편 가공언은 두 가지 색채로 하나의 취를 하는 것에 대해 "붉은색과 녹색 두 가지 색채를 합하여 하나의 취로 삼는다.(謂朱綠二采共爲一就也.)"라고 하였다.

⑫ 웅안생(熊安生): 북주(北周)의 경학자이며, 장락(長樂) 부성(阜城) 사람으로, 자는 식지(植之)이다. 북제(北齊)에서 국자박사(國子博士)를, 북주에서 노문학박사(露門學博士)와 하대부(下大夫) 등을 지냈다. 『예기의소(禮記義疏)』, 『주례의소(周禮義疏)』, 『효경의소(孝經義疏)』 등을 저술했지만 전하지 않는다. 마국한(馬國翰)의 『옥함산방집일서(玉函山房輯佚書)』에 『예기웅씨의소(禮記熊氏義疏)』 4권이 실려 있다.

⑬ 아래에서: 본문의 내용 중 『주례』「춘관·전서」의 "아로새긴 규(圭)·장(璋)·벽(璧)·종(琮)은 두 가지 색으로 하나의 취를 한다.[琢圭璋璧琮, 二采一就.]"라는 문장을 가리킨다.

⑭ 모두 9촌이나: 『의례』「빙례·기」 징현 주에 "'9촌'은 싱공(上公)이 잡는 규(圭)이다(九寸, 上公之圭也.)"라고 하였다. 즉 공(公)이 천자를 조현할 때 잡는 환규(桓圭)를 가리키는 것이다. 『주례』「춘관·대종백」에 "공(公)은 환규를 잡는다."라고 하였고, 정현 주에는 "공은 이전 왕조의 후예 및 왕의 상공이다."라고 하였다. 또한 『주례』「고공기·옥인」에는 "9촌의 명규(命圭)를 환규라고 하며 공이 이것을 간수한다."라고 하였다.

⑮ 또한 (『주례』「춘관·전서」 가공언의 소에) ~ 라고 하였다: 가공언은 여기서 『의례』와 『예기』에 언급된 '세 가지 색채로 여섯 개의 모양을 이룬다[三采六等]'는 것에 대해 '세 가지 색으로 각각 두 개씩의 취를 한다[三色再就]'는 뜻으로 풀이하였다. 그러나 이는 앞에서 살펴본 『주례』「춘관·전서」의 '공·후·백의 옥받침대는 세 가지 색채로 세 개의 취를 한다[三采三就]'는 것과는 맞지 않아 혼선을 초래하는 면이 있다. 손이양

(孫詒讓)의 『주례정의(周禮正義)』에 이에 대한 지적이 보인다.

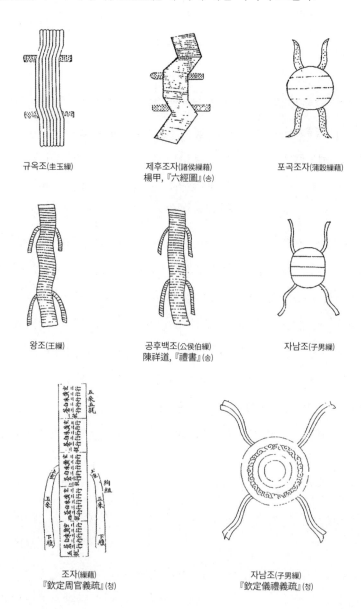

규옥조(圭玉繅)

제후조자(諸侯繅藉)
楊甲, 『六經圖』(송)

포곡조자(蒲穀繅藉)

왕조(王繅)

공후백조(公侯伯繅)
陳祥道, 『禮書』(송)

자남조(子男繅)

조자(繅藉)
『欽定周官義疏』(청)

자남조(子男繅)
『欽定儀禮義疏』(청)

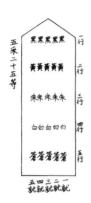

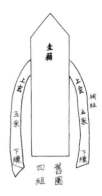

천자진규조(天子鎭圭繅)　　　　　공후백환신궁삼규조　　　　　조(組)
　　　　　　　　　　　　　　　　(公侯伯桓信躬三圭繅)
　　　　　　　　　　　　　　　　黃以周,『禮書通故』(청)

三禮圖集注

祭玉圖

권11 제옥도

—

역주 박윤미

【祭玉圖11：序】

　후주(後周) 현덕(顯德)[①] 3년(956) 겨울 10월에 당첩(堂帖)[②]으로 내리신 명령을 받든 이후로, 전거로 삼을 만한 옛일에 의거하여 교(郊)제사와 종묘제사에 쓰이는 제기(祭器) 및 제옥(祭玉)을 본떠서 그림 그렸습니다. 현덕 4년(957) 봄에 이르러 그림 표본을 바쳤고, 얼마 지나지 않아 칙명을 내리셔서 지휘하셨으니, 지난날 저(섭숭의)는 예서(禮書)와 예도(禮圖)를 검토하여 본떠 그린 것이 제기와 제옥만 수십 건에 이르렀습니다. 이어서 국자감(國子監)과 태상예원(太常禮院)의 집례관(集禮官) 및 박사(博士)에게 함께 상고하라고 명령하셨습니다. 전대(前代)의 제도에 부합해야 하는 것인데, 이미 전례(典禮)에 의거하였으니 누가 동의하지 않을 수 있겠습니까. 하물며 신(臣) 숭의(崇義)가 외람되이 명을 받은 때로부터 감히 정성을 다해 경문을 조술(祖述)하고 법도를 연구하여 밝히지 않았겠습니까. 이로 인해 옥서(玉瑞)와 옥기(玉器)의 종류에 있어서는 지적(指尺)[③]과 벽선(璧羨)[④]을 제조하여 바로잡고, 관면(冠冕)과 정조(鼎俎)의 종류에 있어서는 서척(黍尺)[⑤]과 가량(嘉量)[⑥]을 갖추어 측정하였습니다. 이른바 '먹줄을 살펴서 쏘면 굽고 곧은 것을 속일 수 없고, 그림쇠와 곱자를 살펴서 그으면 네모와 원을 속일 수 없다'[⑦]는 것입니다.

　(이에 대해) 여러 관부에 칙명을 내리셔서 상고하게 하신 뒤, 곧 소부감(少府監)[⑧]에 내려 보내 양식(樣式)에 의거하여 그 제기(祭器)를 제조하게 하셨으니, 곧 여섯 종류의 준(尊)·여섯 종류의 이(彝)·여섯 종류의 뢰(罍)·형

(鉶)·조(俎)·사(柶)·궤(簋)·보(簠)·변(籩)·두(豆)·등(登)·작(爵)·옥작(玉爵)·점(坫)·규찬(圭瓚)·장찬(璋瓚), 아울러 반(盤)·세(洗)·비(篚)·세뢰(洗罍)·세작(洗勺)·이(匜)·반(盤)·태뢰(太罍)·용작(龍勺)·개준(概尊)·신준(蜃尊)·산준(散尊)으로, 총 43가지입니다. 또한 그 옥기(玉器)는 창벽(蒼璧)·황종(黃琮)·청규(靑圭)·적장(赤璋)·백호(白琥)·현황(玄璜)·사규유저(四圭有邸)·양규유저(兩圭有邸)·규벽(圭璧)·장저사(璋邸射)로, 총 10가지입니다. 현덕 6년(959)에 이르러 모두 정해진 양식에 의거하여 갖추기를 마쳤으므로 이미 교(郊)제사와 종묘제사에 널리 사용되고 있습니다.

[自周顯德三年冬十月奉堂帖令, 依故實模畫郊廟祭器·祭玉. 至四年春, 以圖樣進呈. 尋降勅命指揮. 昨聶崇義檢討禮書·禮圖, 模畫到祭器·祭玉數十件. 仍令國子監·太常禮院集禮官·博士同共考詳. 合得前代制度, 既依典禮, 孰不僉同. 況臣崇義自叨受命, 敢不竭誠祖述經文研覈法度. 由是玉瑞·玉器之屬, 造指尺·璧羨以規之, 冠冕·鼎俎之屬, 設黍尺·嘉量以度之. 所謂繩墨誠陳, 不可欺以曲直, 規矩誠設, 不可欺以方圓也. 勅下諸官考詳後, 便下少府監依式樣製造其祭器. 則六尊·六彝·六罍·鉶·俎·柶·簋·簠·籩·豆·登·爵·玉爵·坫·圭瓚·璋瓚幷盤·洗·篚·洗罍·洗勺·匜·盤·太罍·龍勺·概尊·蜃尊·散尊, 共四十三. 其玉器, 則蒼璧·黃琮·靑圭·赤璋·白琥·玄璜·四圭有邸·兩圭有邸·圭璧·璋邸射, 共十. 至六年, 並依定式樣修訖, 已於郊廟行用.]

① 현덕(顯德): 송(宋)의 전신인 후주(後周)의 연호로 954~959년의 기간을 가리킨다.

② 당첩(堂帖): 재상이 서명하여 하달한 공문서를 가리킨다.

③ 지척(指尺): 옛날에 중지의 중간마디 길이를 1촌의 척도로 하여 10촌을 1척으로 삼아 측량 기준으로 삼았다. 그런 방식에 의해 만들어진 측정 기준이 되는 기구를 뜻한다. 【祭玉圖11 : 01-黍尺·指尺】 참조.

④ 벽선(璧羨): 타원형의 벽(璧)으로, 너비는 8촌이고 길이는 1척이다. 측정의 기준이 되는 사물이다. 【祭玉圖11 : 02-璧羨】 참조.

⑤ 서척(黍尺): 고대에 기장 낟알 100개를 배열하여 그 길이를 1척의 기준으로 삼았고, 그러한 기준이 되는 기구를 '서척'이라 하였다. 【祭玉圖11 : 01-黍尺·指尺】 참조.

⑥ 가량(嘉量): 고대의 양(量)을 측정하는 기구를 말한다. 곡(斛)·두(斗)·승(升)·합(合)·약(龠) 등 다양한 양을 잴 수 있게 설계된 기구를 가리킨다.

⑦ 먹줄을 살펴서 ~ 속일 수 없다: 이는 『예기』 「경해(經解)」의 경문을 인용한 것이다. 원문은 "예로 나라를 바로잡는 것은 저울대로 무게를 다는 것과 같고, 먹줄로 굽고 곧게 하는 것과 같으며, 그림쇠와 곱자로 네모와 원을 그리는 것과 같다. 그러므로 저울대를 살펴서 추를 매달면 무게를 속일 수 없고, 먹줄을 살펴서 쏘면 굽고 곧은 것을 속일 수 없으며, 그림쇠와 곱자를 살펴서 그으면 네모와 원을 속일 수 없다. 군자가 예(禮)를 자세히 살펴서 파악하면 간사하고 거짓된 것으로 속일 수 없

다.(禮之於正國也, 猶衡之於輕重也, 繩墨之於曲直也, 規矩之於方圓也. 故衡誠縣, 不可欺以輕重. 繩墨誠陳, 不可欺以曲直. 規矩誠設, 不可欺以方圓. 君子審禮, 不可誣以姦詐.)"라고 하였다.

⑧ 소부감(少府監): 당·송 시기 궁정의 백공(百工)과 기예를 담당하던 관직 및 관부를 뜻한다. 궁실에서 사용하는 주요 기물이나 장식 등을 만드는 공인들이 소속되어 있었다.

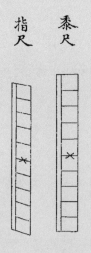

살펴보건대, 『한서』「율력지」에 "기장 한 알의 너비가 1분이니, 10분이 1촌이고, 10촌이 1척이다."라고 하였다.【기장 한 알의 너비란 검은 기장의 낟알 가운데 중간 크기를 가지고 말한 것이다. 맹강은 "'자(子)'는 북방이다. 북방은 검은색이니, 검은 기장을 가리킨다."고 하였다. 안사고는 "맹강의 주장은 잘못된 것이다. '자곡(子穀)'은 곡자(穀子: 곡물의 낟알)라고 말하는 것과 같고, '거(秬)'는 곧 검은 기장이니, 북방의 호칭을 취하는 뜻이 없다. '중(中)'은 크지도 않고 작지도 않은 것을 가리킨다. 검은 기장의 낟알 가운데 중간 크기의 것을 취하여 비율에 따라 길이를 재는 표준[度]으로 삼는 것을 말한다. '秬'는 음이 '거'이다."라고 하였다.】 또 『잡령(雜令)』에 "검은 기장을 쌓아서 길이를 재는 표준으로 삼을 경우, 면류관의 크기를 잴 때에 그것을 사용한다."라고 하였다.

『예기』「투호」에 "투호의 화살[籌]은, 방에서 투호를 할 때에는 5부(扶)의 길이로 한다."고 한 것에 대해 정현의 주에는 "'주(籌)'는 화살이다. 네 손가락을 편 너비가 '부(扶)'[1]인데, 손가락 하나의 너비가 촌(寸)이다."

라고 하였다. 또『공양전』에 "1부 1촌까지 합친다."②고 한 것에 대해 하
휴는 "손을 옆으로 기울인 길이가 부(膚)이고, 손가락을 구부린 길이가 촌
(寸)이다."라고 하였다.【'膚'와 '扶'는 음과 뜻이 같다.】또『공자가어』에 "손
가락을 펴면 촌의 길이를 알 수 있다."③고 하였다. 그렇다면 주대에서 진
한을 거쳐 위진시대에 이르기까지 기장으로 길이의 단위를 정하는 것[黍
分]④과 손가락으로 길이의 단위를 정하는 것[指寸]⑤에 대해서는 예의 기
록에 나타나고 있는 것이다. 다만 하늘의 신을 제사 지낼 때 사용하는 옥
[禮神之玉]⑥은 마땅히 참된 것을 사용해야 하므로 옥돌[珉]⑦에 비해 얻기
가 어렵다. 이제 창벽(蒼璧)⑧ 이하 규옥(圭玉)⑨ 등에는 지척(指尺)을 사용하
고, 관면(冠冕)·준이(尊彝)·나무로 만든 기물 등에는 서척(黍尺)을 사용하
소서.⑩【기장에는 가로와 세로가 있다. 그러므로 추밀사 왕박(王朴: 906~959)⑪ 또한
『령』에서 서척을 사용하도록 규정하였는데, 수서척(竪黍尺, 황종척)을 취하여 관률(管
律)을 조율하였다.】

    [案『漢書』「律曆志」云, "一黍之廣爲分, 十分爲寸, 十寸爲尺."【一黍之廣,
謂以子穀秬黍中者. 孟康曰, "'子', 北方也. 北方黑, 謂黑黍也." 師古曰, "此說非也. '子
穀', 猶言穀子耳, '秬', 卽黑黍也, 無取北方號. '中'者, 不大不小者也. 言取黑黍穀子大
小中, 率爲分寸也. '秬', 音巨."】又『雜令』云, "積秬黍爲度者, 冕制則使之."「投
壺·記」曰, "籌, 室中五扶", 注云, "'籌', 矢也. 鋪四指曰'扶', 一指案寸." 又
『公羊傳』曰, "膚寸而合", 何休云, "側手爲膚, 案指爲寸."【膚扶音義同.】又
『家語』曰, "布指知尺." 然則爰自周世歷秦漢, 以及魏晉, 黍分·指寸之尺, 見
於禮志. 但禮神之玉宜眞, 比珉難得, 今自蒼璧以下圭玉之屬, 請依指寸之尺,
冠冕尊彝用木之類, 請用黍寸之尺.【黍有橫竪, 故樞密使王朴亦『令』定黍尺, 取竪
黍尺以校管律.】]

① 부(扶): '부(扶)'는 '부(膚)'라고도 쓰는데, 손가락 하나의 너비가 1촌이므로 '부(扶)'는 4촌이 된다.

② 1부 1촌까지 합친다: 『춘추공양전』 희공(僖公) 31년 조에 "(구름의 기운이) 바위를 치받고 나와서 1부 1촌까지 모여서 하루아침에 천하에 두루 비를 뿌리게 하는 것은 오직 태산뿐이다.[觸石而出, 膚寸而合, 不崇朝而徧雨乎天下者, 唯泰山爾.]"라고 하였다.

③ 손가락을 펴면 촌의 길이를 알 수 있다: 『공자가어(孔子家語)』와 『대대례기(大戴禮記)』의 완전한 문장은 "布指知寸, 布手知尺, 舒肘知尋(손가락을 펴면 촌의 길이를 알 수 있고, 손을 펴면 척의 길이를 알 수 있고, 팔꿈치를 펼치면 심의 길이를 알 수 있다)"이다. '포지(布指)', '수지(布手)', '서주(舒肘)'는 모두 사람의 신체를 가지고 촌(寸), 척(尺), 심(尋: 8척) 등 길이의 단위를 규정한 것이다. 그러나 손가락을 펴더라도 촌의 길이를 알 수 없고, 손을 펴더라도 척의 길이를 알 수는 없다. 따라서 '布指'는 '屈指', '布手'는 '布肘', '舒肘'는 '伸臂'의 뜻으로 보아야 한다는 주장도 있다.(黃懷信 主編,『大戴禮記彙校集注』, 三秦出版社, 2004, 29쪽.)

④ 기장으로 길이의 단위를 정하는 것[黍分]: 기장의 낱알을 배열하여 그 길이를 가지고 1척의 표준을 삼는 것으로, '서척(黍尺)'이라고 한다. 횡으로 배열하는 것을 '횡서척(橫黍尺: 황횡척)'이라 하고, 세로로 배열하는 것을 '종서척(縱黍尺: 황종척)'이라고 한다. 횡서척의 1척은 종서척의 1척 8촌 1분에 상당한다.

⑤ 손가락으로 길이의 단위를 정하는 것[指寸]: 중지의 가운데 마디 길이로 1촌을 삼는 것으로, 손가락으로 길이의 표준을 삼아서 재기 때문에 '지척(指尺)'이라고 한다. 주희(朱熹)의 『심의제도(深衣制度)』에 "마름질할 때에는 가는 흰 베를 사용하고, 길이를 잴 때에는 지척을 사용한다.[裁用細白布, 度用指尺.]"고 한 것에 대한 주에 "중지의 가운데 마디가 1촌이다.[中指中節爲寸]"라고 하였다. 정현이 『예기』「투호」의 주에서 손가락 하나의 너비를 1촌으로 해석한 것과는 다르다.

⑥ 하늘의 신을 제사 지낼 때 사용하는 옥[禮神之玉]: 『주례』「천관·태재(大宰)」정현의 주에 "옥과 비단은 신에게 예를 올릴 때 사용하는 물건이다. 옥과 비단은 각각 그 방위에 따른 색을 사용한다.[玉幣, 所以禮神. 玉與幣各如其方之色.]"라고 한 것에 대해 공영달은 "앞에서 '오제를 제사 지내어 사방 교외에서 기운을 맞이한다.'고 하였다. 살펴보건대, 『주례』「춘관·대종백」에 '옥으로 여섯 가지 기물을 만들어 천지사방의 신을 제사 지낸다.'고 하였다. 또 '청규로 동방의 신을 제사 지내고, 적장으로 남방의 신을 제사 지내고, 백호로 서방의 신을 제사 지내고, 현황으로 북방의 신을 제사 지낸다.'고 하였다. 늦여름 6월에는 남쪽 교외에서 토의 기운을 맞이하는데, 또한 적장을 사용한다."[上云'祀五帝, 以爲迎氣於四郊之外.' 案「大宗伯」, '以玉作六器, 以禮天地四方.' 又云'青圭禮東方, 赤璋禮南方, 白琥禮西方, 玄璜禮北方.' 季夏六月, 迎土氣於南郊, 亦用赤璋.]"라고 하였다. 즉 '예신지옥'은 청규, 적장, 백호, 현황 등 천지사방의 신을 제사지낼 때 사용하는 귀한 옥을 말한다.

⑦ 옥돌[珉]: 옥돌은 옥처럼 매우 아름다운 것이지만 옥에는 미치지 못한다. 『순자』「법행(法行)」편에 "비록 옥돌에 조각을 가하여 아름다운 문채를 발하게 하더라도 옥처럼 그 바탕이 저절로 밝게 드러나는 것만

못하다.[雖有珉之彫彫, 不若玉之章章.]"라고 하였다.

⑧ 창벽(蒼璧): 옥은 의례에 따라 다양한 종류들이 사용되는데, 창벽은 하
늘에 제사를 지낼 때 사용한다. 벽은 원형에 지름이 9촌이며, 가운데에
구멍이 있는데 이를 '호(好)'라고 하고 그 지름은 3촌이다. 호의 바깥 몸
체를 '육(肉)'이라 한다. 둥근 모양과 푸른색은 하늘을 상징한다.

⑨ 규옥(圭玉): '규'는 제왕과 제후들이 조빙, 제사, 상장례 등을 거행할 때
사용하는 예기(禮器)로, 그 모양은 장조형에 위는 뾰족하고 아래는 네
모졌다. 작위와 용도에 따라 그 명칭은 다양하다. 왕은 진규(鎮圭), 공은
환규(桓圭), 후는 신규(信圭), 백은 궁규(躬圭), 자는 곡벽(穀璧), 남은 포벽
(蒲璧)을 사용한다. 『주례』「춘관·대종백」.

⑩ 지척(指尺)을 ~ 사용하소서: 지척의 경우 오늘날 미터법으로 계산하면
주대·진대에는 대략 23.1cm, 한대 21.3~23.75cm, 삼국 24.2cm, 남조
25.8cm, 북위 30.9cm, 수대 29.6cm, 당대 30.7cm 등 시대에 따라 점
차 길어져서 북위 및 당대에 이르러 오늘날의 30cm와 유사해졌다.

⑪ 왕박(王朴: 906~959): 자는 문백(文伯), 동평(東平) 출신으로, 오대시대의
후한(後漢)·후주(後周)의 대신이다. 후주 세종 시영(柴榮)의 총애를 받아
「평변책(平邊策)」 등을 헌책했으며, 역법을 개정하고 아악(雅樂)을 고증
하였다. 저서로 『대주흠천력(大周欽天曆)』·『율준(律准)』 등이 있다.

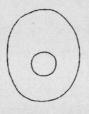

『주례』「춘관·전서」에 "벽선(璧羨)으로써 측량한다"라고 하였다. 정사농은 말했다. "'선(羨)'은 길다[長]는 뜻이다. 이 벽(璧)은 지름의 길이가 1척으로, 이것을 가지고 도량을 측량한다." 정현은 말했다. "'선(羨)'은 동그랗지 않은 모양이다. 아마 너비의 지름은 8촌이고, 길이는 1척인 듯하다.①"

또 살펴보건대, 『주례』「고공기·옥인직」에 "벽선으로 1척을 측정한다. 구멍[好]은 3촌이다. 이것으로써 기준을 삼는다"라고 하였다. 정사농은 풀이하기를 "'선(羨)'은 지름이다. '호(好)'는 벽의 구멍이다. 『이아』에는 '몸체[肉]가 구멍[好]보다 배로 긴 것을 '벽(璧)'이라 하고, 구멍이 몸체보다 배로 긴 것을 '원(瑗)'이라 하며, 몸체와 구멍이 똑같은 것을 '환(環)'이라 한다'라고 하였다"라고 하였다.

가공언은 다음과 같이 해석하였다. "『이아』를 인용한 것은, 이 벽의 구멍이 3촌인 것을 보이고자 한 것이다. '호(好)'는 구멍이다. 구멍 양쪽의 몸체가 각기 3촌이므로 양쪽의 몸체는 총 6촌이니, 이것이 '몸체가 구멍보

다 배로 길다'는 것이다. 합하여 9촌이 된다.② 또한 정현은 "선(羨)'은 늘인
다[延]는 뜻이다. 그 길이는 1척이고 너비는 이보다 좁다'라고 하였다. 이
에 선(羨)은 동그랗지 않은 모양이 된다. 옥인(玉人)이 이 벽을 만들 때는 응
당 원형으로 만들어, 원의 지름이 9촌이 되는데, 이제 너비 1촌을 줄여서
상하의 길이에 1촌을 더하니, 상하의 길이는 1척이 되고 너비는 8촌이 되
는 것이다.③ 그러므로 '그 길이는 1척이고 너비는 이보다 좁다'라고 말한
것이다. 이 벽선은 천자가 이것으로써 사물을 측량하는 척도로 삼는다."

[「典瑞」云, "璧羨以起度." 先鄭云, "羨, 長也. 此璧徑長尺, 以起度量." 後
鄭云, "羨, 不圜之貌. 蓋廣徑八寸, 袤一尺." 又案, 「玉人職」云, "璧羨度尺,
好三寸, 以爲度." 先鄭解, "羨, 徑也. 好, 璧孔也. 『爾雅』云, '肉倍好謂之璧,
好倍肉謂之瑗, 肉好若一謂之環.'" 賈釋云, "引『爾雅』者, 欲見此璧好三寸
也. 好卽孔也. 兩畔肉各三寸, 則兩畔肉共六寸, 是'肉倍好'. 共爲九寸也.[1] 又
後鄭云, '羨, 猶延也. 其袤一尺而廣狹焉.' 是羨爲不圜之貌也. 玉人造此璧之
時應圜, 圜徑九寸, 今減廣一寸, 以益上下之袤一寸, 則上下一尺, 廣有八寸,
故云'其袤一尺而廣狹焉.' 此璧羨, 天子以爲量物之度也."]

---

1   共爲九寸也: 가공언의 소에는 없는 문장이다.

① 아마 ~ 1척인 듯하다: 정현은 벽선에 대해 먼저 "'선(羨)'은 동그랗지 않은 모양이다."라고 한 뒤에 "아마[蓋] 너비의 지름은 8촌이고, 길이는 1척인 듯하다."라고 하였다. 여기서 '아마 … 듯하다'라는 식으로 추정하여 말한 것에 대해, 가공언은 다음과 같이 해석하였다. "'아마'라고 말한 것은, 이 벽(璧)이라는 것이 본래 지름이 9촌인데 지금 '선(羨: 길다 또는 늘이다)'이라고 말하였으니 옆에서 1촌을 덜어서 위아래에 더한 것이다. 그러므로 『주례』「고공기·옥인」에서 '위아래는 1척'이라고 하였으니, 가로의 지름은 8촌이다. 그러나 정문(正文)이 없기 때문에 '아마'라고 말하여 그렇게 짐작하였다.(云蓋者, 此璧本徑九寸, 今言羨, 則減傍一寸, 以益上下, 故「玉人」以爲上下一尺, 則橫徑八寸矣. 無正文, 故云蓋以疑之也.)"

한편 본문과 같이 정사농은 벽선의 '선'은 길다는 뜻이라고 하였고, 정현은 동그랗지 않은 모양이라고 하였다. 이에 대해 가공언은 정사농과 정현의 풀이는 같은 뜻이며, 정사농의 말이 충분하지 않은 것을 정현이 보충하여 완성하였다고 하였다.

② 구멍 양쪽의 몸체가 ~ 9촌이 된다: 이를 그림으로 나타내면 다음과 같

다. 즉 몸체의 지름이 구멍의 지름보다 2배 긴 벽(璧)을 말한다.

③ 이제 너비 1촌을 줄여서 ~ 8촌이 되는 것이다: 이를 그림으로 나타내면 다음과 같다.

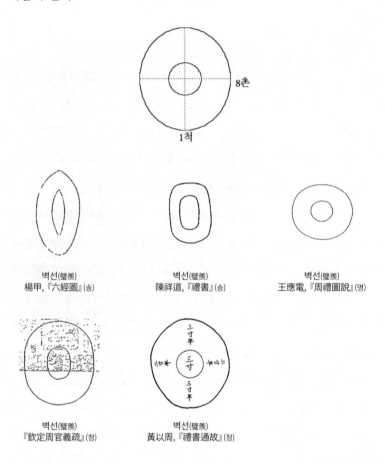

벽선(璧羨)
楊甲, 『六經圖』(송)

벽선(璧羨)
陳祥道, 『禮書』(송)

벽선(璧羨)
王應電, 『周禮圖說』(명)

벽선(璧羨)
『欽定周官義疏』(청)

벽선(璧羨)
黃以周, 『禮書通故』(청)

【祭玉圖11：03-蒼璧창벽(色靑)】

　살펴보건대, 『주례』「춘관·대종백」에 "창벽(蒼璧)으로 하늘에 예를 올린다[禮].① 희생과 폐백② 또한 벽(璧)의 색과 같게 한다"라고 하였다. 정현은 말했다. "동지(冬至)에 북극에 있는 천황대제(天皇大帝)에게 땅의 높은 곳인 원구(圜丘)에서 제사 지낸다.③" '창벽'은 하늘의 색이다. 동그란 벽(璧)과 원구는 모두 천체(天體)를 본떴으니, 신(神)에게 예를 올리는 것은 반드시 그 부류를 본뜬다.④ 아래도 모두 이와 같다.

　신(臣) 숭의(崇義)가 또한 살펴보건대, 『주례』「고공기·옥인」에 "벽(璧)의 구멍[好]은 3촌이다"라고 하였다. 가공언은 해석하기를 "옛사람은 벽을 동그랗게 만들었고, 원의 지름은 9촌이었다"라고 하였다. 그 주에는 또한 『이아』를 인용하여 "몸체[肉]가 구멍[好]보다 배로 긴 것을 '벽'이라고 한다"라고 하였다.

　곽박(郭璞)⑤은 말했다. "'육(肉)'은 가장자리이다. '호(好)'는 구멍이다" 그렇다면 양쪽 가장자리 몸체가 각기 3촌이고, 이 3촌의 구멍과 합하여 9촌이다. 완심(阮諶)⑥과 정현의 두 가지 『도』에는 모두 "창벽은 길이가 9촌이고, 두께는 1촌이다"라고 하였다. 이는 여기에 의거하여 말한 것이다.

또 『주례』「고공기·옥인」의 "벽의 구멍은 3촌이다" 아래에는 "벽은 길이가 9촌이고, 제후가 이것으로써 천자에게 바친다"⑦라고 하였다.【「옥인」에서는 벽과 종(琮)은 9촌이고, 종으로써 황후에게 바친다고 하였다. 여기서는 다만 벽의 의미를 취하였으므로 '종'자는 생략한 것이다.】 이것으로써 말한 것이다. 여기에도 9촌의 벽이 있다.

살펴보건대, 최영은(崔靈恩)⑧의 『삼례의종(三禮義宗)』에는 "호천(昊天) 및 오정(五精)의 제(帝)에게 제사 지낼 때 사용하는 규(圭)와 벽은 모두 길이가 1척 2촌이다"라고 하였다. 지금 『주례』와 『이아』를 검토해 보면 모두 9촌이니, 길이가 1척 2촌인 벽은 최씨가 어떤 글에 근거하여 말한 것인지 모르겠다.

[案,「大宗伯」云, "以蒼璧禮天. 牲幣亦如璧色."[1] 後鄭云, "以冬至祭天皇大帝在北極者, 於地上之圜丘."[2] 蒼璧者, 天之色. 圜璧·圜丘, 皆象天體, 以禮神者, 必象其類也. 下皆倣此. 臣崇義又案,「玉人」云, "璧好三寸."[3] 賈釋云, "古人造璧應圜, 圜徑九寸." 其注又引『爾雅』云, "肉倍好, 謂之璧." 郭璞云, "肉, 邊也. 好, 孔也." 然則兩邊肉各三寸, 與此三寸之好共九寸也. 阮·鄭二『圖』皆云, "蒼璧九寸, 厚寸." 是據此而言也. 又「玉人」, "璧好三寸"之下云, "璧九寸, 諸侯以享天子."[4]【「玉人」璧·琮九寸, 琮以享后. 此惟取璧義, 故略'琮'

---

1 以蒼璧禮天. 牲幣亦如璧色: 원문은 "以蒼璧禮天, 以黃琮禮地, 以靑圭禮東方, 以赤璋禮南方, 以白琥禮西方, 以玄璜禮北方, 皆有牲幣, 各放其器之色."이다.
2 以冬至 ~ 於地上之圜丘: 『주례』「춘관·대종백」의 정현 주 원문은 "此禮天以冬至, 謂天皇大帝在北極者也."이다. 본문의 "於地上之圜丘"는 가공언의 소 "案,「大司樂」云, '以雷鼓雷鼗,「雲門」之舞, 冬日至, 於地上之圜丘奏之, 若樂六變, 則天神皆降', 是也."에서 인용한 것으로 보인다.
3 璧好三寸: 원문은 "璧羨度尺, 好三寸, 以爲度."이다.
4 璧九寸, 諸侯以享天子: 원문은 "璧琮九寸, 諸侯以享天子."이다.

字.】以此而言. 是有九寸之璧也. 案, 崔靈恩『三禮義宗』云, "昊天及五精之帝圭璧, 皆長尺二寸." 今檢『周禮』・『爾雅』, 皆九寸, 長尺二寸之璧, 未知崔氏據何文以爲說.]

① 예를 올린다[禮]: 본문의 '예(禮)'는 제사를 지내는 행위 자체를 의미하는 것으로 이해할 수도 있지만, 정현 및 가공언은 제사의 과정 가운데 옥 기물을 통한 강신(降神) 절차를 행하는 것으로 이해하였다. 본문의 "창벽(蒼璧)으로 하늘에 예를 올린다"는 문장은 『주례』「춘관·대종백」의 "옥(玉)으로 여섯 가지 기물을 제작하여 하늘, 땅, 사방에 예를 올린다. 창벽(蒼璧)으로 하늘에 예를 올리고, 황종(黃琮)으로 땅에 예를 올리고, 청규(靑圭)로 동방에 예를 올리고, 적장(赤璋)으로 남방에 예를 올리고, 백호(白琥)로 서방에 예를 올리고, 현황(玄璜)으로 북방에 예를 올리며, 모두 희생과 폐백이 있으니 각기 그 옥기(玉器)의 색을 본뜬다.(以玉作六器, 以禮天地四方. 以蒼璧禮天, 以黃琮禮地, 以靑圭禮東方, 以赤璋禮南方, 以白琥禮西方, 以玄璜禮北方, 皆有牲幣, 各放其器之色.)"에서 인용한 것이다. 여기서 '예를 올린다[禮]'는 것에 대해 정현은 "처음 신(神)에게 고할 때, 신좌(神坐)에 올리는 것을 말한다. 『상서(尙書)』에 '주공(周公)이 벽(璧)을 놓고 규(圭)를 잡았다'는 것이 이것이다.(禮, 謂始告神時薦於神坐. 書曰, '周公植璧秉圭', 是也.)"라고 하였다. 또한 가공언의 소에서는, 제사에서 옥으로 신에게 예를 올리는 절차는 음악을 연주해 신을 초청한 후에 이루어진다고 하였다. 또한 옥으로 예를 올려 강신(降神)하므로 종묘제사에서의 강신제[祼]와 동일한 절차로 보았다.("此以玉禮神, 在作樂下神後, 故鄭注「大司樂」云, '先奏是樂, 以致其神, 禮之以玉而祼焉.' 是其以玉禮神, 與宗廟祼同節. 若然, 祭天當實柴之節也.")

② 폐백: 정현은 이때의 폐백에 대해 "폐백은 작위에 따른다.(幣以從爵.)"라고 하였고, 가공언은 이에 대해 다음과 같이 설명하였다. "폐백이 작위에 따른 것이고 신에게 예를 올리기 위한 것이 아님을 알 수 있는 것은, 만약 이것이 신에게 예를 올리기 위한 것이라면 마땅히 희생의 위에 두어 그것을 가지고 신에게 예를 올릴 때 폐백과 옥이 함께 진설되어야 한다. 예컨대 『주례』「춘관·사사(肆師)」에서 '대사(大祀)를 세울 때는 옥·폐백·희생을 사용한다.'는 것과 같으니, 이때는 폐백을 희생의 위에 둔다. 그러나 지금은 아래에 두기 때문에 신에게 예를 올리기 위한 것이 아님이 분명하다.(知幣是從爵非禮神者, 若是禮神, 當在牲上, 以其禮神, 幣與玉俱設. 若「肆師」云'立大祀, 用玉帛牲牷.' 是帛在牲上. 今在下, 明非禮神者也.)"

③ 동지에 ~ 원구(圜丘)에서 제사 지낸다: 천황대제(天皇大帝)에게 동지(冬至) 날에 제사를 지내는 것과 관련하여 『주례주소』「춘관·대사악(大司樂)」에서 가공언은 "천신(天神)에게 제사의 예를 올리기를 반드시 동지에 하고 지기(地祇)에게 제사의 예를 올리기를 반드시 하지 날에 하는 것은, 하늘은 양(陽)이고 땅은 음(陰)인데 동지에 하나의 양이 생겨나고 하지에 하나의 음이 생겨나기 때문에, 양이 생겨나고 음이 생겨나는 날로 돌아가 제사를 지내는 것이다.(禮天神必於冬至, 禮地祇必於夏至之日者, 以天是陽, 地是陰, 冬至一陽生, 夏至一陰生, 是以還於陽生陰生之日祭之也.)"라고 하였다. 또한 천신에 대한 제사 장소가 원구(圜丘)인 것에 대해서는 "환구라고 말한 것은 『이아』를 살펴보면 흙이 높이 쌓인 것을 '구(丘: 언덕)'라고 하므로 자연의 '구'를 취한 것이고, '원(圜)'은 하늘이 둥근 것을 본뜻 것이다. 이미 자연의 언덕을 취하였으므로 꼭 교(郊)에서 제사를 지낼 필요는 없으니 동서남북의 방향을 불문하고 모든 방향에서 제사 지낼 수 있다.(言圜丘者, 案『爾雅』, 土之高者曰丘, 取自然之丘, 圜者, 象天圜, 旣取

丘之自然, 則未必要在郊, 無問東西與南北方皆可.)"라고 하였다.

④ 신(神)에게 예를 올리는 것은 반드시 그 부류를 본뜬다: 이 문장은『주례』「춘관·대종백」의 "창벽(蒼璧)으로 하늘에 예를 올리고, 황종(黃琮)으로 땅에 예를 올리고, 청규(青圭)로 동방에 예를 올리고, 적장(赤璋)으로 남방에 예를 올리고, 백호(白琥)로 서방에 예를 올리고, 현황(玄璜)으로 북방에 예를 올린다."에 대한 정현 주 "禮神者必象其類"를 인용한 것이다. 정현은 이어서 "벽(璧)은 동그라니 하늘을 본떴고, 종(琮)은 팔각이니 땅을 본떴으며, 규(圭)는 예리하니 봄에 만물이 처음 태어나는 것을 본떴고, 반쪽의 규인 장(璋)은 여름에 만물이 반쯤 죽는 것을 본떴으며, 호(琥)는 사나운 모습이니 가을의 엄중함을 본떴고, 반쪽의 벽인 황(璜)은 겨울에 닫고 감추어 지상에는 만물이 없고 오직 하늘만이 반쯤 보이는 것을 본떴다.(璧圓象天, 琮八方象地, 圭銳象春物初生, 半圭曰璋象夏物半死, 琥猛象秋嚴, 半璧曰璜象冬閉藏, 地上無物, 唯天半見.)"라고 하였다.

⑤ 곽박(郭璞): 276~324. 동진(東晉)·서진(西晉)의 저명한 문학가, 훈고학가, 풍수학자로서 자는 경순(景純)이며, 하동군(河東郡) 문희현(聞喜縣) 사람이다. 영가의 난[永嘉之亂] 때 선성태수(宣城太守) 은우(殷祐)의 참군(參軍)이 되었고, 진원제(晉元帝) 때 저작좌랑(著作佐郎)이 되어 왕은(王隱)과『진사(晉史)』를 찬술하였다. 후에 대장군 왕돈(王敦)의 기실참군(記室參軍)이 되었는데, 왕돈의 모반을 막으려 하다가 피살되었다. 왕돈의 난이 평정된 후 홍농태수(弘農太守)에 추증되었고, 이후 송 휘종(徽宗) 때 문희백(聞喜伯)으로 추봉되었으며, 원 순제(順帝) 때 영응후(靈應侯)로 가봉되었다. 『이아주(爾雅注)』, 『삼창주(三蒼注)』, 『방언주(方言注)』, 『산해경주(山海經注)』, 『도찬(圖贊)』, 『목천자전주(穆天子傳注)』, 『수경주(水經注)』 등의 저서가 있다.

⑥ 완심(阮諶): 삼국시대의 인물로서 생몰연대는 미상이며 자는 사신(士信)이다. 『삼례도(三禮圖)』를 저술하였다.

⑦ 벽은 길이가 ~ 천자에게 바친다: 본문에서 『주례』 「고공기·옥인」의 해당 내용을 언급한 것은 벽의 지름이 9촌이라고 한 사례를 더하기 위해서이다. 즉 제사를 지낼 때 사용하는 창벽과는 용도가 다른 벽과 종에 대한 설명으로, 원문은 "벽(璧)과 종(琮)은 길이가 9촌이고, 제후가 이것으로써 천자에게 바친다.(璧琮九寸, 諸侯以享天子.)"이다. 이 벽·종에 대해 정현은 "'향(享)'은 바친다는 뜻이다. 『의례』 「빙례」에서는 벽으로써 군주에게 바치고, 종으로써 부인에게 바친다.(享, 獻也. 「聘禮」享君以璧, 享夫人以琮.)"라고 하였는데, 이때 벽과 종은 군주 및 군주의 부인에게 예물로 속백(束帛)을 바칠 때 위에 올려놓는 용도인 것이다. 가공언은 정현의 말을 보충하여 다음과 같이 설명하였다. "『주례』 「추관·소행인」을 살펴보면, 하(夏)·은(殷) 두 왕조의 후예가 천자 및 왕후에게 규장(圭璋)을 사용하여 바치니, 이 벽종(璧琮)이 9촌인 것은 상공(上公)에 근거한 것이다. 『의례』 「빙례」를 인용한 것은 경문의 내용이 천자에게는 벽을 사용하여 바치고 왕후에게는 종을 사용하여 바친다고 한 것임을 보이고자 함이니, 이는 '상공 9명(上公九命)'에 근거한 것이다. 만약 후(侯)나 백(伯)이라면 7촌, 자(子)나 남(男)이라면 5촌이다.(按「小行人」, 二王後享天子及后用圭璋, 則此璧琮九寸, 據上公. 引「聘禮」者, 欲見經云享天子用璧, 享后用琮, 此據上公九命. 若侯伯當七寸, 子男當五寸.)" 가공언의 이와 같은 설명은 벽과 종의 지름이 9촌이라는 것은 제후가 상공일 때에 근거한 것이라는 말인데, 여기서 상공은 『주례』 「춘관·전명(典命)」의 정현 주에 따르면, 왕(천자)의 삼공(三公) 중 덕(德)이 있는 자 또는 하·은 두 왕조의 후예에게 자격이 주어진다. 또한 상공은 9명(命), 삼공은 8명, 후·백

은 7명, 고(孤)·경(卿)은 6명, 자·남은 5명, 대부는 4명이며, 그중 상공, 후·백, 자·남은 각각 제후로서 대국(大國), 차국(次國), 소국(小國)의 군주가 되기 때문에 "만약 (제후가) 후나 백이라면 7촌, 자나 남이라면 5촌이다."라고 말한 것이다. 「전명」을 바탕으로 명수(命數)를 정리하면 아래의 표와 같다.

| | 왕(천자) | | 제후 | | |
	陽爵	陰爵	大國(上公)	次國(侯伯)	小國(子男)
9命	上公				
8命		三公			
7命	侯伯				
6命		孤·卿			
5命	子男				
4命		大夫	上公의 孤		
3命		上士	上公의 卿	侯伯의 卿	
再命		中士	上公의 大夫	侯伯의 大夫	子男의 卿
1命		下士	上公의 士	侯伯의 士	子男의 大夫
不命					子男의 士

⑧ 최영은(崔靈恩): 한(漢)의 관인으로서 청하(淸河) 누성(武城) 사람이다. 삼례(三禮)와 삼전(三傳)에 정통하였고, 한 고조(高祖) 때 원외산기시랑(員外散騎侍郞), 보병교위(步兵校尉) 겸 국자박사(國子博士)를 역임하였다. 『모시집주(毛詩集注)』22권, 『주례집주(周禮集注)』40권, 『삼례의종(三禮義宗)』47권, 『좌씨경전의(左氏經傳義)』22권, 『좌씨조례(左氏條例)』10권, 『공양곡량문구의(公羊穀梁文句義)』10권 등을 저술하였다.

창벽(蒼璧)
楊甲, 『六經圖』(송)

창벽(蒼璧)
陳祥道, 『禮書』(송)

창벽(蒼璧)
『欽定周官義疏』(청)

『주례』「춘관·대종백」에 "황종(黃琮)으로 땅에 예를 올린다. 희생과 폐백 또한 종(琮)의 색과 같게 한다"라고 하였다. 정현은 말했다. "하지(夏至) 날에 곤륜(崑崙)①의 신에게 못 가운데의 방구(方丘)에서 제사 지낸다.②" '황(黃)'은 중앙의 색이다. 종(琮)은 여덟 개의 모서리로 땅을 본떴고,③ 이는 대종(大琮)에 비하면④ 뿔마다 각각 깎아서 1촌 6푼씩 돌출되게 하며, 길이는 8촌이고 두께는 1촌이다.

신(臣) 숭의(崇義)가 또한 살펴보건대, 『예기』「교특생」공영달의 소에는 선사(先師)의 말씀을 인용하여 "중앙의 황제(黃帝)에게 제사 지낼 때에도 황종을 사용한다"라고 하였다. 그러나 그 종(琮)은 길이가 9촌이어야 마땅하니 지기(地祇)에게 제사 지낼 때 사용하는 것과는 구별된다. 지금 국가에서는 이미 여기에 의거하여 행하고 있다.

[「大宗伯」云, "以黃琮禮地. 牲幣亦如琮色."[1] 後鄭云, "以夏至日祭崑崙

1　以黃琮禮地. 牲幣亦如琮色: 원문은 "以蒼璧禮天, 以黃琮禮地, 以靑圭禮東方, 以赤璋禮南方, 以白琥禮西方, 以玄璜禮北方, 皆有牲幣, 各放其器之色."이다.

之神, 於澤中之方丘."[2] 黃者, 中之色. 琮八方以象地, 此比大琮每角各剡出一寸六分, 長八寸, 厚寸. 臣崇義又案, 『禮記』「郊特牲」疏引先師所說, "祀中央黃帝, 亦用黃琮."[3] 然其琮宜九寸, 以別於地祇. 今國家已依而行之.]

2 以夏至 ~ 於澤中之方丘: 『주례』「춘관·대종백」의 정현 주 원문은 "禮地以夏至, 謂神在崐崘者也."이다. 본문의 "於澤中之方丘"는 가공언의 소 "故「大司樂」云, '以靈鼓靈鼗, 夏日至於澤中之方丘奏之, 若樂八變, 則地示皆出', 是也."에서 인용한 것으로 보인다.
3 祀中央黃帝, 亦用黃琮: 공영달의 『禮記正義』 원문은 "冬至圜丘用蒼璧, 夏正郊天用四圭有邸. 其五時迎氣, 東方用靑圭, 南方用赤璋, 西方用白琥, 北方用玄璜, 其中央無文, 先師以爲亦用黃琮, 熊氏以爲亦用赤璋."이다.

① 곤륜(崑崙): 전설상의 산으로, 곤륜산을 가리킨다. 崐崘, 昆侖, 混淪 등
으로도 쓴다. 가공언의 소에는 "곤륜은 호천(昊天)과 서로 대응되는데
창벽(蒼璧)으로 호천에게 예를 올렸으니 황종으로 곤륜대지(崑崙大地)에
게 예를 올림이 분명함을 알 수 있다.(崑崙與昊天相對, 蒼璧禮昊天, 明黃琮禮
崑崙大地可知.)"라고 하였다.

② 하지(夏至) 날에 ~ 방구(方丘)에서 제사 지낸다: 곤륜에게 하지(夏至) 날
에 제사를 지내는 것과 관련하여 『주례주소』「춘관·대사악(大司樂)」에
서 가공언은 "천신(天神)에게 제사의 예를 올리기를 반드시 동지에 하
고, 지기(地祇)에게 제사의 예를 올리기를 반드시 하지 날에 하는 것은
하늘은 양(陽)이고 땅은 음(陰)인데 동지에 하나의 양이 생겨나고 하지
에 하나의 음이 생겨나기 때문에 양이 생겨나고 음이 생겨나는 날로 돌
아가 제사를 지내는 것이다.(禮天神必於冬至, 禮地祇必於夏至之日者, 以天是
陽, 地是陰, 冬至一陽生, 夏至一陰生, 是以還於陽生陰生之日祭之也.)"라고 하였
다. 또한 지신(地神)에 대한 제사 장소가 방구(方丘)인 것에 대해서는 "지
신에 대하여 '못 가운데의 방구'를 말한 것은 높은 곳에서 하늘을 섬기
는 것으로 말미암아 '땅의 높은 곳[地上]'이라고 말하였으므로, 낮은 곳
에서 땅을 섬기는 것으로 말미암아 '못 가운데[澤中]'라고 하였다. (못 가
운데의) 방구를 취한 것은 (낮아서) 물이 모인 곳을 못이라고 하지만 물 가
운데에서 제사를 지낼 수는 없기 때문에 또한 (못 가운데의) 자연적인 모
진 언덕[方丘]을 취한 것이니, 땅이 모진 것을 본떴기 때문이다.(地言澤

中方丘者, 因高以事天, 故於地上, 因下以事地, 故於澤中. 取方丘者, 水鍾曰澤, 不可
以水中設祭, 故亦取自然之方丘, 象地方故也.)"라고 하였다.

③ 종(琮)은 여덟 개의 모서리로 땅을 본떴고: 『주례』「춘관·대종백」정
현 주에는 "신에게 예를 올릴 때에는 반드시 그 부류를 본뜨니, 벽(璧)
이 동그란 것은 하늘을 본뜬 것이고, 종(琮)이 여덟 개의 모서리인 것은
땅을 본뜬 것이다.(禮神者必象其類, 璧圜象天, 琮八方象地.)"라고 하였다. 이
에 대해 가공언은 "'종이 여덟 개의 모서리인 것은 땅을 본뜬 것'이라는
말은 하늘은 둥근 것에 비해 땅은 네모지고, 땅에는 사방이 있으므로
이에 여덟 개의 모서리인 것이다.(云'琮八方象地'者, 天圜以對地方, 地有四方,
是八方也)"라고 하였다.

④ 대종(大琮)에 비하면: 대종(大琮)은 길이가 12촌이고, 볼록 나온 부분[射]
은 4촌이며, 두께는 1촌으로서 내치(內治)를 통해 진정시킨다는 의미에
서 왕후가 지니는 종(琮)이다. 자세한 내용은 【玉瑞圖10 : 13-大琮】 참조.

황종(黃琮)
楊甲, 『六經圖』(송)

황종(黃琮)
陳祥道, 『禮書』(송)

황종(黃琮)
『欽定周官義疏』(청)

【祭玉圖11：05-靑圭청규(色靑)】

『주례』「춘관·대종백」에 "청규(靑圭)로 동방에 예를 올린다"라고 하였다. 정현 주에 "입춘(立春)에는 창정(蒼精)의 제(帝)①에게 제사 지내고,② 태호(太昊)③와 구망(句芒)④을 여기에 배향한다. 규(圭)가 예리한 것⑤은 봄에 만물이 처음 탄생하는 것을 본뜬 것이다"라고 하였다. 그 희생과 폐백은 모두 규의 색과 같게 한다. 그 규는 또한 9촌이고, 두께는 1촌이며, 너비는 3촌이고, 윗부분을 각기 1촌 반씩 깎는다. 이 이하의 제옥(祭玉)과 관련한 제사에서 제단은 각기 해당 방위에 따른 교(郊)에 설치한다.

[「大宗伯」云, "以靑圭禮東方." 注云, "以立春祭蒼精之帝, 而太昊·句芒食焉.¹ 圭銳象春物初生." 其牲幣, 皆如圭色. 其圭亦九寸, 厚寸, 博三寸, 剡上各寸半. 此以下壇兆各隨方於郊設之.]

---

1   以立春 ~ 而太昊·句芒食焉:『주례』「춘관·대종백」의 정현 주 원문은 "禮東方以立春, 謂蒼精之帝, 而大昊·句芒食焉."이다.

① 창정(蒼精)의 제(帝): 오천제(五天帝) 또는 오제(五帝)라고 하는 각 방위의 천제(天帝) 중 동방의 천제 영위앙(靈威仰)이다. 오천제는 오덕(五德)을 지니고 오방(五方)을 관할하며 오색(五色)으로 상징된다. 즉 오천제는 동방의 창제(蒼帝) 영위앙(靈威仰), 남방의 적제(赤帝) 적표노(赤熛怒), 중앙의 황제(黃帝) 함추뉴(含樞紐), 서방의 백제(白帝) 백초거(白招拒), 북방의 흑제(黑帝) 즙광기(汁光紀)를 말한다. 그중 창제는 동방의 천제이므로 입춘(立春)에 동교(東郊)에서 제사 지낸다.

② 입춘(立春)에는 창정(蒼精)의 제(帝)에게 제사 지내고: 창(蒼)은 동방(東方)의 색이다. 가공언은 여기서부터 이하, 즉 청규(靑圭)·적장(赤璋)·백호(白琥)·현황(玄璜)을 가지고 동서남북의 제(帝)에게 제사를 지내는 내용은 『예기』 「월령」에 근거한 것이고, 모두 인제(人帝)와 인신(人神)을 배향하는 것 역시 「월령」에 근거한 것이라고 하였다. 또한 사계절에 기(氣)를 맞이하여 모두 네 번의 입일(立日)이 있으므로 입춘(立春), 입하(立夏), 입추(立秋), 입동(立冬)에 제사 지낸다고 하였다.("云'禮東方以立春, 謂蒼精之帝'者, 此已下皆據 「月令」, 四時迎氣, 皆在四立之日, 故以立春·立夏·立秋·立冬言之也. 知皆配以人帝·人神者, 亦據 「月令」四時十二月皆陳人帝人神.")

③ 태호(太昊): 『예기』 「월령(月令)」의 정현 주에 "'태호'는 복희씨이다.(大皥, 宓羲氏.)"라고 하였다. 진호의 『예기집설』에서는 "'태호(太皥)'는 복희(伏羲)로서 목덕(木德)의 임금이다(太皥, 伏羲, 木德之君.)"라고 하였다.

④ 구망(句芒): 『예기』 「월령」의 정현 주에 "'구망'은 소호씨(少皥氏)의 아

들로, 이름은 중(重)이라고 하며, 목관이 되었다.(句芒, 少皞氏之子, 曰重, 爲木官.)"라고 하였다. 진호의 『예기집설』에서는 "'구망(句芒)'은 소호씨의 아들로 이름은 중(重)이라고 하며 목관(木官)을 맡은 신하이다. 성스럽고 신령한 사람[聖神]이 하늘의 뜻을 이어 법칙을 세워서 살아 있을 때 백성에게 공과 덕이 있었다. 그래서 후세의 왕이 봄에 제사를 지냈다.('句芒', 少皞氏之子, 曰重, 木官之臣. 聖神繼天立極, 生有功德於民. 故後王於春祀之.)"라고 하였다.

⑤ 규(圭)가 예리한 것: 가공언의 『주례주소』에는 '규(圭)가 예리한 것'에 대해 '좌우로 각각 1촌 반씩 위를 깎는 것'을 두고 한 말이라고 하였다.("云'圭銳, 象春物初生'者, 「雜記」 「贊大行」云, 圭剡上, 左右各寸半', 是圭銳也.")

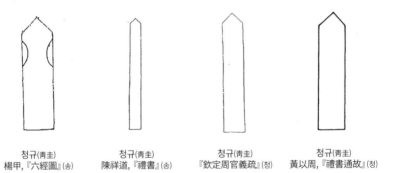

청규(靑圭)
楊甲, 『六經圖』(송)

청규(靑圭)
陳祥道, 『禮書』(송)

청규(靑圭)
『欽定周官義疏』(청)

청규(靑圭)
黃以周, 『禮書通故』(청)

『주례』「춘관·대종백」에 "적장(赤璋)으로 남방에 예를 올린다"라고 하였다. 정현 주에 "입하(立夏)에는 적정(赤精)의 제(帝)①에게 제사 지내고, 염제(炎帝)②와 축융(祝融)③을 여기에 배향한다"라고 하였다. 희생과 폐백은 모두 장(璋)의 색과 같게 한다. 규(圭)의 절반을 '장'이라고 한다.④ 여름에는 만물이 반쯤 죽으니 이를 본뜬 것이다.⑤

웅씨⑥는 말했다. "중앙의 황제(黃帝)에게 제사 지낼 때 역시 적장을 사용한다." 신(臣) 숭의(崇義)가 지금 위아래의 경문을 살펴보건대, 오정(五精)의 제(帝)⑦에게 제사 지낼 때 사용하는 옥과 폐백은 각기 그 색을 같게 한다. 계하(季夏: 6월)에 토(土)의 기운이 왕성하므로 오제(五帝)의 범주 안에 있는 황제에게 제사를 지내는데, 적장을 사용하여 예를 올린다면 홀로 그 색이 같지 않으니⑧ 이치에 합당하지 않다. 위에서 이미 공영달이 『예기정의』에서, 선사(先師)의 말씀에 의거하여 말한 것에 따라서 9촌의 황종(黃琮)을 사용하는 것이 마땅하다고 하였다.⑨ 웅씨의 의론도 여기에 기록해 두니, 후대의 현자가 분간하기를 바란다.

[「大宗伯」云, "以赤璋禮南方." 注云, "以立夏祭赤精之帝, 而炎帝·祝融食焉."[1] 牲幣, 皆如璋色. 半圭曰璋. 夏物半死而象焉. 熊氏云, "祀中央黃帝, 亦用赤璋." 臣崇義今案上下經文, 祀五精之帝玉幣各如其色, 季夏土王, 而祀黃帝於五帝之內, 禮用赤璋, 獨不如其色, 於理未允. 上已準孔『義』依先師所說, 用黃琮九寸爲當. 熊氏之義亦存, 冀來哲所擇.]

---

1 以立夏 ~ 而炎帝·祝融食焉: 『주례』「춘관·대종백」의 정현 주 원문은 "禮南方以立夏, 謂赤精之帝, 而炎帝·祝融食焉."이다.

① 적정(赤精)의 제(帝): 오천제(五天帝) 또는 오제(五帝)라고 하는 각 방위의
천제(天帝) 중 남방의 천제 적표노(赤熛怒)이다. 남방의 천제이므로 입하
(立夏)에 남교(南郊)에서 제사 지내며, 이때 남쪽에 해당하는 인제(人帝)
로서 염제(炎帝)를, 인신(人神)으로서 축융(祝融)을 배향한다.

② 염제(炎帝): 『예기』「월령(月令)」의 정현 주에 "'염제'는 대정씨(大庭氏)
이다.(炎帝, 大庭氏也.)"라고 하였다. 진호의 『예기집설』에서는 "'염제(炎
帝)'는 대정씨(大庭氏) 즉 신농으로서 적정(赤精)의 군주이다.(炎帝, 大庭氏,
卽神農也, 赤精之君.)"라고 하였다.

③ 축융(祝融): 『예기』「월령」의 정현 주에 "'축융'은 전욱씨(顓頊氏)의 아
들 려(黎)로서 화관(火官)이 되었다.(祝融, 顓頊氏之子曰黎, 爲火官.)"라고 하
였다.

④ 규(圭)의 절반을 '장'이라고 한다: 이에 대해 가공언의 소에서는 다음과
같이 설명하였다. "'규의 절반을 장이라고 한다'는 것에 대해 살펴보건
대, 『주례』「춘관·전서」에 '사규유저(四圭有邸)를 가지고 하늘에 제사
지내고, 양규유저(兩圭有邸)를 가지고 땅에 제사 지낸다.'라고 하였는데
양규(兩圭)는 사규(四圭)의 절반이다. 또 '규벽(圭璧)을 가지고 일월(日月)
에 제사 지낸다.'라고 하였으니, 여기서 하나의 규[一圭]는 양규의 절반
이다. 또 '장저사(璋邸射)를 가지고 산천(山川)에 제사 지낸다.'라고 하였
으니, 여기서 장(璋) 또한 하나의 규의 절반이다. 그러므로 '규의 절반을
장이라고 한다'고 말한 것이다.('半圭曰璋'者, 案, 「典瑞」云, '四圭有邸以祀天,

兩圭有邸以祀地', 兩圭半四圭. 又云‘圭璧以祀日月', 是一圭半兩圭. 又云‘璋邸射以
祀山川', 是璋又半一圭. 故云‘半圭曰璋.’「公羊傳」亦云, ‘寶者何, 璋判白', 亦半圭曰
璋.)”

⑤ 여름에는 ~ 이를 본뜬 것이다: 이는『주례』「춘관·대종백」의 정현 주
"규의 절반을 ‘장’이라고 하니, 여름에 만물이 반쯤 죽는 것을 본뜬 것이
다.(半圭曰璋, 象夏物半死.)”를 인용한 것이다. 이에 대해 가공언은 여름
철에는 냉이와 보리가 죽으니 이것이 반쯤 죽은 것이라고 하였다.(“云
‘象夏物半死’者, 夏時薺麥死, 是半死.”)

⑥ 웅씨: 북주(北周)의 경학자 웅안생(熊安生)을 가리킨다. 장락(長樂) 부성
(阜城) 사람으로, 자는 식지(植之)이다. 북제(北齊)에서 국자박사(國子博士)
를, 북주에서 노문학박사(露門學博士)와 하대부(下大夫) 등을 지냈다.『예
기의소(禮記義疏)』,『주례의소(周禮義疏)』,『효경의소(孝經義疏)』등을 저
술했지만 전하지 않는다. 마국한(馬國翰)의『옥함산방집일서(玉函山房輯
佚書)』에『예기웅씨의소(禮記熊氏義疏)』4권이 실려 있다.

⑦ 오정(五精)의 제(帝): 오천제(五天帝) 또는 오제(五帝)라고 하는 다섯 방위
의 천제(天帝)를 뜻한다. 즉 동방의 창제(蒼帝) 영위앙(靈威仰), 남방의 적
제(赤帝) 적표노(赤熛怒), 중앙의 황제(黃帝) 함추뉴(含樞紐), 서방의 백제
(白帝) 백초거(白招拒), 북방의 흑제(黑帝) 즙광기(汁光紀)이다. 한편 오정
은 다섯 방향의 별을 의미하기도 하는데, 이와 관련하여『주례』「춘
관·대종백」의 가공언 소에는 “『춘추위(春秋緯)』「운두추(運斗樞)」에 ‘대
미궁(大微宮)에 오제좌성(五帝座星)이 있다.’고 하였다.”라고 하였다.

⑧ 홀로 그 색이 같지 않으니: 웅씨가 “중앙의 황제(黃帝)에게 제사 지낼 때
역시 적장을 사용한다.”라고 말한 것에 대한 섭숭의의 비판이다. 즉 오
정(五精)의 제(帝)에게 제사 지낼 때 사용하는 옥은 그 방위에 해당하는

색으로 맞춰야 하는데, 중앙의 황제와 적장은 색이 맞지 않음을 지적한 것이다. 중앙의 색은 황색(黃色)이지만 적장은 적색이기 때문이다.

⑨ 위에서 이미 ~ 마땅하다고 하였다: 『예기』「교특생」 공영달의 소에서 선사(先師)의 말씀을 인용하여 "중앙의 황제(黃帝)에게 제사 지낼 때에 도 황종(黃琮)을 사용한다"라고 한 것에 대해 섭숭의가 이 제사에 쓰이 는 종(琮)은 길이가 9촌이어야 마땅하다고 논한 것을 가리킨다. 자세한 내용은【祭玉圖11 : 04-黃琮(色黃)】참조.

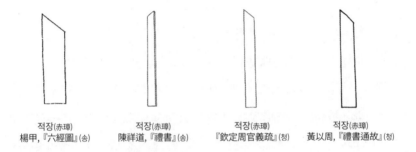

적장(赤璋)
楊甲, 『六經圖』(송)

적장(赤璋)
陳祥道, 『禮書』(송)

적장(赤璋)
『欽定周官義疏』(청)

적장(赤璋)
黃以周, 『禮書通故』(청)

【祭玉圖11：07-白琥백호(色白)】

『주례』「춘관·대종백」에 "백호(白琥)로 서방에 예를 올린다. 희생과
폐백은 모두 호(琥)의 색과 같게 한다"라고 하였다. 정현 주에 "입추(立秋)
에는 백정(白精)의 제(帝)①에게 제사 지내고, 소호(少昊)②와 욕수(蓐收)③를
여기에 배향한다. '호(琥)'는 엄한 뜻을 취한 것으로, 가을에 기운이 엄혹함
을 본뜬 것이다"라고 하였다. 정현의 『삼례도』에 "옥을 가지고 길이는 9
촌, 너비는 5촌, 엎드린 호랑이의 형상을 조각하며 높이는 3촌이 되게 한
다"라고 하였다.

신(臣) 숭의(崇義)가 또한 살펴보건대, 손씨의 『부서도(符瑞圖)』에는 "백
호는 서방을 상징하는 선량한 짐승[義獸]으로, 흰색 바탕에 검은 무늬가
있으며, 일명 추우(騶虞)④라고 한다. 꼬리는 그 몸보다 배나 길다"라고 하
였다. 그러므로 『개원례』에서 피휘하여 "서방의 백제(白帝)에게 추우를
가지고 예를 올린다"라고 한 것이 이것이다.

또한 『진중흥서(晉中興書)』에 "백호는 꼬리가 그 몸의 세 배이다"라고
하였다. 또 『상서대전(尙書大傳)』에는 "산의생(散宜生) 등이 어릉씨(於陵氏)
로 가서 괴수(怪獸)를 취하였는데, 꼬리의 길이가 그 몸의 두 배였다. '우

(虞)'라고 명명하였다"라고 하였다. 정현은 "우(虞)는 아마도 추우일 듯하다"라고 하였다. 『주서(周書)』에는 "영림(英林=於陵氏)의 추이(酋耳=騶虞)는 호랑이나 표범과 같고, 꼬리의 길이가 그 몸의 세 배이다"라고 하였다. 어릉(於陵)과 영림(英林)은 발음이 서로 비슷하여 이렇게 말한 듯하다.

[「大宗伯」云, "以白琥禮西方. 牲幣皆如琥色." 注云, "以立秋祭白精之帝, 而少昊·蓐收食焉. 琥猛象秋氣嚴."[1] 鄭『圖』云, "以玉長九寸, 廣五寸, 刻伏虎形, 高三寸." 臣崇義又案, 孫氏『符瑞圖』云, "白琥, 西方義獸, 白色黑文, 一名騶虞. 尾倍其身." 故『開元禮』避諱而云, "禮西方白帝以騶虞", 是也. 又『晉中興書』云, "白琥, 尾參倍其身." 又『尙書大傳』說, "散宜生等之於陵氏取怪獸, 尾倍其身, 名曰虞." 後鄭云, "虞, 蓋騶虞也." 『周書』曰, "英林酋耳若虎豹, 尾長參倍其身." 於陵·英林, 音相近, 其是之謂乎.]

1　以立秋 ~ 琥猛象秋氣嚴: 『주례』「춘관·대종백」의 정현 주 원문은 "禮西方以立秋, 謂白精之帝, 而少昊·蓐收食焉. … 琥猛象秋嚴."이다.

① 백정(白精)의 제(帝): 오천제(五天帝) 또는 오제(五帝)라고 하는 각 방위의
천제(天帝) 중 서방의 천제 백초거(白招拒)이다. 서방의 천제이므로 입추
(立秋)에 서교(西郊)에서 제사 지내며, 이때 서쪽에 해당하는 인제(人帝)
로서 소호(少昊)를, 인신(人神)으로서 욕수(蓐收)를 배향한다.

② 소호(少昊): 『예기』「월령(月令)」의 정현 주에 "'소호'는 금천씨(金天氏)
이다.(少皞, 金天氏.)"라고 하였다. 진호의 『예기집설』에서는 "'소호'는
백정의 군주로, 금천씨이다.(少皞, 白精之君, 金天氏也.)"라고 하였다.

③ 욕수(蓐收): 『예기』「월령」의 정현 주에 "'욕수(蓐收)'는 소호씨의 아들 해
(該)로서 금관(金官)이 되었다.(蓐收, 少皞氏之子曰該, 爲金官.)"라고 하였다.

④ 추우(騶虞): 고대 중국 신화에 나오는 상서로운 짐승으로, 전설에 따르
면 호랑이의 몸통에 흰 털과 검은 무늬가 있고 꼬리가 긴 동물이다. 천
성이 인자하여 풀도 차마 밟지 못하고 자연적으로 죽은 것이 아니면 먹
지 않는다고 한다. 『산해경』권12「해내북경(海內北經)」에는 "임씨국에
진기한 짐승이 있으니 크기가 호랑이 같고 오채색을 모두 갖추었으며
꼬리가 몸보다 길다. 추우라고 이름하며 이것을 타면 하루에 1,000리를
간다.(林氏國有珍獸, 大若虎, 五彩畢具, 尾長於身, 名曰騶虞, 乘之日行千里.)"라
고 하였다. 한편 추우는 '추아(騶牙)' 또는 '추이(酋耳)'라고도 한다.

백호(白琥)
楊甲, 『六經圖』(송)

백호(白琥)
陳祥道, 『禮書』(송)

백호(白琥)
『欽定周官義疏』(청)

백호(白琥)
黃以周, 『禮書通故』(청)

　『주례』「춘관·대종백」에 "현황(玄璜)으로 북방에 예를 올린다. 희생과 폐백은 모두 황(璜)의 색과 같게 한다"라고 하였다. 정현은 "입동(立冬)에는 흑정(黑精)의 제(帝)②에게 제사 지내고, 전욱(顓頊)③과 현명(玄冥)④을 여기에 배향한다. 벽(璧)을 반쪽으로 나눈 것을 '황(璜)'이라 한다. 겨울에는 닫히고 숨어서 땅 위에는 만물이 없고 오직 천지의 반인 하늘만 보이는 것을 본뜬 것이다"라고 하였다. 가공언은 해석하기를 "뭇별이 하늘의 무늬가 되고 초목이 땅의 무늬가 되는데, 겨울에는 초목이 시들어 떨어지니 오직 뭇별만이 하늘에 있으므로 '오직 천지의 반인 하늘만 보인다'고 한 것이다"라고 하였다.

　[「大宗伯」云, "以玄璜禮北方. 牲幣皆如璜色." 後鄭云, "以立冬祭黑精之帝, 而顓頊·玄冥食焉.[1] 半璧曰璜. 象冬閉藏, 地上無物, 唯天半見." 賈釋云, "列宿爲天文, 草木爲地文. 冬草木零落, 惟列宿在天, 故云'唯天半見'."]

1　以立冬 ~ 而顓頊·玄冥食焉: 『주례』「춘관·대종백」의 정현 주 원문은 "禮北方以立冬, 謂黑精之帝, 而顓頊·玄冥食焉."이다.

① 현황(玄璜): [제옥도]-03부터 여기까지의 여섯 가지 옥을 『주례』「춘관·대종백」에서는 '육기(六器)'라고 하였다. 즉 창벽(蒼璧), 황종(黃琮), 청규(靑圭), 적장(赤璋), 백호(白琥), 현황(玄璜)을 가리키는 말로서 각기 하늘, 땅, 동쪽 하늘, 남쪽 하늘, 서쪽 하늘, 북쪽 하늘에 제사를 지낼 때 강신(降神)을 위해 사용하는 기물이다. 이에 대해 가공언은, 신에게 예를 올릴 때 사용하는 옥은 '기(器)'라고 하고, 왕과 공·후·백·자·남이 각각 잡는 옥은 '서(瑞)'라고 하여 다르게 명명함을 지적하였다. 또한 '기'는 '서'라고 말하지 않지만, '서'의 경우에는 '기'라고 말하기도 한다고 하였다.("此據禮神則曰器, 上文人執則曰瑞, 對此文義爾. 若通而言之, 禮神雖不得言瑞, 人執者亦曰器.")

한편 동·서·남·북의 하늘은 본래 오천제(五天帝)에 속하는데, 그중 중앙의 하늘에 대한 설명이 없는 것에 대해 가공언은 다음과 같이 말하였다. "이 경문의 신(神) 중에 중앙의 함추뉴(含樞紐)가 보이지 않는 것은 사계절에 계절의 기운을 맞이하여 모두 사교(四郊)에서 제사 지내기 때문이니, 『주례』「춘관·소종백」에 '사교에 오제에 대한 제단을 설치한다.'라고 하고, 정현 주에서 '황제 역시 남교에서 제사 지낸다.'라고 한 것이 이것이다.(此經神不見中央含樞紐者, 此四時迎氣皆在四郊, 「小宗伯」云 '兆五帝於四郊', 鄭注云'黃帝亦於南郊'是也.)" 즉 중앙의 황제 함추뉴 역시 남교에서 제사 지내기 때문에 생략된 것으로 이해하였다.

② 흑정(黑精)의 제(帝): 오천제(五天帝) 또는 오제(五帝)라고 하는 각 방위의

천제(天帝) 중 북방의 천제 즙광기(汁光紀)이다. 북방의 천제이므로 입동
(立冬)에 북교(北郊)에서 제사 지내며, 이때 북쪽에 해당하는 인제(人帝)
로서 전욱(顓頊)을, 인신(人神)으로서 현명(玄冥)을 배향한다.

③ 전욱(顓頊): 『예기』「월령(月令)」의 정현 주에 "'전욱'은 고양씨(高陽氏)
이다.(顓頊, 高陽氏也.)"라고 하였다. 진호의 『예기집설』에서는 "'전욱'은
흑정(黑精)의 군주이다.(顓頊, 黑精之君.)"라고 하였다.

④ 현명(玄冥): 『예기』「월령」의 정현 주에 "'현명'은 소호씨의 아들 수(脩)
와 희(熙)로서 수관(水官)이 되었다.(玄冥, 少皡氏之子曰脩, 曰熙, 爲水官.)"라
고 하였다. 진호의 『예기집설』에서는 "'현명'은 수관(水官)의 신하로서
소호씨의 아들 수(脩)와 희(熙)가 서로 번갈아 수관이 되었다. 『좌전』에
'수와 희가 현명이 되었다'고 한 것이 이것이다.(玄冥, 水官之臣, 少皡氏之
子曰脩曰熙, 相代爲水官. 『左傳』云'脩及熙爲玄冥', 是也.)"라고 하였다.

현황(玄璜)
楊甲, 『六經圖』(송)

현황(玄璜)
陳祥道, 『禮書』(송)

현황(玄璜)
『欽定周官義疏』(청)

현황(玄璜)
黃以周, 『禮書通故』(청)

살펴보건대, 『주례』「춘관·전서」에 "사규유저(四圭有邸)로 하늘에 제사를 지내고 상제(上帝)에게 여제(旅祭)를 지낸다."라고 하였다. 또 『주례』「고공기·옥인」에 "사규(四圭)는 1척 2촌이고, 이것을 가지고 하늘에 제사 지낸다."라고 하였다.

정사농의 주에 대한 가공언의 소에서는 "'저(邸)'는 뿌리[本]이다.① 하나의 큰 옥을 사용하여 쪼아서 중앙에 벽(璧)의 형태가 나오게 하는데 그 두께는 1촌이다. 천자는 12를 절도로 삼으니, 벽의 사면은 각각 쪼아 규가 하나씩 나오게 하며 모두 길이를 1척 2촌으로 하여 진규(鎭圭)와 대등하게 한다. 벽은 뿌리가 되는데, 대개 지름이 6촌일 것이다. 총 3척의 길이는 또한 대규(大圭)의 길이가 3척인 것과 동일하다."②라고 하였다.

그러나 신에게 제사 지내는 옥은 참된 것이어야 하는데 옥돌[珉]에 비하여 얻기가 어렵다. 그래서 어떤 경우에는 옥은 있지만 길이가 맞지 않아서 6촌의 벽으로 뿌리는 만들더라도 사면을 각각 쪼아 규가 하나씩 나오게 하는 것은 모두 길이를 3촌으로 하여, 진규의 길이가 1척 2촌인 규정과 동일하게 한다. 비록 권도에 따라 바꿔 제작하였지만 또한 옛 규정에 합치되면서 지금에 편리하여 옥들이 마땅함을 따랐다.③ 아래도 모두 이러한 류이다.

또 정현은 "'하늘에 제사 지낸다'는 것은 하력(夏曆)의 정월에 감생제(感生帝)④에게 교사(郊祀)를 지내는 것을 말한다. '상제에게 여제를 지낸다'는 것은 오제(五帝)에게 제사 지내는 것을 말한다."⑤라고 하였다. 『주례』「춘관·대종백」에서 청규(靑圭) 등으로 이미 오방(五方)의 천제(天帝)에게 제사 지내는 것을 나타냈는데, 여기에서 또 사규유저를 사용하여 제사를 지내는 것은, 「대종백」에서는 사계절에 계절의 기운을 맞이하여 제사를 지내는 것과 명당에서 총괄하여 제사 지내는 것에 의거하였으므로 일반적인 제사이고, 여기에서는 변고가 있어⑥ 제사 지내는 것이다. 감생제도 오제이다. 별도로 하늘에 제사 지낸다고 말한 것은 그 조상이 하늘의 감응으로 탄생하였으므로 특별하게 한 것이다.⑦

신 섭숭의가 살펴보건대, 『예기』「교특생」의 소에 감생제에게 제사지낼 때 옥과 희생과 폐백은 마땅히 숭상하는 색을 따라야 한다고 하였다. 이 사규 역시 너비는 3촌이고 두께는 1촌이다.

[案, 「典瑞」云, "四圭有邸, 以祀天, 旅上帝." 又「玉人」云, "四圭尺有二寸, 以祀天." 賈釋先鄭義云, "邸, 本也. 謂用一大玉, 琢出中央爲璧形, 厚寸. 天子以十二爲節, 於璧四面各琢出一圭, 皆長尺二寸, 與鎭圭等. 其璧爲邸, 蓋徑六寸. 總三尺, 又與大圭長三尺同."¹ 然以禮神之玉宜眞, 比珉難得. 其或玉有不及尺度, 仍用六寸璧爲邸, 四面各琢出一圭, 皆長三寸, 以同鎭圭長尺二

---

1 謂用一大玉 ~ 長三尺同: 『주례』「춘관·전서」의 가공언 소 원문은 "謂用一大圭, 琢出中央爲璧形, 亦肉倍好爲之. 四面琢, 各出一圭, 璧之大小·圭之長短無文, 天子以十二爲節. 蓋四廟圭各尺二寸, 與鎭圭同. 其璧爲邸, 蓋徑六寸. 摠三尺, 與大圭長三尺又等."이다.

寸之制. 雖從權改作, 亦合古便今, 諸玉從宜. 下皆類此. 又後鄭云, "祀天, 謂
於夏正郊祀感生之帝也. 旅上帝, 謂祀五帝也."[2] 「大宗伯」以靑圭等已見祭五
方天帝, 此又用四圭有邸而祭者, 彼卽四時迎氣及總享於明堂, 是其常也, 此
因有故而祭之也. 感生之帝, 亦五帝. 別言爲天者, 以其祖感之而生, 故殊異之
也. 臣崇義案,「郊特牲」義云, 祭感生之帝, 玉與牲幣宜從所尙之色. 此四圭
亦博三寸, 厚寸.]

2　祀天 ~ 謂祀五帝也:『주례』「춘관·전서」의 정현 주 원문은 "祀天, 夏正郊天也. 上帝, 五帝,
　　所郊亦猶五帝, 殊言天者, 尊異之也."이다.

① '저(邸)'는 뿌리[本]이다: 본문에서는 가공언의 말처럼 서술하였으나, 이
   는 정사농이 『이아』를 인용하여 한 말이다. 즉 『주례』「춘관·전서」의
   정사농 주에는 "중앙에 벽(璧)을 만들고 규(圭)는 그 벽의 사면에 드러내
   며, 하나의 옥으로 모두 완성한다. 『이아』에 '저(邸)는 뿌리[本]이다.'라
   고 하였다. 규의 뿌리는 벽으로 나타나니, 그러므로 네 개의 규에 뿌리
   가 있는[四圭有邸] 것은 규의 끝이 사방으로 나가기 때문이다.(鄭司農云
   '於中央爲璧, 圭著其四面, 一玉俱成. 『爾雅』曰'邸, 本也.' 圭本著於璧, 故四圭有邸,
   圭末四出故也.')"라고 하였다.

② 하나의 큰 옥을 ~ 3척인 것과 동일하다: 이는 『주례』「춘관·전서」의
   정사농 주 "중앙에 벽(璧)을 만들고 규(圭)는 그 벽의 사면에 드러내며,
   하나의 옥으로 모두 완성한다.(於中央爲璧, 圭著其四面, 一玉俱成.)"에 대해
   가공언이 풀이한 내용으로, 원문과 비교하면 글자의 출입이 꽤 있다. 가
   공언의 소 원문은 다음과 같다. "하나의 큰 옥을 사용하여 쪼아서, 중앙
   은 벽의 형태가 되도록 드러내고 또한 옥으로 된 몸체[肉]가 구멍[好]보
   다 배로 길게 만든다. 사면은 쪼아서 각각 규가 하나씩 나오게 하는데,
   벽의 크기나 규의 길이에 대해서는 규정한 글이 없지만 천자는 12로써
   절도를 삼으니, 대개 사면의 규는 각각 1척 2촌으로 진규(鎭圭)와 동일
   할 것이다. 벽은 뿌리가 되는데, 아마 지름이 6촌일 것이다. 총체적으로
   는 3척으로, 대규(大圭)의 길이가 3척인 것과 또한 대등할 것이다. 그러
   므로 '하나의 옥으로 모두 완성한다.'라고 한 것이다.(謂用一大圭, 琢出中

央爲璧形, 亦肉倍好爲之. 四面琢, 各出一圭, 璧之大小·圭之長短無文, 天子以十二爲節, 蓋四廟圭各尺二寸, 與鎭圭同. 其璧爲邸, 蓋徑六寸. 揔三尺, 與大圭長三尺又等. 故云'一玉俱成'也.)" 여기서 진규와 대규는 천자의 권위를 상징하는 규이다. 자세한 내용은 【玉瑞圖10 : 01-大圭】 및 【玉瑞圖10 : 03-鎭圭】 참조.

③ 그래서 어떤 경우에는 ~ 마땅함을 따랐다: 앞에서 말한 가공언의 소에 따르면 사규유저는 뿌리가 되는 벽의 길이는 6촌, 사방으로 뻗는 규의 길이는 각각 1척 2촌으로, 일직선상의 길이를 따지면 1.2척+0.6척+1.2척으로 총 3척이 된다. 그리고 이때 1척 2촌은 진규의 길이와 동일하고, 3척은 대규의 길이와 동일하여 천자가 지니는 규로서의 의미를 내포한다. 그러나 가로세로 모두 3척이나 되는 옥기(玉器)를 제작할 수 있을 만큼 커다란 옥을 구하기는 쉽지 않기 때문에 규의 길이를 줄여서 3촌으로 제작한다는 것이다. 그렇게 되면 일직선상의 길이는 0.3척+0.6척+0.3척이 되어 총 1.2척이 된다. 즉 1척 2촌의 진규와 동일한 길이가 되기 때문에, 이 역시 천자의 규로서의 의미에서 벗어나지는 않는다는 것이다.

④ 감생제(感生帝): 중국 상고의 신화 중에는 제왕이 신에게 감응하여 태어났다는[感生] 내용이 있다. 주(周)나라의 시조인 후직(后稷)의 경우, 그 어머니인 강원(姜嫄)이 거인의 발자국을 밟아 태어나게 되었다는 등의 내용이 그것이다. 이러한 감생신화는 후에 오천제(五天帝=五帝) 관념과 결합되어 감생제(感生帝)라는 설이 생기게 되었다. 오천제는 동방의 청제(靑帝=蒼帝), 남방의 적제(赤帝), 서방의 백제(白帝), 북방의 현제(玄帝=黑帝), 중앙의 황제(黃帝)이다. 이들은 동·남·서·북·중앙의 오방(五方)을 주관하고 목·화·금·수·토의 오행(五行)을 대표하는데, 그 오천제의 정기(精氣)가 인간 세상에 내려와 군왕(君王)으로 감응하여 태어난다는 것

이다. 이렇게 태어난 군왕의 아버지를 감생제라고 한다. 삼대(三代)의 경우, 하(夏)는 백제(白帝)의 아들이라 칭했고, 상(商)은 흑제(黑帝)의 아들이라 칭했으며, 주(周)는 창제(蒼帝)의 아들이라 칭했다.

⑤ '하늘에 제사 지낸다'는 것은 ~ 말한다: 본문에서는 정현 주의 내용으로 설명하였으나, 『주례』「춘관·전서」의 정현 주 문장과는 차이가 있다. 원문은 다음과 같다. "'하늘에 제사 지낸다'는 것은 하력(夏曆)의 정월에 하늘에 교(郊)제사를 지낸다는 것이다. '상제'는 오제(五帝)이다. 교제사를 지낸다는 점도 역시 오제에게 제사 지내는 것과 같은데, 다만 '하늘'이라고 말한 것은 존귀함이 다르기 때문이다. 『주례』「춘관·대종백」에 '나라에 큰 변고가 있으면 상제(上帝)와 사망(四望)에게 여(旅)제사를 지낸다.'라고 하였다.('祀天', 夏正郊天也. '上帝', 五帝. 所郊亦猶五帝, 殊言天者, 尊異之也. 「大宗伯職」曰'國有大故, 則旅上帝及四望.')" 여기서 '하력의 정월'은 음력 1월을, '교제사'는 동서남북 가 교(郊)에서 지내는 제사를 뜻한다. 가공언의 소에 따르면, 위의 정현 주는 다음과 같이 해석할 수 있다. 먼저 '하늘에 제사 지낸다'는 것은 하력의 정월에 감생제(感生帝)에게 교제사를 지낸다는 말이다. 『역위(易緯)』에 "하·은·주 삼대의 교제는 모두 하나라의 정월을 사용하여 각각의 감생제에게 교제사를 지냈다.(三王之郊, 一用夏正, 各郊所感帝.)"라고 하였다. 감생제는 위의 역주 ④와 같이 오제(五帝) 중 하나이지만, 다만 '하늘'이라고 한 것은 그 조상이 감응하여 태어났기에 존귀함이 다르기 때문이다. 다음으로 '상제에게 여제사를 지낸다'는 것은 오제에게 여제사를 지낸다는 말이다. 그런데 오제에 대한 제사는 『주례』「춘관·대종백」에 사계절의 기운을 맞이하는 입춘·입하·입추·입동에 청규(靑圭)·적장(赤璋)·백호(白琥)·현황(玄璜) 등으로 제사 지낸다고 하였다. 그러나 이것은 상제(常祭)이고, 여기

서 말하는 여제사는 나라에 연고가 있을 때 지내는 제사라는 점에서 차이가 있다.

정리하면, 사규유저는 1월에 감생제에게 교제사를 지낼 때 및 나라에 일이 있어 오제에게 여제사를 지낼 때 사용하는 옥기이며, 본문에서 정현 주로 소개한 내용은 정현 주와 그에 대한 가공언 소의 내용을 종합하여 서술한 것이라고 할 수 있다.

⑥ 변고가 있어:『주례』「춘관·대종백」에 "나라에 큰 변고[大故]가 있으면 상제 및 사망에 여제사를 지낸다.(國有大故, 則旅上帝及四望.)"라고 하였다. 여기서 정현은 변고[故]에 대해 '흉재(凶裁)'라고 풀이하였고("故, 謂凶裁."), 가공언은 또한 "흉(凶)은 그해의 곡식이 여물지 않는 것을 말한다. 재(裁)는 수재(水災)와 화재(火災)를 말한다.(凶, 謂年穀不熟. 裁, 謂水火也.)"라고 하였다.

⑦ 『주례』「춘관·대종백」에서 ~ 특별하게 한 것이다: 해당 부분은『주례』「춘관·전서」정현 주에 대한 가공언 소의 내용을 종합하여 서술한 것이다. 자세한 내용은 위의 역주 ⑤와 ⑥을 참조.

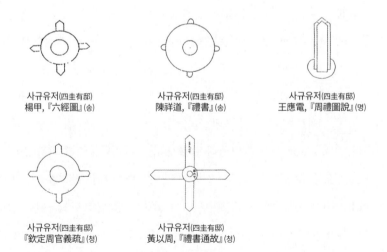

사규유저(四圭有邸)
楊甲,『六經圖』(송)

사규유저(四圭有邸)
陳祥道,『禮書』(송)

사규유저(四圭有邸)
王應電,『周禮圖說』(명)

사규유저(四圭有邸)
『欽定周官義疏』(청)

사규유저(四圭有邸)
黃以周,『禮書通故』(청)

【祭玉圖11：10-兩圭有邸양규유저(色靑)】

　　『주례』「고공기·옥인」에 "양규(兩圭)는 5촌이고 뿌리가 있으며, 이것을 가지고 땅에 제사를 지내고 사망(四望)에 여제(旅祭)를 지낸다."라고 하였다. 여기서 '양규는 5촌이다'는 것은 또한 마땅히 6촌의 벽(璧) 양쪽 가를 각각 쪼아 규가 하나씩 나오게 하는데 모두 길이가 2촌 반씩이라는 것이며, 너비와 두께는 사규(四圭)와 동일하다.①

　　『주례』「춘관·전서」의 정현 주에는 "양규는 땅의 수인 '2'를 형상하였다. 발을 서로 향하게 하여[儐]【('儐'의) 음은 틈과 絹의 반절(천)이다.】뿌리를 같이한다."라고 하였다. 또 『예기』「왕제」의 정현 주에는 "누울 때 같이 발을 서로 향하게 한다."라고 하였다. 거기에서 '발을 서로 향하게 한다'는 것은 양발이 서로 향하는 것을 말한다. 여기에서는 양규의 발이 뿌리를 같이하니, 이것이 발이 서로 향한다는 뜻이다. 위의 사규도 뿌리를 같이하였으므로 또한 그것도 각각 두 발이 서로 향한다. 그러므로 여기에서 '발을 서로 향하게 하여 뿌리를 같이한다'고 말하여 종합적으로 풀이한 것이다.② 『이아』에 "'저(邸)'는 뿌리[柢]를 말한다."라고 하였다. 곽박(郭璞)은

"뿌리는 물체의 근본 토대이니, '저(邸)' 및 '저(底)'와 음과 뜻이 모두 동일하다."라고 하였다.

가공언의 소에 "'땅에 제사를 지낸다'는 것은 삼음지월(三陰之月: 7월)에 신주(神州)의 신에게 북교(北郊)에서 제사 지내는 것을 말한다."라고 하였다.③ 위의 사규는 하늘에 교사(郊祀)를 지내는 것이고, 여기서는 신주의 지기(地祇)에게 제사 지내는 것이다. 비록 하늘과 땅이 서로 대응될지라도 하늘은 높고[尊] 땅은 낮으니[卑] 규도 넷과 둘로 다르다. 그러므로 정현은 땅의 수를 형상하였다고 직접 말하였지만 등급을 낮췄다고는 말하지 않은 것이다.

'사망(四望)'은 오악(五嶽)과 사진(四鎭)과 사독(四瀆)을 말한다.④ 지기(地祇)에 대한 제사에 있어서는 본래 황종(黃琮)이 있으므로⑤ 여기서 양규유저로 땅에 제사 지낸다는 것은 신주의 신에게 북교에서 제사 지내는 것 및 나라에 변고가 있어서 사망에게 여제를 지내는 것을 말한다. 위에서 사규유저를 가지고 하늘에 제사 지내고 상제에게 여제를 지낸다고 한 것에 대응되는 것이다.

또 『주례』「지관·목인직」의 정현 주에 "신주의 지기에 대해서 옥과 희생과 폐백은 동일하게 검은색[黝色]⑥을 사용한다. 사망에 대한 제사는 각각 그 방향의 색을 따른다."라고 하였다.⑦

[「玉人」云, "兩圭五寸, 有邸, 以祀地, 旅四望." 此兩圭五寸, 亦宜於六寸璧兩邊各琢出一圭, 俱長二寸半, 博厚與四圭同. 「典瑞」注云, "兩圭, 以象地數二也. 儷【音昌絹反】而同邸." 又「王制」注云, "卧則同儷." 彼儷, 謂兩足相嚮. 此兩圭足同邸, 是足相嚮之義. 上四圭同邸, 亦是各自兩足相嚮. 故此言儷而同邸, 總解之也. 『爾雅』云, "邸謂之柢." 郭璞云, "柢爲物之根柢, 與邸·底音義皆同." 賈釋云, "祀地者, 謂於三陰之月祭神州之神於北郊." 上四圭郊

天, 此祀神州地祇. 雖天地相對, 但天尊地卑, 圭以四二爲異. 故鄭直云象地數, 不言降殺也. 四望, 謂五嶽四鎭四瀆也. 若夫地祇, 自有黃琮, 此兩圭有邸以祀地, 謂祀神州之神於北郊, 及國有故而旅祭四望. 以對上四圭有邸以祀天·旅上帝也. 又案「牧人職」注云, "神州地祇, 玉與牲幣同用黝色, 其望祀則各隨其方色."]

① 여기서 '양규는 5촌이다'는 ~ 동일하다: 본문에서는 『주례』「고공기·
옥인」에서 양규는 5촌이라고 한 것에 대해 양쪽 규의 길이를 합하여
5촌인 것으로 해석하였다. 때문에 각 규의 길이는 2촌 반씩이라고 한
것이다. 이에 따라 일직선상의 길이를 계산하면 2.5촌+6촌+2.5촌으로,
총 11촌 즉 1척 1촌이 된다. 또한 너비와 두께는 사규(四圭)와 동일하다
고 하였으므로, 너비는 3촌이고 두께는 1촌이다.

② 또 『예기』「왕제」의 ~ 풀이한 것이다: 해당 내용은 『주례』「춘관·전
서」의 정현 주 "발을 서로 향하게 하여 뿌리를 같이한다.(儻而同邸.)"에
대한 가공언 소를 간접 인용한 것이다. 가공언 소의 원문은 다음과 같
다. "살펴보건대 『예기』「왕제」의 정현 주에 '누울 때 발을 서로 향하
게 한다.'라고 하였다. 거기에서 '발을 서로 향하게 한다'는 것은 양발이
서로 향하는 것을 말한다. 여기에서 양규 역시 양발이 뿌리를 같이하
니, 이것이 발이 서로 향한다는 뜻이다. 그러므로 '발을 서로 향하게 한
다'고 말한 것이다. 그렇다면 위의 사규(四圭)도 뿌리를 같이하였으므로
또한 그것도 각각 양발이 서로 향하는 것인데, 다만 여기에 이르러서
양발이 서로 향하는 것에 대해 말한 것이다.(案「王制」注 '臥則儻.' 彼儻, 謂
兩足相向. 此兩圭亦兩足同邸, 是足相向之義, 故以儻言之. 則上四圭同邸者, 亦是各
自兩足相向, 但就此兩足相向而言之也.)"

③ 가공언의 소에 ~ 라고 하였다: 본문에서는 해당 내용을 가공언의 소라
고 소개하였지만, 오히려 정현 주에 가깝다. 정현은 "'땅에 제사를 지낸

다'는 것은 북교(北郊)에서 신주(神州)의 신에게 제사 지내는 것을 말한다.(祀地, 謂所祀於北郊神州之神.)"라고 하였다. 즉 본문은 제사 지내는 시기를 '삼음지월'로 특정한 것만이 정현 주와 다를 뿐이다. 따라서 정현 주의 내용을 기본으로, 가공언이 삼음지월에 제사 지내는 것으로 추정한 내용을 덧붙여서 서술한 것으로 보인다.

『주례』「춘관·전서」정현 주에 대한 가공언의 소는 다음과 같다. "'땅이라는 것은 북교에서 신주의 신에게 제사 지내는 것을 말한다'고 한 것은 『주례』「춘관종백」에서 '황종(黃琮)으로 땅에 제사의 예를 올린다'라고 한 것이 하지(夏至)에 곤륜대지(崑崙大地)에게 제사 지내는 것을 말한 것이기 때문에, 여기에서 양규로는 위에서 사규(四圭)로 하늘에 교(郊)제사를 지낸다고 한 것과 서로 대응되는 것이 분명하므로 신주의 신에게 제사 지내는 것이다. 살펴보건대, 『하도괄지상(河圖括地象)』에 '곤륜의 동남쪽 15,000리는 신주'라고 한 것이 이것이다. 다만 하·은·주 삼대의 교제사는 모두 하력(夏曆)의 정월을 썼지만, 신주에 대해서는 몇월에 제사 지내는지 모르겠다. 혹 교제사는 삼양지월(三陽之月)을 쓴다고 하는데, 신주는 이미 교제사와 서로 대응된다고 하였으니 마땅히 삼음지월(三陰之月)을 써서 7월에 제사지내는 것이 합당할 것이다.(云'地謂所祀於北郊神州之神'者, 以其「宗伯」所云'黃琮禮地', 謂夏至祭崑崙大地, 明此兩圭與上四圭郊天相對, 是神州之神. 案『河圖括地象』'崑崙東南萬五千里神州', 是也. 但三王之郊, 一用夏正, 未知神州用何月祭之. 或解郊用三陽之月, 神州旣與郊相對, 宜用三陰之月, 當七月祭之.)"

소에서 말하는 '삼양지월'과 '삼음지월'은 1년 12개월을 『주역(周易)』의 괘(卦)에 맞춘 것에 따른 명칭이다. 동지(冬至)에 양효(陽爻) 하나가 처음 생기기 때문에 동짓달인 11월을 '일양지월(一陽之月)'이라고 한다. 이어서 양효가 하나씩 늘어나 12월은 '이양지월(二陽之月)', 정월은 '삼양지월(三陽之月)'이 된다. 그렇게 4월이 되면 양효가 6개로 꽉 차서 '순양지월(純陽之月)'이라 한다. 그리고 하지(夏至)가 있는 5월에는 음효(陰爻) 하나가 처음 생기는 '일음지월(一陰之月)'이 되고, 7월은 '삼음지월(三陰之月)'이 되는 것이다.

④ '사망(四望)'은 ~ 말한다: 이는 정현의 말이다. 『주례』「춘관·대종백」의 "나라에 큰 변고가 있으면 상제(上帝) 및 사망(四望)에 여(旅)제사를 지낸다.(國有大故, 則旅上帝及四望.)"에 대해 정사농은 "사망은 해, 달, 별, 바다이다.(四望, 日·月·星·海.)"라고 하였고, 정현은 "사망은 오악(五嶽), 사진(四鎭), 사독(四瀆)이다.(四望, 五嶽·四鎭·四瀆.)"라고 하였다. 이에 대해 가공언은 "정현이 정사농을 따르지 않은 것은 예(禮)에 바다에 제사 지낸다는 내용이 없기 때문이다. 또 산천(山川)에 제사 지내는 것을 '망(望)'이라고 칭하였으니, 그러므로 『상서』에서 '산천을 바라보고 차례를 정하여 제사 지냈다.'라고 한 것이 이것이다.(後鄭不從者, 禮無祭海之文. 又山川稱望, 故『尙書』云'望秩于山川', 是也.)"라고 하였다.

한편 '오악(五嶽)'은 연주(兗州)에 있는 동악 대종(岱宗=泰山), 형주(荊州)에 있는 남악 형산(衡山), 예주(豫州)에 있는 서악 화산(華山), 병주(幷州)에 있는 북악 항산(恆山), 옹주(雍州)에 있는 중악 숭고산(嵩高山)을 가리킨다. 또한 '사진(四鎭)'은 양주(楊州)의 회계산(會稽山), 청주(靑州)의 기산(沂山), 유주(幽州)의 의무려산(醫無閭山), 기주(冀州)의 곽산(霍山)이다. 그리고 '사독(四瀆)'은 장강[江], 황하[河], 회하[淮], 제수[濟]를 가리킨다.

⑤ 지기(地祇)에 대한 ~ 황종(黃琮)이 있으므로: 『주례』「춘관·대종백」에 "황종(黃琮)으로 땅에 제사의 예를 올린다."라고 하였고, 정현은 "하지(夏至) 날에 곤륜(崑崙)의 신에게 못 가운데의 방구(方丘)에서 제사 지낸

다."라고 하였다. 즉 땅에 대한 정기적인 제사에는 황종을 사용한다는 것이다. 자세한 내용은 【祭玉圖11 : 04-黃琮】 참조.

⑥ 검은색[黝色]: 『주례』「지관·목인」의 정사농 주에 "'유(黝)'는 유(幽)로 발음한다. 유(幽)는 검은색[黑]이다.(黝讀爲幽. 幽, 黑也.)"라고 하였고, 가공언은 "그 '유(幽)'로 북방을 뜻하였으므로 유(幽)는 검은색[黑]이 된다.(以其幽是北方, 故從幽爲黑也.)"라고 하였다.

⑦ 또 『주례』「지관·목인직」의 ~ 라고 하였다: 본문에서는 해당 내용을 정현 주라고 소개하였지만, 오히려 경문과 가공언의 소를 종합하여 간략하게 서술한 것이라고 이해하는 편이 적합하다. 『주례』「지관·목인」에는 "무릇 양사(陽祀)에는 붉은색 희생으로 털이 순색(純色)인 것을 쓰고, 음사(陰祀)에는 검은색 희생으로 털이 순색인 것을 쓰고, 망사(望祀)에는 각각 그 방향 색의 희생으로 털이 순색인 것을 쓴다.(凡陽祀, 用騂牲毛之, 陰祀, 用黝牲毛之, 望祀, 各以其方之色牲毛之.)"라고 하였다. 이에 대해 정현은 '양사'는 남교에서 하늘에 제사 지내는 것과 종묘 제사로("陽祀, 祭天於南郊及宗廟."), '음사'는 북교에서 땅에 제사 지내는 것과 사직 제사로("陰祀, 祭地北郊及社稷也."), '망사'는 오악(五嶽)·사진(四鎭)·사독(四瀆)으로("望祀, 五嶽·四鎭·四瀆也.") 풀이하였다.

이에 대해 가공언은 다음과 같이 설명하였다. "다만 천신과 종묘가 양이고, 땅과 사직이 음이다. 살펴보건대, 『주례』「춘관·대종백」에 '창벽(蒼璧)으로 하늘에 제사 지내고, 황종(黃琮)으로 땅에 제사 지낸다'고 한 것은 원구(圓丘)와 방택(方澤)에서의 제사를 말한 것이다. 천지·동서 남북 제사에 쓰이는 옥기(玉器)를 나열한 아래에는 '희생과 폐백은 각각 그 옥기의 색을 본뜬다.'라고 하였으니, 호천(昊天)과 곤륜(崑崙)에 대한 희생은 푸른색과 황색을 쓰고, 사계절에 오방천제(五方天帝)를 맞이할 때에도 각각 그 방향의 색에 의거하므로, 이때의 희생은 여기서 말하는 붉은색 희생[騂牲]과 검은색 희생[黝牲]이 아니다. 오직 하늘에 교제사를 드릴 때와 종묘사직과 같은 경우에만 희생의 색을 나타내지 않았으니, 그것이 여기 양사(陽祀)와 음사(陰祀)의 범주 안에 있음을 알 수 있다. 살펴보건대, 『예기』「교특생」에 '교제사는 두루 하늘에 보답하는 것으로 해[日]를 주신으로 삼고 남교에 제단을 마련하니 양의 자리에 나아가는 것이다. 희생은 붉은색을 쓴다.'라고 하였으므로 남교에서는 붉은색을 쓴다. 『예기』「단궁」에 '은나라는 흰색[白]을 숭상하고, 주나라는 붉은색[赤]을 숭상한다.'라고 하였으므로 종묘에 제사 지낼 때에도 붉은색을 쓴다. 이에 의거하여 말하면, 남교에서 하늘에 제사 지낼 때와 종묘에서는 붉은색을 쓰는 것이다. 『예기』「교특생」에 '사(社)제사는 토지신에게 제사하여 음기(陰氣)를 주관하는 것이다.'라고 하였으므로 사직은 음(陰)으로 칭한다. 『효경위』「구명결」에는 '북교에서 땅에 제사 지내니 음의 자리에 나아가는 것이다.'라고 하였다. 위에 언급한 내용 중 하늘에 교제사를 지낼 때 양의 자리에 나아간다고 한 것에 대입하면, 이는 북교에 있는 신주(神州)의 신을 음이라고 칭한 것이니, 이 때문에 음사(陰祀)의 범주 중에 북교에서 땅에 제사지내는 것과 사직이 있다는 것을 알 수 있다.(但天神與宗廟爲陽, 地與社稷爲陰. 案「大宗伯」云'蒼璧禮天, 黃琮禮地', 謂圓丘·方澤. 下云'牲幣各放其器之色', 則昊天與崑崙牲用蒼用黃, 四時迎五方天帝, 又各依其方色, 牲則非此騂牲·黝牲. 惟有郊天及宗廟社稷一等, 不見牲色, 在此陽祀·陰祀之中可知. 案「郊特牲」云'郊之祭也, 大報天而主日, 兆于南郊, 就陽位也. 牲用騂.' 是南郊用騂也. 「檀弓」云'殷尙白, 周尙赤.' 是祭宗廟時赤也. 據此而言, 則祭天於南郊及宗廟用騂也. 「郊特牲」云'社, 祭土而主陰氣也.' 是社稱陰. 『孝經緯』「鉤命決」云'祭地于北郊, 就陰位.' 彼對郊天就陽位, 則是神州之神

在北郊而稱陰, 以是知陰祀中有祭地于北郊及社稷也.)”

양규유저(兩圭有邸)
楊甲,『六經圖』(송)

양규유저(兩圭有邸)
陳祥道,『禮書』(송)

양규유저(兩圭有邸)
王應電,『周禮圖說』(명)

양규유저(兩圭有邸)
『欽定周官義疏』(청)

양규유저(兩圭有邸)
黃以周,『禮書通故』(청)

　『주례』「고공기·옥인」에 "규벽(圭璧)은 5촌이며, 이것을 가지고 일 (日)·월(月)·성(星)·신(辰)에 제사 지낸다."라고 하였다. 이 하나의 규는 마 땅히 6촌의 벽(璧) 위를 쫓아 하나의 규가 나오도록 하는 것이며, 규의 길 이는 5촌이다. 정현은 "규는 그 뿌리가 벽이며, 상제(上帝)①보다 등급을 내 려 취하였다."라고 하였다. 가공언의 소에는 "위의 사규유저(四圭有邸)는 그것을 가지고 하늘에 제사를 지내고 상제에게 여(旅)제사를 지낸다. 여기 하나의 규도 뿌리가 있는데[一圭有邸] '등급을 내려 취하였다'고 말한 것 은 세 등급을 낮춰 절도를 삼은 뜻을 취하였다는 것이다."라고 하였다.②

　해와 달에 제사 지내는 것은 춘분에 행하는 조일(朝日), 추분에 행하는 석월(夕月)과 같으며, 아울러 두루 하늘에 보답하는 제사도 해를 주신(主神) 으로 삼고 달을 배향한다.③ 별[星辰]에 제사 지내는 것은 예컨대 『주례』 「춘관·소종백」에서 "사교(四郊)에 오제(五帝)의 제단을 설치하고, 사망(四 望)④과 사류(四類)에 대해서도 이와 같이 한다."라고 한 것과 같다. 정현 주 에 "'사류'는 일·월·성·신으로,⑤ 운행이 일정하지 않으므로 기(氣)의 부 류에 따라 위치 짓는다. 해는 동교(東郊)에 제단을 설치하고, 달과 풍사(風

師)는 서교(西郊)에 제단을 설치하며, 사명(司命)과 사중(司中)은 남교(南郊)에 제단을 설치하고, 우사(雨師)는 북교(北郊)에 제단을 설치한다."라고 하였다. 무릇 일월 등에 제사 지낼 때는 이 규벽을 사용해 그 신에게 예를 올리며 각각 해당 방위의 색을 따른다.

가공언의 소에는 "해는 동교에 제단을 설치하는 것은 큰 빛이 동쪽에서 생겨나기 때문이고, 달은 서교에 제단을 설치하는 것은 달이 서쪽에서 생겨나기 때문이다. 풍사도 서교에 제단을 설치함을 알 수 있는 이유는, 오행 중에 토(土)에서 바람이 되기 때문에 바람은 비록 토에 속하지만,⑥ 가을 기운이 있는 때에 만물이 시들고 떨어지는 것이 바람으로 말미암는 것이므로 역시 서교인 것이다. 사중과 사명은 남교에 제단을 설치하는 것을 알 수 있는 이유는, 남교가 양(陽)을 왕성하게 하는 방위인데 사중과 사명이 양이기 때문에 남방에 제단을 설치하는 것이다. 비는 물이니 마땅히 물의 위치에 두어야 하므로 우사는 북교에 제단을 설치한다."라고 하였다.

[「玉人」云, "圭璧五寸, 以祀日月星辰." 此一圭宜於六寸璧上琢出一圭, 長五寸. 後鄭云, "圭, 其邸爲璧, 取殺於上帝." 賈釋云, "上四圭有邸, 以祀天, 旅上帝. 此一圭有邸言取殺者, 謂取降殺以三爲節也." 祀日月者, 若春分朝日, 秋分夕月, 幷大報天而主日以配月也. 其祀星辰, 若「小宗伯」云, "兆五帝於四郊, 四望·四類亦如之." 彼注云, "四類, 日月星辰, 運行無常, 以氣類爲位. 兆日於東郊, 兆月與風師於西郊, 兆司命·司中於南郊, 兆雨師於北郊." 凡祭日月等, 用此圭璧, 以禮其神, 各隨方色. 賈釋云, "兆日於東郊者, 以大明生於東也, 兆月於西郊者, 以月生於西也. 知兆風師亦於西郊者, 以五行土爲風, 風雖屬土, 秋氣之時, 萬物燥落由風, 故亦於西郊. 知兆司中·司命於南郊者, 以南郊是盛陽之方, 司中·司命是陽, 故兆於南方也. 雨是水, 宜在水位, 故兆雨師於北郊."]

① 상제(上帝): 오제(五帝)를 말한다. 즉 오방(五方)의 천제로서 동방의 창제(蒼帝) 영위앙(靈威仰), 남방의 적제(赤帝) 적표노(赤熛怒), 중앙의 황제(黃帝) 함추뉴(含樞紐), 서방의 백제(白帝) 백초거(白招拒), 북방의 흑제(黑帝) 즙광기(汁光紀)이다.

② 가공언의 소에는 ~ 라고 하였다: 본문에서는 해당 내용을 가공언의 소로 소개하였으나, 『주례』의 가공언 소 가운데 비슷한 문장은 보이지 않는다. 『주례』「고공기·옥인」의 가공언 소는 다음과 같다. "여기서 규벽(圭璧)은 벽(璧)을 뿌리로 삼고 옆에는 하나의 규(圭)가 있는 것을 말하니, 그러므로 '규는 그 뿌리가 벽이다.'라고 한 것이다. '상제(上帝)보다 등급을 내려 취하였다'는 것은, 윗글을 살펴보건대 사규(四圭=사규유저)로 하늘에 제사 지낸다고 하였는데, 여기의 일·월·성신은 하늘의 보좌가 되니, 그러므로 하나의 규는 상제에 대한 사규보다 등급을 내려 취한 것이다.(此圭璧, 謂以璧爲邸, 旁有一圭, 故云'圭, 其邸爲璧'也. 云'取殺於上帝'者, 按上文四圭以祀天. 此日月星辰爲天之佐, 故一圭, 是取殺於上帝也.)"

한편, 『주례』「춘관·전서」 "규벽(圭璧)으로 일(日)·월(月)·성신(星辰)에 제사 지낸다.(圭璧以祀日月星辰.)"의 정현 주 역시 「옥인」의 주와 동일한 문장으로 되어 있는데, 이에 대한 가공언 소는 다음과 같이 좀 더 자세하다. "'규는 그 뿌리가 벽이다.'는 것은, 윗글의 사규(사규유저)와 양규(兩圭=양규유저) 및 아래의 장저(璋邸=장저사) 모두 '저(邸: 뿌리)'라고 하였고 정현도 모두 뿌리가 벽이라고 하였는데, 다만 여기의 규(규벽)는 '벽'

이라고 하고 '저'라고는 하지 않으니, 그러므로 정현이 다시 뿌리[邸]로 '벽'을 풀이한 것이다. '상제보다 등급을 내려 취하였다'는 것은 다만 하늘에 교(郊)제사를 지내는 것과 신주(神州)의 신에게 제사 지내는 것이 비록 서로 대응될지라도 오직 하늘은 높고[尊] 땅은 낮으니[卑], 그러므로 네 가지 옥(사규유저·양규유저·규벽·장저사)에 차이가 있는 것이다. 정현은 모양에 대해서는 직접적으로 말하였지만 등급을 낮췄다고는 말하지 않았다.(云'圭其邸爲璧'者, 上文四圭兩圭及下璋邸皆言邸, 鄭皆以邸爲璧, 但此圭云璧不言邸, 故鄭還以邸解璧也. 云'取殺於上帝'者, 但郊天及神州之神雖相對, 但天尊地卑, 故四玉有異, 鄭直云象, 不言殺也.)"

③ 해와 달에 ~ 배향한다: 해당 문장은 『주례』「춘관·전서」의 가공언 소를 간접 인용한 것으로 볼 수 있다. 가공언은 "해와 달에 제사 지내는 것은 춘분에 행하는 조일(朝日), 추분에 행하는 석월(夕月)과 같은 것을 말하며, 아울러 두루 하늘에 보답하는 제사에도 해[日]를 주신(主神)으로 삼고 달[月]을 배향한다.(祭日月, 謂若春分朝日, 秋分夕月, 幷大報天主日配以月.)"라고 하였다. 또한 이어서 "성신에 제사 지내는 것은 『주례』「춘관·소종백」의 사류(四類)가 또한 그와 같으니, 정현 주에서 풍사(風師)와 우사(雨師)에게 교(郊)에서 제사의 예를 올린다고 한 것과 같은 종류이다.(其星辰所祭, 謂「小宗伯」四類亦如之, 注云禮風師雨師於郊之屬.)"라고 한 것도, 본문에서 「소종백」의 경문과 정현 주를 직접 인용한 전개 방식과 비슷하다.

한편 조일(朝日) 의식은 춘분날 이른 아침에 동문 밖 동교에서 해에 제사 지내는 것이고, 석월(夕月) 의식은 추분날 저녁에 서문 밖 서교에서 달에 제사 지내는 것이다. 이는 본문에서 언급한 가공언의 소와 같이, 해는 동방에서 나오고 달은 서방에서 나온다는 인식 때문이다.

④ 사망(四望): 사망에 대해 정현은 오악(五嶽), 사진(四鎭), 사독(四瀆)을 가리
킨다고 하였다. 자세한 내용은 【祭玉圖11 : 10-兩圭有邸】의 역주 ④ 참조.

⑤ '사류'는 일·월·성·신으로: 정현 주의 내용을 보면, 사류 즉 일·월·성·
신에 포함되는 것으로 해, 달, 풍사(風師), 사명(司命), 사중(司中), 우사(雨
師)를 들었다. 이 중 사명과 사중은 각각 문창궁(文昌宮)의 네 번째 별과
다섯 번째 별을 말한다. 또한 풍사는 기(箕), 우사는 필(畢)로서 28수의
별 중 하나를 가리킨다. 가공언은 『주례주소』 중 「춘관·대종백」에서
기·필과 관련하여 다음과 같이 말하였다. "『상서』 「홍범」에 '별은 바
람을 좋아하는 것이 있고, 비를 좋아하는 것이 있다.'라고 하였고, 정현
주에는 '기성(箕星)은 바람을 좋아하고, 필성(畢星)은 비를 좋아한다.'라
고 하였다. … 그러므로 동방의 기성은 바람을 좋아하고, 서방의 필성
은 비를 좋아한다.(「洪範」云'星有好風, 星有好雨.' 鄭注云'箕星好風, 畢星好雨.'
… 故東方箕星好風, 西方畢星好雨.)"

⑥ 오행 중에 ~ 토에 속하지만: 바람은 오행 중 토(土)에 속하는 것과 관련
해서는 『주례주소』 중 「춘관·대종백」의 다음 문장이 참고 된다. "예컨
대 『춘추좌씨전』에 '하늘에는 여섯 기운[六氣]이 있고, 그것이 내려와
다섯 가지 뜻[五味]이 생겨난다.'라고 하였다. 다섯 가지 뜻은 곧 오행(五
行)의 뜻이다. 이는 음(陰)·양(陽)·바람(風)·비(雨)·어두움(晦)·밝음(明)의
여섯 기운이 내려와 금(金)·목(木)·수(水)·화(火)·토(土)의 오행이 생겨나
는 것이다. 정현은 대양(大陽)은 변하지 않고, 음은 금이 되고, 비는 목이
되고, 바람은 토가 되고, 밝음은 화가 되고, 어두움은 수가 된다고 하였
다.(若『左氏傳』云'天有六氣, 降生五味.' 五味卽五行之味也. 是陰陽風雨晦明六氣,
下生金木水火土之五行. 鄭義大陽不變, 陰爲金, 雨爲木, 風爲土, 明爲火, 晦爲水.)"

규벽(圭璧)
楊甲, 『六經圖』(송)

규벽(圭璧)
陳祥道, 『禮書』(송)

규벽(圭璧)
王應電, 『周禮圖說』(명)

규벽(圭璧)
『欽定周官義疏』(청)

규벽(圭璧)
黃以周, 『禮書通故』(청)

『주례』「춘관·전서」에 "장저사(璋邸射)로 산천(山川)에 제사 지낸다."
라고 하였다. 정현 주에 "장(璋)에 뿌리[邸]가 있고 (장의 윗부분을) 깎아서
돌출되게 하며, 사망(四望)보다 등급을 내려 취하였다.①"라고 하였다. 또
『주례』「고공기·옥인」의 주에는 "'저사(邸射)'는 깎아서 돌출된 것이다."
라고 하였다.

가공언의 소에는 "위를 향하는 것을 '돌출[出]'이라 한다. 규(圭)의 절반
을 '장'이라 한다. 그 장의 머리를 경사지게 깎은 것이다. 이제 아래의 뿌리
로부터 위를 향해 총체적으로 경사지게 깎았으므로 이름하여 '깎아서 돌
출된 것'이라고 하였다. 여기에서 '산천에 제사 지낸다'는 것은, 예를 들면
『주례』「춘관·소종백」의 '산천과 구릉과 분연(墳衍)에 제단을 설치하는데
각각 그 방위에 따른다.'와 같은 경우를 말하니, 또한 사계절에 따라 제사
지내는 것이다. 즉 이 장저를 사용하여 그 신에게 예를 올린다.②"라고 하
였다. 장저 역시 방위의 색을 따른다.

[「典瑞」云, "璋邸射以祀山川." 注云, "璋有邸而射, 取殺於四望." 又「玉

人」注云, "邸射, 剡而出也." 賈釋云, "嚮上謂之出. 半圭曰璋. 其璋首邪郤之. 今從下自邸嚮上, 總邪郤之, 名爲剡而出也. 此祀山川, 謂若「小宗伯」云, '兆山川·丘陵·墳衍, 各因其方', 亦隨四時而祭. 則用此璋邸以禮其神." 璋邸亦隨方色.]

① 사망(四望)보다 등급을 내려 취하였다: 『주례』「고공기·옥인」의 규벽
(圭璧)에 대한 정현 주를 보면, 상제에게 제사 지낼 때 사용하는 사규유
저(四圭有邸)에 비해 일월성신에게 제사 지낼 때 사용하는 규벽은 등급
을 낮춘 것이라고 하였는데, 가공언은 이에 대해 보충하면서 "살펴보
건대, 『주례』「춘관·전서」에 '양규유저(兩圭有邸)로 땅에 제사 지내고,
장저사(璋邸射)로 산천에 제사 지낸다.'라고 하였다. 거기에서 산천 역시
땅보다 등급을 내려 취한 것인데, 여기에서 말하지 않은 것은 글을 생
략한 것이다.(按「典瑞」云'兩圭有邸以祀地, 璋邸射以祀山川.' 彼山川亦取殺於地,
此不言者, 文略.)"라고 한 바 있다. 여기서 장저사가 사망(四望)에 대한 제
사보다 등급을 내린 것이라는 내용 역시 양규유저와 비교하여 말한 것
이다. 양규유저는 땅에 제사 지낼 때와 사망에 여제(旅祭)를 지낼 때 사
용하는 옥기(玉器)이기 때문이다. 양규유저에 대해서는【祭玉圖11 : 10-
兩圭有邸】참조. 정현에 따르면 사망은 오악(五嶽), 사진(四鎭), 사독(四瀆)
을 뜻한다. 이에 대해서는【祭玉圖11 : 10-兩圭有邸】의 역주 ④ 참조. 즉
오악과 사진은 '산'에 해당하고, 사독은 '천'에 해당하지만, 오악·사진·
사독은 특별히 양규유저를 가지고 제사 지내기 때문에, 사망을 제외한
산천에 대해 양규유저보다 등급이 낮은 장저사를 가지고 제사 지내는
것이다.

② 여기에서 '산천에 ~ 예를 올린다: 본문에서 『주례』「고공기·옥인」의
가공언 소로 소개한 내용 중 앞부분은 『주례주소』「옥인」의 것이 맞

으나, 해당 부분은 「춘관·전서」에 배치된 내용이다. 즉 「전서」의 "장저사로 산천에 제사 지낸다.(璋邸射以祀山川.)"에 대해 가공언이 『주례』「춘관·소종백」을 예로 들어 해석한 내용이다. 한편 『주례주소』「옥인」에도 가공언은 "산천에 제사 지낸다(以祀山川)"에 대해 풀이하였는데, 즉 "사망(四望) 이외의 산천이 모두 해당한다.(四望之外所有山川皆是.)"라고 하였다.

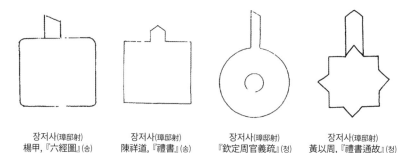

장저사(璋邸射)
楊甲, 『六經圖』(송)

장저사(璋邸射)
陳祥道, 『禮書』(송)

장저사(璋邸射)
『欽定周官義疏』(청)

장저사(璋邸射)
黃以周, 『禮書通故』(청)

【祭玉圖11：13-方明방명】

『의례』「근례」에 "'방명(方明)'이라는 것은 나무로 만든다. 길이, 너비, 높이가 모두 4척이며 여섯 가지 색을 칠하는데, 동방은 청색, 남방은 적색, 서방은 백색, 북방은 흑색, 위는 현색[玄], 아래는 황색이다. 여섯 가지 옥을 설치하니, 위에는 규(圭), 아래에는 벽(璧), 남방에는 장(璋), 서방에는 호(琥), 북방에는 황(璜), 동방에는 규(圭)이다."라고 하였다. 정현 주에 "여섯 가지 색은 그 방위의 신을 상징하며, 여섯 가지 옥을 가지고 그들에게 예를 올린다."라고 하였다.

가공언의 소에는 "『주례』「춘관·대종백」에 '창벽(蒼璧)으로 하늘에 예를 올리고, 황종(黃琮)으로 땅에 예를 올린다.'라고 하였다. 그 정현 주에는, 하늘에 관한 것은 동지에 북극에 있는 천황대제(天皇大帝)에게 제사 지내는 것을 말하고, 땅에 관한 것은 하지에 곤륜(崑崙)에 있는 신에게 제사 지내는 것을 말하니, 모두 천지(天地)의 지극히 존귀한 신이라고 하였다. 그렇다면 여기에서 위쪽은 창벽을 사용하는 것이 마땅하고 아래쪽은 황종을 사용하는 것이 마땅한데도 사용하지 않는 것은, 여기에서의 위와 아래의 신이란 곧 해와 달의 신으로서 천지의 지극히 존귀한 자가 아닌 것이다."라고 하였다.① 『주례』「춘관·전서」에 "규벽(圭璧)으로 해와 달에 제사 지낸다"고 하였으니, 그러므로 여기서 위에 규를 설치하고 아래에 벽을 설치하는 것은 곧 해와 달의 신을 대상으로 한 것이다.②

(『의례』「근례」의) 정현 주에는 또 "옥을 설치한다는 것은 그 나무를 깎아서 옥을 부착하는 것이다."라고 하였다. 나무를 깎아서 옥을 부착한다고 분명히 파악할 수 있는 이유는, 위아래로 자리에 올려 두고 신에게 예를 올릴 수는 없으니, 마찬가지로 남북에서도 나무를 깎아서 중앙에 고정시키는 것이 사리에 맞고, 여타 네 가지 옥도 나무를 깎아서 사방에 부착하는 것이 또한 사리에 맞기 때문이다. 따라서 이치가 그러함을 알 수 있다.③ 옛 『삼례도』에서는 "방명은 사방의 신명을 형상한 것으로 회화나무[槐]를 사용하여 만든다."라고 하였다.

[「覲禮」云, "方明者, 木也. 方四尺, 設六色, 東方青, 南方赤, 西方白, 北方黑, 上玄, 下黄. 設六玉, 上圭, 下璧, 南方璋, 西方琥, 北方璜, 東方圭." 注, "六色象其神, 六玉以禮之." 賈釋云, "「大宗伯」, '蒼璧以禮天, 黄琮以禮地.' 後鄭注以天謂冬至祭天皇大帝於北極者, 地謂夏至祭神在崑崙者, 皆是天地至貴之神也. 然則此上宜用蒼璧, 下宜用黄琮, 而不用者, 則此上下之神是日月之神, 非天地之至貴者也." 「典瑞」云, "圭璧以祀日月", 故此上圭下璧是日月之神也. 注又云, "設玉者, 刻其木而著之也." 必知刻木著之者, 以其非置於坐以禮神於上下, 猶南北刻木安中央爲順, 餘四玉刻木著於四方赤順. 故知義然也. 舊『圖』云, "方明者, 四方神明之象, 用槐爲之."]

① 가공언의 소에는 ~ 라고 하였다: 『주례』「춘관·대종백」에는 "옥(玉)으로 여섯 가지 기물을 제작하여 하늘, 땅, 사방에 예를 올린다. 창벽(蒼璧)으로 하늘에 예를 올리고, 황종(黃琮)으로 땅에 예를 올리고, 청규(青圭)로 동방에 예를 올리고, 적장(赤璋)으로 남방에 예를 올리고, 백호(白琥)로 서방에 예를 올리고, 현황(玄璜)으로 북방에 예를 올리며, 모두 희생과 폐백이 있으니 각기 그 옥기(玉器)의 색을 본뜬다.(以玉作六器, 以禮天地四方. 以蒼璧禮天, 以黃琮禮地, 以青圭禮東方, 以赤璋禮南方, 以白琥禮西方, 以玄璜禮北方, 皆有牲幣, 各放其器之色.)"라고 하였다. 이를 『의례』「근례」에서 말하는 방명(方明)에 대한 규정과 비교하면, 동서남북의 사방에 설치하는 옥은 양자의 설명이 서로 일치하는 반면, 위와 아래의 옥은 일치하지 않는다. 즉 『주례』「춘관·대종백」에 따르면 위는 창벽, 아래는 황종을 설치해야 맞지만, 방명의 위쪽에는 규(圭)를, 아래쪽에는 벽(璧)을 설치하게 되어 있는 것이다. 이러한 불일치에 대해 가공언은 제사의 대상이 다르다는 점을 지적하였다. 즉 방명의 위와 아래는 하늘과 땅의 신을 상징하는 것이 아니라, 해와 달의 신을 상징한다는 것이다.

② 『주례』「춘관·전서」에 ~ 한 것이다: 『주례』「춘관·전서」에는 "규벽(圭璧)으로 해와 달에 제사 지낸다"고 하였다. 그런데 여기서 말하는 규벽의 형태는 '하나의 규에 뿌리가 있는[一圭有邸]' 모양, 즉 규의 뿌리가 벽이 되는 모양이다. 이는 본문에서 설명하는 방명단의 위·아래 옥을 합친 것과 같은 모양이다. 즉 방명의 위쪽에 설치하는 규와 아래쪽에

설치하는 벽을 합친 모양이 규벽이고, 규벽은 해와 달에 제사 지낼 때 사용하는 옥기이기 때문에, 양자 간에는 의미가 통한다는 취지에서 언급한 것으로 보인다.

③ 나무를 깎아서 옥을 부착한다고 ~ 알 수 있다: 해당 내용은 『의례주소(儀禮注疏)』 가공언의 소를 인용한 것이다. 가공언 소의 원문은 다음과 같다. "'그 나무를 깎아서 부착한다'는 것은 비록 근거할 경문은 없지만 이치를 따져서 말한 것이다. 위아래로 자리에 올려 두고 신에게 예를 올릴 수는 없으니, 남북에 대해서도 마찬가지인 것이 사리에 맞고, 사방에 대해서도 나무를 깎는 것이 또한 사리에 부합하기 때문이다. 나무를 깎아서 가운데에 고정시키지 않으면 불가능하므로 이치가 그러함을 알 수 있다.('刻其木而著之'者, 雖無正文, 以意言之, 以其非置於坐以禮神於上下, 猶南北爲順, 刻木於四方亦順. 不刻木安於中則不可, 故知義然也.)" 한편 본문의 "四方赤順"의 '赤'은 '亦'의 오기인 듯하다.

방명(方明)
楊甲, 『六經圖』(송)

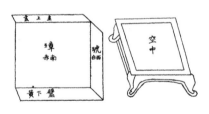

방명(方明)
黃以周, 『禮書通故』(청)

살펴보건대, 『의례』 「근례」에 "제후가 천자에게 조근(朝覲)할 때① 사방 300보가 되는 궁(宮)을 만드는데, 네 개의 문을 만들고, 너비 12심(尋)에 높이 4척의 단을 쌓으며, 그 위에 방명(方明)을 얹는다."라고 하였다. 정현주에 "'궁(宮)'은 흙을 둘러쌓아 낮은 담장을 만들어서 장벽을 형상한 것을 말한다. 궁은 사방 300보로 만드니, 국도(國都) 바깥에 단을 쌓는다."라고 하였다.

그러므로 『주례』 「추관·사의직(司儀職)」의 정현 주에 "'제후를 규합한다'는 것은 일이 있으면 회합하고, 화목하지 못하면 결맹하는 것을 말한다. 국도 바깥에 단을 만들어 일을 명하는 것이다. 천자가 봄에 제후를 이끌고 동교(東郊)에서 해를 배알하면 국도 동쪽에 단을 만들고, 여름에 남교(南郊)에서 해에 예를 올리면 국도 남쪽에 단을 만들며, 가을에 서교(西郊)에서 산천과 구릉에 예를 올리면 국도 서쪽에 단을 만들고, 겨울에 북교(北郊)에서 달과 사독(四瀆)에 예를 올리면 국도 북쪽에 단을 만든다. 배례를 행한 뒤에 돌아와서 단 위에 방명(方明)을 두고 제사 지내는 것은 존귀한 이를 높이도록 가르치기 위한 것이다."라고 하였다. (가공언의 소에) "천자가 친히 해를 배알하고 달에 예를 올리는 등으로 존귀한 이를 높이는 모범을 보여 제후 이하에게 윗사람을 높이고 공경하는 것을 가르침을 말한 것이다."라고 하였다.

8척을 '심(尋)'이라 하니, 사방 96척이다. '심(深)'은 높이를 가리키는데, 위에서부터 말하면 깊이가 된다. 또 『주례』「추관·사의」에서 "단(壇)을 3층[成]으로 만든다"고 하였는데, '성(成)'은 '중(重)'과 같은 뜻이다. 3중(重)이란 아래에서부터 차이를 두면서 3층이 되게 만들고 맨 위층에는 당(堂)을 두는 것이다. 당은 사방 2장 4척이다. 상층, 중층, 하층으로 내려갈수록 매 층마다 양쪽 변으로 각기 12척 길이의 여유 공간이 생기니,② 도합 2장 4척이다. 3층이면 총 7장 2척이고, 당상(堂上) 2장 4척을 포함하면, 합하여 9장 6척이 되는 것이다.③ 한 층은 (높이) 1척이고, 땅을 돋운 것이 1척이며 위로 3층이 있다. 매 층은 1척이니 3층은 3척이고 총합은 4척이다.

즉 제후는 각자의 층에서 옥을 올리고 내려와 절하고, 한층 올라가서 배례를 완성하여 신하의 예를 분명히 하는 것이다. 그렇다면 공(公)은 상층에서 옥을 올린 후 중층으로 내려와 절하고, 후(侯)와 백(伯)은 중층에서 옥을 올린 후 하층으로 내려와 절하며, 자(子)와 남(男)은 하층에서 옥을 올린 후 지면으로 내려와 절하고, 한 층을 올라가 배례를 완성하기에 이르는 것이다. 모두 옥을 올렸던 곳으로 올라가 배례를 완성하는 까닭은, 처음 옥을 올리고서 내려가 절할 때 왕이 사람을 시켜 사양하여, 배례하지 못했기 때문이다. 신하는 비로소 올라가 절하여, 앞서 못했던 배례를 완성하는 것이다. 그러므로 "올라가 배례를 완성한다"고 하였다. 신하는 마땅히 내려와서 배례하는 자로, 모두 자리에서 내려와야 하지만, 옥을 바친 장소로 올라가 배례를 완성하는 것이다.④

[案,「覲禮」, "諸侯覲於天子, 爲宮方三百步, 四門, 壇十有二尋, 深四尺,

加方明於其上.” 注云, “宮, 謂壇土爲埒, 以象牆壁也. 以宮方三百步, 則築壇
於國外也.”[1] 故「司儀職」注云, “‘合諸侯’, 謂有事而會, 不協而盟. 爲壇於國
外, 以命事. 若天子春帥諸侯拜日於東郊, 則爲壇於國東, 夏禮日於南郊, 則
爲壇於國南, 秋禮山川丘陵於西郊, 則爲壇於國西, 冬禮月與四瀆於北郊, 則
爲壇於國北. 既拜禮而還, 加方明於壇上而祀焉, 所以教尊尊也.”[2] “言天子親
自拜日·禮月之等, 是尊尊之法, 教諸侯已下尊敬在上者也.” 八尺曰尋, 則方
九十六尺. 深謂高也, 從上曰深. 又「司儀」云, “爲壇三成”, 成, 猶重也. 三重
者, 自下差之爲三等, 而上有堂焉. 上方二丈四尺. 上等·中等·下等, 每等兩
廂各十二尺, 共二丈四尺. 三等則總七丈二尺, 通堂上二丈四尺, 合爲九丈六
尺也. 一等爲一尺, 發地一尺, 上有三成. 每成一尺, 三成爲三尺, 總四尺. 則
諸侯各於等奠玉, 降拜, 升成拜, 明臣禮也. 然則公奠玉於上等, 降拜於中等,
侯伯奠玉於中等, 降拜於下等, 子男奠玉於下等, 降拜於地, 及升成拜. 皆於奠
玉之處升成拜者, 初奠玉降拜時, 王使人辭不拜, 臣乃升而拜, 是成前拜也. 故
云升成拜. 臣當降拜者, 皆降於地, 升成拜於奠玉之處也.]

1   宮 ~ 則築壇於國外也: 『의례』「근례」의 정현 주 원문은 “宮, 謂壇土爲埒, 以象牆壁也. 爲宮
    者, 於國外.”이다.
2   合諸侯 ~ 所以教尊尊也: 『주례』「추관·사의」의 정현 주 원문은 다음과 같다. “‘合諸侯’, 謂
    有事而會也. 爲壇於國外, 以命事. 宮謂壇土以爲牆處, 所謂爲壇壝宮也. 天子春帥諸侯拜日
    於東郊, 則爲壇於國東. 夏禮日於南郊, 則爲壇於國南. 秋禮山川丘陵於西郊, 則爲壇於國西.
    冬禮月與四瀆於北郊, 則爲壇於國北. 既拜禮而還, 加方明於壇上而祀焉, 所以教尊尊也.”

① 제후가 천자에게 조근(朝覲)할 때: 이 '조근(朝覲)'에 대하여 『의례』「근례」의 정현 주에는 "4계절의 조근은 묘(廟)에서 받는다. 여기서는 수시로 거행하는 '회(會)'와 성대하게 거행하는 '동(同)'을 말하는 것이다.(四時朝覲受之於廟, 此謂時會殷同也.)"라고 하였다.

② 8척을 '심(尋)'이라 ~ 여유 공간이 생기니: 이는 『의례』「근례」의 정현 주를 인용한 것이다. 정현 주 원문은 다음과 같다. "8척을 '심(尋)'이라고 한다. 12심이면 사방 96척이다. '심(深)'은 높이를 가리키는데, 위에서부터 말하면 깊이가 된다. 『주례』「추관·사의직」에서 '단(壇)을 3층[成]으로 만든다'고 하였는데, '성(成)'은 '중(重)'과 같은 뜻이다. '3중(重)'이란 아래에서부터 차이를 두면서 3층이 되게 만들고 맨 위층에는 당(堂)을 두는 것이다. 당은 사방 2장 4척이다. 상층, 중층, 하층으로 내려갈수록 매 층마다 12척 길이의 여유 공간이 생긴다.(八尺曰 '尋'. 十有二尋則方九十六尺也. '深', 謂高也, 從上曰深.「司儀職」曰, "爲壇三成", '成', 猶重也. '三重'者, 自下差之爲三等, 而上有堂焉. 堂上方二丈四尺. 上等·中等·下等, 每面十二尺.)"

③ 합하여 9장 6척이 되는 것이다: 즉 방명단의 맨 아래층은 사방 96척이다. 단은 총 3층이고, 맨 위층에는 당(堂)을 두는데 사방 24척이다. 상·중·하층으로 내려갈수록 매 층마다 사방 12척씩 여유 공간이 있다. 따라서 상층은 사방 24척의 당을 기준으로 사방 12척씩 늘어나, 당보다 가로·세로 24척씩 길기 때문에 사방 48척의 공간이 된다. 같은 원리로

중층은 상층보다 가로·세로 24척씩 늘어나 사방 72척, 하층 역시 같은 원리에 따라 96척이 된다. 아래의 『예서통고』도해 참조.

④ 즉 제후는 각자의 층에서 ~ 배례를 완성하는 것이다: 해당 내용은 『주 례』 「추관·사의」의 정현 주와 가공언 소를 요약한 것이다. 「사의」의 경문은 '사의'라는 관직의 역할을 규정하면서, 왕이 제후를 규합시키기 위해 회합할 때 교외에서 방명단과 궁 등을 조성하고 제후들의 알현을 받는 절차를 소개하였다. 그중 각급 제후들이 옥을 바치고 왕에게 배례 하는 것의 근거가 되는 경문은 "빈객을 접대할 때가 되면, 각기 지위에 합당한 예법에 근거하니, 공(公)은 단의 상층에서, 후(侯)와 백(伯)은 중 층에서, 자(子)와 남(男)은 하층에서 행한다.(及其擯之, 各以其禮, 公於上等, 侯伯於中等, 子男於下等.)"이다.

이에 대해 정현은 "①제후들은 각기 해당 층에서 옥을 바치고, 내려와 서 배례하고, 올라가서 배례를 완성하여 신하의 예를 밝힌다. ②마친 뒤에는 당으로 올라가 왕에게 옥을 건넨다.(諸侯各於其等奠玉, 降拜, 升成 拜, 明臣禮也. 既, 乃升堂, 授王玉.)"라고 하였다. 정현의 주에 대한 가공언 의 소를 살펴보면, 먼저 ①에 대해서는 다음과 같이 풀이하였다. "공은 상층에서 옥을 바치고, 중층으로 내려와 배례한다. 후와 백은 중층에서 옥을 바치고, 하층으로 내려와 배례한다. 자와 남은 하층에서 옥을 바 치고, 지면으로 내려와 배례한다. 올라가 배례를 완성할 때가 되면 모 두 옥을 바친 위치에서 한다. 내려가서 배례하고 올라가서 배례를 완 성한다고 분명히 파악할 수 있는 근거는 『의례』 「연례(燕禮)」에서 간추 릴 수 있는데, 신하가 군주에게서 수(酬)하는 술잔을 받으면 모두 내려 가 배례하는데, 군주가 소신(小臣)을 시켜 배례를 사양하게 하고서야 올 라와 배례를 완성한다는 것이니, 여기서의 왕의 예법 역시 마찬가지임

이 분명하다. '배례를 완성한다'고 말한 까닭은 앞서 아래에서 배례를
할 때 왕이 사람을 시켜 사양하게 하여, 아래에서 배례하지 못하였으므
로, 올라가서야 다시 앞서의 배례를 마무리 짓기 때문이다. 따라서 '배
례를 완성한다'고 하였다. 이는 윗사람을 공경하는 예법이므로, '신하
의 예를 밝힌다'고 한 것이다.(公奠玉於上等, 降拜於中等. 侯伯奠玉於中等, 降
拜於下等. 子男奠玉於下等, 降拜於地. 及升成拜, 皆於奠玉之處. 必知有降拜升成拜
者, 亦約「燕禮」, 臣得君酬酒, 皆降拜, 君使小臣辭之, 乃升成拜, 明此王禮亦然. 言成
拜者, 鄕於下拜之時, 王使人辭, 下拜之不成, 故於升乃更成前拜. 故云成拜. 是敬上
之禮, 故云明臣禮也.)" 한편 가공언은 ②에 대해서는 다음과 같이 설명하
였다. "예법에 따르면, 예가 대등한 경우에는 서로 같은 방향을 향하면
서 나란히 예물을 주고받고, 예가 대등하지 않은 경우에는 방향을 달리
하여 마주하고서 예물을 주고받는다고 하였다. 여기서는 신하의 예를
행하는 것이므로 제후는 모두 당상(堂上)에서 북면(北面)하여 건넨다. 왕
이 옥을 받고 난 뒤에는 『의례』 「빙례」를 간추리면, 빈자(擯者)의 도움
없이 직접 재(宰)에게 옥을 건네준다.(禮法, 禮敵並授, 禮不敵者訝受. 此行臣
禮, 則諸侯皆北面授之於堂上也. 王旣受玉, 約「聘禮」亦當側授宰玉.)"

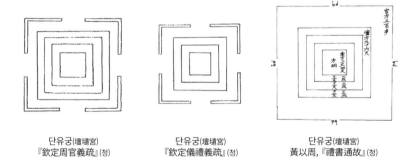

단유궁(壇壝宮)　　　　단유궁(壇壝宮)　　　　단유궁(壇壝宮)
『欽定周官義疏』(청)　　『欽定儀禮義疏』(청)　　黃以周, 『禮書通故』(청)

三禮圖集注

匏爵圖

권12 포작도

—

역주 최진묵

포작(匏爵)①은 옛 『삼례도』에는 수록되어 있지 않다. 신 섭숭의(聶崇義)
가 살펴보건대, 『주례』「고공기·재인(梓人)」에 "(포작은) 음식 기물이다.
작(爵)은 1승을 허용한다."라고 하였다. 이 포작은 본래 사람의 공력으로
만든 것이 아니며, 임시로 1승을 담을 수 있는 크기에 자루 길이는 5 내지
6촌이 되는 것을 가지고 만든 것이다. 천지에 제사할 때 이 포작을 사용한
다. 그러므로 『예기』「교특생(郊特牲)」에서 "하늘에 크게 보답하는 데는
해를 주로 하고, 그 조역을 남교 지역으로 하는 것은 곧 양의 위치이기 때
문이다. 땅을 청소하여 제사하는 것은 그 질박함을 취하기 때문이다. 기물
은 진흙으로 만든 도포를 사용한다. 천지의 모든 성질을 본뜬 것이다."라
고 하였다. 공영달의 소에서는 정현의 주를 인용하여 "천하의 모든 사물
을 관찰해 보아도 천지의 덕과 저울질할 수 있는 것은 없다. 그러므로 먼
저 단에서 땔감을 불태운 후 땅에 정제를 드리는 것이다. 기물은 도준(陶
尊) 포작(匏爵)을 사용할 따름이다. 『주례』「고공기(考工記)」에 방인(瓬人)②
이 궤두(簋豆)를 만든다고 하였는데, 이것이 바로 도기이다. 『의례』「사혼
례」에서 말하는 합근(合巹)③에서 박을 (둘로) 나누는 것을 말하는 것이다.
즉 포박이다."라고 하여 비판하였다. 또 공영달의 소에서는 "제천에서는
규찬(圭瓚: 서옥으로 만든 술잔)으로 울창주를 바치는 의례는 없다. 오직 대나

무 제기인 변(籩)에는 볶은 보리, 들깨, 말린 고기[脯肉], 절인 물고기 등을 담고 제사하고, 나무 제기인 두(豆)에는 비린내 나는 물고기, 육장(肉醬), 젓갈 등을 담아 제사한다.④ 와(瓦)는 큰 와무(瓦甒)⑤로 5종의 잘게 자른 야채⑥를 담는다. 작(爵: 술잔)은 포작을 사용할 따름이다."라고 하였다. 삼례 경전의 공영달의 소, 가공언의 주 및 『개원례』, 최영은(崔靈恩)⑦의 『삼례의종(三禮義宗)』⑧ 등을 두루 살펴보면, 다만 박을 쪼갠다는 것은 박 조각을 가지고 술잔[爵]을 만들었다는 말이다. 옻칠로 장식한다는 기록은 보이지 않는다. 여러 학자들의 예도에도 언급이 없다. 다만 도포(陶匏)는 태고부터의 기물이다. 하상주(夏商周)를 지나면서 차이가 생긴 점이 있지만, 예문은 빠지지 않고 지금에 이르렀다. 그 사이 선유(先儒)들은 장식이 있는 것에 대해서는 말하지 않았고, 대개 도기라는 것은 불에 의해서 이루어지는 것으로 포는 인간이 공력으로 만든 것이 아니고, 모두 자연의 모든 소질을 활용한 것으로 천지의 성(性)을 본뜬 것이다.

[匏爵, 舊『圖』不載. 臣崇義案「梓人」, "爲飮器, 爵受一升." 此匏爵旣非人功所爲, 臨時取可受一升柄長五六寸者爲之. 祭天地則用匏爵. 故「郊特牲」云, "大報天而主日, 兆於南郊. 就陽位也. 埽地而祭, 於其質也. 器用陶匏, 以象天地之性也." 孔疏引鄭注破之云, "觀天下之物, 無可以稱其德. 故先燔柴於壇, 後設正祭於地, 器用陶尊匏爵而已.『周禮』瓬人爲簋豆, 是陶器也.「士昏禮」合卺, 謂破匏爲之, 卽匏爵也." 又孔疏云, "祭天無圭瓚酌鬱之禮, 唯籩薦虆蕡膴鮑, 豆薦血腥醓醢, 瓦大瓦甒以盛五齊, 酌用匏爵而已." 其匏爵, 遍檢三禮經注孔賈疏義及開元禮崔氏義宗, 唯言破匏用匏片爲爵, 不見有漆飾之文. 諸家禮圖又不圖說. 但陶匏是太古之器, 歷夏殷周, 隨所損益, 禮文不墜, 以至於今. 其間先儒不言有飾, 蓋陶者資火化而就, 匏乃非人功所爲, 皆貴全素自然, 以象天地之性也.]

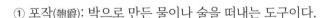

① 포작(匏爵): 박으로 만든 물이나 술을 떠내는 도구이다.

② 방인(瓬人): 『주례』 고공기에 등장하는 도기를 만드는 공인이다. 『설문해자』에는 손으로 점토를 빚어 도기를 만드는 공인으로 설명하고 있다.

③ 합근(合卺): 혼례에서 조롱박을 둘로 나눠 신랑과 신부가 각각 하나씩 갖고 술을 담아 마시는 관행이다.

④ 오직 대나무 제기인 ~ 제사한다: 『주례』 등에 의하면 변은 대나무로 만드는데 주로 마른 제물을 담고, 두는 나무로 만드는데 젖은 제물을 담는다.

⑤ 큰 와무(瓦甒): 대형의 도제(陶製)의 제기. '대와무' 3자는 원래 와의 주석이었던 것 같은데, 본문과 병렬하여 본문에 포함되었다(丁鼎, 『新定三禮圖』 350쪽 참조)

⑥ 5종의 잘게 자른 야채: 원문은 '오제(五齊)'이며, '제(齊)'자는 회를 의미하는 '제(齏)'와 통한다.

⑦ 최영은(崔靈恩): 위진남조시 귀족이었던 청하 최씨로 북위에서 태상박사를 지내다가 천감 13년(514) 양(梁)에 귀의했다. 양대에는 국자박사를 역임했고, 관은 계주자사까지 이르렀다. 저서로는 여기에 언급된 『삼례의종』 외에도 『집주주례(集注周禮)』, 『좌씨경전의(左氏經傳義)』, 『좌씨조례(左氏條例)』 『공양곡량문구의(公羊穀梁文句義)』 등이 있다.

⑧ 『삼례의종(三禮義宗)』: 남조 양대 최영은이 편찬한 30권의 책으로 『예기』, 『의례』, 『주례』 등 삼례의 경의에 대해 해설한 책이다.

　　살펴보건대, 『예기』「교특생」 공영달의 소에서 "제천에서는 질그릇을 사용하며 대와무(大瓦甒)에는 5종의 잘게 썰은 야채를 담는다."고 하였다. 옛 『삼례도』에서는 "예무(醴甒)①는 질그릇으로 만든다. 용량은 5두를 담는다. 주둥이[口徑]는 1척이며, 목의 높이는 2촌, 가운데 몸체는 크고, 아래는 날렵하지만 밑바닥은 평형하게 한다."라고 하였다. 지금 이것에 의해 서척(黍尺)②으로 계산해 보자. 목의 중간지름은 8촌이고, 배의 중간지름은 1척 2촌이며, 바닥의 지름은 6촌이니, 목에서부터 아래로 배의 중간지름까지 4촌이고, 배의 중간지름에서 바닥의 지름의 깊이는 8촌이니, 용량은 5두를 담는다. 와대(瓦大)③와 더불어 덮개가 있다.

　　[案「郊特牲」疏云, "祭天用瓦大瓦甒盛五齊." 舊『圖』云, "醴甒, 以瓦爲之, 受五斗. 口徑一尺, 脰高二寸, 大中身, 銳下平底." 今依此以黍尺計之. 脰中橫徑宜八寸, 腹橫徑一尺二寸, 底徑六寸, 自脰下至腹橫徑四寸, 自腹徑至底徑深八寸, 乃容五斗之數, 與瓦大, 並有蓋.」

① 예무(醴甒): 술을 담는 질그릇이다. 『의례』「사상례(士喪禮)」에 "동쪽에 (대렴을 위해 사용할 음식물을) 진설하는데, 두 통의 와무를 쓰며, 한 통은 예주를 다른 한 통은 청주를 담는다."라고 기록되어 있다.

② 서척(黍尺): 기장척이라고도 한다. 본래 길이의 기준은 황종이고, 회귀월의 주기인 2392/81=9²에서 분모인 81은 9²이므로 9를 황종의 길이로 한다. 음률은 삼분손익법에 의해 9 : 6 : 8로 바뀌지만, 길이는 황종관의 9촌이 기준이 되고, 그 황종관에 들어가는 기장의 무게가 중량 단위의 기준이 된다. 이것을 황종척이라고 한다. 그러나 황종척은 십진법에 맞지 않기 때문에 현실에서는 흑색의 중간 정도의 기장을 기준으로 하는 기장척을 사용하게 된다. 따라서 기장 한 알은 1분, 10분은 1촌, 십촌은 1척이 된다.

③ 와대(瓦大): 『의례』「연례(燕禮)」의 "公尊瓦大"라는 구절에 대해 정현은 "와대는 유우씨(有虞氏)의 준(尊)이다."라고 주석하였다.

【匏爵圖12：03-蜃尊신준】

　　신준(蜃尊)①·개준(槪尊)②·산준(散尊)③에 대해서는 완씨(阮氏)④도 그림을 게재하지 않았다. 이 세 개의 준은 이름과 장식이 비록 특수하다고 해도 의례(義例)로 모두 5두의 용량으로 한다. 중간에 (띠처럼) 적색의 칠을 한 것은 신 섭숭의가 살펴보건대 『주례』「춘관·창인(鬯人)」에 "종묘 제사에서는 유(脩)【음은 卣(유)이다.】를 사용하며 무릇 산천 사방의 제사에서는 신준(蜃尊)을 사용하고, 땅에 묻는 제사에서는 개준(槪尊)을 사용한다. 무릇 빕(醽)【('醽'의 음은) 孚와 逼의 반절(빕)이다.】 제사에서는 산준(散尊)을 쓴다."라고 하였다. 후정(後鄭: 127~200)⑤은 "유·신·개·산 모두 칠을 한 준(술그릇)이다. 대합 형태를 그려 넣었다. 방합(蚌蛤: 펄조개)이 즙을 머금은 형상이 꼭 준의 형상이기 때문이다. 유(卣)는 중준(中尊)이다. 사(獻)⑥【('獻'의) 음은 素와 何의 반절(사)이다.】형상에 속하는 것이라고 말한다. 그러나 개(槪)는 중준(中尊)이며, 모두 용량이 5두이다. 그 신·개·산 등 또 중준 이하로 열거되는 것들은 유와 같이 칠준(漆尊)이라고 하며 용량이 5두임을 알 수 있다. 지금 서촌(黍寸)의 척으로 계산하면, 주둥이는 1척 2촌, 밑바닥 지름은 8촌, 다리 높이는 1촌, 밑지름은 9촌, 바닥에서 입까지 상하의 중간 지름은 1척 5분이다. 역시 용량은 5두로 한다.【여기 신준은 이미 옛 『삼례도』에 기재가 없기에 그 형상을 상세하게 알 수는 없었다. 그러나 감승(監丞) 이좌요(李佐堯)의 집안이 호상(湖湘)⑦에 있는데, 학문 역시 박람하여 직분상으로 찾아 방문하여 결국 형태를 얻은 것이다.】

[蜃尊·概尊·散尊, 阮氏並不圖載. 此三尊名飾雖殊, 以義例皆容五斗, 漆赤中者. 臣崇義案周禮鬯人云: 廟用脩【音卣.】, 凡山川四方用蜃, 凡埋事用概, 凡醱【孚逼反.】事用散. 後鄭云, "卣蜃概散, 皆漆尊, 畫爲蜃形. 蚌曰含漿, 尊之象也. 卣中尊也. 謂獻【音素何反.】象之屬. 然概中尊, 皆容五斗. 其蜃概散等, 又列於中尊之下, 與卣同曰漆尊, 故知皆受五斗. 今以黍寸之尺計之, 口徑一尺二寸, 底徑八寸, 足高一寸, 下徑九寸, 底至口上下中徑一尺五分, 乃容五斗之數.【此蜃尊旣舊無圖載, 未詳蜃狀. 有監丞李佐堯家在湖湘, 學亦該覽, 以職分諮訪, 果得形制.】

① 신준(蜃尊): 배 부분에 대합(大蛤) 모양의 문양을 넣은 술잔으로 다섯 되 용량이다. 단칭으로 신(蜃)이라고도 한다.

② 개준(槪尊): 다섯 되 용량의 술잔이다. 흑색의 칠을 했지만, 복부 중간에 는 붉은색 띠가 있는 문양이 특징이다.

③ 산준(散尊): 다섯 되 용량의 술잔이다. 이것은 문식이 없는 것이 특징 이다.

④ 완씨(阮氏): 완심(阮諶)을 말한다. 생졸연대는 미상이며, 죽림칠현의 한 사람으로 유명한 완적의 집안 어른이므로 삼국시대 사람이다. 『삼례 도』를 저술했다고 알려져 있다.

⑤ 후정(後鄭): 정현(鄭玄)을 말한다. 정강성(鄭康成)이라고 한다. 대사농을 지내 정사농이라고도 불리는 정중(鄭衆: ?~114)과 구별하기 위한 명칭이 다. 정중을 선정(先鄭), 정현을 후정(後鄭)이라고 부르기도 한다.

⑥ 사(獻): 술을 담는 두루미라는 의미로 발음은 '사'로 한다.

⑦ 호상(湖湘): 호남성 동정호(洞庭湖)와 상강(湘江) 일대를 말하는데, 일상 적인 용어로는 호남이라고 말한다.

　　형태와 용량은 신준과 같다. 신 섭숭의가 살펴보건대,『주례』「춘관·
창인(鬯人)」에 "무릇 매(祼)【음은 埋(매)이다.】 제사에는 개준을 쓴다."라고
하였다. 정현의 주에서는 "개(槪)라는 것은 주색으로 띠처럼 칠한 준(술그
릇)이다."라고 하였다. 가공언의 소에서는 "개준은 주색 띠와 검분홍색이
상대되고 흑색 칠을 한 준이다. 주색으로 배 부분을 둘러싸았기에 이름하
여 개준이라고 하였고 개(槪) (즉 모든 부분)과 상대한다는 뜻에서 취한 것이
다."라고 하였다.『주례』「춘관·대종백」에서 "매(貍)【음은 埋(매)이다.】침
(沈)①은 산림천택의 제사이다."라고 하였다. 또한 정현은 "산림에 제사하
는 것을 매(貍)라고 하고 천택에 제사하는 것을 침(沈)이라 한다."라고 하였
다. 그렇다면 매침과 같은 제사에는 모두 개준을 사용한다.

　　[形制容受如蜃尊. 臣崇義案鬯人職云, "凡祼【音埋.】事用槪." 後鄭云, "槪,
漆尊以朱帶者." 賈義云, 槪尊, 朱帶玄纁相對, 旣是黑漆爲尊, 以朱絡腹, 故
名槪尊. 取對槪之義也.「大宗伯」云, "貍【音埋.】沈, 祭山林川澤." 後鄭又云:
"祭山林曰貍, 川澤曰沈." 然則貍沈之類, 皆用槪尊.]

① 매침(貍沈): 희생이나 옥 등을 땅에 묻거나 물에 빠뜨리는 형식으로 산
   림수택에 지내는 제사이름이다. 가공언의 소는 "산림에는 물이 없으니
   묻는 것이고, 천택은 물이 있으므로 빠뜨리는 것이다"라고 해석하고
   있다.

형태나 용량은 개준과 똑같다. 신 섭숭의가 살펴보건대, 『주례』「춘관·창인(甒人)」에 "무릇 빕(䬅)①제사에서는 산준을 사용한다."라고 하였다. 정현의 주에서는 "산이란 준에 칠을 했으나 문식이 없는 것을 산이라 한다."라고 하였다. 가공언의 소에서는 "개(槩)·신(蜃)·사(獻)·상(象) 등 4개의 준에는 각기 다른 물건이 있고 문식이 있다고 말하지만 이 산준은 오직 칠만 했을 뿐이다. 별도의 다른 사물이나 장식이 없다. 그러므로 산이라고 한다."라고 하였다.

『주례』「춘관·대종백」에서 "사방에 있는 백물의 신들에 희생의 가슴을 가르고 찢어 죽여 제사드리는 것이다."라고 말했다. 정현의 주에서는 또한 "빕은 희생의 가슴을 가르는 것이다."라고 하였다. 가공언의 소에서는 "이것에 대해서는 올바른 문장이 없다. 대개 당시 희생의 몸체를 자르고 찢는 것을 보고 모두 가슴을 가르고 찢는다고 한 것이다."라고 말했다. 이 빕고(䬅辜)로 말한다면 희생물의 몸체를 찢고 쪼갠다고 하는 것은 책양(磔禳) 및 납제(蜡祭)②이다. 백신과 사방의 백물신들에게 납제하는 것은 이 일 하나이다. 만약 이와 같은 부류의 제사가 있다면 산준을 사용한다.

[形制容受如槪尊. 臣崇義案罍人職云: "凡釁事用散尊." 後鄭云, "散, 漆尊無飾曰散." 賈義云, "對槪蜃獻象等四尊各有異物爲飾言, 此散尊唯漆而已, 別無物飾, 故曰散." 「大宗伯」云, "釁辜祭四方百物." 後鄭又云, "釁, 釁牲胷也." 賈疏云, "此無正文. 蓋見當時釁磔牲體者, 皆從胷臆釁析之." 言此釁辜, 謂披析牲體, 磔禳及蜡祭也. 蜡祭百神與四方百物, 是其一事. 如此之類, 乃用散尊.]

① 빕(䄱): 제사의 이름이다. 중국어 발음으로는 (pi)로 되어 있지만, 부(孚)와 핍(逼)의 반절음에 의해 빕으로 표시했다. 한자자전의 발음은 벽이다. 희생의 가슴을 가르고, 그 몸을 분해하여 사방 백물의 신에게 제사하는 것을 말한다.

② 납제(蠟祭): 연말에 농사의 여러 신들을 합하여 드리는 제사를 말한다.

대뢰에는 덮개가 있다. 사신(社神)에 제사할 때 쓰는 준이다. 『주례』
「춘관·창인(鬯人)」에서 "무릇 사유(社壝)①에 제사할 때는 대뢰를 사용한
다."라고 하였다. 정현의 주에서는 "대뢰는 와뢰(瓦罍)이다."라고 하였다.
가공언의 소에서는 "제단의 담장은 흙으로 쌓아 만든 제단터[壝]②이다.
제단터 내에 담을 만들어 제사하는 것이다. 세 개의 제단이 제단 터를 같
이한다는 것과 같은 것이다. 이 경전과 『주례』「봉인(封人)」 및 「대사도
(大司徒)」에도 똑같이 말하는 '사유(社壝)'라는 것은 다만 바깥 경계를 곧바
로 보아 말하는 것이다. 대뢰가 와뢰라는 것은 방인(瓬人)③이 와궤를 만들
고 이는 (천지 외의) 다른 신명에 제사할 때 사용함을 앎을 아는 것이다. 이 대뢰
역시 도질을 쓰는 것은 질박 소략의 뜻을 취하는 것이다."라고 하였다.

[大罍有蓋, 祭社尊也. 「鬯人」云, "凡祭祀社壝, 用大罍." 注, "大罍, 瓦罍
也." 賈疏云, "壝, 謂委土爲壝, 壝內作壇而祭也. 若三壇同壝之類. 此經與封
人及大司徒皆云'社壝'者, 但直見外壝而言也. 知大罍是瓦罍者, 瓬人爲瓦簋,
據外神明. 此罍亦用瓦, 取質畧之意."]

① 유(壝): 왜소한 담장으로 만든 제단을 말한다.
② 제단 터: 원문 墠(선)은 '禪'과도 통한다. 제단 터를 의미하기도 하고, 제사할 때 풀을 뽑는 등 땅을 청소하고 평평하게 한 후 제사하는데 이를 말하기도 한다. '삼단동선'이라는 것은 단은 높고 선은 낮다는 증거이다. 또한『예기』「제법」에는 '왕이 7묘를 세울 때 2조를 만드는데 하나는 단이고 다른 하나는 선이다'라고 하였다. 주석에서는 봉토를 한 곳은 단(壇)이고 땅을 청소 정돈한 곳은 선(墠)이라고 하여 단과 선이 차이가 있음을 밝히고 있다. 단옥재의『설문해자주』에서는 경전에서 단과 선을 혼동하여 같이 쓰는 것은 고대 발음이 대략 같았기 때문이라고 설명하고 있다.
③ 방인(㿻人):『주례』「고공기」에 나오는 직관의 하나로, 궤나 두 등의 제기를 제조하여 제사를 받드는 일을 한다.

『주례』「고공기·옥인(玉人)」에서 "대장(大璋)은 9촌, 뾰족 나온 부분은 4촌, 두께는 1촌이다. 황금의 구기[勺]①이며 청금으로 밖을 칠하고② 가운데는 주색으로 칠하는데, 코는 1촌,③ 횡경[衡: 구경, 주둥이]은 4촌으로 옥받침이 있다."라고 하였다. 정현의 주에서는 "사(射)는 뾰족 나온 것이다. 위로 향했다. 나왔다고 하는 것은 4촌 반 이상 뾰족한 것이고 그 반 이하는 문식을 더했다. 작은 술그릇 준의 구기이다. 코라는 것은 작의 (물이) 흐르는 곳이다. 무릇 흐르는 곳은 모두 용의 입으로 만든다. 형은 고문에는 '횡(橫)'으로 되어 있고 작의 주둥이다. 주의 천자는 12년에 한 번 순수했는데 대산천을 지날 때는 그 신에게 예를 하여 공경하였다. 누런색 망아지를 (제물로) 물에 빠뜨려 기원【('祈'의 음은) 九와 希의 반절이다.】하였다. 즉, 종축(宗祝)④이 먼저 대장의 구기를 써서 울창주를 가지고 신에 경배하였다."라고 하였다. 신 섭숭의가 살펴보니, 이 경전과 주석은 물론 완씨의『삼례도』에서도 세 개의 장(璋)이 각기 문식을 갖는다는 것을 말하지 않았다. 다만 후정이 대장에 문식을 더한다, 중장은 문식을 없앤다. 변장은 반쯤 문식을 한다고 말했지만, 세 개의 장에 이름 붙인 것을 해석하여 대 중 변의 의미는 모두 문식한 물건이라고 말하는 것은 아니다"라고 하였다. 또『주역』의 (십익 중의 하나인)『문언전(文言傳)』⑤을 살펴보니 "구름은 용에 따르고, 바람은 호랑이에 따른다"라고 하였다. 또한 『예기』「빙의」에서 말하는 옥의 10가지 덕[6]이 있다. 그중 하나는 "흰 무지개 같은 기운, 즉 천(天)이다."라고 하였다. 옥의 흰 기운은 분명히 천의 흰 기운이다. 그런즉 장찬(璋瓚)은 이미 구기의 코로 용의 머리를 만들었고, 그 두 개의 장의 반 이하는 모두 구름 문양을 장식하였다. 그 관규(祼圭)의 구기 부분 이하도 역시구름 문양으로 장식하였다. 종묘에 제사에서 왕후의 아헌(亞獻)[7]은 이 장찬을 집고 관시(祼尸)[8]하는 것이다. 왕후에 (어떤) 일이 있으면 대종백(大宗伯)이 이 아관(亞祼)[9]을 잡게 되었다.

[「玉人」云, "大璋九寸, 射四寸, 厚寸. 黃金勺, 靑金外, 朱中, 鼻寸, 衡四寸, 有繅." 注云, "射, 剡出者也. 嚮上, 謂之出. 謂剡四寸半以上, 其半以下加文飾焉. 勺謂酒樽中勺也. 鼻者, 勺流也. 凡流皆爲龍口, 衡, 古文'橫', 謂勺口徑也. 周天子十二年一巡守, 所過大山川, 禮敬其神, 用黃駒以祈【九委反.】沈, 則宗祝先用大璋之勺, 酌鬱鬯以禮神." 臣崇義案, 此經及疏幷阮氏圖並不言三璋各有文飾, 惟後鄭云大璋加文飾, 中璋殺文飾, 邊璋半文飾, 但解三璋得名, 大中邊之義都不言文飾之物. 又案『易』「文言」曰, "雲從龍, 風從虎." 又「聘義」說玉之十德, 其一曰, "氣如白虹, 天也." 言玉之白氣, 明天之白氣也. 然則璋瓚旣以勺鼻爲龍頭, 其二璋半已下皆宜琢雲氣以爲飾. 其祼圭勺已下亦宜琢鏤雲氣以飾之. 若祭宗廟, 王后亞獻卽執此璋瓚以祼尸. 后有故, 則大宗伯執以亞祼.]

① 황금의 구기[勺]: 황금은 황동을 말한다. 황동으로 대장찬의 구기를 만든다는 의미이다.

② 청금으로 ~ 칠하고: 청금은 아연을 말하며, 이 의미는 아연으로 구기의 바깥 부분을 도색한다는 뜻이다.

③ 코[鼻]는 1촌: 찬(瓚)에서 물을 토해 내는 입의 길이는 1촌이라는 뜻이다. 코는 찬에서 물을 토해 내는 입이며, 용두(龍頭)라고도 부른다.

④ 종축(宗祝): 직관명으로 대축(大祝)을 말한다.『주례』「춘관·대종백」에 속하는 속관이다. 제사와 신에 바치는 찬사 등을 주관한다.

⑤ 문언전(文言傳): 건괘와 곤괘에 대해 전문적으로 해설한 책으로, 십익에 포함되는 또 다른 문헌인『설괘전』의 해석을 차용하고 있다. 건괘를 해설한 부분을 「건문언」이라 하고, 곤괘를 해설한 부분을 「곤문언」이라고 부른다.

⑥ 옥의 10가지 덕:『예기』「빙의」에서는 군주의 덕을 옥에 비춰 설명하는 부분이 있다. 옥이 따뜻하고 윤택이 나는 것은 인(仁)이고, 섬세하고 견고함은 지(知)이며, 모가 나 날카로워도 상처입히지 않는 것은 의(義)이며, 꿰어서 아래로 늘어뜨린 구슬은 겸허의 상징으로 예(禮)를 뜻하며, 두드려서 나는 소리는 맑고 길게 이어져 악(樂)을 상징한다. 티가 있어 아름다움을 가리지 않고 아름답다고 티를 가리지 않는 것은 충(忠)이며, 광채가 표면에 골고루 투과되는 것은 신(信)이며, 무지개 빛은 천(天)이며, 산천에서 나왔기에 그 정기는 지(地)를 상징한다. 규(圭)와 장

(璋)은 천자의 명을 전달하므로 덕의 상징이다. 또한 마지막으로 무엇보다 세상 모두가 귀하게 여기므로 도(道)를 상징한다. 반면 『설문해자』는 이 중에서 인, 의, 지와 함께 끊어질지라도 굽혀지지 않는 것은 용(勇)이고, 날카로우면서 남을 해치지 않는 것은 결(潔)이라고 다섯 가지 덕으로 해설하고 있다.

⑦ 아헌(亞獻): 제사 시 3차에 걸쳐 술잔을 올리는데, 두 번째 헌주(獻酒)하는 것을 말한다.

⑧ 관시(祼尸): 제사 시에 규찬에 술을 부어 땅에 뿌리는 것을 '관(祼)'이라고 한다. 시는 여기에서는 죽은 조상을 대신하여 제사를 받는시동을 말한다. 따라서 관시는 시에 대해 관례를 행하는 것을 말한다.

⑨ 아관(亞祼): 관시례를 행할 때 먼저 군주가 규찬(圭瓚)을 잡고 관시를 행한 후, 태재(太宰)가 장찬(璋瓚)을 잡고 계속 관시례를 진행한다. 이를 아관이라고 말한다.

중장은 9촌이다. 그 구기의 주둥이는 역시 4촌이다. 코의 뾰족 나온 부분의 촌수와 내외의 금색으로의 채색은 모두 대장(大璋)과 같다. (그러나) 그 문식은 없앴다. 천자가 순수(巡狩)하면서 산천을 지날 때 기원(祈願)【('祈'의 음은) 九와 委의 반절이다.】을 위해 희생을 죽이거나 물에 가라앉히는데, 종축(宗祝) 역시 먼저 이 중장의 구기로 술을 퍼서 그 신에게 예를 올린다. 이제 살펴보건대, 완씨 및 양정의 『삼례도』① 내에 세 개의 장(璋)의 구기 및 관규(祼圭)에 대해 간략하게 언급하였는데, 대부분 경전에 의하지 않았다. 그러므로 후세 사람들이 (그 형체를) 그림으로 그릴 때 그 형태나 규격 등을 잃었다. 그 규(圭)의 구기의 형상이 서통(書筩)과 같은 것도 있고, 국자의 양쪽에 자루가 있는 부류와 같은 것도 있다. 그 세 개의 장의 구기는 즉 아무런 형상도 없다. 다만 구기의 코를 노루나 개의 머리로 만들어 그리고, 그 자루는 닭의 꼬리로 그려 넣었는데, 모두 1촌을 넘지 않는다. 두세 군데의 오류가 있으나 말로 다 설명하기는 어렵다.

[中璋九寸. 其勺口徑亦四寸. 鼻射寸數外內金飾, 皆如大璋. 其文飾則殺焉. 天子巡守所過中山川, 殺牲以祈【九委反.】沈, 宗祝亦先用此中璋之勺酌酒以禮其神. 今案阮氏梁正圖內三璋之勺及祼圭所說節略, 多不依經. 故後

人圖畫皆失形制. 其圭勺之狀有如書簓者, 有如羹魁兩邊有柄者. 其三璋之勺則並無形狀, 惟畫勺鼻爲獐犬之首, 其柄則畫爲雛尾, 皆不盈寸, 二三紛繆, 難以盡言.]

① 양정의 『삼례도』: 섭숭의의 『삼례도집주』는 이전의 여러 『삼례도』
의 명칭을 인용하고 있다. 그 명칭도 다양하여 '구도(舊圖)', '완도(阮圖)',
'정도(鄭圖)', '장일도(張鎰圖)' 등이 언급되고 있는데, 앞서 소개한 대로
'완도'는 완심(阮諶)의 『삼례도』인 것이 분명하고, '정도'는 정백겸(鄭伯
謙)의 『삼례도』 12권인 것으로 추정되며, '장일도'는 장일의 『삼례도』
9권인 것이 분명하다. '양정도'는 『숭문총목』에 언급된 양정의 『삼례
도』 9권이다. 이와 함께 섭숭의가 참고한 '구도'는 『수서』 경적지에 언
급된 정현의 『삼례도』 및 『신당서』 예문지에 소개된 하후복랑(夏侯伏
朗)의 『삼례도』 12권 및 개황 연간 칙령에 의해 예부에서 편찬한 것 등
이 포함될 것으로 추정한다.

변장은 7촌이다. 그 구기의 주둥이는 역시 4촌이 약하다.[①] 코의 뾰족나온 부분의 촌수와 내외의 금색 문식, 가운데의 주색 띠 등은 대장이나 중장과 똑같다. 다만 문식은 대장에 있는 문식의 반 정도여서 서로 구별이된다. 천자가 순수할 때 작은 산천을 지나면, 희생을 죽여 물에 빠뜨려 기원을 하게 되는데, 종축이 먼저 변장의 구기로서 술을 떠서 그 신에 예를드린다. 세 개의 장의 구기의 형태와 규격 등은 규찬과 똑같다. 다만 장의구기는 각각 짧고 작을 뿐이다. 또 옛『삼례도』에 세 개의 장의 아래 비록반에 대해 말하지 않았지만, (반이) 있다는 것은 잘 알 수 있다. 그 형태와규격 역시 찬과 똑같다. 반의 주둥이는 모두 6촌이 된다.

[邊璋七寸. 其勺口徑亦四寸薄. 鼻射寸數, 內外金飾, 朱中, 並同於大璋中璋, 唯文飾半於大璋之飾爲別, 天子巡守所過小山川, 殺牲以祈【九委反.】沈,則宗祝先以邊璋之勺酌灌其神. 三璋之勺形制並同圭瓚, 但璋勺各短小耳. 又舊圖三璋之下雖不言盤, 有, 可知矣. 其制亦同瓚, 盤口徑皆可六寸.]

① 약하다: 원문 '薄'은 4촌에서 모자란다는 의미로 이해되지만, 정정(丁鼎)
은 불필요한 연문인 것으로 추정하고 있다.

옛 『삼례도』에서 "방호는 1곡(斛)①의 용량이다. 배 부분은 원형이며 다리는 다 사각형이다."라고 하였다. 『의례』「연례」에서 "사궁(司宮)②이 장차 당상 동쪽 기둥의 서쪽에 두 개의 방호를 놓는다고 할 때 왼쪽에는 현주(玄酒)③를 놓고 남쪽을 윗자리로 한다."④라고 하였다. 정현의 주에서는 "방호를 두는 것은 경, 대부, 사의 일이다. 신하의 도는 곧바른 것이므로 이 준[술동이]을 설치하는 것이다."라고 하였다. 옛 『삼례도』는 다음에 설명하는 원호(圓壺)와 함께 모두 구름 문양을 그려 놓았다.

[舊『圖』云: "方壺受一斛, 腹圓, 足口皆方." 案「燕禮」云, "司宮尊于東楹之西兩方壺, 左玄酒, 南上." 注云, "尊方壺爲卿大夫士也. 臣道直方, 故設此尊." 舊『圖』與下圓壺皆畫雲氣.]

① 곡(斛): 『설문해자』에 의하면 1곡은 10두이다. 당대까지 10두 = 1석 = 1곡의 단위를 유지했으나, 송대에 1곡을 5두로 바꾼다.

② 사궁(司宮): 춘추시대 제나 초 등에 있었던 직관명이다. 정현은 『의례』 주석에서 "사궁은 태재(太宰)에 속하고 궁묘(宮廟)를 관장한다."고 설명 했으며, 양백준(楊伯峻)의 『춘추좌전주』에서는 "『주례』에서 말하는 내 소신(內小臣)으로, 궁내 환관 등의 장이다."라고 주석하고 있다.

③ 현주(玄酒): 물이다. 상고 시기에는 주례(酒醴)가 없었기에 물로 술을 대 신했는데 물은 검은색으로 인식되어 현주라고 하였다.(정정 『신정삼례 도』 363쪽 참조)

④ 남쪽을 윗자리로 한다.: 원문 '南上'은 여러 판본들은 모두 '東上'으로 되어 있으나, 『의례』 「연례」에 의해 고쳤다.

　옛 『삼례도』에서 "원호(圓壺)는 1각의 용량으로 한다. 입과 다리는 모두 원형이며 구름 문양을 그려 넣었다."라고 하였다. 또 『의례』「연례」에서는 "사궁은 사(土)로서 관부의 초식을 먹는 자①들을 존중하여 서문에 두 통의 원호[둥근 술동이]를 설치한다."고 하였다. 정현의 뜻은 사로서 초식(稍食)을 먹는 자들은 원호(圓壺)를 사용한다. 경대부들은 변하여 방호(方壺)를 사용한다는 것이다. '여(旅)'는 무리[衆]이다. 사중으로 초식을 먹는 자는 아직 정식 봉록을 받지 못하는 자로 이른바 서인으로서 관직에 있는 자이다. 부(府)·사(史)·서(胥)·도(徒)②를 말함이다. 즉 『예기』「왕제」에서 "하사는 9인의 녹을 받고, 중사는 하사의 배가 되며, 상사는 중사의 배가 된다. 하대부는 상사의 배가 되는 등이다."라고 하였다. 이것은 모두 정식 녹봉을 말하는 것이니, 곧 정식녹봉을 받지 못한다는 것이다. 또한 이른바 『예기』「왕제」에서 말하는 "서인으로 관에 있는 자는 그 녹에서 차등이 있다."라는 것이다. 부는 8인의 녹, 사는 7인의 녹, 서는 6인의 녹, 도는 5인의 녹이라고 말하는 것은 모두 다 정식 녹봉은 아니다. 이들을 호칭하여 사려식자(士旅食者)라고 하는 것이다.

[舊『圖』云, “圓壺受一斛, 腹方, 口足皆圓, 畫雲氣.” 又「燕禮」云, “司宮尊士旅食于門西兩圓壺.” 鄭意以士旅食者用圓壺, 變於卿大夫用方壺也. 旅, 衆也. 士衆食者未得正祿, 所謂庶人在官者, 謂府史胥徒也. 士大夫以上皆得正祿, 則王制云: 下士九人祿, 中士倍下士, 上士倍中士, 下大夫倍上士之等, 皆是正祿. 此云未得正祿, 所謂「王制」文云, “庶人在官者, 其祿以是爲差.” 謂府八人祿, 史七人祿, 胥六人祿, 徒五人祿, 皆非正祿. 號爲士旅食者也.]

① 사로서 관부의 초식을 먹는 자: 이에 대해서는 다양한 해석이 존재한다. ⓛ 본문 아래에 있는 것처럼 정현은 '서인으로서 관직에 있는 자'라고 보았지만, ② 성세좌는 하사(下士)로 보았다. ③ 방포는 '사마에 올랐지만 아직 관직을 제수받지 못한 사(士)'라고 해석했고, ④ 호광충은 '아직 책명을 받지 못한 사'라고 하여 방포와 유사한 해석을 했다. ⑤ 오정화는 사서자로서 정식의 봉록은 없지만 약간의 식읍이 있는 자'로 보았다. (김용천, 『의례역주』(三), 39~40쪽 참조)

② 부(府)·사(史)·서(胥)·도(徒): 황실이나 제후국에서 일하면서 정식 봉록을 받지 못하는 관리들이다. 부는 『주례』 등에 내부(內府), 외부(外府), 옥부(玉府), 천부(泉府) 등의 명칭이 보이듯 창고 등 재물을 관리하는 직책이며, 사는 복서, 기사 등의 임무를 관장하며, 서는 각종 잡역을 맡는 소리(小吏)이고, 도는 노역 위주의 일을 하는 자들이다.

酒壺

　옛『삼례도』에서 "주호(酒壺)는 1곡의 용량을 한다. 주둥이는 1척이고 다리 높이는 2촌이며 직경은 1척이고, 작(爵)을 거꾸로 놓은 것과 같다. 호에 칠을 하는데 중간은 적색으로 하여 드러나게 하며 문양을 그려 넣는다."라고 하였다. 예의에 관련된 경문과 주석은 이 형태와 크기 등에 대해 기록이 없다. 신 섭숭의가 살펴보건대, 『춘추공양전』 소공(昭公) 25년 조에 "제후(齊侯)가 야정(野井)에서 공을 위문했다. 국자(國子)가 술병을 집었다."①라고 하였다. 하휴(何休: 129~182)②는 "호는 예기이다. 배 부분은 사각형이고 입쪽은 원형으로 되어 호라고 부른다. 이와 반대로 된 것은 방호(方壺)라고 한다. 술잔에 문식이 있다"라고 하였다. (주호는) 대개 이 호이다. 또한 소(疏)에서 말하기를 "작의 형태를 그려 새김으로 호의 몸체에 문식하는 것을 말한다."라고 하였다. 지금 기장척으로 계산하면, 상하 원의 직경이 1척 4촌이고, 사각형의 옆지름은 1척 1촌이 강하다. 이에 1곡(斛)을 넣을 수 있다.

　[舊『圖』云, "酒壺受一斛, 口徑尺, 足高二寸, 徑尺, 反爵, 著壺漆, 赤中,

有畫飾." 禮文經注無此形制. 臣崇義案昭二十五年『公羊傳』云, "齊侯唁公于野, 并國子執壺漿." 何休云, "壺, 禮器. 腹方口圜曰壺, 反之曰方壺, 有爵飾." 蓋此壺也. 又疏云, "謂刻畫爵形, 以飾壺體." 今以黍尺計之, 上下空徑一尺四寸, 方橫徑一尺一寸强, 乃容一斛之數.]

① 제후~집었다: 원문의 표점은 "齊侯唁公于野井, 國子執壺漿"로 하는
것이 옳다. 여기에서 야정(野井)은 지금의 산동성 제하현(齊河縣)의 동남
쪽과 제수(齊水)의 동쪽 유역이다.

② 하휴(何休: 129~182): 후한의 공양학자로 동중서 이후 공양학의 계보를
잇는 학자이다. 여기에서 언급된 하휴의 주석은 『춘추공양전해고(春秋
公羊傳解詁)』를 말한다.

【匏爵圖12 : 13-瓮옹】

옛 『삼례도』에서 "옹은 식혜나 육장을 담는다. 높이는 1척이고 용량은 2두이다."라고 하였다. 살펴보건대, 『주례』의 「천관·혜인(醢人)」[①]과 「천관·해인(醢人)」[②]에서 "왕이 거동하면 육장 60옹을 제공한다.", "식혜 60옹을 제공한다."라고 하였다. "빈객의 예"에 익힌 음식[③]을 보낸다. "육장 50옹을 제공한다.", "식혜 50옹을 제공한다."라고 하였다. 이것으로 (옹이) 식혜와 육장을 담는다는 것이다. 지금 기장척으로 계산해 보면, 주둥이는 6촌 5분이고, 배의 지름은 9촌 5분, 바닥의 지름은 6촌 5분, 높이는 1척, 배 아랫부분은 점차 줄어들어 6촌이 된다.

[舊『圖』云, "甕以盛醯醢, 高一尺, 受二斗." 案「醢人」·「醢人」云, "王舉則供醢六十甕" "供醢六十甕". 致饔餼於"賓客之禮", "供醢五十甕", "供醢五十甕". 是盛醯醢也. 今以黍寸之尺計之, 口徑六寸五分, 腹徑九寸五分, 底徑六寸五分, 高一尺, 腹下漸殺六寸.]

① 혜인(醯人): 『주례』 천관 총재(冢宰)에 속하는 관으로 식물을 절여 왕의
제사에 공급하는 일을 한다.

② 해인(醢人): 『주례』 천관 총재(冢宰)에 속하는 관으로 육장류의 식물을
관리하여 왕의 제사에 공급한다.

③ 익힌 음식: 원문은 '옹희(饔餼)'이며, 『주례』「추관·사의」의 "致飱如致
積之禮"라는 구절에 대해 정현이 "소례는 손(飱)이라고 하고, 대례를
옹희(饔餼)"라고 주석하고 있다. 옹희는 살아 있는 희생을 익히는 것을
말한다.

【匏爵圖12∶14-疏勺소작】

옛 『삼례도』에서 "소작(疏勺)①의 길이는 3척 4촌이며 1승의 용량이다. 가운데를 적색으로 칠하고, 자루 끝은 단색(丹色)으로 칠한다."라고 하였다. 신 섭숭의가 이 소작을 상세히 살펴보니 역시 소비(疏枇: 조각한 숟가락)와 같다. 그 자루에 구름 문양을 장식하는 것이 소와 통한다.

[舊『圖』云, "疏勺長三尺四寸, 受一升, 漆赤中, 丹柄端." 臣崇義詳此疏勺, 亦宜如疏枇, 通疏刻畫雲氣飾其柄.]

① 소작(疏勺): 술 등을 푸는 기구로 『예기』「명당위」에는 하대에는 용작
(龍勺)이라 하고, 은대에는 소작(疏勺)이라 하였으며, 주대에는 포작(蒲
勺)이라 하였다고 기록하고 있다. 여기서 '소'는 조각하다, 새기다의 의
미이다.

蒲
勺

옛 『삼례도』에서 "포작의 머리 부분은 오리 머리와 같다."고 하였다. 『예기』「명당위」에서 "주대(周代)에는 포작이다."라고 하였다. 정현의 주에서는 "그 포작의 머리 쪽에 조각을 새겨 넣어 창포(菖蒲)가 합쳐져 오리 머리 같다."①라고 하였다. 지금 기장척으로 계산하면, 자루의 길이는 2척 4촌, 주둥이의 세로 지름은 4촌 반, 중앙의 가로 지름은 4촌, 두 개의 머리의 가로 지름은 각각 2촌, 깊이는 1촌으로 용량은 1승이 된다. 술 및 아헌 이후의 뇌수를 뜨며, 그 용작(龍勺)은 즉 울작(鬱勺)②이다. 형태와 규모 등은 모두 이와 같다. 중복해서 언급하지 않는다.

[舊『圖』云, "蒲勺頭如鳧頭." 「明堂位」曰, "周以蒲勺." 注云, "疏通刻其頭蒲, 合蒲如鳧頭." 今以黍尺計之, 柄長二尺四寸, 口縱徑四寸半, 中央橫徑四寸, 兩頭橫徑各二寸, 深一寸, 受一升. 挹酒及亞獻以下罍水, 其龍勺, 則鬱勺. 制度皆同此, 不重出.]

① 창포가 ~ 오리 머리 같다.: 공영달이 소에서 황간(黃侃)의 말을 인용하여 "蒲는 合蒲이다. 구기 부분에 오리 머리를 새겨 넣어 그 입은 살짝 벌어져 있는 것이 마치 창포의 줄기가 합해져 아직 살짝 벌어지지 않은 모습과 같다"라고 설명하였다

② 울작(鬱勺): 울창주를 뜨는 도구라는 의미로 포작, 소작, 용작 등이 모두 이 울작에 속하는 것이다.

　　나무에 새겨서 만든다. 가운데는 적색으로 칠한다. 작(爵)은 '다한다,
충분하다'①라는 뜻이다. 옛『삼례도』에서 "적색 구름 모양을 그리고 나머
지는 옥작(玉爵)의 제도와 똑같이 한다."라고 하였다.

　　[刻木爲之, 漆赤中. 爵, 盡也. 足也. 舊圖亦云: "畫赤雲氣, 餘同玉爵之
制."]

① 다한다, 충분하다: 섭숭의가 『한시(韓詩)』의 설을 인용하여 성훈(聲訓)
방식으로 '작'을 해석하여 풀은 것이다. 즉 이 의미는 음료를 마시는 사
람이 충분히 마신다는 뜻이다.

옛 『삼례도』에서 "고(觚)는 아래쪽으로 갈수록 뾰족하고, 다리는 사각형인데, 가운데는 적색으로 칠을 하고 푸른 구름 문양을 그려 고의 주요 부분을 장식한다."라고 하였다. 또 "고라는 것은 부족하다"라는 뜻이다.① 음식은 부족함이 적당하다. 2승을 고라고 한다. 주둥이는 4촌이고 중간의 깊이는 4촌 5분이며 바닥의 지름은 2촌 6분이니, 지금 다리는 원형이며 다음에 나오는 산(散)②까지는 모두 기장척으로 계산한 것이다.

[舊『圖』云, "觚銳下, 方足, 漆赤中, 畫靑雲氣通飾其𢇷." 又觚者, 寡也, 飮當寡少也. 二升曰觚, 口徑四寸, 中深四寸五分, 底徑二寸六分, 今圓足. 下至散, 皆依黍尺計之.]

① 고는 ~ 뜻이다.: 섭숭의가 『한시(韓詩)』를 인용하여 풀이한 것이다. 『한
   시』는 1승 용량의 작(爵), 2승의 고(觚), 3승인 치(觶), 4승의 각(角), 5승
   의 산(散) 등 5종류의 작에 대해 소개하면서, 그 특징을 간략하게 해석
   하고 있다. 이들 잔은 주로 향음주례에서 사용하며, 술잔의 크기로 먹
   는 양을 조절한다는 의미를 담고 있다.
② 산(散): 용량 5승의 음식기이다.

『예기(禮記)』「예기(禮器)」에서 "높은 사람은 치(觶)를 든다"①라고 하였다. 정현의 주에서는 "3승의 용기를 치라고 한다. 주둥이는 5촌이며 중간의 깊이는 4촌이 강하며, 바닥의 지름은 3촌이다."라고 하였다. 옛 『삼례도』에서 "무릇 여러 상(觴: 술잔의 총칭)②들은 모두 형태가 동일하다. 다만 용량의 승수가 다를 뿐이다."라고 하였다. 공영달의 소에서는 "치라는 것은 적당하다는 뜻이다.③ 마실 때 스스로 적당하게 함이 마땅하다."라고 하였다.

[「禮器」曰, "尊者舉觶." 注云, "三升曰觶, 口徑五寸, 中深四寸強, 底徑三寸." 舊『圖』云, "凡諸觴皆形同, 升數則異." 孔疏云, "觶者, 適也. 飲當自適."

① 높은 사람은 치를 든다.:『예기(禮記)』「예기(禮器)」에는 존귀비천에 따라 사용하는 술잔이 다르다는 점을 지적하고 있다. "귀한 사람은 작으로 술을 올리고, 천한 사람은 산으로 술을 올리며, 높은 사람은 치로 술을 마시고, 낮은 사람은 각으로 술을 마신다"고 하였다.

② 상(觴): 작(爵)과 함께 술잔의 총칭으로 사용되며, 작(爵), 고(觚), 치(觶), 각(角), 산(散) 등을 총칭할 때 사용한다.『설문해자』에 의하면 특히 '술이 들어 있는 작'을 말하기도 한다.

③ 적당하다는 뜻이다.: 상(觴)과 적(適)은 고대 발음이 유사하여 성훈(聲訓) 방식으로 해석한 것이며,『한시(韓詩)』에서 언급된 것이다.『논어』「옹야」의 "觚不觚 觚哉觚哉"(고로 술을 마시면서 적게 마시지 않으면 고라 하겠는가? 고라 하겠는가? 또는 모난 술잔이 모가 나지 않으면 고라고 할 수 있겠는가? 고라고 할 수 있겠는가?) 라는 구절에 대한 주석에서『한시』를 인용하면서 "1승의 작은 극진하고 만족함이고, 2승의 고는 술을 적게 마셔야 한다는 것이고, 3승의 치는 적당함이니 적당히 마셔야 한다는 것이며, 4승의 각은 범한다[觸]는 의미로 적당히 마시지 않아 죄를 범한다는 말이며, 5승의 산은 비방이니 절제하지 않아 비방을 받는다는 뜻이다."라고 하였다. 또한 "이 술잔들을 모두 작이라고 하지만 사실은 상(觴)이니 상은 향(餉)이다."라고 하였다.

옛 『삼례도』에서 "그 형제(形制)는 산(散)과 같다."라고 하였다. 공영달의 소에서 "각(角)은 촉(觸)이다. 스스로 적당히 하지 못하면 죄나 허물을 범하는 것이다."라고 하였다. 『예기』 「예기(禮器)」에 "비천한 자는 각을 든다."라고 하였다. 정현의 주에서는 "(용량) 4승의 술잔을 각이라고 하며, 주둥이는 5촌, 가운데 깊이는 5촌 4분, 바닥의 지름은 3촌이다."라고 하였다. 또 『의례』 「특생궤사례(特牲饋食禮)」에서 "주인이 각을 씻고, 당위에 올라가, 술잔에 술을 따르고, 시동에게 술을 올려 입가심하게 한다.[酯尸]①"라고 하였다. 정현의 주에서는 "작을 쓰지 않는 것은 하대부이기 때문이다."라고 하였다.

[舊『圖』云, "其制如散." 孔疏云, "角, 觸也. 不能自適, 觸罪過也." 「禮器」云, "卑者擧角." 注云, "四升曰角, 口徑五寸, 中深五寸四分, 底徑三寸." 又「特牲饋食禮」曰, "主人洗角, 升, 酌, 酯尸." 注云, "不用爵者, 下大夫也."]

① 윤시(酳尸): 종묘제사 등을 거행할 때 죽은 조상을 대신하여 제사를 받
는 사람을 시(尸: 시동)라고 하는데, 윤시는 술을 받들어 시동에게 마시
게 한 후, 술로 입가심을 하는 것을 말한다. 정현은 "윤은 넉넉하다는
뜻으로 이미 먹게 하였는데, 또 마시게 하는 것은 즐겁게 하기 위한 것
이다."라고 주석하였다.

옛『삼례도』에서 "산(散)은 고(觚)와 유사하다."라고 하였다. 공영달의 소에서는 "'산(散)'이란 헐뜯는다.[訕]는 뜻이다. 음식을 스스로 조절하지 못하면 다른 사람들에게 비방을 받는 것이다. (모든 술잔의) 총칭은 작이라고 하지만, 그 실은 상(觴)이고, 상이라는 것은 향(餉)이다. 사람들에게 음식을 보내는 것이다. 그러나 오직 굉(觥)①만은 상이라고 하지 않는데, 이것은 왜 그런가? 굉은 공경스럽지 않음을 벌하는 것이다. 굉은 확연함이기 때문이다."라고 하였다. 군자가 허물이 있으면 확연히 드러나게 되는데 이는 권하는 바가 아니다. 『예기(禮記)』「예기(禮器)」 정현의 주에 "5승의 (용량을) 산이라고 한다."라고 하였다. 주둥이는 6촌이고, 중간 깊이는 5촌 1분이 강하다. 바닥의 지름은 4촌이다.

[舊『圖』云, "散似觚." 孔疏云, "散者, 訕也. 飮不自節, 爲人謗訕也. 總名曰爵, 其實曰觴. 觴者, 餉也, 饋餉人也. 然唯觥不可言觴. 何者? 觥罰不敬. 觥, 廓也." "君子有過廓然著明, 非所以餉也. 「禮器」注云, "五升曰散." 口徑六寸, 中深五寸一分强, 底徑四寸.]

① 굉(觥): 짐승 모양의 술잔. 술잔의 총칭으로 사용되기도 한다. 혹은 『주례』「춘관, 소서(小胥)」 등에서는 벌작(罰爵)으로 설명되고 있기도 하다.

觥

살펴보건대, 『시(詩)』「주남(周南)·권이(卷耳)」①에서 "우리 군자에게 우선 저 시굉(兕觥: 외뿔소 술잔)에 술을 따르리니"라고 하였다. 모형(毛亨)의 『전(傳)』에서는 "'시굉(兕觥)'은 술잔[角爵]이다."라고 하였다. 정현의 『전(箋)』에서는 "'굉(觥)'은 벌주를 마시는 술잔이다.②"라고 하였다. 공영달의 소에서는 "'시(兕: 외뿔소)'는 소와 유사하다. 뿔이 하나이고, 푸른색이며, 무게는 천근이다. (술잔의 이름을) '시(兕)'라고 말한 것은 반드시 외뿔소의 뿔로 만들기 때문이다. '굉'은 술잔의 이름이다. 그러므로 '각작(角爵: 각이라는 술잔)'이라고 말한 것이다."라고 하였다. 모형이 "'시굉(兕觥)'은 술잔[角爵]이다."라고 한 것은 그 형체를 말한 것이고, 정현이 "'굉(觥)'은 벌주를 마시는 술잔이다."라고 한 것은 그 용도를 풀이한 것이다. 외뿔소라고 말한 것은 그 뿔을 쓴다는 것을 표현한 것이다. 굉이라고 말하는 것은 그 벌을 드러내는 것이다. 이 두 개가 서로를 끼워 넣어 의미가 된 것이다. 옛 『삼례도』에서 "굉은 7승의 용량이다.③ 외뿔소의 뿔로 만든다. 선사(先師)가 말하여 이르기를 '나무에 새겨서 만든다. 형태는 외뿔소의 뿔과 비슷하다'라고 하였다. 대개 외뿔소의 뿔이 없기에 나무로 사용한다."라고 말했다. 공영달의 소에서 말하기를 "굉 역시 5승의 용량이다.④ 불경스러움을

벌하기 때문이다. 또 살펴보건대, 허신(許愼)의 『설문해자(說文解字)』에서
는 '굉은 잘못이 있으면 벌하는데, 한 번 마시면 다한다는 것이니 7승이면
과다하다는 것이다.'라고 하였으니, 이 말은 곧 굉은 작(爵)·고(觚)·치(觶)·
각(角)·산(散) 등의 여러 술잔 외에 별도로 있는 기물이라는 것이다. 그러
므로 『예기(禮記)』「예기(禮器)」에서 '종묘의 제사에서는 귀한 자는 작으
로써 바치고, 천한 자는 산으로써 바치고, 높은 자는 치를 들고, 낮은 자
는 각을 든다.'라고 하였고, 『의례』「특생궤사례(特牲饋食禮)」에서는 2고·
2작·4치·1각·1산이라고만 하였고 굉에 대해서는 말하지 않았다. 그렇다
면 굉의 쓰이는 바는 정식 의례에서는 없으며, 5작의 사례에도 존재하지
않는다."라고 하였다.

[案『詩』「周南風」云, "我姑酌彼兕觥." 『傳』云, "兕觥, 角爵也." 『箋』云,
"觥, 罰爵也." 孔疏云, "兕似牛, 一角, 靑色, 重千斤. 以其言兕, 必用兕角爲
之. 觥者, 爵名. 故云角爵." 毛云, '兕觥, 角爵,' 言其體也. 鄭言'觥, 罰爵', 解
其用也. 言'兕', 表用其角. 言'觥', 以顯其罰. 二者相挾爲義焉." 舊『圖』云,
"觥大七升, 以兕角爲之. 先師說云, '刻木爲之, 形似兕角.' 蓋無兕者, 用木
也." 疏云, "觥亦五升, 所以罰不敬. 又許愼謹案, '觥罰有過, 一飮而盡, 七升
爲過多也.' 由此言之則觥是爵觚觶角散之外別有此器. 故「禮器」曰, '宗廟之
祭, 貴者獻以爵, 賤者獻以散, 尊者擧觶, 卑者擧角.「特牲」, 二觚二爵四觶一
角一散, 不言觥. 然則觥之所用, 正禮所無, 不在五爵之例.]

① 『시(詩)』「주남(周南)·권이(卷耳)」: '권이'는 국화과의 한해살이풀로 도꼬마리라고도 불리는 꽃이다. 온몸에 거친 털이 많고 잎은 삼각형으로 가장자리에 톱니가 있다. 이 시의 내용은 사랑하는 사람과의 이별에 대한 슬픔을 담고 있다.

② 벌주를 마시는 술잔이다: 불경스러움을 벌하는 잔이라는 뜻이다.

③ 굉은 7승의 용량이다.: 원문에 '觥大七升'이라고 되어 있으나, 여기에서 '大'자는 '容'자로 바꾸어야 한다.

④ 5승의 용량이다: 굉의 용량에 대해 『한시』는 5승이라고 했으나, 본서를 포함하여 완심(阮諶)의 『삼례도』(왕모본 王謨本, 마국한본 馬國翰本) 및 다른 주석들은 7승이라고 언급하고 있다.

옛 『삼례도』에서는 『제도(制度)』를 인용하여 "사례(射禮: 활쏘기 의례)에서 벌작(罰爵)으로 쓰는 풍(豊)은 사람의 형체로 만든다. 풍은 나라 이름이다. 그 군주가 술에 빠져 나라가 망했기에 사발①을 머리에 이는 모습으로 경계를 삼은 것이다."라고 하였다. 장일(張鎰)은 『의례』「향사례·기」를 인용하여 "'사사(司射)②는 당(堂)의 서쪽으로 가서 제자(弟子)③에게 (당 위로) 올라가서 풍(豊)을 진설하도록 명한다.'④라고 하였다. 정현의 주에서는 '그 작에 이어 배치한다. 풍의 제도는 대개 두(豆)와 유사하지만 높이가 낮다.'고 하였다. 정현이 『의례』의 「향사례」와 「연례」에 주를 달 때에도 의리가 같으니, 그 다르지 않음을 밝힌 것이다. 『제도』에서 말한 것은 어디에서 근거한 것인가? 또한 성인(聖人)이 한 번 술잔을 바치는 일헌(一獻)의 예에 빈주(賓主: 손님과 주인)는 백 번 절하는데,⑤ 이는 술의 화(禍)를 대비하기 때문이다. 어찌 홀로 활쏘기에서만 망국의 풍(豊)으로 경계를 삼는다는 것인가? 아마도 아닐 것이다."라고 하였다. 그 풍의 진설 제도는 작점(爵坫)⑥과 동일하고, 다시 별도로 나오지는 않는다.

[舊『圖』引『制度』云, "射罰爵之豊, 作人形. 豊, 國名, 其君坐酒亡國, 載

杆以爲戒." 張鎰引「鄉射・記」云, "'司射適堂西, 命弟子升, 設豐.' 注云, '設以承其爵. 豐制, 蓋象豆而卑.' 鄭注「鄉射」與「燕禮」義同, 以明其不異也. 制度之說, 何所據乎? 且聖人一獻之禮賓主百拜, 此其所以備酒禍也. 豈獨於射事而以亡國之豐爲戒哉? 恐非也." 其豐制度, 一同爵坫, 更不別出.]

① 사발: 원문 '杅'는 '盂'와 같은 글자이다. 탕이나 국 등의 음식을 담는 음식기이다.

② 사사(司射): 주인을 위해 활쏘기를 관장하는 사람이다. 대개 주인의 속리 중에서 충당한다.

③ 제자(弟子): 사례에 초청된 손님의 무리 중에서 젊고 어린 사람들을 말한다.

④ 사사는 ~ 명한다: 『의례』 「향사례」에 나오는 구절이다. 『의례』의 원문은 "司射適堂西 命弟子設豐"이다. 그다음 구절은 "제자들은 풍을 들고 당위로 올라가 당 위 서쪽 기둥의 서쪽에 (풍을) 진설하고 다시 당에서 내려온다. (활쏘기에서) 이긴 편의 제자는 술잔 치(觶)를 씻고 당 위로 올라가 술잔에 술을 따라 채우고, 남쪽을 향해 앉아서 풍(豐) 위에 술잔을 올려놓는다."라는 것이다.

⑤ 성인이 ~ 절하는데: 원문은 "聖人一獻之禮賓主百拜"이며, 이 구절은 『예기(禮記)』 「악기(樂記)」에 출현한다. 의미는 사는 한 번 헌주(獻酒)할 때 손님과 주인이 백 번 절을 하여 날이 다가도록 술을 마셔도 취할 수 없다는 것이다. 이는 술로 인한 화를 방지하기 위한 방법이라는 것이다. 공영달은 소에서 "돼지를 기르고 술을 담그는 것은 본래 예를 행하려고 하는 것이지, 화란을 위해 하려는 것이 아니다. 술을 먹고 주정하게 되어 다투다가 죽거나 다쳐서 형옥이 더욱 빈번하니 술이 지나쳐 빚어진 해이다. 선왕이 주례(酒禮)를 만든 이유이다. 손님과 주인이 백배

(百拜)하는 것은 공경하는 마음을 술 마시는 데 나타내는 것이며 이 때문에 취할 수 없다"라고 설명하였다.

⑥ 작점(爵坫): 점(坫)은 술잔을 받치는 잔대이다. 제사에 쓸 작을 준비하여 놓거나, 헌작하고 도로 작을 놓거나 할 때 바닥에 설치하여 작이 기울어지는 것을 방지하기 위해 설치한다.

梜

살펴보건대, 『의례』「특생궤사례(特牲饋食禮)」에 "갸자[梜]①를 (세 발 솥의) 남쪽에 진설하고, 그 위에 말린 고기②를 올려놓는데 머리가 동쪽으로 향하도록 하여 놓는다."라고 하였다. 정현의 주에서는 "갸자[가자]의 제도는 지금의 나무 수레와 같다. 위에는 사방으로 빙 둘러져 있고, 아래는 다리가 없다. 수(獸)는 말린 고기를 말한다."라고 하였다. 『예기』「옥조(玉藻)」에서 "대부는 갸자를 써서 옆에 술잔을 올려놓는다."라고 하였다. 즉 특생은 또 말린 고기를 사용한다는 것이다. 옛 『삼례도』에서는 "갸자의 길이는 4척이고, 너비는 2척 4촌, 깊이는 5촌이다. 푸른 구름 문양과 능소화(凌霄花)③ 문양을 그려 넣는다.

[案「特牲饋食禮」云, "梜在其南, 實獸于其上, 東首." 注云, "梜之制, 如今木輿, 上有四周, 下無足. 獸, 腊也." 「玉藻」云, "大夫側尊用梜." 則特牲又用承獸矣. 舊『圖』云, "梜長四尺, 廣二尺四寸, 深五寸. 畫青雲氣淩苕華爲飾."

① 갸자[椵]: 음식물을 들고 나르는 들것의 일종으로, 우리말로 ‘갸자’라고 하며 한자어로 ‘어(椵)’이며, 혹은 가자(架子)라고도 쓴다. 음식물을 이 위에 올려놓고 사람이 들고 나르기 때문에 다리는 없다.

② 말린 고기: 『주례』「천관·석인(腊人)」 정현의 주에는 “작은 동물을 통째로 말린 것을 ‘석(腊)’이라고 한다.”라고 하였다. 일설에는 사(士)의 경우 말린 고기로 토끼고기를 사용한다는 의견도 있다.

③ 능소화: 원문은 능소화(淩苕華)인데, 능각(菱角: 마름) 혹은 능소화(淩霄花)를 말한다.

【匏爵圖12：24-陳饌㭘진찬어】

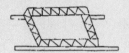

옛 『삼례도』에서 "진찬어(陳饌㭘)는 길이가 7척이고,① 너비는 2척 4촌이며 깊이는 1척 5촌으로 난령(闌笭)②이 있으며, 푸른 구름 문양과 능소화를 그려 장식으로 하였다."고 하였다.

[舊『圖』云, "陳饌㭘長七尺, 廣二尺四寸, 深尺五寸, 有闌笭, 畫靑雲氣淩苕華爲飾."]

① 옛 『삼례도』에서 ~ 7척이고: 섭숭의가 인용한 '구도(舊圖)'는 남조 양대 완심(阮諶)의 『삼례도』이다. 다만 완심의 『삼례도』에서 왕모본(王謨本)은 '陳饌梡長七寸'으로 되어 있고, 마국한본(馬國翰本)은 '陳饌梡長七尺'으로 되어 있기에, 섭숭의는 마국한본을 본 것으로 추정된다. 진찬어의 길이는 황이주(黃以周)의 『예서통고(禮書通故)』 등 다른 문헌을 참고할 때 적어도 2척 이상이 되어야 하므로 왕모본은 잘못되었다는 것을 알 수 있다.

② 난령(闌笭): 대나무로 사방의 난간을 가로세로 교차하여 이은 막음용 테두리. 진찬어의 그림을 참조하라.

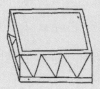

　　옛 『삼례도』에서 "금(禁)의 길이는 4척, 너비는 2척 4촌, 국족(局足)①의 전체 높이는 3촌이며, 가운데를 적색으로 칠하고, 그 다리 부분은 푸른 구름 문양과 능소화 문양으로 새겨 장식하여 휘장을 걷어 올린 모양이다."라고 하였다. 『예기(禮記)』 「예기(禮器)」에서 "대부와 사는 어(梌: 가자)와 금(禁)을 사용한다."라고 하였다. 공영달의 소에서는 "대부는 어를 쓰고, 사는 금을 쓴다."라고 하였다. 그러므로 『예기』 「옥조(玉藻)」에서 "대부는 어[가자]를 써서 옆에 술잔을 올려놓는다. 사(士)는 금을 써서 옆에 술잔을 올려놓는다."라고 하였다. (이것이) 바로 그것이다. 또 『예기(禮記)』 「예기(禮器)」 정현의 주에 "어는 사금(斯禁)②이다. '어'라고 말한 것은 다리가 없어 어와 비슷하기 때문이다. 혹은 이름을 끌어 쓴 것일 뿐이다. 대부는 사금을 쓰고 사는 어금을 쓴다. 어떤 때는 대부와 통할 수 있다. 어라고 말하는 것은 그 제사의 신이 이미 물릴 정도로 실컷 먹었기 때문이다."라고 하였다. 또 『의례』 「향음주례」에서 "(두통의 호를) 방과 호 사이에 (진설하는데) 사금을 쓴다."라고 하였다. 정현의 주에서는 "사금은 금(禁)이 땅에 딱 붙어 다리가 없는 것이다. 이것은 「사대부례(士大夫禮)」에서 사금이라고 한 것이다. 어는 수레의 이름이다."라고 하였다. 그러므로 『의례』 「사상례(士喪禮)」에서 "동당 아래에 어를 진설한다."라고 하였다.『의례』「특생궤사례(特牲饋食禮)」정현의 주에서 "어의 제도는 지금의 목여(木輿: 나무 수레)와 같다. 위로 사방을 둘러싸고 다리는 없다. 지금 대부가 사용하는 사금 역시 다리가 없으니, 이 목여의 어와 비슷하다."라고 하였다. 그러므로 주공이 예를 제정할 때 혹 이름을 끌어 써 이 사금을 어라고 했을지 모른다. 그러므로『의례』「소뢰궤사례(小牢饋食禮)」에서 "사궁이 동방(東房)과 실문[室戶] 사이에 두 통의 무(甒: 술동이)를 진설하면서 (하나의) 어(棜)와 함께 했다."라고 하였다. 이는 주공의 때 이미 사금을 이름 붙여 어라고 했다는 것이다. 또 주석에서 말하기를 "어는 다리가 없다. 금(禁)이라는 것은 술을 경계하는 것이다. 대부는 다리를 없애고 이름을 바꾸었다. 술동이를 넉넉하게 채우는 것은 술을 경계하지 않는 듯이 한다는 뜻이다."③라고 하였다. 그러나 지금 사의 금에는 국족(局足)이 있다. 높이가 3촌이다. 다만 예문에 어와 금은 서로 섞여 버렸으나, 다리가 있고 없고의 차이는 있다.

[舊『圖』云, "禁長四尺, 廣二尺四寸, 通局足高三寸, 漆赤中, 靑雲氣畫淩苕華飾刻其足, 爲褰帷之形." 「禮器」云, "大夫士棜禁." 孔疏云, "大夫用棜, 士用禁." 故「玉藻」云, "大夫側尊用棜, 士側尊用禁." 是也. 又鄭注「禮器」云, "棜, 斯禁也. 謂之棜者, 無足, 有似於棜. 或因名耳. 大夫用斯禁, 士用棜禁, 或時得與大夫通. 言棜者, 以其祭神尙厭飫而已." 又「鄕飮酒」云, "房戶間斯禁." 注云, "斯禁, 禁切地無足者. 此士大夫禮謂之斯禁也. 棜是輿名," 故「士喪禮」云, "設棜于東堂下." 「特牲」注云, "棜之制如今木輿, 上有四周, 無足. 今大夫斯禁亦無足, 似此木輿之棜." 故周公制禮, 或因名此斯禁爲棜耳. 故「少牢禮」云, "司宮尊兩甒于房戶間, 共棜." 是周公之時已名斯禁爲棜也. 又注云: "棜無足. 禁者, 酒戒也. 大夫去足改名, 優尊者也. 若不爲之戒." 然今士禁有局足, 高三寸. 但禮文棜禁相紊, 而有足無足爲異.]

① 국족(局足): 금(禁)의 밑바닥에서 울타리[권, 圈]의 다리까지를 가리킨다.
국(局)의 본래의 의미는 바둑판이라는 뜻이지만, 여기에서는 금에서 바
둑판같은 바닥 판을 말한다.

② 사금(斯禁): 어금(梜禁)이라고도 하며, 술동이를 올려놓는 기구이다. 다
리가 없다.

③ 술동이를 ~ 뜻이다: 이 번역은 『의례역주』8(박례경 역주)을 따랐지만,
원문 '優尊者也'에 대해 정정(丁鼎)은 "대부에 대해 우대 존숭의 뜻이 포
함되어 있다"라고 해설하였다.

【匏爵圖12：26-覆饌巾복찬건】

　　옛 『삼례도』에서 "복찬건(覆饌巾)①은 사와 대부는 속이 붉은 치포(緇
布)로써 하고, 제후와 천자는 속이 검은 분홍색인 현백(玄帛)으로 한다."고
하였다.

　　[舊『圖』云, "覆饌巾, 士大夫以緇布䞓裏, 諸侯天子以玄帛纁裏."]

① 복찬건(覆饌巾): 식물을 덮는 헝겊이다.

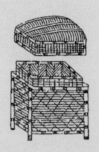

옛 『삼례도』에서 "비(篚)①는 대나무로 만들며, 길이는 3척, 너비는 1척, 깊이는 6촌, 다리 높이는 3촌이니, 오늘날의 소거령(小車笭)②과 같은 것이다."라고 하였다. 신 섭숭의가 또 살펴보건대, 『의례』「사관례」에 "비에는 작(勺)·치(觶)·각(角)·사(柶)를 담아 둔다."고 하였다. 정현의 주에서는 "'비(篚)'는 대나무로 만든 기물로서 령(笭)과 같은 것이다."라고 하였다. 또한 『의례』「소뢰궤사례(小牢饋食禮)」에 "작(勺)·작(爵)·고(觚)·치(觶) 등의 술잔은 비에 담는다."라고 하였다. 또 『의례』「향음주례·기(記)」에서 "상비(上篚)에는 세 개의 작(爵)을 넣는다. 처음에 주인은 손님 및 개(介)③에게 헌주하고, 또 여러 손님들[衆賓]에게 헌주한다. 헌주를 마치면 상비에 (술잔들을) 존치한다. 또 상비에서 다른 작들을 취해서 공(工)과 생(笙)들에게 헌주한다. 이를 마치면 하비(下篚)에 작을 존치한다. 혹은 대부가 오면, 상비에서 대부의 작을 취해 대부에게 바친다. 마치면 또한 상비에 넣어 둔다."라고 하였다. 또 『의례』의 「연례」 및 「대사의」에서는 "군주와 신하는 비를 달리한다고 하였다. 단지 '비(篚)'라고만 말하면 신하의 비를 가리킨다. '선비(膳篚)'라고 말하면 군주의 비를 가리킨다."④고 하였다. 정현의 주에서는 "'선비'라는 것은 군주가 쓰는 코끼리 장식을 한 술잔 고(觚)를 담았기 때문이다."라고 하였다. 이것은 명확히 오직 군주의 비만 선(膳)이라고 명명한 것은 아니라는 것이다. 그 고(觚) 역시 코끼리 장식을 한다. 또 옥폐(玉幣)를 담는 비도 있다. 또 『의례』 「사우례(士虞禮)」에는 성대하게 차린 음식을 담는 비도 있어서 시동의 왼쪽에 진설한다. 시동이 식사를 하면 비에 남는 것을 담는다. 옛날에 손을 써서 식사를 하는데, 만약 길한 때에 먹은 것은 덮개[蓋]를 하여 나머지를 (비에) 담는다. 또 좌식(佐食)은 물고기나 돼지의 허파나 등뼈 등을 모두 비에 넣어 둔다. 이로 보아 말한다면 비 역시 덮개가 있다는 것이다.

[舊『圖』云, "篚, 以竹爲之, 長三尺, 廣一尺, 深六寸, 足高三寸, 如今小車等." 臣崇義又案 「士冠禮」云, "篚實勺觶角柶." 注云, "篚, 竹器, 如筥者." 「少牢禮」亦云, "勺爵觚觶實于篚." 又 「鄕飮酒·記」云, "上篚有三爵. 初, 主人獻賓及介又獻衆賓. 獻酬訖, 乃以爵奠于上篚. 又于上篚取他爵獻工與笙, 訖, 乃奠爵于下篚. 或有大夫來, 乃于上篚取大夫爵而獻大夫, 訖, 亦奠于上篚." 又 「燕禮」及 「大射」 說君臣異篚. 其單言'篚'者, 臣篚也. 言'膳篚'者, 君篚也. 注云, "膳篚者, 君象觚所饌也." 此明非獨君篚名膳, 其觚亦用象飾也. 又有玉幣之篚. 又 「士虞禮」有盛食之篚, 錯於尸左. 尸飯, 播餘於篚. 古者飯用手, 若吉時食則播餘於蓋. 又佐食以魚猪肺脊, 皆實於篚. 以此言之, 篚又有蓋也.]

① 비(篚): 각종 기물을 담아 두는 대광주리이다. 『의례』에 의하면 당(堂) 위에 진설하는 상비(上篚) 혹은 내비(內篚)와 당 아래에 진설하는 하비(下篚) 두 종류로 나뉘며, 신하가 사용하는 것[篚]과 군주가 사용하는 것[膳篚]으로 구분된다.

② 소거령(小車笭): '소거(小車)'는 安車를 가리키는데, 한 마리 말이 끄는 작은 수레로서 앉아서 탄다. '笭'은 '軨'과 통하는 글자로, 대자리로 수레 상자[車箱]의 앞뒤와 좌우에 교차시켜 가린 낮은 울타리 장식을 말한다. 허신의 『설문해자』에서도 '笭'를 거령(車笭)으로 해석하였다. 이에 대한 단옥재의 『설문해자주』에는 "『이아』 「석기」에 '수레 앞을 대자리로 덮은 것을 어(禦: 수레 앞 대자리 덮개)라고 하고, 수레 뒤를 대자리로 덮은 것을 폐(蔽: 수레 뒤 대자리 덮개)라고 한다.'고 하였는데, 대자리로 수레의 앞뒤를 가린다는 것은 허신이 말하는 '거령(車笭)'이다. '笭'은 격자창[欞]이라는 뜻이다.[「釋器」云, '竹前謂之禦, 後謂之蔽', 竹前竹後, 許所謂車笭也. 笭之言欞也.]"라고 하였다.

③ 개(介): 각종 의례 활동을 할 때 예의 진행을 도와주는 일종의 조수(助手)를 말한다.

④ 단지 ~ 가리킨다: 『의례』 「연례」에 나오는 말이다.

『시』「소남(召南)·채빈(采蘋)①」에 대한 『모전(毛傳)』에 "원형을 거(筥)라고 하니, 용량은 반 곡(斛)이다."라고 하였다. 주군이 빈과 대부에게 옹희(饔餼)②를 베풀 때 상개(上介)③는 모두 거로 쌀을 담는다. 그러므로 『의례』「빙례」에서 "쌀 백 거는 거 반 곡이고, 이를 뜰 가운데 진설한다. 열 줄로 배열하고 북쪽을 윗자리로 한다. 찰기장[黍], 고량, 벼 등은 모두 두 줄로 하고, 메기장[稷]은 네 줄로 배열한다."고 하였으니, 이것이 옳다.

[「采蘋」詩『傳』曰, "圓曰筥, 受半斛." 主君致饔餼於賓與大夫, 上介皆以筥盛米. 故「聘禮」云, "米百筥, 筥半斛, 設于中庭, 十以爲列, 北上. 黍粱稻皆二行, 稷四行." 是也.]

① 채빈(采蘋): 『시』「소남(召南)」에 있는 시(詩)의 이름이다. '개구리 밥(혹은 부평초) 뜯기' 정도로 번역할 수 있겠는데, 모형(毛亨)은 대부의 아내가 법도를 잘 따랐음을 노래한 것이라고 해설하였다.

② 옹희(饔餼): 제후가 빙례 시에 빈객을 접대하는 대례(大禮)를 말한다. 정정(丁鼎)은 『신정삼례도』에서 옹은 익힌 고기, 희는 살아 있는 희생으로 해석했다.

③ 상개(上介): 빙례(聘禮)에서 빈객의 행례를 돕는 자를 개(介)라고 하며, 의례가 성대할 경우 상개(上介), 중개(衆介) 등을 둔다. 빙례의 사자가 상경(上卿)이면 상개는 대부가 하고 중개는 사가 한다. 『예기』「빙례」에 따르면, 상공은 7개, 후백은 5개, 자남은 3개를 두어 귀천에 따른 차등을 둔다.

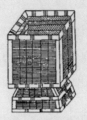

『시』「소남(召南)・채빈(采蘋)」에 대한 『모전(毛傳)』에 "네모진 광주리를 '광(筐)'이라고 한다."고 하였다. 옛 『삼례도』에서 "광의 용량은 5곡이다."라고 하였다. 살펴보건대, 『예기』「빙례」에 "대부는 빈에게 태뢰(太牢: 소・양・돼지)로써 보내는데, 쌀은 8광주리이다."라고 하였다. 정현의 주에서는 "이것들은 대문 밖에 진설하는데, 찰기장[黍]과 수수[粱]를 담은 네모진 대광주리가 각각 2개이고, 메기장[稷]을 담은 네모진 대광주리[筐]가 4개이다."라고 하였다. 상개(上介)에게도 빈과 동일하게 보내 준다. 중개들에게는 모두 살아 있는 희생 1소뢰(양・돼지)와 곡물을 담은 6개의 네모진 대광주리를 보내 준다. 정현의 주에서는 "또 수수[粱]를 담은 네모진 대광주리는 없다."고 하였다. 아래 『의례』「빙례・기(記)」에서는 "무릇 희(饋)는, 대부의 경우 찰기장・고량・메기장을 광주리에 5곡(斛) 보낸다."라고 하였다. 정현의 주에서는 "대부가 빈의 상개에게 보내는 것이다. (담는) 기물은 작으나 (보내는 예물은) 큰 것이니 갖추어진 것이다."라고 하였다. 가공언의 소에서는 "위의 경문에서 '쌀 8광주리' '쌀 6광주리'라는 것은 대소를 분별하지 않은 것이다. 그러므로 이 「빙례・기」에서 분별해서 말하기를 '광주리는 5곡이다.'라고 한 것이다. 정현이 말한 '(담는) 기물이 작으나 (보내는 예물은) 큰 것이니 갖추어진 것이다'라고 한 것은 그 군주가 빈과 대부 개와 함께 쌀 백 거(筥)의 예를 받고 돌아왔다는 것이고, 거는 (많이 담아도) 반 곡에 불과하니, 이것은 (담는) 기물은 작아도 (예의)는 성대하다는 것이다. 높은 자들은 기물이 많은 것을 영예로 한다. 지금 대부가 빈개(賓介)에게 예를 행할 때 오직 8광주리 6광주리 하는 것은 광주리에 많이 담아도 5곡에 불과하니, 이는 기물이 작으나 예의가 성대한 것으로 낮은 자에게 예를 갖춘 것이다."라고 하였다.

[『詩』「采蘋」『傳』曰, "方曰筐." 舊『圖』說, "筐受五斛." 案「聘禮」云: "大夫饔賓大牢, 米八筐." 注云, "陳於門外黍粱各二筐, 稷四筐. 上介亦如之. 衆介皆少牢, 米六筐." 注云, "又無粱也." 下「記」云, "凡饔, 大夫黍粱稷筐五斛." 注云, "謂大夫饔賓上介也. 器寡而大, 畧也." 賈疏云, "上經'米八筐''米六筐'不辨大小, 故此記辨之云, '筐五斛'也. 鄭云'器寡而大, 畧也'者, 以其君歸饗饔於賓與大夫介米百筥, 而筥盛半斛, 是器小而多也. 以尊者所致以多器爲榮. 今大夫致禮於賓介, 惟八筐六筐, 而筐盛五斛. 是器寡而大, 畧之於卑者也."]

　　옛『삼례도』에서 "대나무로 만든다. 용량은 5두이니, 쌀을 담는다. 혹은 군주가 빙례에서 빈에게 옹희를 베풀 때 잡다한 거(筥: 대광주리)를 사용한다."라고 하였다.

　　[舊『圖』云, "以竹爲之, 受五斗, 以盛米. 或君致饔餼於聘賓, 雜筥以用之."]

죽궤방(竹簋方)으로 조율(棗栗: 대추와 밤)을 담는다. 살펴보건대, 『의례』「빙례」에 "부인이 하대부를 사자로 하여 두 통의 죽궤방을 가져가게 하는데, 겉은 검은색을 입히고 속은 옅은 진홍색으로 뚜껑이 있다."라고 하였다. 정현의 주에서는 "죽궤방이라는 것은 기물의 명칭이다. 대나무로 만들며 모양은 궤(簋)①와 같으나 사각형으로 생겼다. 지금의 한구거(寒具筥)와 같다."라고 하였다. 가공언의 소에서는 "무릇 궤(簋)는 모두 나무를 쓰고 원형으로 하며 1두 2승의 용량으로 한다. (그러나) 이것은 대나무를 쓰고 사각형으로 했으니, 궤와 같으나 사각형이다라고 한 것이다. 용량 역시 1두 2승이다. 지금의 한구거와 같다고 한 것은 겨울철에 음식을 채운다는 것이다. 그러므로 한구거(寒具筥)②라고 말하는 것이다. 다만 거는 원형이나 이것은 사각형이기에 차이가 있는 것이다."라고 하였다. 살펴보건대, 『주례』「고공기·옥인(玉人)」에 "안(案)③은 12촌이고 대추와 밤도 12줄로 한다."라고 하였다. 정현의 주에서는 "왕후가 조빙하는 제후를 위로하는데 제후는 9줄, 대부에 빙례할 때는 5줄이다. 12줄이라는 것은 이왕후(二王後)를 위로하는 것이다."라고 하였다. 후로법(后勞法)④에는 옥안(玉案)이 있고 아울러 죽궤방에 대추와 밤을 담아 안(案)에 올린다. 그러므로 그가 이것을 끌어들여 증거로 삼은 것이다. 이것은 제후의 부인이 경대부의 조빙의 노고를 위로하는 것이다. 그러므로 안(案)은 없고, 다만 죽궤에 대추와 밤을 담아 들고 나아가는 것이다.

[竹簋方以盛棗栗. 案「聘禮」云, "夫人使下大夫以二竹簋方, 玄被纁裏, 有蓋." 注云, "竹簋方者, 器名也. 以竹爲之, 狀如簋而方. 如今寒具筥." 賈疏云, "凡簋皆用木而圓, 受斗二升. 此用竹而方, 故云如簋而方. 受亦斗二升. 如今寒具筥者, 謂實以冬食, 故云寒具筥. 但筥圓而此方, 以是爲異." 案「玉人」云, "案十有二寸, 棗栗十有二列." 注云, "王后勞朝諸侯皆九列, 聘大夫皆五列. 則十有二列者, 勞二王之後也." 后勞法有玉案, 幷有竹簋方以盛棗栗, 加於案上. 故彼引此爲證. 此謂諸侯夫人勞聘卿大夫. 故無案, 但有竹簋以盛棗栗, 執之以進.]

① 궤(簋): 일반적으로 바깥쪽이 둥글고 안쪽이 네모난 것은 궤(簋)이고, 반대로 안쪽이 둥글고 바깥쪽이 네모난 것은 보(簠)라고 하였다. 『논어』 「공야장」에 대한 주희의 주석은 종묘의 제기가 "하에서는 호(瑚), 상에서는 련(璉), 주에서는 보궤(簠簋)"라 하여 보궤를 구별하지 않고 연칭하기도 했다. 반면 『예기』 「명당위」에서는 "하후씨의 사련(四璉), 은의 육호(六瑚), 주의 팔궤(八簋)"를 말하고 있다. 호와 련이 뒤바뀌어 있고, 서주 이후 보와 궤 등 청동제기는 쇠퇴해 가면서 이들 기물이 점차 문헌의 주석으로만 전해져 구별이 쉽지 않았던 것 같다.

② 한구거(寒具筥): 겨울철에 식물을 담아 놓던 한대(漢代) 사용하던 대나무로 만든 원형의 광주리이다.

③ 안(案): 『설문해자』에 의하면 "大鄭은 옥으로 만든 안이라고 하였고, 정현은 옥을 장식한 안"이라고 주석하였다. 대추나 밤을 담는 기물로 어(梽)나 금(禁)의 종류에 속하는 것이다. 『예기(禮記)』 「예기(禮器)」 정현의 주에 "금(禁)은 지금의 방형의 안(案)과 같다."라는 언급도 있다.

④ 후로법(后勞法): 왕후가 조빙자의 노고를 위로하는 규칙이다.

.

三禮圖集注

鼎俎圖

권13 정조도

—

역주 문정희

【鼎俎圖13：01-斛곡】

斛

'곡(斛)'이란 용량을 재는 도량형[量]①의 이름이다. 법제(法制)②에 의하면 가량(嘉量)③이라고 한다. 살펴보건대, 『한서(漢書)』 「율력지(律曆志)」에 "(곡은) 본래 황종(黃鍾)의 약④(龠: 대나무 관)【('龠'의) 음은 籥(약)이다.】에서 유래되었다. 중간 크기의 찰기장 1,200개를 약(龠)에 채워 넣어 용량을 잰다. 10약(龠)이 1합(合), 10합이 1승(升), 10승이 1두(斗), 10두가 1곡(斛)이다. 이 다섯 가지 도량형으로 용량을 재는 것이 올바르다. (곡을) 제작하는 방식은 청동으로 주조한다."라고 하였다.⑤ (다섯 가지 도량형의) 이름을 선택한 것은 이것으로 천하를 하나로 하고 풍속을 가지런히 하기 위해서이다. (곡의) 깊이는 1척 6촌 2푼(分)이고⑥ "(곡의) 내부는 방형으로 1척이고 그 외부는 둥글게 둘러싸고 있으며 곁에 소(庣)【('庣'의) 음은 '時'와 '彫'의 반절(소)이다. 도량형의 귀이다.[量耳]】⑦가 있다. 윗부분이 곡(斛)이고 아랫부분이 두(斗)【윗부분을 앙곡(仰斛: 우러러보는 곡)이라 하고 아랫부분을 복곡(覆斛: 뒤집혀진 곡)이라 한다. 이것은 곡의 밑바닥이 1두를 수용한다는 말이다.】이며, 왼쪽 귀가 승(升)이고 오른쪽 귀가 합(合)[과 약(龠)]이다.⑧ 그 모양이 작(爵)과 비슷한데, 작록(爵祿)을 세상에 흩뜨린다는 뜻이다.【'미(縻)'는 흩뜨린다[散]는 뜻이다.】⑨ 둥근 가운데 안은 네모나며[圜而函方]【'函'의 음은 含(함)이다.】, 왼쪽에 하나가 있고 오른쪽에 둘이 있으니,⑩ 음(陰)과 양(陽)을 상징한다. 둥근 모양은 규(規)⑪를 상징하고 무게[重]는 2균(鈞)⑫【30근(斤)이 1균(鈞)】이다. 소리는 황종(黃鍾)에 부합하고 황종에서 시작하여 삼분손익법⑬으로 반복한다. 이는 군주가 도량형을 제작하는 방식이다." 이 (곡)은 『주례』「고공기·율씨(㮚氏)」의 부(釜: 가마솥, 䰜)의 법제와 거의 같은데, 용량만 다를 뿐이다.⑭

[斛者, 量名也. 依法制曰嘉量. 案『漢書』「律曆志」云, "本起於黃鍾之龠【音籥】, 以秬黍中者千有二百實其龠, 十龠爲合,¹ 十合爲升, 十升爲斗, 十斗爲斛. 五量嘉矣. 其法用銅." 欲取同名, 所以同天下齊風俗也. 深尺六寸二分, "內²方尺, 而圜其外, 旁有庣【時彫反, 量耳.】其上爲斛, 其下爲斗【其上, 謂仰斛也; 其下, 謂覆斛, 謂斛底受一斗.】, 左耳爲升, 右耳爲合.³ 其狀似爵, 以麋爵祿【麋, 散也.】. 圜而函方, 左一右二, 陰陽之象也.【函音含】其圜象規, 其重二鈞【三十斤爲鈞.】. 聲中黃鍾, 始於黃鍾而反覆焉. 君制器之象也." 此與『周禮』「㮚氏」爲䰜法制頗同, 而容受各別.]

1　『한서(漢書)』「율력지(律曆志)」 원문에는 '十龠爲合'이 '合龠爲合'으로 되어 있다.
2　『한서(漢書)』「율력지(律曆志)」 원문에는 '內方尺'의 '內'자가 없다.
3　『한서(漢書)』「율력지(律曆志)」 원문에는 '右耳爲合'이 '右耳爲合龠'으로 되어 있다.

① 도량형[量]: 도량형은 도(度: 치수)·량(量: 용량)·형(衡: 무게)과 같이 치수와 용량과 무게를 재는 도구의 명칭을 합한 용어로, 여기에서 량(量)은 용량을 재는 도구이지만 총칭하여 '도량형'이라고 번역하였다.

② 법제(法制): 국가에서 제정하여 공식화된 도량형의 표준을 말한다. 『주례』「고공기·율씨(㮚氏)」에 '가량(嘉量)'이란 명칭이 나온 이후 '가량'은 용량을 재는 도구의 공식 명칭이 되었다.

③ 가량(嘉量): 이 명칭은 최초에 『주례』「고공기·율씨(㮚氏)」에 보인다. 「고공기·율씨」는 용량을 재는 도구인 양(量)을 제작하는 방법을 서술하고 있다. 청동기로 양(量)을 만든 뒤 "時文思索, 允臻其極, 嘉量旣成, 以觀四國, 永啟厥後, 茲器維則"라고 하여 명문을 새겨 넣었는데, 이때 '嘉量'이란 명칭이 나온다. 『삼례도』에서 말한 것처럼 형태면에서 곡(斛), 두(斗), 승(升), 합(合), 약(龠) 5가지 용량의 도량형이 크기 순서대로 하나의 용기에 포함되어 있다. 즉 상부가 斛, 하부가 斗, 좌이가 升, 우이의 윗부분이 合, 아랫부분이 龠의 형태를 하고 있다. 그 자체가 도량형의 통일을 의미하고 국가 통일을 상징하게 되었기 때문에 후대 종종 궁전 앞에 진열하기도 하였다. 실례로 왕망의 가량을 들 수 있는데, 『삼례도』에서 서술한 형태와는 조금 다르다. 王莽은 新을 개국한 뒤 도량형과 화폐 개혁을 여러 차례 단행하였는데, 그중 가량도 포함되었으며, 실물이 출토되었다(熊長雲 編纂, 『新見秦漢度量衡器集存』, 中華書局, 2018 그림 참조). 또한 銘文이 있어 각 부분의 치수와 용적 계산법을 설명

하고 있다.

新莽嘉量과 銘文(熊長雲 編纂,『新見秦漢度量衡器集存』, 中華書局, 2018)

④ 황종(黃鍾)의 약: 황종 음을 내는 대통, 즉 황종관(黃鍾管)을 말한다. 이 황종관의 직경은 3푼, 길이는 9촌으로 기장의 낱알이 1,200개가 들어가도록 만들어진 것이다. 따라서 부피라고 하지 않고 들이라고 한 것이다. 황종은 동양 12음계의 기본음에 해당한다. 대략 5음계에서는 궁(宮)에, 그리고 서양 7음계에서는 도에 해당한다고 한다. 황종관은 일정한 규격을 갖추어야 하는데, 그것을 결정하는 방법이 누서법(累黍法)이다. 그러나 기장이 타원 모양이므로 가로 세로의 차이가 있으며 기장의 종류나 산출지에 따라 차이가 있을 수밖에 없어 역대 이러한 문제를 해결하기 위해 다각도로 노력하였다.

⑤ 『한서(漢書)』「율력지(律曆志)」에 ~ 하였다: 섭숭의가 본문에서 인용한 『한서(漢書)』「율력지(律曆志)」는 현행「율력지」원문과 약간 차이가 있는데, 『한서』권21상 「율력지 상」'가량(嘉量)' 조의 원문은 다음과 같다. "양(量)은 약(龠)·합(合)·승(升)·두(斗)·곡(斛)이니, 많고 적음을 헤아리는 도구이다. 본래 황종의 약(龠: 피리)에서 유래했는데, 도수(度數)로 그 용량을 살피고, 검은 기장의 낱알 가운데 중간치 1,200개를 취해서 그 약(龠)을 채우고, 우물물을 부어서 그 위를 수평이 되게 한다. 약

(龠) 2개가 합(合)이 되니, 10합이 1승이 되고, 10승이 1두가 되고, 10두가 1곡이 된다. 이 5가지 도량형으로 용량을 재는 것이 올바르다[五量嘉 : '嘉'에 대해 안사고는 '善'이라고 하였다]. (만드는) 법은 구리를 이용하여 제작하는데, (안은) 방형 1척으로 하고 그 밖은 둥글게 하며, 옆쪽에 볼록 나온 귀가 있다. 그 곡(斛)을 위로 하여 1곡을 받고, 곡의 바닥을 뒤집어서 1두를 받는다. 왼쪽의 귀로 1승을 받고, 오른쪽의 귀 2개로 각각 1합과 1약을 받는다. 그 모양은 작(爵)의 술잔과 유사하며, 그것으로 작록을 세상에 흩뜨린다는 뜻이다.[量者, 龠·合·升·鬥·斛也, 所以量多少也. 本起于黃鍾之龠, 用度數審其容, 以子穀秬黍中者千有二百實其龠, 以井水準其槪. 合龠爲合, 十合爲升, 十升爲斗, 十斗爲斛, 而五量嘉矣. 其法用銅, 方尺而圜其外, 旁有庣焉. 其上爲斛, 其下爲斗, 左耳爲升, 右耳爲合·龠. 其狀似爵, 以縻爵祿.]"『삼례도』의 '十龠爲合'이 「율력지(律曆志)」 원문에는 '合龠爲合'으로 되어 있다. 이때 '합'은 '兩'의 의미로 약 2개가 합이 된다는 의미다. 곡에 5가지 도량형이 구비되어 있는 모습은 『삼례도』의 '곡' 그림에는 반영되어 있지 않았고 청대 黃以周의 '漢量'(『禮書通故』 그림 참조)에 비교적 잘 묘사되어 있다.

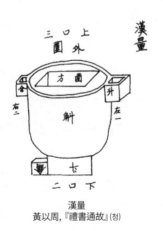

漢量
黃以周, 『禮書通故』(청)

⑥ (다섯 가지 도량형의) ~ 1척 6촌 2푼(分)이고: 이 구절은 『한서』「율력지」원문에는 없다. 그러므로 인용부호에서 제외하였다. 여기에서 1척 6촌 2푼이라고 한 것은 『주례』「고공기·율씨」의 "양을 재는 것을 부라고 하는데, 깊이가 1척, 안은 네모나며 사방 1척이고 그 밖은 둥글다. 거기에 채운 것이 1부이다(量之以爲鬴, 深尺, 內方尺而圜其外, 其實一鬴)"라고 한 구절을 근거로 보충한 것이다. 정현은 이에 대해 "곡식을 담는 것을 기준으로 이름을 삼은 것이다. 4승을 두라고 하고 4두를 구라고 하며 4구를 부라고 한다. 부는 6두 4승이다. 10부는 1종(以其容爲之名也. 四升曰豆, 四豆曰區, 四區曰鬴. 鬴, 六斗四升也, 鬴十則鍾.)"이라고 하였다. 또 가공언의 소에는 "산술에 따르면, 사방 1척이며 깊이는 1척 6촌 2푼으로 1석을 담는다(筭法, 方一尺, 深尺六寸二分, 容一石)."라고 하였다. 즉 부(鬴 : 가마솥)는 사방 1척, 깊이는 1척 6촌 2푼, 용량은 1석이라고 설명하였는데, 섭숭의는 이것을 근거로 1척 6촌 2푼이라고 한 것이다.

⑦ 음이 '時'와 '彤'의 반절(소) ~ 도량형의 귀이다[量耳]: 『한서』「율력지」안사고의 주에 인용된 정현의 주에는 "조의 음은 조상이라 할 때의 조이다. 조는 '지나치다[過].'는 뜻이다. 산은 방 1척으로 용량이 1곡인데, 9미 5호를 지나친 이후에야 곡이 된다. 지금 상방에는 왕망 때 동곡이 있는데, 그 법제는 이것과 완전히 같다.[庣音條桑之條. 庣, 過也. 筭方一尺, 所受一斛, 過九氂五豪, 然後成斛. 今尙方有王莽時銅斛, 制盡與此同.]"라고 하여 음이 조상의 '조'라고 하였고, 그 뜻도 "지나치다[過]"라고 하였다. 이에 반해 안사고(顏師古)는 "토는 가득 차지 않은 곳을 말한다. 음은 토와 조의 반절이다.[庣, 不滿之處也, 音吐彫反.]"라고 하여 음이 '토'이고 그 뜻은 "가득 차지 않은 곳"으로 해석하였다. 그런데 섭숭의는 정현과 안사고의 설을 따르지 않고 음이 '소'이며 그 뜻은 양쪽에

튀어나온 부분, 즉 '귀퉁이'로 보았다.

⑧ 오른쪽 귀가 합(合)[과 약(龠)이다]: 「율력지」원문에는 '右耳爲合'이 '右耳爲合龠' 즉 '오른쪽 귀가 합과 약이 된다.'라고 되어 있다. 다음 구절의 '左一右二'와 호응하려면 '오른쪽 귀가 합과 약'이 되어야 한다.

⑨ '미(縻)'는 흩뜨린다[散]는 뜻이다: 『한서』안사고(顔師古)의 주에 인용된 진작(晉灼)의 해석이다.

⑩ 왼쪽에 하나가 있고 오른쪽에 둘이 있으니: 앞에서 "왼쪽 귀는 승(升)이고 오른쪽 귀는 합(合)과 약(龠)"이라고 한 것을 두고 한 말이다.

⑪ 규(規): 원을 그리는 도구이다. 네모를 그리는 矩와 함께 天圓地方의 원리를 상징하는 도구로서 각각 양과 음을 표상한다. 여기에서 파생되어 일정한 표준, 원칙을 의미한다.

⑫ 무게[重]는 2균(鈞): 「율력지」에는 '2균' 뒤에 "(2균은) 기와 만물을 구비한 숫자이며 이는 1만 1520에 부합한다.[備氣物之數, 合萬有一千五百二十.]"라고 한 구절이 더 있어, 균의 의미에 대해 풀이하고 있다. 여기에서 말한 '1만 1520'에 대해 맹강(孟康)은 1균이 1만 1520수(銖)라고 하였다. '1만 1520'이란 숫자는 『周易』「繫辭 上」에 "두 篇의 策數가 1만 1520이니, 萬物의 數에 해당한다.(二篇之策, 萬有一千五百二十, 當萬物之數也)"라고 한 것을 인용한 것으로 보인다. 그렇다면 『주역』에서 말한 '二策'은 「율력지」의 '二均'에 대비되고 그 '二均'의 숫자는 1만 1520이 되어야 한다. 맹강처럼 1균이 1만 1520수가 되어서는 안 된다. '1만 1520'이란 숫자의 근거는 '二策' 즉 '二篇之策'은 『주역』上經과 下經을 가리키며 策數는 시초로 점을 칠 적에 4개씩 떼어낸 策數이다. 上經과 下經에 수록된 64卦에 陽爻가 192개이고 陰爻가 192개인데, 陽의 策數는 36이고 陰의 策數는 24이므로 陽爻에

서 6,912(192×36)를 얻고 陰爻에서 4,608(192×24)을 얻어, 전체의 策數가 1만 1520이 산출된다.(『周易正義』, "正義曰, '二篇之策, 萬有一千五百二十, 當萬物之數者' 二篇之爻, 總有三百八十四爻. 陰陽各半, 陽爻, 一百九十二爻, 爻別三十六, 總有六千九百一十二也. 陰爻, 亦一百九十二爻, 爻別二十四, 總有四千六百八也. 陰陽總合, 萬有一千五百二十, 當萬物之數也.")

⑬ 삼분손익법: 십이율(十二律)의 기본인 황종율 관에서 시작하여 삼분손일(三分損一)과 삼분익일(三分益一)을 차례로 반복하여 십이율관의 길이를 정하는 법칙이다. '삼분손일'은 표준 관의 길이를 3등분하여 그중 2/3로 소리를 정하고, '삼분익일'은 역시 마찬가지로 관의 길이를 3등분하고 그 1/3을 더 늘여 4/3를 만들어 소리를 내는 방식이다. 즉 길이가 9촌인 황종율관을 삼분손일하여 2/3를 취하면 6촌의 임종율 관을 얻고, 이 6촌의 임종율 관을 삼분익일하여 4/3을 취하며 8촌의 태주율 관이 되는 방식이다.

⑭ 『주례』 「고공기·율씨(㮚氏)」의 ~ 용량만 다를 뿐이다: 여기에서 인용한 『주례』 「고공기·율씨」에는 "계량하여 이것을 부라고 하는데, 깊이가 1척, 안은 네모지며 사방 1척이고 밖은 둥글며 가득 채운 것이 1부이다(量之以爲鬴, 深尺, 內方尺而圜其外, 其實一鬴)"라고 하였다. 「고공기」에서는 부를 설명하고 있는데, 이것이 곡과 형태가 같지만 수용하는 용량에 있어서 차이가 난다는 뜻이다.

釜

부(釜)는 도량형[量]의 이름이다. 6두(斗) 4승(升)을 담는 기구를 부(釜)라고 하므로 용량으로 이름을 삼은 것이다. 살펴보건대, 『주례』「고공기·율씨(㮚氏)」에 "(이것으로 계량하여) 부(䥷: 가마솥)로 삼는다."①라고 하였다. 가공언의 소에서는 "쇠물[金汁](의 양)을 재서 거푸집[模]에 붓는데, 6두 4승의 용량을 부어 만든 것을 부(䥷)라고 한다."라고 하였다. 또한 안자(晏子)는 "제(齊)나라에는 옛날 4가지 량(量), 즉 두(豆)·구(區)·부(釜)·종(鍾)이 있었다. 4승(升)이 1두(豆)이며 4두가 1구(區), 4구가 1부(釜), 10부가 1종(鍾)이다."②라고 하였다.

그렇다면 부(䥷)가 곧 부(釜)이다. (구리)쇠와 주석을 배합하여 만드는데, 종정(鐘鼎)과 같은 비율[同齊]이다. 즉 (구리)쇠가 4에 주석이 1인 배합을 말한다.③ (부의) "깊이는 1척(尺)이고 그 안은 네모나며 사방 1척이다."라고 하였다. (정현의 주에서는) "(사방 1척은) 1,000촌을 쌓은 것을 말한다.④ 지금 속미법(粟米法)⑤보다 2승 81분 승의 22보다 적다."라고 하였다. '그 바깥을 둥글게 한다.[圜其外]'라고 한 것은 입구를 빙 돌려 둥글게 한다는 말이다.

또 두툼하게 해서 입술과 귀처럼 양 옆에 두는데 이것으로 (부를) 들 수 있다. 옛 『삼례도』에 부(釜)는 필(畢: 희생의 몸체를 꿰는 기구)⑥과 세(洗: 물받이 항아리)⑦ 사이에 있는데, 그렇게 진설한 이유를 말하지 않았고 또 치수에 대한 언급도 없었다. 부(釜)의 제도(制度)에 관해서는 단지 용량이 3곡(斛)이라거나 혹은 5곡이라고 말하였을 뿐이다. 이미 그림이 없어진 부분인데다가 용량도 정해진 바가 없는데, 어떤 제도를 근거로 3곡 내지 5곡이라고 말했는지 알 수 없다. 이제 경전의 명문과 정현의 주 그리고 가공언의 소에 근거하고 기존의 법식에 따라서 앞으로 보완하기를 기대한다. 그리고 옛 『삼례도』를 살펴보니 부(釜)는 있는데 곡(斛)은 없다. 다만 부와 곡 두 도량형의 법식은 서로 차이가 있으니 그 기원부터 시작하여 (차이 나는) 결과를 따져보아[原始要終]⑧ 둘 모두를 겸해야만 완벽하게 갖춰질 것이다. 그러므로 함께 앞에 그려 넣어 여러 기물의 표준으로 삼는다.⑨

【살펴보건대, 『의례』 「빙례(聘禮)」에 "삶아 익힌(飪) 소고기·양고기·돼지고기 1뢰(牢)⑩를 정(鼎) 9개에 담아 서쪽 계단 앞에 진설한다."⑪라고 하였다. (여기에서 말한) 9개의 정(鼎)은 1정 소고기, 2정 양고기, 3정 돼지고기, 4정 물고기, 5정 육포[腊], 6정 창자와 위 내장, 7정 돼지고기의 껍질, 8정 생선, 9정 건어물이다. 모두 경(扃, 가로막대)과 멱(冪, 덮개)을 설치한다. 지금 앞에서 언급한 우정(牛鼎)·양정(羊鼎)·시정(豕鼎) 3개의 정은 그림이 있는데, 각각의 형상을 본떠 그려져 있다. 물고기와 육포 이하는 모두 관련 규정이 없는데, 여기에 해당하는 물건의 상세하고 복잡한 형상을 본뜰 수가 없기 때문이다. 대개 사용되는 정은 일반 정(常鼎)일 뿐이다.

그리고 옛 『삼례도』의 호(瑚)·련(璉)⑫과 모(牟)⑬의 형식과 용량은 보(簠)·궤(簋)와 같다. 뿐만 아니라 호(瑚)·련(璉)은 하나라와 은나라의 예기(禮器)이고 모(牟)는 『예기』 「내칙(內則)」에 나온다.⑭ 이것은 사람이 사용하는 그릇이며, 그림과 형식이 같으므로 여기에서는 생략하고 싶지 않았다.】⑮

[釜, 量名, 容六斗四升曰釜, 故以所容爲名. 案『周禮』 「㮚氏」 "爲鬴." 賈

疏云, "謂量金汁入模, 以爲六斗四升之鬴." 又晏子曰, "齊舊四量, 豆·區·釜·鍾. 四升爲豆, 而四豆爲區, 四區爲釜, 釜十則鍾." 然則鬴卽釜也. 以金錫爲之, 與鐘鼎同齊. 謂四分其金, 而錫居其一. "深尺, 內方尺," "積千寸. 於今粟米法, 少二升八十一分升之二十二." "圓其外," 謂遶其口而圓之. 又厚之以爲脣耳在旁者而可舉也. 舊圖釜在畢·洗之間, 都不言所設之由, 又無尺寸之法. 但云釜制度受三斛, 或云五斛. 旣圖之失處, 而容受不定, 未詳據何制度有三五或說. 今據經傳明文賈鄭義注, 庶遵往式, 有補將來. 又案舊『圖』有釜而無斛, 但以二量之法互有異同, 原始要終, 相兼乃備. 故並圖之於前, 以爲諸器之準.〖案「聘禮」云, "飪一牢, 鼎九, 設于西階前."[1] 九鼎者, 牛一, 羊二, 豕三, 魚四, 腊五, 腸胃同鼎六, 膚七, 鮮魚八, 鮮腊九. 設扃幂. 今謂牛羊豕三鼎有圖, 各自象其形. 自魚腊已下, 並無其制, 以其物之細雜, 無所象故也. 蓋所用者, 常鼎而已. 又舊『圖』瑚璉及牟形制容受與簠簋相同. 且瑚璉, 夏殷之禮器, 其牟在『禮記』「內則」, 是人之用器, 圖制旣同, 今畧而不出.〗〕

1 　『儀禮』「聘禮」의 원문은 "飪一牢, 在西, 鼎九, 羞鼎三"인데, '羞鼎三'은 생략하였다.

① 부(鬴: 가마솥)로 삼는다: 이 구절의 『주례』 원문은 "量之以爲鬴"이다. '부'에 관해서 『주례』「고공기·율씨」에는 "계량하여 이것을 부라고 하는데, 깊이가 1척, 안은 네모나며 사방 1척이고 그 밖은 둥글다. 거기에 가득 채운 것이 1부이다[量之以爲鬴, 深尺, 內方尺而圜其外, 其實一鬴]" 라고 하였다. 이하 부에 관한 서술은 섭숭의가 대략적으로 정현 주와 가공언의 소를 풀어 설명한 것이다.

② 제(齊)나라에는 ~ 10부가 1종(鍾)이다: 『춘추좌전』「소공(昭公) 3년」 조에 보인다. 진(晉)나라의 숙향이 안자(晏子)를 만나 제나라의 향후 추세를 묻자 안자는 앞으로 제나라는 진씨(陳氏)에게 귀속될 것이라고 예언하는데, 그 근거로 제나라의 공식 도량형인 이 네 가지 양(量)을 예로 들어 설명하고 있다. 이른바 진씨가 '말로 주고 되로 받아' 백성의 인심을 산 것이 결정적인 원인으로 보고 있다.

③ (구리)쇠가 4에 ~ 배합을 말한다: 『주례』「고공기·주인(輈人)」에 "(구리)쇠와 (주석을) 배합하여 제조하는 법에는 6가지가 있다. (구리)쇠와 주석의 비율이 6대 1인 경우, 이것을 종정을 만드는 제조법이라고 한다. 5대 1인 경우, 이것을 도끼를 만드는 제조법이라고 한다. 4대 1인 경우 이것을 창과 극과 같은 무기류를 만드는 제조법이라고 한다. 3대 1인 경우 대도를 만드는 제조법이라고 한다. 5대 2인 경우, 살상용 화살촉을 만드는 제조법이라고 한다. 3대 3 반반의 경우 거울과 부싯돌을 만드는 제조법이라고 한다[金有六齊 : 六分其金而錫居一, 謂之鍾鼎之齊.

五分其金而錫居一, 謂之斧斤之齊. 四分其金而錫居一, 謂之戈戟之齊. 參分其金而錫居一, 謂之大刃之齊. 五分其金而錫居二, 謂之削殺矢之齊. 金錫半, 謂之鑒燧之齊.]"라고 하여 6종류의 제조법을 말하고 있다. 『삼례도』 본문에서 종정(鍾鼎)과 주조 비율이 4대 1로 같다고 하였는데, 앞의 「고공기·주인」에 의하면 종정은 6대 1이므로 경문과 맞지 않는다. 다만 쇠와 주석의 배합 비율을 주석의 함량에 따라 상제(上齊), 하제(下齊)로 구분할 경우 4:1의 합금도 상제에 해당되므로 '동제(同齊)'라고 할 수 있다.

④ 깊이는 1척이고 ~ 말한다: '깊이는 1척이고 그 안은 사방 1척이며'라는 문장은 『주례』의 원문이고 '(사방 1척은) 1,000촌을 쌓은 것'이라고 한 것은 정현의 주이다. 1,000촌에 대해 가공언의 소에서는 "방척이라 함은 위아래 좌우의 지름을 말하는데, 가로와 세로 모두 10이다. 1촌에 1절씩 쪼개면 1절에 사방 1촌의 사방 100을 얻을 수 있으니, 10절이면 1,000촌이 된다[方尺者, 上下及旁徑爲方尺, 縱橫皆十. 破一寸一截, 一截得方寸之方百, 十截則得千寸也.]"라고 하였다.

⑤ 속미법(粟米法): 『구장산술(九章算術)』 제2 「속미」편에는 속을 비롯하여 20여 가지 곡물이 열거되어 있고 각각의 환산비율표가 들어 있다. 여기에서 정현이 말한 '속미법'은 이를 일컫는다.

⑥ 필(畢): 희생의 몸체를 꿰는 꼬챙이와 같은 기구를 말한다. 그림과 자세한 내용은 【鼎俎圖13 : 11-畢】 참조.

⑦ 세(洗): 행례 시 손을 씻은 물을 받는 항아리를 말한다. 그림과 자세한 내용은 【鼎俎圖13 : 16-洗】 참조.

⑧ 그 기원부터 시작하여 (차이 나는) 결과를 따져보아[原始要終]: 『周易』「繫辭」下의 "『역』이라는 책은 (사물의) 근원을 탐구하여 그 결과를 요

구하는 것을 자신의 본령으로 한다[『易』之爲書也, 原始要終, 以爲質

也.]"라고 한 데에서 나온 말로, 여기에서는 곡과 부 두 도량형이 법식

에서 차이가 있는데, 그 원인과 결과를 궁구해야 한다는 의미이다.

⑨ 그러므로 함께 ~ 여러 기물의 표준으로 삼는다: 여기에서 '함께'라고 함

은 곡(斛)과 부(釜)를 「정조도」 맨 앞에 두고 그 뒤에 나열한 구정(九鼎)

및 여러 조(俎)들의 규격을 설명하는 기준으로 삼는다는 의미이다. 따라

서 다음 구절에서 언급한 호·련과 모는 부와 관련된 내용이라기보다는

권13 정조도 전체에 관한 서론격에 해당하는 문장으로 봐야 한다.

⑩ 1뢰(牢): 『주례』 「천관·재부(宰夫)」 정현의 주에서 "소(牛)·양(羊)·돼지

(豕) 세 가지 희생이 갖추어진 것이 一牢이다.[三牲牛羊豚具爲一牢.]"라

고 하였고, 『춘추공양전』 「환공 8년」 조 하휴(何休)의 주에서는 "소·

양·돼지 세 가지 희생이 갖추어진 것을 '태뢰(太牢)'라고 하고, 양과 돼

지가 갖추어진 것을 '소뢰(少牢)'라고 한다.[牛羊豕凡三牲曰'太牢', 羊豕

曰'少牢'.]"고 하였다. 오계공(敖繼公)은 경문의 '牢'는 太牢를 가리키며,

또 9가지의 삶아 익힌 고기를 9개의 鼎에 나누어 담고, 7가지의 익히지

않은 고기를 7개의 鼎에 나누어 담는데, 모두 '牢'라고 한 것은 牛·羊·

豕 3가지의 太牢를 위주로 표현했기 때문이라고 하였다.(호배휘, 『의례정

의』, 993쪽 참조).

⑪ 『儀禮』 「聘禮」의 원문에는 "飪一牢, 在西, 鼎九, 羞鼎三"이라고 하여

'羞鼎三'이 더 들어 있다. 수정(羞鼎)은 정식의 구정 외에 추가된 정을

말한다.

⑫ 호(瑚)·련(璉): 기장을 담는 제기를 말한다. 『論語』 「公冶長」에 孔子가

子貢을 두고 '瑚璉'이라고 칭하였다. 그 주에 "포함(包咸)이 말하기를,

호련은 기장을 담는 그릇이다. 하나라는 호, 은나라는 련, 주나라는 보

궤라고 하였다. 종묘에서 사용하는 제기 중 귀한 것이다[包曰, 瑚璉, 黍稷之器. 夏曰瑚, 殷曰璉, 周曰簠簋, 宗廟之器貴者.]"라고 하였다. 주에 인용된 포함(包咸)은 후한 유학자로서 『魯詩』와 『論語』에 정통한 것으로 알려졌다. 한편 『禮記』 「明堂位」에는 四代의 用器를 말하면서 "有虞氏의 兩敦와 夏后氏의 四璉과 殷나라의 六瑚와 周나라의 八簋이다"라고 하여, 하나라와 은나라의 제기 이름이 서로 바뀌어 있다.

⑬ 모(牟): 기장을 담는 제기를 말한다. 『예기(禮記)』 「내칙(內則)」 정현의 주에 의하면, 모(牟)는 무(整: 유약을 바르지 않고 구운 질그릇)의 뜻으로 읽고, 대(敦)와 함께 종묘 제사 때 기장을 담는 그릇이라고 하였다.

⑭ 『예기』 「내칙」에 나온다: 『禮記』 「內則」의 원문은 "대·무·치·이와 같은 식기는 (부모가 남긴) 대궁밥이 아니면 감히 사용하지 않는다(敦·牟·巵·匜, 非餕莫敢用)"이다. 그 정현의 주는 "모는 무로 읽는다. 대와 무는 기장을 담는 그릇이다(牟讀曰整也. 敦·牟, 黍稷器也)."라고 하였다.

⑮ 【살펴보건대 『의례』 빙례(聘禮)」에~ 싣지 않았다.】: 〖 〗으로 표시한 이 구절은 '부(釜)'에 관한 설명보다는 권13 「정조도」 전체에 관한 서론격 설명에 해당하여, 〖 〗로 표시하여 구분하였다. 곡(斛)과 부(釜)를 권13 「정조도」 맨 앞에 두어 이후 열거된 구정(九鼎) 및 여러 조(組)들의 규격을 설명하는 기준으로 삼고 있다. 언급된 호·련과 모는 부와 직접 관련된 내용이 아니고 고대 대표적인 제기인 호련과 모를 예로 들어 권13 「정조도」 전체를 설명한 것으로 보인다.

우정(牛鼎: 쇠고기를 담는 세발솥)①은 용량이 1곡(斛)②이다. 천자는 황금으로 장식을 하고, 제후는 백금으로 장식을 한다. 이제 서척[黍寸之尺]③으로 계산하면, 입지름과 밑지름 및 깊이가 모두 1척 3촌 3푼이다. 우정의 다리는 소의 다리 모양으로 하며, 각각의 다리 위에 소머리로 장식을 한다. 양정과 시정의 두 세발솥[鼎]도 이런 방식으로 한다. 이것이 이른바 '주나라의 예에서는 기물에 장식을 할 때 각각 그 종류에 맞추어서 한다.'④는 뜻이다.

[牛鼎受一斛. 天子飾以黃金, 諸侯飾以白金. 今以黍寸之尺計之, 口徑·底徑及深俱一尺三寸三. 足如牛, 每足上以牛首飾之. 羊·豕二鼎亦如之. 此所謂 '周之禮, 飾器各以其類'之義也.]

① 우정(牛鼎: 쇠고기를 담는 세발솥): '정(鼎: 세발솥)'은 희생을 담아 놓는 다리 세 개가 달린 솥이다. 확(鑊: 가마솥)에서 희생고기를 삶는데, 그것이 익으면 정(鼎)에 올려놓고 그 맛을 조리한다.

② 곡(斛): 곡물의 용량을 재는 용기 또는 용량의 단위이다. 『설문해자』 「두부(斗部)」에는 "곡은 10두이다(斛, 十斗也)."라고 하였지만, 남송 말에는 5두를 1곡으로 고쳤다. 자세한 설명은 앞의 [정조도 13:01] 참조.

③ 서척[黍寸之尺]: '찰기장의 길이를 척도로 삼는 것'으로, 고대 도량형 제도와 음률의 기준이 되는 황종누서법(黃鐘累黍法)에 의한 황종척을 의미한다. 황종척에 대해 『한서』 「율력지(律曆志)」에 "도(度)라는 것은 분(分)·촌(寸)·척(尺)·장(丈)·인(引)으로, 길이를 재는 도구이다. 본래 황종의 관(管) 길이에서 유래하는데, 거서(秬黍) 즉 중간 크기 찰기장 하나의 너비로 이를 잰다. … 기장 한 알의 너비가 1분이니, 10분이 1촌이고, 10촌이 1척이고, 10척이 1장이고, 10장이 1인이다[度者, 分寸尺丈引也, 所以度長短也. 本起黃鐘之長, 以子穀秬黍中者. 一黍之廣度之…一爲一分, 十分爲寸, 十寸爲尺, 十尺爲丈, 十丈爲引.]"라고 하였다. 여기서 척도의 기준은 찰기장을 쌓는 누서법(累黍法)에 의한 황종의 길이에 두었는데, 이를 '황종누서법'이라고 한다. 황종척은 음악의 음률을 정하는 기준으로 사용하였던 척도 기준으로서 황종누서법에 의해 90분을 황종의 길이, 즉 황종 율관의 길이로 하고 100분, 즉 10촌을 황종척 1척으로 하는 것이나 시대에 따라 다소의 차이가 있었던 것으로 생각

된다. 동주시대와 한대의 황종척 길이는 32.48cm였다. 우리나라 조선 세종 12년에 허조(許稠)와 박연이 중심이 되어 척도를 바로잡고자 했을 때, 황종척의 길이를 34.72cm로 고증했다고 한다. 현재 창덕궁에 소장된 단면 1.5cm×1.2cm, 길이 24.62cm의 사각 막대기형 유기로 만든 척(尺: 鍮尺)에는 사면에 각각 다른 척도가 정교한 눈금으로 5촌의 길이가 표시되어 있다. 이 가운데 한 면에 표시된 황종척 5촌의 길이가 17.33cm이므로, 1척의 길이는 34.66cm가 된다.(尹長燮,「韓國의 造營尺度」,『大韓建築學會誌』19권 63호, 1975.4, 4쪽 참조.)

④ 주나라의 ~ 맞추어서 한다: 용기에 담는 음식에 따라 그릇 장식을 만들었다는 뜻이다. 즉 쇠고기를 담으면 소 모양을, 돼지고기와 양고기에는 각각 돼지와 양의 모양을 장식했음을 의미한다.『의례』「소뢰궤사례」의 정현 주에 "밥그릇[敦]에 머리가 있는 것은 신분이 높은 사람의 기물 장식으로, 뚜껑을 거북 모양으로 장식한다. 주나라의 예에서는 기물에 장식을 할 때 각각 그 종류에 맞추어서 하였으니, 거북 장식에는 상갑(上甲)과 하갑(下甲)이 있다.[敦有首者, 尊者器飾也, 飾蓋象龜. 周之禮, 飾器各以其類, 龜有上下甲.]"고 하였다.

【鼎俎圖13：04-羊鼎양정】

鼎　羊

　양정(羊鼎: 양고기를 담는 세발솥)은 용량이 5두(斗)이다. 대부 또한 동(銅)
으로 만드는데, 장식은 없다. 이제 생각건대, 대부는 제사를 지낼 때 소뢰
(少牢)를 사용하기 때문에 우정이 없다.[①] 지금 서척으로 계산하면, 입지름
과 밑지름이 모두 1척이며 깊이는 1척 1촌이다.

　[羊鼎受五斗. 大夫亦以銅爲之, 無飾. 今謂大夫祭用少牢, 故無牛鼎. 今以
黍寸之尺計之, 口徑·底徑俱一尺, 深一尺一寸.]

① 대부는 제사를 지낼 때 ~ 우정이 없다: 대부(大夫)의 제사에는 양고기와 돼지고기[少牢]를 희생으로 사용하기 때문에 쇠고기를 담는 세발솥[牛鼎]이 없고, 사(士)의 제사에는 돼지 한 마리[特牲]를 희생으로 사용하기 때문에 쇠고기를 담는 세발솥(牛鼎)과 양고기를 담는 세발솥(羊鼎)이 없다. 호배휘에 따르면 천자와 제후는 태뢰(太牢: 牛·羊·豕)로, 대부는 소뢰(少牢: 羊·豕)로, 사는 특생(特牲: 特豕)으로 각각 제사를 지내는 것이 예(禮)의 정제(定制)이다.(호배휘, 『의례정의』, 2237쪽 참조.)

鼎　豕

시정(豕鼎: 돼지고기를 담는 세발솥)은 용량이 3두(斗)이다. 입지름과 밑지름이 모두 8촌이며, 깊이는 9촌을 조금 넘는다. 사(士)는 철로 만드는데, 장식은 없다. 이제 생각건대, 사(士)의 제사에는 특생(特牲)①을 사용하므로 양정이 없다. 혹자는 소·양·돼지 등 세 가지 희생을 담는 세발솥[鼎]은 모두 용량이 1곡이라고 말한다. 살펴보건대 우정·양정·시정에는 솥을 드는 가로막대[鼎扃]②가 있는데 길이가 서로 같지 않으니, 정마다 (용량이) 각각 다르기 때문이다. 혹자의 주장은 잘못된 것이다.

[豕鼎受三斗. 口徑·底徑皆八寸, 深九寸强. 士以鐵爲之, 無飾. 今謂士祭用特牲, 故無羊鼎. 或說三牲之鼎, 俱受一斛. 案下有牛羊豕鼎扃, 長短不同, 鼎宜各異. 或說非也.]

① 특생[特牲]: 제사에서 한 가지의 희생을 갖춘 것을 '특(特)'이라 하고, 두 가지의 희생을 갖춘 것을 '소뢰(少牢)'라고 칭하고, 세 가지의 희생을 갖춘 것을 '태뢰(太牢)'라고 한다. 『예기』「왕제(王制)」의 정현 주에 "'특'은 한 마리의 소를 가리킨다.[特, 特牛也.]"고 하였듯이 특생은 소 한 마리를 사용하는 경우를 말하지만, 『의례』「특생궤사례」에서는 '특시(特豕)' 즉 돼지 한 마리를 희생으로 사용한다.

② 솥을 드는 가로막대[鼎扃]: '경(扃)'은 세발솥의 양 귀를 관통하는 가로막대로서, 세발솥[鼎]을 들 때 사용한다. 본래 글자는 '멱(鼏)'이며 '현(鉉)'으로도 쓴다. 『설문해자』「정부」에 "鼏은 나무로 세발솥의 귀를 가로로 관통하여 드는 것이다. '鼎'을 따르고, '冖'이 발음을 나타낸다.[鼏, 以木橫貫鼎耳擧之. 從鼎, 冖聲.]"고 하였다. 『설문해자』「금부」에서는 "鉉은 鼎을 드는 도구이다.[鉉, 所以擧鼎也.]"라고 하였다. 『예기』「곡례 상」에 "문으로 들어갈 때 가로막대를 받들 듯이 한다.[入戶奉扃.]"고 한 것에 대해 공영달은 "예에 정경(鼎扃)이 있는데, 세발솥을 꿰는 도구이다. 오늘날 문에 빗장을 치는 나무가 정(鼎)을 꿰는 것과 서로 유사하기 때문에 또한 경(扃)으로 칭하게 되었다.[謂禮有鼎扃, 所以關鼎. 今關戶之木, 與關鼎相似, 亦得稱扃.]"고 하였다.(錢玄, 『三禮辭典』, 555쪽 참조.)

【鼎俎圖13：06-鼎冪정멱】

冪　鼎

살펴보건대, 『의례』「공사대부례(公食大夫禮)」에 "멱(冪: 세발솥 덮개보)
이란 묶기도 하고[束] 엮기도 한다[編]."라고 하였다. 정현의 주에서는 "정
멱은 대개 띠풀로 만든다. 긴 것은 밑동을 묶고 짧은 것은 가운데를 엮는
다."①라고 하였다. 이는 빽빽하고 촘촘하게 하여 기운이 새어나가지 않도
록 하기 위함이다.②

[案「公食大夫禮」云, "冪者, 若束若編." 注云, "凡鼎冪, 蓋以茅爲之. 長則
束本, 短則編其中央." 此蓋令其緻密, 不洩氣也.]

① 긴 것은 밑동을 묶고 짧은 것은 가운데를 엮는다: 황이주(黃以周)는 밑동
을 묶은 것은 '속멱(束冪)', 가운데를 엮은 것을 '편멱(編冪)'이라 하였다.

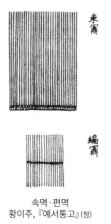

속멱·편멱
황이주, 『예서통고』(청)

② 이는 빽빽하고 촘촘하게 하여 ~ 위함이다.: 이 구절은 정현의 주에 보이
지 않는다. 섭숭의의 설명으로 보이는데, 우리나라 『세종실록』「五禮-
吉禮序例」에 실린 『祭器圖說』에는 모두 정현의 주로 처리하고 있다.

【鼎俎圖13：07-牛鼎局우정경·羊鼎局양정경·豕鼎局시정경】

경(扃: 솥을 드는 가로막대)은 세발솥(鼎)을 들어 올리는 도구이다. 『주례』
「고공기·장인(匠人)」 정현의 주에 "우정경(牛鼎扃:쇠고기를 담은 세발솥을 꿰어
서 드는 가로막대)은 길이가 3척이다."[①]라고 하였다. 양정경(羊鼎扃: 양고기를
담은 세발솥을 꿰어서 드는 가로막대)은 길이가 2척 5촌이다.[②] 시정경(豕鼎扃: 돼
지고기를 담은 세발솥을 꿰어서 드는 가로막대)은 길이가 2척이다.[③] (가로막대의)
양 끝을 각각 3촌씩 붉은색으로 옻칠을 한다.[④] 천자는 옥으로 양 끝을 장
식하고 제후는 황금으로 양 끝을 장식한다.[⑤] 이 역시 각각 3촌씩 붉은색
으로 장식한다.[⑥]

[扃以擧鼎. 鄭注「匠人」云, "牛鼎之扃, 長三尺." 羊鼎之扃長二尺五寸, 豕
鼎之扃長二尺. 漆丹兩端各三寸. 天子以玉飾兩端, 諸侯以黃金飾兩端. 亦各
三寸丹飾."]

① 우정경 ~ 3척이다: 『주례』「고공기·장인(匠人)」의 "묘문은 대경 7개를 늘어놓은 것과 같은 크기이다.[廟門容大扃七個]"에 대한 정현의 주이다. 정현은 '대경(大扃)'에 대해 "대경은 우정을 들어올리는 경이며 길이는 3척(大扃, 牛鼎之扃, 長三尺)"이라고 하였고, 가공언은 이 치수가 대략 『한예기제도(漢禮器制度)』에 근거한 것으로 보았다.

② 양정경 ~ 2척 5촌이다: 양정경(羊鼎扃)의 크기에 대해서는 정현의 주와 가공언의 소에 보이지 않으나 대경인 우정경이 3척, 소경인 향정경(膷鼎扃)이 2척인 것에 미루어보아 2척 5촌으로 추정한 듯하다.

③ 시정경 ~ 2척이다: 『주례』「고공기·장인(匠人)」의 "묘문은 대경 7개를 늘어놓은 것과 같은 크기이다.[廟門容大扃七個]"의 다음 구절에 "위문(闈門, 대궐의 쪽문)은 소경 3개를 늘어놓은 것과 같은 크기[闈門容小扃參個]"라고 하여 소경이 나온다. 정현은 "소경은 향정을 드는 가로막대로 길이가 2척[小扃, 膷鼎之扃, 長二尺]"이라 하였다. 가공언의 소에 의하면 '향정(膷鼎)' 역시 쇠고기국을 담은 세발솥이지만 우정(牛鼎)이 정식의 솥이라면 향정은 그것에 딸린 보조적인 솥[陪鼎]으로 이것을 들어 올리는 가로막대 역시 크기가 작아 소경이라 하였고 그 길이는 2척이라고 하였다.

④ 양 끝을 ~ 옻칠을 한다: 그림에서 검은색 부분이 아닌 바깥 양 끝을 말한다.

⑤ 천자는 옥으로~ 장식한다: 이 문장은 『모시(毛詩)』「주남(周南)·관저(關

雎)」장의 공영달의 주에 인용된 "『한시(韓詩)』에 '천자는 옥으로 장식하고 제후와 대부는 황금으로 장식한다.'[『韓詩』云, '天子以玉飾, 諸侯大夫皆以黃金飾'.]"에 보인다. 다만 『한시』에서 말한 대상은 뢰(罍)이지 경(扃)이 아니다.

⑥ 우정경·양정경·시정경의 크기 차이: 섭숭의는 『주례』 「고공기·장인(匠人)」의 정현의 주에 따라 경의 크기를 대-중-소로 구분하였고, 장식 또한 천자-제후-사로 구분하였다. 이에 대해 황이주는 근거 없는 설로 일축하고 있다. 그리하여 섭숭의가 추측한 중경(양경)을 빼고 대경과 소경만 그림으로 나타냈다. 황이주, 『예서통고』 제49 「名物圖」2, 2465쪽 참조.

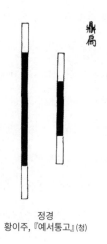

정경
황이주, 『예서통고』(청)

【鼎俎圖13：08-朼비】

朼

『예기』「잡기(雜記)」에 "비(朼: 희생 고기를 건져 내는 큰 수저)①는 뽕나무[桑]로 만들고 길이는 3척이다."라고 하였다. 정현의 주에 "비(朼)는 희생의 고기를 (솥에서) 건져 내는 도구이다. 상제(喪祭)②에는 뽕나무로 만든 것을 사용하고③ 길제(吉祭)에는 멧대추나무[棘]로 만든 것을 사용한다."라고 하였다. 공영달의 소에서는 『의례』「특생궤사례·기(記)」를 인용하여 "비(朼: 숟가락)이다."라고 하였다. (그리하여) 옛 『삼례도』에는 아래에 별도로 각비(刻朼: 용머리가 새겨진 숟가락)가 있었는데, 이는 중복일 뿐, (비의) 정식 규정이 아니다. 여기에서는 생략하고 그려 넣지 않는다.

[「雜記」云, "朼¹以桑, 長三尺." 注云, "朼, 所以載牲體者也. 喪祭用桑, 吉則用棘." 孔疏引「特牲記」曰, "朼也."² 舊『圖』下別有刻朼, 是其重也, 旣非法制. 今亦略而不圖.]

---

1 『禮記』「雜記」 원문에는 '枇'로 되어 있다.
2 『禮記』「雜記」 孔穎達의 疏 원문은 "「特牲記」云, 枇用棘心是也."이다.

① 비(柀): '비(柀)'는 '비(匕)'로도 쓴다. 「雜記」 원문에는 '枇'로 되어 있다. '비'에는 세발솥[鼎]에서 희생고기를 건져 낼 때 사용하는 '생비(牲匕)'와 음식이나 술을 뜨는 '반비(飯匕)'가 있다. 그 형상은 서로 비슷한데, '생비'가 비교적 크다. 상제(喪祭)에는 뽕나무로 만든 것을 사용하고, 길제(吉祭)에는 멧대추나무로 만든 것을 사용한다. 『예기』「잡기 상(雜記上)」에 "비(枇: 희생을 건져 내는 숟가락 모양의 도구)는 뽕나무로 만든 것을 사용하는데 길이는 3척이다. 어떤 이는 5척이라고도 한다.[枇以桑, 長三尺, 或曰五尺.]"고 하였는데, 정현은 "'비(枇)'는 희생을 건져 내는 기구이다. 이것은 상제(喪祭)의 경우를 가리킨다. 길제(吉祭)의 비(枇)는 대추나무로 만든 것을 사용한다.['枇', 所以載牲體者. 此謂喪祭也. 吉祭, 枇用棘.]"고 하였다. 학경(郝敬)은 '극심(棘心)'은 멧대추나무 속이 붉은 것이라고 하였다.[棘木心赤].(호배휘, 『의례정의』권36, 2206쪽 참조.)

② 상제(喪祭): 일반적으로 상례(喪禮)와 제례(祭禮)를 말하는데, 여기에서는 흉례(凶禮)를 일컫는다.

③ 상제(喪祭)에는 뽕나무로 만든 것을 사용하고: 상제에 뽕나무로 만든 비(큰 수저)를 사용하는 이유에 대해 『의례』「사상례(士喪禮)」 정현의 주에는 "'상(桑)'이라는 글자는 잃는다는 뜻이다.[桑之爲言喪也.]"라고 하여 '喪'의 음에 맞추어 '桑'(뽕나무)을 사용한 것으로 풀이하였다.

匕　疏

　　『의례』「유사철(有司徹)①」에 "옹인(雍人)①은 2개의 조(俎)②를 합쳐서 들고 양조(羊俎)③의 서쪽에 진설하는데, 양조와 나란하게 진설하고, 모두 서쪽을 향하여 종(縱)으로 놓는다. 2개의 소비(疏匕: 문양을 새긴 고깃국물을 뜨는 숟가락)를 그 위에 엎어 놓는데, 모두 조(俎)의 방향에 따라 종으로 나란히 놓고, 손잡이 부분[枋]【('枋'의) 음은 柄(병)이다.】이 서쪽을 향하도록 한다."④라고 하였다. 정현의 주에 "소비는 비(匕)의 자루에 문양이 새겨진 장식이 있다."라고 하였다. 가공언의 소에는 "소비의 '소'는 위에서 아래까지 문양을 새겼기 때문에 붙여진 것이며, 소병(疏屛: 문양을 새긴 병풍)⑤과 같은 경우이다. 정현은 '소병(疏屛)'에 대해 운기(雲氣)와 동물[蟲獸]의 문양이 새겨진 것이라고 하였다. 그런데 소비는 운기만으로 자루 전체를 장식하였다."라고 하였다. 옛 『삼례도』에 "소비(疏匕)도 형태는 반초(飯□)⑥【('□'의) 음은 鍫(초)이다.】와 같고 멧대추나무로 만든다. 길이는 2척 4촌이고 머리 부분[葉]의 길이는 8촌, 너비는 3촌이다. (소비의) 자루와 머리는 연결되어 있고 모두 붉은색으로 칠한다"라고 하였다. 살펴보건대 『의례』「유사철」

'도비(挑匕)'⑦에 관한 정현의 주에 "이 또한 천승(淺升)⑧의 형태로 만든다"
라고 하였으니,⑨ 머리 부분까지 (문양을) 새겨 넣는 것은 아마도 틀린 것 같
다.⑩ 역시 천승은 붉은색으로 칠하고 (자루에) 운기를 그려 넣는 것이 옳다.

[「有司」云, "雍人合執貳俎, 陳于羊俎西, 並, 皆西縮. 覆貳疏匕于其上, 皆
縮俎, 西枋【音柄】." 注云, "疏匕, 匕柄有刻飾." 賈疏云, "以其言疏是疏通刻
之, 若疏屛之類. 鄭注'疏屛', 以爲刻畫雲氣蟲獸. 此唯刻畫雲氣通飾其柄." 舊
『圖』"疏匕亦形如飯□【音鏊】, 以棘爲之. 長二尺四寸, 葉長八寸, 博三寸. 其
柄葉通疏, 皆丹漆之." 案'挑¹匕'注云, "此亦淺升爲之", 通疏其葉, 似失之矣.
亦丹淺升幷雲氣爲是.]

---

① 옹인(雍人): 정현에 의하면 "옹인은 희생을 자르고 요리하는 일을 담당하는 사람[雍人, 掌割亨之事者]"이다. 보통 옹인은 옹정(雍正)과 옹부(雍府)를 가리켜 통칭하기도 한다.(호배휘, 『의례정의』, 2329쪽 참조.)

② 2개의 조(俎): 이 구절 앞에 사토(司士)와 사토의 찬자(贊者)가 들고 온 4개의 조가 모두 양조(羊俎)인데, 이것이 정조(正俎)이고 여기에서 말한 2개의 조는 추가로 보낼 때 사용하는 가조(加俎)를 말한다.

③ 양조(羊俎): 조(俎)는 제사고기를 담는 적대이니, 일반적으로 양조는 양고기를 담은 적대를 말하는데, 여기에서는 양고깃국물을 담은 적대를 말한다.

④ 옹인(雍人) ~ 한다: 『의례』 경전에 언급된 '양조(羊俎)'에는 일반적으로 양고기국물[羊肉㵎]을 올리므로 국물을 떠서 고수레를 할 때 사용하는 비(匕)를 같이 올려놓는 것을 설명한 것이다. 제물의 종류에 따라 양비음(羊匕㵎) 혹은 시비음(豕匕㵎)이라고 한다.(호배휘, 『의례정의』, 2329쪽 참조.)

⑤ 소병(疏屛): 『예기』 「명당위(明堂位)」에 "소병은 천자의 묘의 장식이다.[疏屛, 天子之廟飾也.]"라고 하여 담장에 구름과 동물 문양을 새겨 장식한 것을 말한다. 공영달의 소에서는 "(소병의) 소는 (문양을) 새긴 것을 말한다.[疏, 刻也.]"라고 하였다.

⑥ 반초(飯□): □가 문원각본 『삼례도집주』에는 '棗'으로 되어 있다. 한편 『의례』 「유사철」 정현의 주에는 "형태가 반삼(밥을 담는 주걱)과 같

다.[狀如飯槮]"고 하여 槮 부분이 '삼(槮: 밥을 퍼 담는 수저)'으로 되어 있다.

⑦ 도비(挑匕): 고깃국물을 뜨는 긴 자루의 숟가락. 『의례』 「유사철」의 원문에는 '挑'가 '桃'로 되어 있다. 그리하여 정현의 주에 금문본(今文本)에는 '桃'가 '抗(유: 퍼내다)'로 되어 있으며, 글자가 간혹 '挑'로 되어 있는데, 이것은 진인(秦人)의 말이라고 하였다. '도(桃)'는 가래[畝]의 뜻이니, '或春或抗(혹은 방아 찧고, 혹은 절구에서 퍼내고)'이라고 할 때의 '유(抗, 퍼내다)'의 뜻으로 읽는다는 의미다.

⑧ 천승(淺升): 보통 삭(勺 : 국자)의 升이 깊은 것에 비해 얕은 것을 가리키는데, 도비(桃匕)의 경우 깊이가 얕고 자루가 길어 '천승'이라 한 것이다. 그런데 단옥재(段玉裁)의 『설문해자주(說文解字注)』와 왕념손(王念孫)의 『광아소증(廣雅疏證)』에는 이 문장을 인용하면서 모두 '升'을 '斗'로 바꾸었다. 의미상으로 볼 때 '升'은 '斗'가 되어야 한다.(北京大整理本 『儀禮註疏』 권49, 1093쪽 교감기 및 호배휘의 『의례정의』 권39, 2349쪽 참조.)

⑨ 살펴보건대 ~ 하였으니: 이 구절은 『의례』 「유사철」의 "옹인(雍人)은 차빈(次賓)에게 소비(疏匕)와 조(俎)를 건네준다. 차빈은 양정(羊鼎)의 서쪽에서 받는데, 왼손으로 조의 왼쪽 끝부분을 잡아 종의 방향으로 내려놓고, 오른손 바닥을 위로 하여 소비의 손잡이 부분을 잡고서 조 위에 종의 방향으로 내려놓고, 그런 후에 동쪽을 향하여 양정의 서쪽에서 국물을 받는다. 사마(司馬)는 양정의 동쪽에서 두 손으로 도비(桃匕)의 손잡이 부분을 잡고 그것으로 국물을 떠서 소비(疏匕)에 따르는데, 이와 같이 하기를 세 번 한다.[雍人授次賓疏匕與俎, 受于鼎西, 左手執俎左廉, 縮之, 卻右手執匕枋, 縮于俎上, 以東面受于羊鼎之西. 司馬在羊鼎之東, 二手執桃匕枋以挹湇, 注于疏匕, 若是者三.]"라고 한 데에서 인용한 것이

다. 옹인은 소비를, 사마는 도비를 사용하여 국물을 뜨는데, 소비와 도비 모두 천승(국자의 깊이가 얕고 자루가 김)의 형태를 하고 있다고 정현은 설명하였다.

⑩ 머리 부분까지 ~ 틀린 것 같다: 옛 『삼례도』가 머리[葉]에서 자루[枋]까지 붉은색을 칠한다는 설명에 대해 섭숭의는 잘못된 것 같다고 본 것이다. 그리하여 소비의 그림을 보면 국자의 움푹 들어간 곳(천승) 부분만 붉은색 칠을 하였고 자루에는 구름 문양이 새겨져 있다.

　『의례』「유사철(有司徹)」에 "사마(司馬)는 양정(羊鼎)의 동쪽에서 두 손으로 도비(挑匕: 고깃국물을 뜨는 긴 자루의 숟가락)의 손잡이 부분[枋]【('枋'의) 음은 柄(병)이다.】을 잡고 그것으로 국물을 떠서 소비(疏匕)에 따른다."라고 하였다. 정현의 주에서는 "도(挑)는 가래[歃]라는 뜻이니, '혹은 방아 찧고 혹은 절구에서 퍼낸다[或舂或抌]'라고 할 때의 '유(抌 : 퍼내다)'【('抌'의) 음은 由(유)이다.】의 뜻으로 읽는다. 글자가 혹 '도(挑)'로 되어 있는 것은 진인(秦人)의 말이다. '주(注)'는 쏟다[寫]는 뜻이다."라고 하였다.[①] 정현은 소비와 도비 모두 천승(淺升)[②]이 있고 그 모양이 반초(飯□)【□의 음은 鍫(초)이다.】[③]와 같으며, '도(挑)'는 자루가 긴 수저로 그릇 속에서 내용물을 퍼낼[抒] 수 있다고 해석하였다. '저(抒: 퍼내다)'【('抒'의 음은) 直과 呂의 반절(저)이다. '골라 뽑다[取]' '국물을 뜨다[挹]'는 뜻이다.】 글자에 대해서는 또 『(모)시(詩)』에서 "혹은 방아 찧고 혹은 절구질하며(或舂或抌)"라고 한 구절을 인용하였는데, 오늘날의 『시』에는 '저(抌)'가 '유(揄:끌어내다)'【('揄'의) 음은 由(유)이다.】로 되어 있다.[④] 그 전(箋)에는 "방아를 찧어 절구에서 꺼내는 것[舂而抒出之]"이라고 풀이하였다. 그러므로 『모시(毛詩)』 정전(鄭箋)과 (『의례』) 「유사철」 정현의 주는 '저(抒)'를 (내용물을) '취하여 꺼내다[取挹]'는 의미로 해석한 것으로, 두 가지 해석 모두 차이는 없다. 옛 『삼례도』에는 "도비(挑匕)는 자루 끝과 천승(淺升)의 속을 붉은색으로 칠한다. 자루와 머리의 크기와 너비는 소비와 같다."라고 하였다.

[「有司」云, "司馬在羊鼎之東, 二手執挑匕[1]枋【音柄】, 以挹湆, 注于疏匕." 注云, "挑謂之歃,[2] 讀如'或舂或扰'之'扰'[3]【音由】字或作挑者, 秦人語也. 注, 寫也." 鄭意以疏匕挑匕皆有淺升, 狀如飯□【音鰲】, 挑, 長柄, 可以抒物於器中者也. 抒【直呂反, 取也, 挹也.】, 又引『詩』 "或舂或扰." 今『詩』'扰'作'揄'【音由】箋云, "舂而抒出之." 彼箋此注以抒爲取挹, 兩義無差. 舊『圖』, "挑匕, 漆柄末及淺升中, 皆朱. 柄葉長短廣狹與疏匕同."]

---

1 '挑匕'는 현행본 『儀禮』 「有司徹」에는 '桃匕'로 되어 있다.
2 '歃(합: 다하다)'은 정현의 주 원문에는 '歃(삽: 가래)'으로 되어 있다.
3 '扰'이 『儀禮』 「有司徹」 정현의 주에는 '抌(유: 퍼내다)'로 되어 있다.

① 『의례』「유사철(有司徹)」에 ~ 라고 하였다.: 섭숭의는 도비(挑匕)를 설명하기 위해 경전 『의례』「유사철」과 그 정현의 주를 인용하고 있다. 그런데 「유사철」 원문과 정현의 주에는 '挑匕'가 '桃匕'로 되어 있다. 이에 대해 섭숭의는 '桃(도: 복숭아나무)' 즉 재질로 해석하지 않고 '挑(도: 퍼내다, 끌어올리다)'로 설명하기 위해 『모시』의 다른 주를 인용하여 설명하고 있다. 전체적으로 도비에 관한 설명은 '挑'를 동작으로 해석하여 기능면에서 도비를 정의하고 있다. 정현이 주에서 인용한 『모시』 구절은 현행본 『시』「대아(大雅)·생민(生民)」편에는 '或舂或揄'라고 하여 '抭(유: 퍼내다)'가 '揄(유: 끌어올리다)'로 되어 있다. 『모전(毛傳)』에서는 "揄는 절구에서 퍼낸다는 뜻이다.[揄, 抒臼也.]"라고 하였다. 한편 『주례』「지관(地官)·용인(舂人)」과 『한시(韓詩)』에는 '抭'로 되어 있다.

② 천승(淺升): 보통 자루가 달려 술이나 음료를 뜨는 기구의 머리 부분을 가리킨다. 머리 부분이 깊은 것에 비해 얕은 것을 '천승'이라 한다. 혹자는 '升'이 '斗'가 되어야 한다고 하는데, 자세한 내용은 앞의 소비(疏匕) 항목 '천승' 주를 참조.

③ 반초(飯棗): 『의례』「유사철」 정현의 주에는 반삼(飯椮: 밥을 퍼 담는 주걱)으로 되어 있다. 출처와 자세한 내용은 앞의 소비(疏匕) 항목을 참조.

④ 오늘날의 『시』에는 ~ 되어 있다: 여기에서 '오늘날'이라고 한 것은 섭숭의가 살았던 북송 시대를 가리킨다. 현행본 『모시』에도 '抭'가 '揄'로 되어 있어 섭숭의 시대와 같음을 알 수 있다.

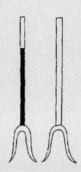

『예기』「잡기(雜記)」에 "필(畢: 희생의 몸체를 꿰는 기구)은 뽕나무를 사용하며, 길이는 3척이고, 자루와 끝을 깎는다[刊]①"라고 하였다. 공영달의 소에 "주인(主人)이 (삶은) 고기를 들어 올릴 때 필(畢)을 가지고 고기를 드는 것을 돕는다. '뽕나무를 사용한다(用桑)'는 것은 역시 상제(喪祭)를 말한 것이다. 길제(吉祭)일 때에는 역시 멧대추나무를 사용한다(用棘). '끝[末]'이란 필(畢)의 갈래창[叉] 부분을 말하며, 갈래창의 머리 부분 역시 깎아 낸다[刊削]"라고 하였다. 『의례』「특생궤사례(特牲饋食禮)」에 "종인(宗人)②은 필(畢)을 잡고 먼저 (묘문으로) 들어간다"라고 하였고, 정현은 "필(畢)의 형상은 갈래창[叉]과 같다. 필성(畢星)③과 비슷하게 생겼기 때문에 그렇게 이름한 것이다"라고 하였다. 옛『삼례도』에 "머리 부분의 너비는 3촌, 가운데 1촌을 파내어 갈래창[叉]을 만든다. 자루의 길이는 2척 4촌이다. 자루의 끝과 양쪽 머리 부분에 칠을 하는데, 모두 붉은색으로 칠을 한다"라고 하였다. 섭숭의 내가 살펴보건대 필(畢)과 비(枇) 이 두 가지 법제에 관해서는 『예(禮)』에 명문(明文)이 있다. 상제에는 뽕나무를 사용하는데 동음으로 이름을 취하여④ 몹시 애통해 함을 표하였으며, 길제에는 멧대추나무[棘]를 사용하는데 그 붉은 속을 취하여 지극히 공경하는 마음을 다했다. 성인이 예의제도를 만들 때 의도를 가지고 사물을 환기시키는 경우가 있다고 하였는데[有以故興物者],⑤ (필과 도비의 경우도) 이와 같이 그 의미가 깊다. 이제 필과 도비 두 물건에 뽕나무와 멧대추나무를 모두 붉게 칠을 한다면 애통해 하는 감정을 망치고 멧대추나무의 붉은 속처럼 공경하는 마음을 저멀리 내팽개치는 것과 같다. 붉게 칠을 하는 것은 법식으로 삼을 만하지 못하고 사실 불경(不經)이라 할 수 있다.⑥ 이제 두 가지 방식을 나란히 오른쪽(위)에 그림으로 그려 넣으니 잘 선택해서 사용하기를 바란다.

[「雜記」云, “畢用桑, 長三尺, 刊其柄與末.” 孔疏云, “主人擧肉之時, 以畢助主人擧肉也. 用桑者, 亦謂喪祭也. 吉時亦用棘, 末謂畢叉, 末頭亦刊削之也.” 又「特牲禮」云, “宗人執畢, 先入.” 鄭云, “畢狀如叉, 蓋爲形似畢星, 故名焉.” 舊『圖』云, “葉博三寸, 中鏤去一寸, 柄長二尺四寸, 漆其柄末及兩葉, 皆朱.” 臣崇義案畢枇二制, 『禮』有明文, 喪祭用桑, 取其同名, 表有哀素, 吉祭用棘, 取其赤心, 盡其至敬. 蓋聖人制禮, 有以故興物者, 如此之深也. 今若以畢枇二物桑之與棘皆漆而丹之, 則亡哀素之情, 遐棄赤心之敬. 旣無所法, 實謂不經. 今亦並圖於右, 冀擇而用之.]

① 필은 ~ 자루와 끝을 깎는다[刊]: 여기에서 '刊'은 정현의 주와 공영달의
소 모두 '깎다(削)'로 해석하였다.

② 종인(宗人): 호광충(胡匡衷)은 '宗人'은 私臣으로서 禮와 宗廟를 관장하
는 자라고 하였고, 호배휘(胡培翬)는 禮를 관장하는 관직에 대해서 천자
의 경우에는 '宗伯'이라고 하고, 제후 이하는 통틀어서 '宗人'이라고 한
다고 하였다. 제후와 대부는 자체적으로 家臣을 宗人으로 삼는다. 士
는 비록 신분은 낮지만 또한 家臣을 두어 의례의 절차를 주관하게 하는
데 대부의 종인 직과 같다.(호배휘, 『의례정의』, 23쪽 참조.)

③ 필성(畢星): 필성은 28수(宿)의 하나로, 서방 백호의 7수 가운데 5번째
별자리이다. 8개의 작은 별들로 구성되는데, 그 분포하는 형상이 사냥
할 때 사용하는 그물망[畢, 網]과 비슷해서 '필(畢)'이라고 한 것이다. 고
대인들은 '필성(畢星)'이 군대와 비를 주관한다고 여겼다. 학의행은 "필
성은 8개의 별들이 포개어 꿰어져 있는데 양쪽으로 갈라져 나온다. 따
라서 '畢의 형상이 叉와 같다'는 것은 끄트머리를 갈라놓은 형상을 두
고 말한 것으로, 필성이 양쪽으로 갈라져 나오는 형상과 유사하기 때문
에 그렇게 명명한 것이다. 또 짐승을 가려서 잡는 그물망을 '필(畢)'이라
고 한 것도 필성에서 이름을 취한 것이다"라고 하였다.(호배휘, 『의례정
의』 권35, 2116쪽 참조.)

④ 상제에는 ~ 동음으로 이름을 취하여: 상제의 '喪' 자와 같은 음인 '桑'
나무를 사용하였다는 의미이다.

⑤ 성인이 ~ 사물을 환기시키는 경우가 있다고 하였는데[有以故興物者]: 『예기』「단궁 하」에 "자유가 말하였다. 예에는 감정을 죽이는 경우가 있고 일부러 물건에 빗대어 감정을 불러일으키는 경우가 있다. 감정대로 곧바로 행하는 것은 오랑캐의 도이지, 예의 도리에는 그렇지 않다.[子游曰, 禮有微情者, 有以故興物者, 有直情而徑行者, 戎狄之道也. 禮道則不然.]"라고 한 데에서 인용한 말이다. 자유는 선왕이 예의를 제정할 때 감정을 절도 있게 하는 방법[微情]과 최질(衰絰)과 같이 사물에 빗대어 슬픔의 정도를 나타내는 방법에 대해서 말하고 있다.

⑥ 붉게 칠을 하는 것은 ~ 불경(不經)이라 할 수 있다: 경전과 그 주소의 설명에 따르면 상제에 사용한 필과 길제에 사용하는 필은 각각 뽕나무와 멧대추나무를 사용하여 용도에 따라 소재를 구분하고 있는데, 옛 『삼례도』에는 이와 상관 없이 자루 부분과 갈래 창을 모두 붉은색으로 칠한다고 하였으니, 이 점이 경전에 서술된 것과 맞지 않는다는 말이다. 그럼에도 불구하고 섭숭의는 두가지 방식을 모두 보여 주고 사용자에게 선택하도록 권하고 있다.

　형(鉶: 국그릇)은 국을 담는 그릇이다. 용량은 1승(升)이고, 입지름은 6촌이다. 3개의 다리가 있는데, 다리의 높이는 1촌이다. 양쪽에 귀가 있고, 뚜껑이 있다. 사(士)는 철로, 대부(大夫)는 동으로, 제후는 백금(白金)으로, 천자는 황금(黃金)으로 장식한다.②【구본(舊本)에는 이상의 문장이 없다.】 옛 『삼례도』에 "형(鉶)은 용량이 1두(斗)이다. 양쪽에 귀가 있고 3개의 다리가 있으며 높이는 2촌이다. 뚜껑이 있다. 사는 철로, 대부 이상은 동으로, 제후는 백금으로, 천자는 황금으로 장식한다"라고 하였다. 신(臣) 섭숭의가 살펴본 바는 다음과 같다. 형(鉶)은 국을 담는 그릇, 즉 형정(鉶鼎)이다. 그러므로 『주례』「천관·형인(亨人)」에 "제사 지낼 때 형갱(鉶羹)을 제공한다."라고 하였고, 『주례』「추관·장객(掌客)」 정현의 주에 "(희생을) 죽이지 않는 경우에는 형정(鉶鼎)이 없다."라고 하였다. 또 『의례』「공사대부례(公食大夫禮)」의 정현 주에 "형은 나물을 넣어 간을 맞춘 국을 담는 그릇이다"라고 하였다. 그러므로 가공언은 소에서 (정현의 이 주는)「공사대부례」 아래 구절을 인용하여 "쇠고기 국에는 곽(藿: 콩잎)을 넣고 양고기 국에는 고(苦: 씀바귀)를 넣고 돼지고기 국에는 미(薇: 고사리)를 넣는다."라고 한 것을 두고 한 말이라고 하였다. "나물을 국에 넣어 간을 맞춘다. 이렇게 간을 맞춘 국을 형에 담으니 그러므로 그릇[器]이라고 말한 것이다. 그러므로 국이 형에 들어 있는 것을 가지고 말하면 형갱(鉶羹), 그릇을 가지고 말하면 형정(鉶鼎), 정정(正鼎)의 뒤에 진설되는 것을 가지고 말하면 배정(陪鼎), 서서(庶羞: 여러 가지 맛난 음식)를 가지고 말하면 수정(羞鼎)이라고 한다. 기실 모두 다 하나이다③"라고 하였다. 이제 서척으로 계산하면 입지름과 밑지름 그리고 깊이 모두 6촌이며 용량은 1두이다. 오늘날 제기 중 나무로 만든 것을 보면 평평한 밑바닥에 다리가 없고 붉은 기름으로 '동(銅)'(鉶)④ 자가 쓰여 있다. 아마도 잘못 전승된 것 같다. 그러므로 경문과 주소의 해석을 폭넓게 찾아보고 형정의 사용처를 살펴보고 나서 위와 같이 그림을 그려 놓았다. 형에는 대개 (국을 뜨는) 사(柶: 숟가락)가 있다.

[鉶以盛羹, 受一升, 口徑六寸, 有三足, 足高一寸, 有兩耳, 有蓋. 士以鐵, 大夫以銅, 諸侯以白金飾, 天子以黃金飾【舊本無此已上文.】舊『圖』云, "鉶, 受一斗, 兩耳, 三足, 高二寸, 有蓋. 士以鐵爲之, 大夫已上以銅爲之, 諸侯飾以白金, 天子飾以黃金." 臣崇義案, 鉶是羹器, 卽鉶鼎也. 故『周禮』「亨人」, "祭祀則供鉶羹", 而「掌客」注云, "不殺則無鉶鼎." 又「公食大夫禮」注云, "鉶者[1], 菜羹和之器." 故疏引"下『記』'牛以藿, 羊以苦, 豕以薇.' 是菜和羹也, 以鉶盛此羹, 故云之器. 然則據羹在鉶, 則曰鉶羹. 據器言之, 則曰鉶鼎. 據在正鼎之後設之, 則謂之陪鼎. 據入庶羞言之, 則謂之羞鼎. 其實一也." 今以黍寸之尺計之, 其口徑底徑幷深皆六寸, 乃受一斗之數. 今見祭器中有以木爲之者, 平底無足, 紅油畫之銅[2]字. 恐相傳爲誤, 故廣引經文注義, 鉶鼎施用所在, 圖之於右. 凡鉶有柶.]

---

1 鉶者: 「公食大夫禮」의 정현의 주 원문에는 '者'자가 없다.
2 銅: 문원각본에는 '鉶'으로 되어 있다. 丁鼎, 『新定三禮圖』, 411쪽 주 ⑦ 참조.

① 鉶鼎형정: 목록에는 '鉶'으로 되어 있으나 그림 제목에는 '鉶鼎'으로 되어 있다. 섭숭의는 「공사대부례」의 가공언의 소를 인용하여 '형(鉶)'은 국을 담는 그릇으로 곧 '형정(鉶鼎)'이라고 하였다. 국을 담는 측면에서는 '형갱(鉶羹)'이라 하고, 그릇을 형태로 말하면 '형정(鉶鼎)'이라 하고, 그릇 안에 서수(庶羞: 여러 가지 맛난 음식)를 담는 측면에서는 '수정(羞鼎)'이라고 하는데, 기실 모두 같은 것이라고 하였다. 그러나 황이주(黃以周)는 대갱(大羹) 즉 나물을 넣지 않고 끓인 고깃국물은 등(㽅: 鐙, 질그릇 제기)에 담고, 형갱(鉶羹) 즉 나물을 넣어 간을 맞춘 고깃국은 형(鉶)에 담으므로, '형'은 희생을 담는 정(鼎)에 속하는 것이 아니라고 하였다. 또 『태평어람』에 인용된 옛 『삼례도』에는 다리의 높이가 1촌이라고 하였는데, 섭숭의는 형(鉶)을 정(鼎)의 일종으로 이해했기 때문에 이를 바꾸어서 '다리가 3개 있는데 높이는 1촌'이라고 한 것은 잘못이라고 비판하였다. '형(鉶)'은 국을 담는 그릇이고, '정(鼎)'은 희생을 담는 그릇이므로 두 그릇은 구별되어야 한다고 하였다.(『禮書通故』 권47, 187쪽 참조.)

② 형(鉶: 국그릇)은 ~ 장식한다.: 『삼례도집주』 원주(原註)에 의하면 구본에는 이 구절이 없다고 하였다. 뒤 이어 서술된 옛 『삼례도』 규정과 비교해 보면, 다리 3개에 뚜껑이 있으며 양쪽에 귀가 있는 형태는 같으나 용량(1승과 1두)과 다리의 높이(1촌과 2촌)의 규정이 각각 다르다.

③ 『의례』 「공사대부례(公食大夫禮)」의 ~ 기실 모두 다 하나이다: 『의례』 「공사대부례(公食大夫禮)」의 원문은 "재부(宰夫)는 4개의 형(鉶: 국그릇)을

두(豆)의 서쪽에 진설하는데, 동쪽을 윗자리로 삼는다. 쇠고깃국을 넣은 형의 서쪽에 양고기 국이 담긴 형을 놓고, 양고기 국의 남쪽에 돼지고기 국이 담긴 형을 놓고, 돼지고기 국의 동쪽에 쇠고깃국이 담긴 형을 놓는다.[宰夫設鉶四于豆西, 東上, 牛以西羊, 羊南豕, 豕以東牛.]" 가공언은 형갱, 형정, 배정, 수정 모두 형을 상황에 따라 달리 부른 명칭으로 보았고 섭숭의는 가공언의 해석에 따라 그릇의 형태로 형정이라고 한 것이다.

④ '동(銅)'(鉶): 문원각본에는 '형(鉶)'으로 되어 있는데(丁鼎, 『新定三禮圖』, 411쪽 주 ⑦ 참조), 문맥상 '鉶'이 맞다.

예주[醴]①에는 사(柶: 숟가락)가 있는데, 뿔로 만든다.② 형(鍘: 국그릇)에 사가 있는데, 나무로 만든다.③ 옛 「삼례도」에 "사(柶)의 길이는 1척이고 그 엽(欓: 숟가락 머리)의 너비는 3촌(寸)【'欓'의 음은 葉(엽)이다. 원래는 2촌으로 되어 있다. 예주의 사는 2촌이 되어야 한다.】이고, 굽은 자루[曲柄]의 길이는 6촌이다. (숟가락 머리) 속과 자루의 끝을 붉은색으로 칠한다."라고 하였다.

신 섭숭의가 살펴보건대, 『의례』 「빙례(聘禮)」에 "숟가락으로 예주를 떠서 고수레를 하고"④ "숟가락의 머리는 위로 향하게 한다.[尙欓]"⑤라고 하였다. 또 「소뢰궤사례(少牢饋食禮)」에 "시동이 양형(羊鍘: 양고기국 솥)에서 사(柶: 숟가락)로 국을 떠서 고수레를 하고, 이어 시형(豕鍘: 돼지고기국 솥)에서 사로 국을 떠서 고수레를 한다."라고 하였고, 또 「사관례(士冠禮)」 정현의 주에는 "사는 모양이 비(匕: 수저)와 같고 뿔로 만드는데, 매끄럽게 하기 편해서이다."⑥라고 하였다. 지금 형에서 (국을 떠) 고수레하는 데 사용하는 사(柶)는 나무를 사용하고 있다. 이 또한 모양이 소비(疏匕)와 같아야 하며 천승(淺升: 깊이가 얕은 국자)의 형태로 만들어야 나물을 넣은 고깃국[鍘芼]⑦의 국물을 떠서 고수레를 할 수 있다.【또한 예주를 뜨는 데 사용하는 사의 머리 부분은 형의 사보다 낮다.】

이제 살펴보건대 양씨(梁氏: 梁正)와 완씨(阮氏: 阮諶)는 예사와 형사 2가지 사를 구분하지 않고 단지 사의 그림은 삭(勺: 국자)의 모양으로 되어 있다고만 말했지, 깊이가 깊고 얕음에 대해서는 말하지 않았으니, 아마도 잘못된 것 같다. 또 「공사대부례(公食大夫禮)」에 "두(豆) 서쪽에 4가지 형(鉶)을 진설한다."라고 하였고,[8] 또 "윗자리에 있는 형(鉶)에서 사(柶)로 나물을 건져서 나머지 형들 속에 두루[辯]【('辯'의) 음은 徧(편)이다.】 담갔다가 윗자리의 (쇠고깃국과 양고기 국을 넣은) 형(鉶) 사이에서 고수레를 한다."라고 하였다. 정현의 주에서는 "여기서 '사로 건져 내는[扱以柶]' 것은 형에 있는 채소를 건진다는 말이다."라고 하였다. 가공언의 소에서는 "이곳 경문에서는 4개의 형이 있다고 하였지만 윗자리의 형에서 건져 내어 두루 담근다고 하였으니, 한 개의 사(柶)가 있는 것이다. 이것은 손님을 우대하는 것[優賓]이기 때문에[9] 한 개의 사만 사용할 뿐이다. 「소뢰궤사례(小牢饋食禮)」에서는 "두 개의 형을 올리는데, 모두 사가 있다. 시동은 사로 양고기 국을 담은 형(羊鉶)과 돼지고기 국을 담은 형(豕鉶)에서 국을 뜬다. (이때의) 사는 신에게 고수레를 하기 위한 것이므로 각각 별도로 사가 있어야 한다."[10]라고 하였다.

[醴有柶, 用角爲之. 鉶有柶, 用木爲之. 舊圖云. "柶長尺, 欃博三寸【欃音葉. 本又作二寸, 其醴柶宜爲二寸.】 曲柄長六寸, 漆赤中及柄端." 臣崇義案「聘禮」云, "以柶祭醴." "尙欃[1]." 「少牢禮」云, "以柶祭羊鉶, 遂以祭豕鉶." 又「士冠禮」注云, "柶狀如匕, 以角爲之, 滑也." 今祭鉶之柶, 旣用木. 亦宜如疏匕, 淺升爲之, 方得挹鉶芼之湆以祭之也.【醴柶葉, 又淺於鉶柶.】 今案梁阮二氏不辨醴鉶二柶, 唯云柶圖爲勺形, 無淺深之語, 恐失之矣. 又「公食大夫禮」云, "設

---

1 『의례』「聘禮」 원문에는 '擖'으로 되어 있다.

四鉶于豆西." 又曰, "扱上鉶以柶, 辯【音徧】擩之, 上鉶之間祭." 注云, "扱以柶, 扱其鉶菜也." 賈疏云, "此經有四鉶, 而扱上鉶, 辯擩, 則有一柶, 優賓, 故用一柶而已.「少牢」'羞兩鉶, 皆有柶.' 尸扱以柶祭羊鉶・豕鉶. 彼爲祭神, 故宜各有柶也."]

① 예주[醴]: '예(醴)'는 '오제(五齊)' 즉 다섯 가지 탁한 술 가운데 하나인 '예제(醴齊)'를 가리킨다. 『주례』「천관·주정(酒正)」에서 범제(泛齊)·예제(醴齊)·앙제(盎齊)·제제(醍齊)·침제(沈齊)를 '오제'라고 하였는데, 정현의 주에서는 "예(醴)는 체(體)와 같다. 빚고 나서도 즙과 앙금이 서로 뒤엉켜 있다. 오늘날의 염주(恬酒)와 같은 것이다.[成而汁滓相將, 如今恬酒矣.]"라고 하였다. '예제'는 아직 찌꺼기를 거르지 않은 탁한 술 즉 탁주로서, 하룻밤에 익히고 그 맛이 약간 달다. 예를 행할 때에는 모두 이술을 사용했는데, 입으로 맛을 보기만 하고 마시지는 않았다. '예(醴)'는 하루 동안 숙성시켜 만들기 때문에 계명주(鷄鳴酒) 혹은 일숙주(一宿酒)라고도 한다.

② 사(柶: 숟가락) ~ 뿔로 만든다: 『의례』「사관례(士冠禮)」에서는 '角柶'라고 하였다. '각사'는 본래 예주를 뜨는 용도로 만든 것인데 형태가 시(匙: 숟가락)와 비슷하다. 그러나 『의례』「사상례(士喪禮)」에는 "동당(東堂) 아래 대렴을 위해 사용할 음식물들을 진열하는데, 그것들은 1통에는 예주[醴]를 담고 1통에는 청주[酒]를 담은 2통의 와무(瓦甒), 뿔로 된

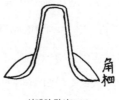

상례의 각사(角柶)
황이주 『예서통고』(청)

술잔, 나무로 된 수저[東方之饌, 兩瓦甒, 其實醴·酒, 角觶, 木柶]"라고 하여 예주를 뜨는 도구로 나무로 만든 숟가락[木柶]을 사용한다고 하였다. 술 뜨는 것 이외에 상사(喪事)에도 각사를 사용하는데, 함옥(含玉)·반함(飯含)을 할 때에 이빨을 떠받치는 용도로도 사용된다.

③ 형(鉶: 국그릇)에 ~ 나무로 만든다: 섭숭의는 예주를 뜨는 예사와 형에서 사용하는 형사를 구분하고 있는데, 예사는 뿔로 만든 사, 즉 각사(角柶)를 쓰고 형에서 사용하는 사는 나무로 만든 사를 사용한다고 해석하였다. 또한 주두가 얕고 깊은 차이에 따라 구분하고 있다.

④ 「빙례(聘禮)」에 ~ 고수레를 하고:『의례』「빙례」원문은 "빈은 포와 해로 고수레를 하고, 사(柶:숟가락)로 예주를 떠서 세 번 고수레를 한다. 이때 중정(中庭: 뜰의 중앙)에 정실(庭實)이 진설된다.[賓祭脯·醢, 以柶祭醴三, 庭實設.]"라고 하여, 예주를 사로 떠서 3번 고수레 한다고 하였다.

⑤ 숟가락의 머리는 ~ 향하게 한다: 「빙례」원문은 "빈은 자리[筵]에서 내려와 서쪽 계단 위에 이르러 북쪽을 향해 서서 양손으로 숟가락을 치(觶)에 합쳐 잡는데 숟가락의 머리 부분이 위쪽을 향하게 하고, 이어서 앉아서 예주를 맛본다.[降筵, 北面, 以柶兼諸觶, 尙擸, 坐啐醴.]"이다.

⑥ 「사관례(士冠禮)」 ~ 편해서이다:『의례』「사관례」의 원문은 "예주[醴]를 넣은 한 통의 무(甒: 술동이)만을 단독으로 진설하는데, 복장의 북쪽에 놓는다. 또 대광주리[篚]를 진설하는데, 이곳에 삭(勺: 술 국자)·치(觶: 3升 용량의 술잔)·각사(角柶: 뿔로 만든 숟가락) 등을 넣어 두며, 포(脯: 말린 고기)와 해(醢: 고기젓갈)를 담은 변(籩: 대굽접시)과 두(豆: 굽접시)를 진설하는데, 남쪽을 윗자리로 삼는다.[側尊一甒醴, 在服北. 有篚實勺·觶·角柶, 脯醢, 南上.]"이다. 이에 대해 정현의 주에서는 "'사(柶: 숟가락)'는 모양이 비(匕)와 같은데, 뿔로 만드는 것은 매끄럽게 하기 위한 것이다.[柶

狀如匕, 以角爲之者, 欲滑也.]"라고 하였다. 즉 정현은 뿔로 수저를 만드는 이유는 뿔의 속성이 곡선의 형태로 만들기가 쉽기 때문으로 본 것이다. 한편『의례』「사상례(土喪禮)」에서는 나무로 만든 숟가락[木柶]을 사용한다고 했으니 상례에는 나무로 만든 숟가락을 사용한 것이다. 이 경문에서 뿔로 만든 숟가락을 사용한다고 한 것은 길례의 경우를 말한다.

⑦ 이 또한 ~ 나물을 넣은 고깃국[鉶芼]:『의례』「공사대부례(公食大夫禮)」의 원문에 "형에는 나물을 넣는데, 쇠고깃국의 형에는 곽(藿: 콩잎)을 넣고, 양고기 국의 형에는 고(苦: 씀바귀)를 넣고, 돼지고기 국의 형에는 미(薇: 고사리)를 넣으며, 각각 형에 모두 조미(調味)하는 채소를 넣는다.[鉶芼, 牛藿·羊苦·豕薇, 皆有滑.]"라고 하였다. 쇠고기 국에는 콩잎, 돼지고기 국에는 고사리, 양고기 국에는 씀바귀를 넣는데, 이때 넣는 나물을 총칭하여 '모(芼)'라고 한다.

⑧ 「공사대부례(公食大夫禮)」에 ~ 하였고:『의례』「공사대부례(公食大夫禮)」 원문에는 "재부(宰夫)는 4개의 형을 두(豆)의 서쪽에 진설한다.[宰夫設鉶四于豆西]"라고 하여 '사형(四鉶)'이 '형사(鉶四)'로 되어 있다.

⑨ 이것은 손님을 우대하는 것[優賓]이기 때문에:『의례』「소뢰궤사례」에는 두 개의 형, 즉 양고기 국을 담은 양형과 돼지고기 국을 담은 시형을 진설하고 거기에 각각의 사를 써서 고수레를 한다고 하였다. 이에 반해 「공사대부례」는 4개의 형에 담은 고깃국을 떠서 고수레를 하지만 주체가 빈(賓)이기 때문에 하나의 사(柶)만을 사용하였다. 따라서 이것은 손님을 우대하는 것[優賓]으로 해석한 것이다.

⑩ 가공언의 소에서는 ~ 라고 하였다: 여기까지「공사대부례」가공언의 소이다. 소의 원문은 "此有四鉶, 而云'扱上鉶', 辯攜則唯有一柶, 優賓,

故用一柶而已.「少牢」二鉶祭神, 故宜各有柶也."이다. 가공언의 소에서 말한 「소뢰」는 「소뢰궤사례」를 말하며, 그 원문은 "상좌식은 시동에게 2개의 형을 올리는데, 동방(東房)에서 양고기 국을 담은 양형(羊鉶)을 들고 와서 앉아서 구저(韭菹)를 담은 두(豆)의 남쪽에 진설한다. 하좌식은 돼지고기 국을 담은 시형(豕鉶)을 동방(東房)에서 들고 상좌식의 뒤를 따라 실(室)로 들어온다. 상좌식은 이를 받은 후 앉아서 양형(羊鉶)의 남쪽에 진설한다. 2개의 형(鉶)에는 모두 나물을 첨가하여 넣는데, 모두 사(柶)가 있다. 시동은 사(柶)로 양형에서 양고기 국을 떠서 고수레를 하고, 이어서 시형(豕鉶)에서 돼지고기 국을 떠서 고수레를 한 후 양고기 국을 맛본다.[上佐食羞兩鉶, 取一羊鉶于房中, 坐設于韭菹之南. 下佐食又取一豕鉶于房中以從, 上佐食受, 坐設于羊鉶之南, 皆芼, 皆有柶. 尸扱以柶, 祭羊鉶, 遂以祭豕鉶, 嘗羊鉶.]"이다.

洗

옛 『삼례도』에 "세(洗: 물받이 항아리)는 높이 3척, 입지름 1척 5촌, 밑지름 3척이며, 가운데 몸체는 작고 안은 텅 비어 있다. 사의 경우는 철로 만들고 대부 이상의 경우에는 구리로 만드는데, 제후는 백금으로 장식을 하고 천자는 황금으로 장식을 한다."고 하였다.

살펴보건대, 『의례』「사관례」에 "세를 동쪽 추녀와 마주하도록 하여 진설한다(設洗, 直于東榮)."고 한 것에 대해 정현의 주(注)에서는 "'직(直)'은 마주한다[當]는 뜻이다. '세(洗)'는 손이나 술잔 씻은 물을 받는 것으로, 물을 버리는 그릇이다."라고 하였고, 가공언의 소(疏)에서는 "손을 씻거나 술잔을 씻을 때, 물이 지면을 더럽힐 것을 염려하여 세(洗)로 씻은 물을 받아서 버린다. 오늘날 세속에 '세고(洗鼓)'라고 말하는 사람들이 있다."고 하였다.

신 섭숭의가 살펴보건대, 예문(禮文)에는 군주와 신하가 향례·연례·관례·혼례·상례·제례·향음례·향사례·대사례·빈사례(賓射禮)①를 행할 때 신하는 세를 진설한 후 세가 있는 곳으로 나아가며, 시동과 군주는 존귀하여 세를 진설하지만 세가 있는 곳으로 나아가지 않고 특별히 반(盤: 물받이 그릇)과 이(匜: 물주전자)②를 진설한다고 되어 있지 '세고'라는 문장은 전혀 없다. 당시의 세(洗)를 살펴보면, 몸체의 중앙 부위가 매우 가늘어 형상이 요고(腰鼓)와 유사한 것이 있었다. 이 때문에 세고(洗鼓)라고 전해졌던 것이다. 또 정현은 『의례』「소뢰궤사례』의 주에서 "주나라의 예에서는 기물에 장식을 할 때 각기 그 종류에 맞추어서 한다."고 하였다. 오늘날 이미 나무로 세를 만들고, 황금으로 주둥이 언저리를 장식하며, 중앙 부위를 붉은색으로 칠을 한 후 그 외부에 기름 물감으로 물결문양[水文]·마름꽃[菱花] 및 물고기 문양을 그려 넣어 장식을 하는 것이 그러한 사례이다.

[舊『圖』云, "洗高三尺, 口徑一尺五寸, 足徑三尺, 中身小, 疏中. 士以鐵爲之, 大夫已上銅爲之, 諸侯白金飾, 天子黃金飾." 案「士冠禮」云, "設洗, 直于東榮", 注, "直, 當也. 洗, 承盥洗者, 棄水之器也." 賈疏云, "謂盥手洗爵之時, 恐水穢地, 以洗承盥水而棄之也. 今俗有言洗鼓者." 臣崇義案禮文, 君臣饗·燕·冠·昏·喪·祭·鄕飮·鄕射·大射·賓射之禮, 臣下設洗而就洗, 尸與君尊, 設洗而不就洗, 特設盤匜, 皆無洗鼓之文. 蓋見當時之洗, 有身中甚細者, 狀如腰鼓. 因相傳爲洗鼓. 又鄭注「少牢禮」云, "周之禮, 飾器各以其類." 今旣用木爲洗, 以金飾口緣, 朱中, 其外油畫水文菱花及魚以飾之, 是其類也.]

① 빈사례(賓射禮): '빈사(賓射)'는 왕이 왕의 고구(故舊) 및 붕우와 연음(燕飮)의 예를 행한 후에 함께 활쏘기 하는 것을 말한다. 손이양(孫飴讓)은 왕과 제후가 조정에서 활쏘기 하는 것이라고 하였다.(『주례정의』) 오늘날 그 예의 규정은 망실되어 존재하지 않는다. 『주례』「춘관·대종백」에 "빈사(賓射)의 예로 고구와 붕우를 친애한다.[以賓射之禮, 親故舊朋友.]"라고 한 것에 대해 정현은 "활쏘기의 예는 비록 왕의 경우라도 빈과 주인을 세운다. 왕의 고구와 붕우는 왕의 세자 시절에 함께 배우던 자이다.[射禮, 雖王, 亦立賓主也. 王之故舊朋友, 爲世子時, 共在學者.]"라고 하였다.

② 반(盤: 물받이 그릇)과 이(匜: 물 주전자): 삼례서(三禮書)에 따르면, 세(洗)는 세뢰(洗罍)에 담긴 물을 구기로 떠서 손을 씻을 때 떨어지는 물을 받는 기물이다. 반(盤, 槃)은 세(洗)와 마찬가지로 주전자 모양의 이(匜)에 담긴 물을 조금씩 부어 손을 씻을 때 떨어지는 물을 받는 것이다. 시(尸)나 공(公) 등 신분이 높은 사람의 경우에는 세가 놓여 있는 관세위(盥洗位)로 나아가지 않고 반(槃)과 이(匜)를 이용하여 손을 씻는다.

반槃
『흠정의례의소』(청)

이匜
섭숭의(宋),『삼례도집주』

罍　洗

　　살펴보건대, 옛 『삼례도』에서도 또한 "(세뢰는) 세호(洗壺)라고도 한다. 용량은 1곡(斛)이다. 입지름은 1척이고 (항아리의) 목의 높이는 5촌(寸), (목보다) 가로로 1촌 더 넓으며[侈旁一寸],① 가운데 몸체는 크고(大中身), 아랫부분은 날렵하며(銳下), (항아리의) 속은 붉은색으로 칠을 한다. 원사(元士)(의 세뢰)는 청색의 운기(雲氣)를 그려 넣는다."고 하였다. 여러 학자들은 호(壺: 단지)와 뇌(罍: 술동이)의 형식이 비슷하다고 말하는데, 이제 호(壺)를 가지고 말하면 아랫부분이 작을 수가 없다. 삼가 서척(黍尺)으로 계산하면 입지름은 1척 1촌, (항아리의) 목의 높이는 5촌, 목의 가운데 너비는 1척, 목 아래 가운데 너비는 1척, 배 중간 가로 너비는 1척 4촌, 밑지름은 1척, 다리의 높이는 3촌, 아래 가로 너비는 1척 2촌, 목 아래에서 밑바닥 중앙까지의 직경은 1척 4촌 반이다. 이것으로 1석(石)을 담을 수 있다.

　　또한 살펴보건대, 『의례』「사관례(士冠禮)」② 정현의 주에 "물을 담는 그릇으로는 신분이 높은 사람이나 낮은 사람이나 모두 금뢰(金罍)를 사용하는데, 크기는 다르다."라고 하였다. 가공언의 소에서는 "이 역시 『한예기제도(漢禮器制度)』에서 '신분이 높은 사람이나 낮은 사람이나 모두 금뢰를 사용하는데, 그 크기는 모두 다르다.'라고 한 것에 근거한다. 대개 뇌(罍: 물 항아리), 세(洗: 물받이 항아리) 그리고 (물을 뜨는) 주(枓: 액체를 뜨는 국자)【('枓'의) 음은 注(주)이다.】는 모두 동시에 진설한다. 이제 살펴보건대『의례』의 「사관례」·「사혼례」·「향음주례」와 「향사례」 그리고 「특생궤사례」 등 여러 편에는 모두 단지 '수(水)'라고 말했지 '뇌(罍)'를 말하지 않았다. 「연례(燕禮)」와「대사례(大射)」에는 뇌수(罍水)라고 말했지만 아울러 주(枓)를 말하지 않았다. 「소뢰궤사례(少牢)」에 '사궁(司宮)은 뇌수(罍水)를 세(洗)의 동쪽에 진설하는데, 주(枓)가 있다.'라고 하였다. 정현의 주에는 '대개 물을 진설할 때 뇌(罍)를 사용하고 대야에 물을 넣을 때 주(枓: 구기)를 사용하는데, 예(禮)는 여기에 있다.③'라고 하였다. 이것은 뇌(罍)·세(洗)·주(枓) 세 기물이 오직 「소뢰궤사례(少牢禮)」에만 모두 갖춰져 있고 기타 문장에는 함께 언급하지 않았음을 밝히고자 한 것이다."라고 하였다.

[案舊『圖』亦謂之"洗壺, 受一斛, 口徑一尺, 脰高五寸, 侈旁一寸, 大中身, 銳下, 漆赤中. 元士加靑雲氣." 諸說壺與罍形制相似, 今以壺言之, 下不可小. 謹以黍寸之尺計之, 口空徑一尺一寸, 脰高五寸, 脰中橫徑一尺, 脰下橫徑一尺, 腹中橫徑一尺四寸, 底徑一尺, 足高三寸, 下橫徑一尺二寸, 自脰下至底中央直徑一尺四寸半. 乃容一石之數. 又案鄭注『儀禮』云, "水器, 尊卑皆用金罍, 及大小異." 賈疏云, "此亦據『漢禮器制度』云, '尊卑皆用金罍, 及其大小皆異.' 凡罍洗及酌水之枓【音注】, 同時而設. 今案『儀禮』諸篇「士冠」「士昏禮」「鄕飮酒」與「鄕射」及「特牲禮」皆直言水, 不言罍, 「燕禮」與「大射」雖言罍水, 並不枓. 「少牢」, '司宮設罍水於洗東, 有枓.' 鄭注云, '凡設水用罍, 沃盥用枓, 禮在此(也)¹,' 欲見罍洗枓三器唯「少牢禮」俱有, 餘文不具之意也."]

---

1 此(也): 저본에는 '也'가 없으나『의례』「소뢰궤사례」가공언의 소에 의거하여 보충하였다.

① 가로로 1촌 더 넓으며(侈旁一寸): 여기에서 '侈'는 동사로 해석하였다. 문장 형태는 동사 + 목적어이다. '목적어를 ~~하다'로 해석하였다. 세뢰의 입지름이 목의 가운데 지름보다 1촌 더 넓어 1척 1촌이 된다는 의미이다.

② 『의례』「사관례(士冠禮)」: 『의례』「사관례」 원문은 "관례를 거행하는 날에는 아침 일찍 일어나서 세(洗)를 조계(阼階)의 동남쪽에 진설하는데, 동영(東榮: 동쪽 추녀)과 마주하도록 놓으며 동영에서 세까지의 남북의 거리는 당심(堂深: 堂廉에서 房室의 壁까지의 길이) 만큼 떨어지도록 한다. (뢰罍)수(뢰에 넣어 둔 물)는 세의 동쪽에 놓는다.[夙興, 設洗, 直于東榮, 南北以堂深. 水在洗東.]"이다. 여기에서 '세(洗)'와 '뢰수(罍水)'의 위치에 대해 언급하고 있다.

③ 예(禮)는 여기에 있다: 3가지 기물, 즉 세·뢰·주가 한 세트로 진설되는 것을 말하며, "이것이 예이다."라는 의미와 같다.

勺　　　洗

　　살펴보건대 옛 『삼례도』에 "삭(勺①: 액체를 뜨는 국자)은 용량이 5승(升)이다. 입지름은 6촌이며, 가운데가 구부러져 있고, 너비는 3촌(寸), 길이는 3촌, 자루[柄]의 길이는 2척 4촌이며, 속을 붉은색으로 칠하고 자루 끝 역시 붉은색으로 칠한다."라고 하였다.

　　신 섭숭의가 살펴보건대, 『의례』「사관례」② 정현의 주에 "삭은 존승(尊升: 속이 깊은 국자)③이다."라고 하였으니, 이것으로 술을 떠서 따르는[斞酒]【('斞'의) 음은 '俱(구)'이니, (항아리에서) 술을 떠서 따른다는 뜻이다.】 것이다. 가공언의 소에서는 『의례』「소뢰궤사례(小牢饋食禮)」의 "뇌(罍: 술동이)의 주(枓: 액체를 뜨는 국자)"【('枓'의) 음은 '注(주)'이다.】 구절을 인용하여 "「소뢰궤사례」에서 말한 주(枓)와 여기에서 말한 삭(勺)은 같은 기물이다. 단지 주는 물을 떠서 따르는 기구이고 삭은 술을 떠서 따르는 기구이다."라고 하였다.

　　또한 살펴보건대 『주례』「고공기·재인(梓人)」에 "재인은 삭(勺)을 만드는데, 용량이 1승(升)이다."라고 하였다.④ 상식적으로 생각해 보면 「고공기·재인」에서 용량이 1승이라고 한 것이 맞다. 그리고 삭의 머리는 용머리로 그려야 마땅하다. 자루는 옛 『삼례도』에 따르면 길이가 2척 4촌이다. 나머지 형식은 모두 울삭(鬱勺: 울창주를 뜨는 국자)과 같다.

[案舊『圖』云, "勺五升, 口徑六寸, 曲中, 博三寸, 長三寸, 柄長二尺四寸, 漆赤中, 柄末亦丹." 臣崇義案鄭注「士冠禮」云, "勺, 尊升." 所以斟酒【音俱, 挹酌也.】. 賈疏引「少牢禮」云, "罍枓【音注】. 彼枓與此勺爲一物. 但彼枓所以斟水, 此勺所以斟酒." 又案『周禮』"梓人爲勺, 受一升." 酌之人情, 依「梓人」職受一升爲是. 亦宜畫勺頭爲龍頭. 柄依舊『圖』長二尺四寸. 自餘制並同鬱勺.]

역주

① 삭(勺): 『주례』「고공기·재인(梓人)」정현의 주에 "勺은 上과 灼의 반절이다.[勺, 上灼反.]"라고 하였으니, '勺'의 음은 '삭'이다. 한국은 통상 '작'으로 발음하나 일본과 중국에서는 '삭'으로 쓰고 있어 주석에 따라 '삭'으로 표기하였다. 삭(勺)은 술을 뜨는 작은 국자를 말한다. 용량은 1승이다. 나무로 만든 것과 청동으로 만든 것이 있다. 『예기』「명당위(明堂位)」에 "그 국자는 하후씨는 용삭(龍勺)을 사용하고, 은나라는 소삭(疏勺)을 사용하고, 주나라는 포삭(蒲勺)을 사용하였다.[其勺, 夏后氏以龍勺, 殷以疏勺, 周以蒲勺.]"라고 하였다. 정현의 주에서 "'용(龍)'은 용의 머리를 뜻한다. '소(疏)'는 그 머리를 통하여 새긴다는 뜻이다. '포(蒲)'는 부들의 줄기를 엮은 것이 오리머리 같은 것이다.['龍', 龍頭也. '疏', 通刻其頭. '蒲', 合蒲如鳧頭也.]"라고 하였다.

② 『의례』「사관례」: 「사관례」의 원문은 "예주[醴]를 넣은 한 통의 질그릇 술동이[甒]만을 단독으로 진설하는데, 옷의 북쪽에 놓는다. 그 북쪽에 대광주리[篚]를 진설하는데, 그 안에 술 국자[勺]·술잔[觶]·뿔 숟가락[角柶] 등을 넣어 두며, 말린 고기[脯]를 담아 놓은 대나무 제기[籩]와 고기젓갈[醢]을 담아 놓은 나무 제기[豆]를 진설하는데, 남쪽을 윗자리로 하여 놓는다.[側尊一甒醴, 在服北. 有篚實勺·觶·角柶, 脯醢, 南上.]"이다.

③ 존승(尊升): 천승(淺升: 일반 승보다 속이 얕은 국자)과 대비하여 속이 깊은 국자를 존승이라고 하였다.

④ 『주례』「고공기·재인(梓人)」에 ~ 하였다: 『주례』「고공기·재인」의 내
용이다. 그 원문은 "재인은 음기(飮器: 음료를 담는 그릇)를 만드는데, 삭(의
용량은) 1승, 작 1승, 고 3승이다.[梓人爲飮器, 勺一升, 爵一升, 觚三升.]"
이다.

'관(盥)'①은 이(匜: 주전자)를 이용하여 (대야에) 물을 부어 손을 씻는 것을 말한다. '반(盤: 대야)'은 그것을 받치는 대야를 말한다. '세(洗: 물받이 항아리)'는 물을 버리는 그릇을 말한다. 그러므로 '관반(盥盤: 세숫대야)'이라 한다.② 옛 『삼례도』에 "입지름이 2척 1촌, 용량은 2두(斗)이며, (대야의) 속은 붉은 색으로 칠을 한다."라고 하였다. 대야의 깊고 얕음의 수치에 대해서는 언급하지 않았다. 이제 서척으로 이 입지름 2척 2촌③을 계산해 보면 밑지름은 8촌, 깊이는 2촌이어야 2두를 수용할 수 있다. 다리의 높이는 2촌, 아래 지름은 1척이다.

['盥', 謂用匜沃盥·洗手也. '盤', 謂承盥. '洗'者, 棄水之器也. 故謂之盥盤. 舊『圖』云, "口徑二尺一寸, 受二斗, 漆赤中." 並不言深淺之數. 今以黍寸之尺依此二尺二寸口徑計之, 其底徑八寸, 深二寸, 乃容二斗之數. 足高二寸, 下徑一尺.]

① 관(盥): 이곳의 '관(盥)'은 '대야에 물을 부어 손을 씻다.'로 해석되는 동사이다. 예를 들어 『의례』「사관례」에 "빈(賓)의 찬자(贊者)는 세(洗: 물받이 항아리)의 서쪽에서 손을 씻는다.[贊者盥于洗西.]"라고 하였고, 정현의 주에서는 "고문본에는 '관(盥)'이 모두 '완(浣)'으로 되어 있다."라고 하였다.

② 관반(盥盤)이라 한다: 손을 씻은 물을 버리는 그릇은 '세(洗)'라고 하고 손을 씻기 위해 물은 담은 그릇은 '관반(盥盤)'이라 하여 구분한 것이다.

③ 입지름 2척 2촌: 앞에 인용한 옛 『삼례도』에는 '입지름이 2척 1촌'이라고 하였다.

【鼎俎圖13 : 18-匜이】

 '이(匜: 물 주전자)'는 대야에 손을 씻을 때 물을 따르는 그릇이다.① 그러
므로 공영달(孔穎達)의 『정의(正義)』에서는 "이(匜)는 갱두(羹魁: 국을 뜨는 국
자)처럼 생겼으며, 손잡이에 통로가 있어 물을 따라 세숫대야에 손을 씻을
[盥] 수 있도록 되어 있다."라고 하였다.② 또한 『의례』「공사대부례(公食
大夫禮)」에서 "소신(小臣)③은 반(盤: 물받이 그릇)과 이(匜)를 갖추어 놓는다."
라고 하였고, 정현의 주에서는 "군(君)④은 존귀하므로 세(洗: 물받이 항아리)
에 나아가지 않는다. 그러므로 반(盤)과 이(匜)를 갖추어 놓는 것이다."라
고 하였다. 가공언(賈公彦)의 소(疏)에서는 "여기에서 말한 반(盤)과 이(匜)는
군주를 위해 갖추어 놓은 것임을 알 수 있다. 살펴보건대 「특생궤사례」
에 '시(尸)는 존귀하므로 세(洗)가 있는 자리에 나아가지 않으며 손을 씻을
때에는 이(匜)를 사용한다.'⑤라고 하였으므로 이때 반과 이를 설치한 것도
군주를 위해서임을 알 수 있다. 이제 「개원례(開元禮)」를 보면 황제(皇帝)·
황후(皇后)·태자(太子)가 행사(行事)를 할 때 모두 반(盤)과 이(匜)가 있다.⑥
아헌(亞獻)⑦ 이하와 일을 대행하는 자(攝事)⑧는 모두 반과 이가 없다. 이 역
시 군주가 존귀하기 때문에 세를 진설해 놓고도 세가 있는 자리에 나아가
지 않는 의미이다."라고 하였다.
 살펴보건대 양정(梁正)과 장일(張鎰)이 완심(阮諶) 등의 『삼례도』를 중

수(重修)한 것에는⑨ "이(匜)는 용량이 1두(斗)이고 (이의) 유(流: 물 주전자의 주둥이)의 길이는 6촌이며 그 속은 붉은색으로 칠한다. 제후(諸侯)는 상아로 장식하고 천자는 황금으로 장식하며 모두 붉은색의 운기(雲氣)를 그려 넣는다."라고 하였다. 이제 서척(黍尺)으로 계산해 보면, 입지름은 8촌, 깊이는 4촌 5푼, 밑지름은 6촌이다. (아래로 내려가면서) 조금씩 감하여 작아야만 1두의 용량만큼 수용할 수 있다. 유(流)의 입지름은 1촌 정도이다.

그런데 『삼례도』에는 유의 길이가 3촌으로 되어 있는 것도 있다. 살펴보건대 『의례』「기석례(旣夕禮)」 정현의 주에 "유(流)는 이(匜)의 주둥이[口]이다."라고 하였고 또 『의례』「사우례(士虞禮)」 정현의 주에는 "유(流)는 이(匜)의 물을 토해 내는 주둥이"라고 하였다. 둘 다 유의 주둥이가 몇 촌인지 수치를 말하지 않았다. 일반 상식에 따라 헤아려 보면, 유(流)의 길이는 3촌이라고 한 것이 의리상 더 가깝다. 다만 주나라는 하·은 두 나라를 거울삼았다고 하였으니,⑩ (예에) 손익이 있었음을 알 수 있다. 국가가 여러 가지 제도를 만들어가는[沿革] 이때 영원한 법식으로 삼기를 바란다.

['匜'者, 盥手澆水之器. 故孔義云, "匜似羹魁, 柄中有道, 可以沃盥洗手也." 又「公食大夫禮」云, "小臣具盤[1]匜." 注云, "君尊, 不就洗, 故設盤匜." 賈疏云, "知此盤匜爲君設者, 案「特牲禮」云, '尸尊不就洗, 而盥用匜.' 故知此設盤匜, 亦爲君也. 今「開元禮」:皇帝·皇后·太子行事, 皆有盤匜. 亞獻已下及攝事者, 皆無盤匜. 亦君尊設洗而不就洗之義也." 案梁正·張鎰修阮氏等『圖』云, "匜受一斗, 流長六寸, 漆赤中. 諸侯以象飾, 天子以黃金飾, 皆畫赤雲氣." 今以黍寸之尺計之, 口徑八寸, 深四寸五分, 底徑六寸, 微殺, 乃容一斗

---

1 盤:『의례』「公食大夫禮」 원문에는 '槃'으로 되어 있다.

之數, 流口徑可一寸. 然『圖』本又有作流長三寸者. 案鄭注旣「夕禮」云, "流, 匜口也." 又「士虞禮」注云, "流, 匜吐水口也." 並不言流口寸數. 揆之人情, 流長三寸於義爲近. 但周監二代, 損益可知. 當國家沿革之初, 庶爲永式.]

① 이(匜: 물 주전자)는 ~ 그릇이다: 이 구절은 『춘추좌전』 두예(杜預)의 주를 인용한 것이다. 『춘추좌전』 「희공(僖公) 23년」 조에 "진(晉)나라 공자가 진(秦)나라에 갔을 때 여인 5인을 그에게 보냈는데, 그중 회영(懷嬴)이란 여인(공자 圉의 부인)도 포함되어 있었다. 회영은 이(匜: 주전자)를 받들어 세숫대야에 물을 따라 손을 씻도록 하였다.[乃送諸秦, 秦伯納女五人, 懷嬴與焉. 匜沃盥旣而揮之.]"라고 하였다. 이에 대해 두예의 주는 "이(匜: 주전자)는 세숫대야에 물을 따라 손을 씻도록 하는 그릇이다."라고 하였다.

② 공영달(孔穎達)의 『정의(正義)』에서는 ~ 하였다: 『춘추좌전』 「희공(僖公) 23년」 조에 대한 공영달의 주에서 인용한 『설문』의 내용이다. 다만 『삼례도』의 원문 '沃盥洗手'가 『정의』에는 '注水盥澡手'로 되어 있어, '관'이 그릇으로 되어 있다.

③ 소신(小臣): 『의례』 「공사대부례」 "小臣具槃匜在東堂下"에 대한 정현의 주에 "소신은 소빈객(小賓客)을 위해 베푸는 향례와 사례에서 군주의 복식과 자리를 바르게 하는 것을 담당한다.[小臣, 於小賓客饗食, 掌正君服位.]"라고 하였다. 그런데 『주례』 「하관(夏官)·소신(小臣)」에는 "소제사·빈객·향사례에 태복의 법식대로 한다.[小祭祀·賓客·饗食, 如大僕之法.]"라고 하여 천자의 예에 소신이 향례와 사례에서 군주를 돕는 일을 담당하고 있는데, 제후의 예에서도 소신이 이 일을 담당하고 있다.

④ 군(君): 정현의 주 원문에는 '공(公)'으로 되어 있다. 『의례』 「공사대부례」는 공사대부의 예이므로 '공'이라고 한 것을 섭숭의가 고쳐 놓은 것

이다.

⑤ 살펴보건대 「특생궤사례」에 ~ 사용한다: 『의례』 「특생궤사례」 원문
은 "尸盥匜水, 實于槃中"이고, 정현의 주에는 "손 씻을 물과 손 닦을
수건을 진설하는 것은 시동이 존귀하여 세(洗)에 나아가서 씻지 않고 또
손을 휘두르지도 않기 때문이다.[設盥水及巾, 尸尊, 不就洗, 又不揮.]"라
고 하였으니, 가공언의 소는 「특생궤사례」 원문과 정현의 주를 합하여
인용한 것이다. 여기에서 "손을 휘두지 않는다"는 것은 손을 씻은 후
물기를 말리기 위해 손을 터는 행위를 말한다. 수건이 있으므로 손을
휘둘러 물기를 말릴 필요가 없기 때문에 "손을 휘두르지 않는다"고 한
것이다.

⑥ 이제 「개원례(開元禮)」를 보면 ~ 있다: 『신당서』 「예악지(禮樂志)」1에
는 "황제가 뇌(罍: 물동이)와 세(洗: 물받이 항아리)가 있는 곳에 나아가면
시중이 무릎을 꿇고 이(匜: 물주전자)를 집어 들고 일어나 (반에) 물을 붓
는다. 또 무릎을 꿇고 반(盤: 물받이 그릇)을 잡고 일어나 물을 받아든다.
황제가 진규를 (대대에) 꽂고 손을 씻는다. 황문시랑이 무릎을 꿇고 광주
리[篚]에서 수건을 꺼낸다. 그런 다음 일어나 손을 씻은 수건을 받아서
(다시) 무릎을 꿇고 광주리에 올려놓는다. 그리고 나서 광주리에서 찬
(瓚)을 꺼낸 다음 일어나 황제에게 진상하면 황제가 찬을 받는다. 시중
이 물을 떠서 대야를 받치고 있으면 황제가 찬을 씻고 황문시랑이 수건
을 이전처럼 드린다. [皇帝詣罍洗, 侍中跪取匜, 興, 沃水, 又跪取盤, 興,
承水. 皇帝搢珪, 盥手. 黃門侍郎跪取巾於篚, 興, 以帨受巾, 跪奠於篚. 又
取瓚於篚, 興, 以進, 皇帝受瓚. 侍中酌水奉盤, 皇帝洗瓚, 黃門侍郎授巾如
初.]"라고 되어 있다. 여기에는 '皇帝詣罍洗'라고 하여 물 항아리(罍)와
물받이 항아리(洗)가 있는 곳까지 가는 것으로 되어 있다. 다만 물을 퍼

서 곧바로 손을 씻는 것이 아니라 시중이 이로 물을 떠서 반에 따르고 이 반에 든 물로 손과 찬을 씻는 것으로 되어 있다. 황문시랑은 손을 씻을 수건을 바친다.

⑦ 아헌(亞獻): 제사를 지낼 때 술을 헌상하는데, 천자 다음의 순서를 아헌이라고 한다. 주대 종묘 제사에서는 주로 왕후가 아헌의 위치에 있었는데, 이후 황태자로 대신하였다. 이것을 문제삼아 주대의 행례대로 실현하고자 했던 인물이 측천무후이다. 그런데 측천무후는 종묘 제사가 아닌 태산 봉선례에 이 원칙을 적용하여 당시 재상이 담당하던 아헌을 황후인 자신이 행하는 것으로 변경하였고, 측천무후 이후 위태후 역시 황후가 아헌을 담당하도록 예의 규정을 개정하기도 하였다.

⑧ 일을 대행하는 자(攝事): 황제가 거행해야 하는 각종 의례를 대행하는 것을 말한다. 후대에 갈수록 황제가 직접 제사 지내는 친례 외에는 모두 삼공 이하가 대행하였는데, 예전(禮典)에서는 이를 '有司攝事'라고 하고 별도의 항목을 두어 규정하였다. 유사섭사의 경우, 황제가 친히 지내는 예보다 예의 등급을 내려 행하는 경우가 많다.

⑨ 양정(梁正)과 장일(張鎰)이 ~ 것에는: 이곳의 '修'는 양정과 장일이 이전 완심의 『삼례도』를 정리하여 다시 편찬한 것을 말한다.

⑩ 다만 주나라는 ~ 하였으니: 『논어』 「팔일」에 "공자가 말했다. 주나라는 하나라·은나라 두 나라에서 거울삼았으니, 찬란하게 문채가 나는도다. 나는 주나라를 따르겠다.[子曰, 周監於二代. 郁郁乎文哉, 吾從周.]"에 의거한 것이다.

【鼎俎圖13：19-簋궤】

옛 『삼례도』에 "궤(簋: 기장밥을 담는 둥근 그릇)①는 안쪽이 네모나고 바깥쪽은 둥글다. 다리 높이는 2촌이고 속을 붉은색으로 칠을 한다."라고 하였다. 신 섭숭의는 살펴보건대, 정현은 『주례』「지관(地官)·사인(舍人)」②과 「추관(秋官)·장객(掌客)」③ 및 『예기(禮記)』「예기(禮器)」④ 등에 주를 달면서 "둥근 것을 '궤(簋)'라고 하니, 기장밥을 담는 그릇이다. 뚜껑이 있고 거북이 모양을 본떴다. 바깥쪽은 둥글고 안쪽은 네모나서 규구(規矩)의 원칙에 맞는다.⑤ 천자는 옥으로 장식하고 제후는 상아로 장식한다."⑥고 하였다. 또한 살펴보건대, 「고공기(考工記)·방인(瓬人)」에 "방인(瓬人: 질그릇을 굽는 사람)은 궤(簋)를 만든다. 용량이 1두 2승이며 높이는 1척이고 두께는 반 촌, 가장자리[脣]는 1촌이다."⑦라고 하였다. 이것을 서척으로 비교해 보면 입지름은 5촌 2푼이고 깊이는 7촌 2푼, 밑지름 역시 5촌 2푼, 두께는 8푼, 다리 밑지름은 6촌이 된다. 또 살펴보건대, 『주례』「지관·사인」가 공언의 소에서 정현의 주를 풀이하면서 "'네모난 것을 보(簠: 쌀밥과 수수밥 담는 네모난 그릇)라고 하고, 둥근 것을 궤(簋: 기장밥 담는 둥근 그릇)라고 한다.'고 한 것은 모두 바깥쪽에 근거해서 말한 것이다."⑧라고 하였다.

[舊『圖』云, "內方外圓曰簋, 足高二寸, 漆赤中." 臣崇義案鄭注「地官‧舍人」‧「秋官‧掌客」及「禮器」云, "圓曰簋, 盛黍稷之器, 有蓋, 象龜形. 外圓函方, 以中規矩. 天子飾以玉, 諸侯飾以象." 又案「考工記」"旅人爲簋, 受一斗二升, 高一尺, 厚半寸, 脣寸." 又以黍寸之尺較之, 口徑五寸二分, 深七寸二分, 底徑亦五寸二分, 厚八分, 足底徑六寸. 又案賈疏解「舍人」注云, "方曰簠, 圓曰簋. 皆據外而言也."]

① 궤(簋): 기장밥을 담는 그릇이다. 제사나 연회를 할 때 항상 짝수로 진설한다. 주나라의 제도에서 천자의 제사에는 8개를 진설했다.

② 『주례』「지관(地官)·사인(舍人)」: 원문은 “무릇 제사에 보와 궤를 바치고 (제물을) 채워 진열한다.[凡祭祀, 共簠簋, 實之陳之.]”이다. 정현의 주에는 “네모난 제기를 보라 하고 둥근 제기를 궤라 한다. 서직(黍稷: 기장밥)과 도량(稻粱: 쌀밥과 수수밥)을 담는 그릇이다.[方曰簠, 圓曰簋. 盛黍稷稻粱器.]”라고 하였다.

③ 「추관(秋官)·장객(掌客)」: 『주례』 원문은 “무릇 제후의 예에 궤는 12개이다.[凡諸侯之禮~簋十有二.]”이다. 정현의 주에는 “궤는 서직(기장밥)을 담는 그릇이다.[簋, 黍稷器也.]”라고 하였다.

④ 『예기(禮記)』「예기(禮器)」: 원문은 “관중(管仲)은 궤(簋)에 문양을 새겨 넣었고[鏤簋], 관의 끈[紘]을 붉은색으로 하였으며, 두공에 산의 문양을 새겨 놓고[山節], 동자기둥에 물풀 문양을 그려 놓았다[藻梲]. 이에 대하여 군자는 참람하다고 보았다.[管仲鏤簋朱紘, 山節藻梲, 君子以爲濫矣.]”라고 하였다. 정현의 주에는 “‘참람하다[濫]’는 것 역시 훔친다는 뜻이다. ‘누궤(鏤簋)’는 새겨서 문식한다는 뜻이다. 대부는 거북을 새길 뿐이고 제후는 상아로 장식하고 천자는 옥으로 장식한다.[濫亦盜竊也. 鏤簋, 謂刻而飾之. 大夫刻爲龜耳, 諸侯飾以象, 天子飾以玉.]”라고 하였다.

⑤ 바깥쪽은 둥글고 ~ 맞는다: 『예기』「경해(經解)」에 “그림쇠와 곱자로

네모와 원을 그리는 것과 같다.[規矩之於方圓也]"라고 한 데 따른 것이다. 궤의 형태가 바깥쪽은 둥글고 안쪽은 네모난 것이 그림쇠[規]의 원과 곱자[矩]의 네모와 같다는 의미이다.

⑥ "둥근 것을 ~ 장식한다": 앞에 열거한 『주례』「지관·사인」, 「추관·장객」과 『예기』「예기(禮器)」 정현의 주를 종합해 진술한 것이다.

⑦ 「고공기(考工記)·방인(旊人)」 ~ 1촌이다: 「고공기·방인」의 원문에는 '高'가 '崇'으로 되어 있고, 용량도 '實一觳'으로 되어 있다. 1곡의 용량은 원래 10두이며 후대 5두로 변경되었는데, 섭숭의는 이것을 1두 2승이라 번역한 셈이다.

⑧ ~ 모두 바깥쪽에 근거해서 말하였다: 가공언의 소에 의하면, 정현의 주에서 "方曰簠, 圓曰簋"라고 한 것은 모두 바깥쪽에 근거해서 말한 것이다.[皆據外而言.] 즉 『효경』의 주에 "('보'는) 안쪽은 둥글고 바깥쪽은 네모지다.[內圓外方.]"라고 하였으니, 정현이 '方曰簠, 圓曰簋.'라고 한 것은 모두 바깥쪽에 근거해서 말한 셈이 되기 때문이다.

옛 『삼례도』에 "보(簠: 네모난 그릇)는 바깥쪽은 네모나고 안쪽이 둥글다. 다리 높이는 2촌이며, 네 모서리를 각지게 꺾고 그 속은 붉은색으로 칠을 한다."라고 하였다. 신(臣) 섭숭의가 살펴보건대, 『주례』「추관·장객(掌客)」정현의 주에 "보(簠)는 도(稻: 쌀밥)와 량(粱: 수수밥)을 담는 그릇이다."라고 하였고, 또 『주례』「고공기·방인(旊人)」에 "방인(旊人: 질그릇을 굽는 사람)은 궤(簋)와 두(豆)를 만든다. 모두 질그릇[瓦]으로 만든다."라고 하였는데, (두 가지 모두) 보(簠)를 말하지 않았지만 궤(簋)와 서로 짝이 되는 그릇이므로 역시 (보에 관한) 제도는 방인에 있어야 한다. '보' 역시 뚜껑이 있다. 가공언의 소에서는 "천지(天地) 제사가 질박함을 숭상하는 것에 의하면, (제사에 사용되는) 그릇은 질그릇과 바가지[陶匏]를 사용할 뿐이다. 그러므로 『예기』「교특생(郊特牲)」에 '그릇으로 질그릇과 바가지를 사용하는 이유는 천지의 품성을 본떴기 때문'이라고 하였다. 종묘 제사의 경우는 모두 나무로 만든 것을 사용한다."라고 하였다. 이제 서척(黍尺)으로 계산해 보면, 둥근 입지름은 6촌, 깊이는 7촌 2푼, 밑지름 역시[亦]① 5촌 2푼, 두께는 8푼, 다리 밑지름은 6촌, 두께는 반 촌, 가장자리[脣]는 1촌이다. 용

량의 수치와 덮개의 형식은 모두 궤와 동일하다.②

[舊『圖』云, "外方內圓曰簋, 足高二寸, 挫其四角, 漆赤中." 臣崇義案「掌客」注云, "簋, 稻粱器," 又「考工記」"旅人爲簋及豆, 皆以瓦爲之." 雖不言簋, 以簋是相將之器, 亦應制在旅人. 亦有蓋. 疏云, "據祭天地之神尙質, 器用陶匏而已. 故「郊特牲」云, '器用陶匏, 以象天地之性也.' 若祭宗廟則皆用木爲之." 今以黍寸之尺計之, 口圓徑六寸, 深七寸二分, 底徑亦五寸二分, 厚八分, 足底徑六寸, 厚半寸, 脣寸. 所盛之數及蓋之形制, 並與簋同.]

① 둥근 입지름은 6촌, 깊이는 7촌 2푼, 밑지름 역시[亦]: 궤(簋)의 경우 "입
지름은 5촌 2푼이고 깊이는 7촌 2푼, 밑지름 역시 5촌 2푼, 두께는 8푼,
다리 밑지름은 6촌"이라고 하여 입지름과 밑지름의 크기가 같으므로
'亦' 자를 썼는데, 보의 경우는 입지름과 밑지름의 크기가 같지 않아 여
기에서 말한 '亦'자는 궤의 형식을 베끼다가 생긴 오류로 보인다.

② 용량의 수치와 덮개의 형식 ~ 동일하다: 【鼎俎圖 13: 21-簋】에서 궤의 용
량은 1두 2승이고 덮개는 거북이 모양으로 되어 있다고 하였다.

【鼎俎圖13:21-敦대】

敦

옛『삼례도』에 "대(敦: 기장밥을 담는 그릇)①는 용량이 1두(斗) 2승(升)이
며 그 속을 붉은색으로 칠한다. 대부(大夫)는 주둥이를 백금(白金)으로 장식
한다."라고 하였다. 신 섭숭의가 살펴보건대, 『주례』「천관·구빈(九嬪)」
에 "무릇 제사를 지낼 때 옥자(玉齍: 기장밥을 담는 그릇)【('齍'의) 음은 '자(자)'이
다.】를 담당한다."②고 하였고, 정현의 주에서는 "옥자(玉齍)는 옥대(玉敦)
다. 기장밥을 담는 그릇이다."라고 하였다. 그러므로 천자의 경우 8개의
궤(簋) 이외에 아울러 대(敦)를 사용한다.

또한 『의례』「소뢰궤사례」에 "주부(主婦)는 금으로 장식한 서대(黍敦:
기장밥을 담은 그릇)를 하나 드는데, (서대에는) 뚜껑이 있다. 모두 4개의 대를
설치하는데, 머리가 남쪽을 향하게 한다."라고 하였다.③ 정현의 주에서는
"대에 머리가 있는 것은 존귀한 (자의) 기물 장식이기 때문이다. 거북이 모
양으로 장식한다. 주나라의 예법에 기물의 장식은 각 기물의 종류에 따른
다."라고 하였다.

가공언의 소는 말한다. "정현이 거북이 모양으로 장식한 것을 알았던
것은 경전에서 '대는 모두 머리를 남쪽을 향하게 한다.[敦皆南首]'라고 하

였기 때문이다. 동물의 형태를 본뜨는데 거북은 등과 배에 딱지가 있기 때문에 대의 뚜껑은 그것을 본뜬 것이고 이 역시 동물의 종류에 따른 것임이 분명하다. 또『주례』「춘관·사준이(司尊彝)」에 계이(鷄彝: 닭의 문양을 장식한 술동이)·조이(鳥彝: 봉황의 문양을 장식한 술동이)·호이(虎彝: 호랑이의 문양을 장식한 술동이)·유이(蜼彝: 원숭이의 문양을 장식한 술동이) 등이 서술되어 있고『주례』「천관·재인(梓人)」에는 외골(外骨)·내골(內骨)·주명(注鳴)·방명(旁鳴) 등의 부류를 말하고 있다.④ 이것들은 작은 곤충[小蟲]류이며, 제기에 새겨 그려 넣어 만물을 두루 나타내었다. 이것이 바로 '주나라의 예법에 제기에 각각 해당되는 부류로 문식한다.'라고 한 것이다. 또『예기』「명당위(明堂位)」에 '유우씨는 2개의 대(敦), 하후씨는 4개의 련(璉), 은나라는 6개의 호(瑚)【『춘추좌전』「애공(哀公) 11년」 조 두예(杜預)의 주에서는 호를 하나라의 예기로 보았는데, 두예가『예기(禮記)』의 설을 믿지 않았던 이유가 무엇인지 알 수 없다.】,⑤ 주나라는 8개의 궤(簋)가 있었다.'라고 하였고, 정현의 주에서는 '모두 서직(기장밥)을 담는 그릇이다. 제도의 차이에 대해서는 들은 바가 없다.'라고 하였다."

호(瑚)·련(璉)과 모(牟)는 여러 그림의 형태를 살펴본 결과 보·궤와 같으므로 생략하고 (여기에) 넣지 않았다. 대의 경우, 지금『효경위(孝經緯)』의 설⑥에 의하면, 보·궤와 용량에서는 모두 같고, (형태상) 위아래 안과 바깥쪽이 모두 둥글다는 점에서 다르다.『주례』「천관·구빈(九嬪)」에서 주부가 (대를) 잡고 행사하는 의례를 돕는다고 하였으므로⑦ 특별히 그림을 그려 보와 궤 다음에 두었다.

[舊『圖』云, "敦受一斗二升, 漆赤中. 大夫飾口以白金." 臣崇義案「九嬪」職云, "凡祭祀, 贊玉齍【音咨】." 注云, "玉齍, 玉敦也. 受黍稷器." 然則天子八簋之外, 兼用敦也. 又「少牢禮」曰, "主婦執一金敦黍, 有蓋. 凡設四敦, 皆南

首." 注云, "敦有首者, 尊器飾也. 飾象龜形. 周之禮, 飾器各以其類." 賈疏云, "鄭必知飾象龜形者, 以其經云, '敦皆南首.' 明象蟲獸之形, 以龜有上下甲, 故知敦蓋象之, 亦取其類也. 又「司尊彝」叙雞·鳥·虎·蜼之等, 「梓人」職說外骨·内骨·注鳴·旁鳴之類, 謂之小蟲之屬, 以爲雕琢刻畫祭器, 以博庶物. 是'周之禮, 飾器各以其類'者也. 又「明堂位」曰, '有虞氏之兩敦, 夏后氏之四璉, 殷之六瑚【哀十一年傳, 杜預以瑚爲夏之禮器, 杜旣不信『禮記』, 未知別有何據.】, 周之八簋.' 鄭注云, '皆黍稷器. 制之異同未聞.'" 其瑚璉與牟, 案諸圖形制, 旣同於簠簋, 故略而不取. 其敦, 今依『孝經緯』說與簠簋容受並同, 上下内外皆圓爲異.「九嬪」職主婦贊執有儀. 故特圖之, 次於簠簋.】

① 대(敦): 찰기장 밥[黍], 메기장 밥[稷], 쌀밥[稻], 수수밥[粱] 등을 담아 두
는 기물이다. 모두 뚜껑이 있어 밥을 따뜻하게 할 수 있다. 춘추전국 시
기에 유행한 그릇으로 일반적으로 세 개의 짧은 다리가 있고, 배는 원
형이고, 양쪽에 고리가 달려 있다. 뚜껑이 있고 뚜껑 위에는 들 수 있도
록 자루가 달려 있다. 육덕명의 『경전석문(經典釋文)』에 "敦는 음이 대
(對)이다. 또한 都와 雷의 반절이다.[敦音對, 又都雷反.]"라고 하였다.(錢
玄, 『三禮辭典』, 811쪽 참조.)

② 『주례』 경문은 "凡祭祀, 贊玉齍, 贊后薦徹豆籩"으로 되어 있다. '왕후
를 도와 두와 변과 같은 제기를 올리고 거두는 일을 담당한다.[贊后薦
徹豆籩]'는 구절이 더 있다.

③ 『의례』「소뢰궤사례(小牢饋食禮)」에 ~라고 하였다: 『의례』「소뢰궤사
례」 원문은 "주부는 동방(東房)에서 금으로 장식한 서대(黍敦) 하나를 들
고 실(室)로 나오는데, 대(敦) 위에는 뚜껑이 있다. 주부는 앉아서 양조
(羊俎)의 남쪽에 그것을 진설한다. 주부의 찬자(贊者)는 직대(稷敦)를 동
방에서 들고 나와 주부에게 건네준다. 주부는 일어나서 그것을 받아들
고 앉아서 어조(魚俎)의 남쪽에 진설한다. 주부는 다시 일어나 찬자가
건네준 서대(黍敦)를 받아들고 앉아서 직대(稷敦)의 남쪽에 진설한다. 주
부는 다시 일어나 찬자가 건네준 직대(稷敦)를 받아들고 앉아서 서대(黍
敦)의 남쪽에 진설한다. 4개의 대(敦)는 모두 머리가 남쪽을 향하도록 놓
는다. 주부는 일어나서 동방(東房)으로 들어간다.[主婦自東房執一金敦

黍, 有蓋, 坐設于羊俎之南. 婦贊者執敦稷以授主婦, 主婦興受, 坐設于魚
俎南. 又興受贊者敦黍, 坐設于稷南. 又興受贊者敦稷, 坐設于黍南. 敦皆
南首. 主婦興, 入于房.]"라고 하였다. 이 내용을 축약 정리한 것이다. 여
기에서 말한 4개의 대는 서대 2개와 직대 2개를 말한다.

④『주례』「천관·재인(梓人)」에는 ~ 등의 부류를 말하고 있다: 여기에서
언급한 외골(外骨)·내골(內骨)·주명(注鳴)·방명(旁鳴)에 대해 정현의 주
에서는 "외골은 (바깥에 껍데기가 있는) 거북류이다. 내골은 (안에 뼈가 있는)
개미류이다. (주둥이로 우는) 주명은 귀뚜라미[정열(精列): 일명 청렬(蜻蛚)]
류이다. (옆으로 우는) 방명은 매미[조예(蜩蜺)]류이다.[外骨, 龜屬. 內骨,
鱉屬.⋯注鳴, 精列. 旁鳴, 蜩蜺屬.]"라고 하였다.

⑤【『춘추좌전』「애공(哀公) 11년」조~알 수 없다.】: 공문자(孔文子)가 태숙질(太
叔疾)을 공격하려 할 때 중니(仲尼)에게 묻자, "중니가 답하기를, 호궤의
일(제사)은 일찍이 배운 바 있다.[仲尼曰, 胡簋之事則嘗學之矣.]"고 하였
다. 이에 대해 두예의 주에서는 "호궤는 예기의 이름이다. 하나라는 호
라 하고 주나라는 궤라고 한다.[胡簋, 禮器名. 夏曰胡, 周曰簋.]"고 하였
으니,『예기』「명당위」에서 하나라는 '련(璉)'이라고 한 것과 다른 점을
지적한 것이다.

⑥『효경위(孝經緯)』의 설:『의례』「소뢰궤사례」의 가공언의 소에 인용된
것은『효경위구명결(孝經緯鉤命決)』이다. "대와 규의 머리는 위아래 모
두 둥글고 서로 연결되어 있고, 보와 궤는 위는 둥글고 아래는 네모난
데, 이것은 음양을 본받은 것이다.[敦規首上下圓相連, 簠簋上圓下方, 法
陰陽.]"라고 하였다.

⑦『주례』「천관·구빈(九嬪)」에서 ~ 하였으므로:「천관·구빈」의 원문은
"무릇 제사에 옥자(서직을 담는 그릇)를 올리는 것을 돕고, 왕후가 두와 변

을 올리고 거두는 것을 돕는다.[凡祭祀, 賛玉齍, 賛后薦徹豆邊.]"라고 하
여 '主婦'가 '后'로 되어 있다.

豆

옛 『삼례도』에 "두(豆: 나무 제기)①는 높이가 1척 2촌이고, 속은 붉은색으로 칠한다. 대부 이상은 운기(雲氣)를 붉은색으로 그리고, 제후는 상아로 장식하며, 천자는 옥 장식을 더한다. 모두 주둥이와 발을 장식하는 것을 말한다."고 하였다.

신 섭숭의가 살펴보건대, 『주례』「고공기·방인(旊人)」에 "방인(旊人: 질그릇을 굽는 사람)이 두(豆)를 만드는데 높이가 1척이다."라고 하였다. 또 『주례』 및 『예기』의 정현의 주에는 다음과 같이 말하였다. "두는 나무로 만들고, 용량이 4승이다. 주둥이는 원형이고 지름은 1척 2촌이다. 덮개가 있다. 창포뿌리[昌本]②·소 천엽[脾析]③·돼지 옆구리살[豚拍]④을 가늘게 썬 절임 및 젓갈[虀醢],⑤ 달팽이·토끼·기러기 젓갈[醢], 부추·순무·미나리·죽순 절임[菹], 사슴의 뼈가 섞인 젓갈[臡]⑥ 등을 담는다."⑦ 『의례』「향사례」의 정현 주에는 "두는 젖은 음식을 담는 데에 적당하고, 변은 마른 음식을 담는 데에 적당하기 때문이다."라고 하였다.

[舊『圖』云, "豆高尺二寸, 漆赤中. 大夫已上畫赤雲氣, 諸侯飾以象, 天子加玉飾. 皆謂飾口·足也." 臣崇義案「考工記」, "旊人爲豆, 高一尺."[1] 又鄭注

『周禮』及『禮記』云, "豆, 以木爲之, 受四升. 口圓, 徑尺二寸. 有蓋. 盛昌本·脾析·豚拍之鉶醢, 嬴兔鴈之醢, 韭菁芹筍之菹, 麋臡之屬." 鄭注「鄕射記」云, "豆宜濡物, 籩宜乾物故也."[2]

1   『周禮』「考工記」 원문은 "旊人爲簋, 實一㲉, 崇尺, 厚半寸, 脣寸. 豆實三而成㲉, 崇尺"이라 하여 "豆實三而成㲉, 崇尺"으로 되어 있다. 鄭注는 "崇, 高也. 豆實四升."
2   『儀禮』「鄕射禮·記」, 鄭注, "脯用籩, 籩宜乾物也. 醢以豆, 豆宜濡物也."

① 두(豆: 나무 제기): 채소절임이나 젓갈 등 젖은 음식을 담는 그릇으로, 나무나 흙 혹은 청동으로 만든다. '두(豆)'는 두(豆), 변(籩), 등(登)의 총명이기도 하다. '두'의 중앙 부분을 '교(校)'라고 하고 그 바닥 부분을 '등(鐙)'이라고 한다. 학의행의 『이아의소(爾雅義疏)』에 따르면 '변(籩)'과 '두(豆)'는 같은 종류의 그릇으로 단독으로 사용되지 않기 때문에 '두'라고만 말했을 경우 '변'도 포함되어 있다고 한다.(錢玄, 『三禮辭典』, 1289쪽의 '籩' 항목과 427쪽의 '豆' 항목 참조.)

② 창포뿌리[昌本]: 『주례』「천관·해인(醢人)」의 정현 주에 따르면, 창본(昌本)은 창포 뿌리로, 이를 4촌 길이로 잘라 절임을 만든다고 한다.[昌本, 昌蒲根, 切之四寸爲菹.] 또한 가공언(賈公彥)의 소에는 "창포 뿌리로 가늘게 썬 절임[齏]을 만든다.[昌蒲根爲齏.]"라고 하였다.

③ 소 천엽[脾析]: 『주례』「천관·해인」의 정현 주에는 정사농(鄭司農)의 설을 인용하여 '비석(脾析)'은 소 천엽이라고 하였다.[鄭司農云, "脾析, 牛百葉也."]

④ 돼지 옆구리살[豚拍]: 『주례』「천관·해인」의 정현 주에 "정대부·두자춘은 모두 '박(拍)'을 '박(膊)'으로 봤는데, 옆구리살을 말한다. 혹은 돈박(豚拍)을 어깨살이라고 하기도 한다.[鄭大夫·杜子春皆以拍爲膊, 謂脅也. 或曰豚拍, 肩也.]"라고 하였다.

⑤ 가늘게 썬 절임 및 젓갈[齏醢]: '제(齏)'는 채소나 육류를 가늘게 썰어 절인 것이고, '탐(醢)'은 육류의 젓갈이다. 가공언(賈公彥)의 소에는 "두 안

에 담는 '제(齏)'나 '저(菹)'는 채소와 육류에 통용되며, 전체를 얇게 저 며 '저'를 만들고, 가늘게 썰어 '제'를 만든다. 또 '저'라고 하지 않은 것 은 모두 '제'이니 창포뿌리[昌本]와 같은 종류가 여기에 해당된다.[於豆 內齏菹之類, 菜肉通, 全物若牒爲菹, 細切爲齏. 又不言菹者, 皆是齏, 則昌 本之類是也.]"라고 하였다. 한편 『주례』 「천관·해인」에 "궤사(饋食)의 두에는 아욱절임·달팽이젓갈, 소 천엽·맛조개젓갈, 대합·개미알젓갈, 돼지 옆구리살·생선젓갈을 담는다.[饋食之豆, 其實葵菹·蠃醢, 脾析·蠯 醢, 蜃·蚳醢, 豚拍·魚醢.]"라고 한 것에 대한 가공언의 소에는 "여덟 개 의 두에 담는 음식물 가운데 소 천엽·대합·돼지 옆구리살 이 세 가지 는 '저(菹)'라고 하지 않았으니 모두 '제(齏)'이다.[此八豆之內, 脾析·蜃· 豚拍三者不言菹, 皆齏也.]"라고 하였고, "왕이 성찬을 들 때 젓갈 60단 지를 올리는데, 5종의 제(齊)·7종의 해(醢)·7종의 저(菹)·3종의 이(臡: 뼈 섞인 젓)를 담는다.[王擧, 則共醢六十甕, 以五齊·七醢·七菹·三臡實之.]" 에 대한 가공언의 소에는 "'제(齊)'는 '제(齏)'로 고쳐야 한다. 5종의 제 (齏)는 창포 뿌리·소 천엽·대합·돼지 옆구리살·어린 부들이다. 7종의 해(醢)는 고기·달팽이·맛조개·개미알·물고기·토끼·기러기 젓갈이다. 7종의 저(菹)는 부추·순무·순채·아욱·미나리·죽순 절임이다. 3종의 이(臡)는 큰사슴·사슴·노루(뼈) 젓갈이다.[齊當爲齏. 五齏, 昌本·脾析· 蜃·豚拍·深蒲也. 七醢, 醢·蠃·蠯·蚳·魚·兔·雁醢. 七菹, 韭·菁·茆·葵· 芹·箔菹. 三臡, 麋·鹿·麇臡也.]"라고 하였다. 이를 종합하면, 창포 뿌리, 소 천엽, 돼지 옆구리살은 모두 가늘게 썰어서 절인 '제(齏)'에 해당되 며, 소 천엽과 돼지 옆구리살은 육류이기 때문에 '탐(醢)'자를 덧붙인 것 으로 보인다.

⑥ 뼈 섞인 젓갈[臡]: 『주례』 「천관·해인」 정현의 주에 따르면, 뼈를 포함

한 젓갈을 '이(臡)'라고 하고, 뼈를 제거한 젓갈을 '해(醢)'라고 한다.(有骨
爲臡, 無骨爲醢.)

⑦ 또 『주례』 및 『예기』의 정현의 주에는 ~ 담는다.: " " 인용 부분은 『주
례』와 『예기』의 여러 정현의 주를 참조하여 섭숭의가 '두'에 대해 정
의한 내용이다. 즉 두는 나무로 만들고, 용량이 4승, 입지름은 1척 2촌,
뚜껑이 있고, 가늘게 썬 절임·젓갈·채소절임·육젓과 같이 젖은 음식
을 담는다. '목록'에는 '두' 항목이 없고 '변(籩)'으로 통합하여 설명하고
있다.

【鼎俎圖13：23-籩변】

籩

　　신 섭숭의가 살펴보건대, 정현은 『주례』「천관·변인(籩人)」및 『의례』「사우례(士虞禮)」에 주를 달면서 "변(籩: 대나무 제기)은 대나무로 만든다. 입구에는 가선 장식이 있고, 형태는 두(豆: 나무 제기)와 같으니, 그 용량 또한 4승이다. 대추[棗]·밤[栗]·복숭아[桃]·매실[梅]·마름[菱]·가시연[芡]·얇게 썰어 말린 고기[脯]·생강을 넣어 말린 고기[脩]·저민 생선[鮑]·콩가루로 만든 떡[糗餌]① 등을 담는다. 변을 덮는 수건이 있다."라고 하였다.② 살펴보건대, 『의례』「향사례(鄕射禮)」에 "말린 고기는 길이가 1척 2촌인데, 변(籩: 대나무 제기) 위에 가로 방향으로 올려놓는다."고 하였다.③

　　[臣崇義案鄭注籩人及士虞禮云, "籩以竹爲之, 口有滕緣, 制如豆, 亦受四升, 盛棗·栗·桃·梅·菱·芡·脯·脩·鮑·糗餌之屬, 有巾." 案『儀禮』「鄕射」"脯長尺二寸, 橫於籩上."]

① 콩가루로 만든 떡[糗餌]: 『주례』「천관·변인(籩人)」에 "수변(羞籩: 종묘
제사에서 正獻 이후 加爵 이전에 진설하는 대나무 제기)에 담는 음식은 구이(糗
餌: 증편)와 분자(粉餈: 인절미)이다.[羞籩之實, 糗餌·粉餈.]"라고 하였다.
이에 대해 정중(鄭衆)은 '구(糗)'는 콩과 쌀을 볶은 것이고, '분(粉)'은 콩
가루이며, '자(餈)'는 완자를 말려서 떡으로 만든 것이라고 하였다.['糗',
熬大豆與米也. '粉', 豆屑也. '茨'字或作'餈', 謂乾餌餅之也.] 정현은 "이
두 가지는 모두 쌀이나 기장을 빻아서 만든 음식인데, 합쳐서 찐 것을
'이(餌)'라고 하고, 그것을 떡으로 만든 것을 '자(餈)'라고 한다.[此二物皆
粉稻米黍米所爲也, 合蒸曰'餌', 餅之曰'餈'.]"고 하였다. 또 『예기』「내
칙(內則)」에 "음식은 '구이'와 '분이'이다.[羞, 糗餌·粉酏.]"라고 한 것에
대해, 정현은 "'구(糗)'는 곡물을 찧고 볶은 것이며, 그것으로 분이와 분
자를 만든다.['糗', 擣熬穀也, 以爲粉餌與餈.]"고 하였다. 정리하면, '구
이'는 증편, '분자'는 인절미 정도에 해당한다.

② 정현은 ~ 하였다: 『주례』「천관·변인(籩人)」 정현의 주에 "'변'은 대나
무로 만든 기물로, 형태가 '두'와 같은데, 그 용량은 (변과 두) 모두 4승
이다.[籩竹器如豆者, 其容實皆四升.]"라고 하였다. '변'에 담는 음식물
에 대해서는 『주례』「천관·변인」 정현의 주가 아니라 『주례』의 경문
(經文)에 기술되어 있다.[朝事之籩, 其實麷·蕡·白·黑·形鹽·膴·鮑·魚鱐.
饋食之籩, 其實棗·栗·桃·乾橑·榛實. 加籩之實, 菱·芡·栗·脯. 羞籩之實,
糗餌粉餈.] 또 『의례』「사우례」에 "변[籩: 대나무 제기]에는 대추는 찐

후에 골라내고, 밤은 골라낸 후에 쪄서 담는다.[籩, 棗烝栗擇.]"고 하였
는데, 정현의 주에는 "'대추는 찐 후에 골라내고, 밤은 골라낸 후에 쪄
서 담는다.'고 하였으므로 두[豆: 나무 제기]에는 올릴 수가 없지만, 변
[籩]에는 가선 장식이 있기 때문에 담을 수 있다.[棗烝栗擇, 則豆不揭,
籩有籐也.]"고 하여 변에는 가선 장식이 있다고 하였다. 또 『의례』「특
생궤사례(特牲饋食禮)」에 "변[籩]에는 거친 칡베로 만든 수건으로 과실
을 감싸서 담는데, 수건의 안쪽은 옅은 진홍색으로 한다.[籩, 巾以綌也,
纁裏.]"고 하였다. 정현의 주에는 "변[籩]에 수건이 있는 것은, 과실의
음식물에는 껍질과 씨가 많아서 존귀한 사람을 우대할 때에는 과실을
쪄서 수건으로 감싸야 먹을 수 있기 때문이다.[籩有巾者, 果實之物多皮
核, 優尊者, 可烝裏之也.]"라고 하였다. 변에 딸린 부속물인 변건의 형태
에 관해서는 섭숭의는 원형으로 파악한 데 반해(정조도 13 : 24-변건 참조)
송대 진상도는 방형으로 보아 역대 원형과 방형 두 형태가 번갈아 나타
나고 있다.

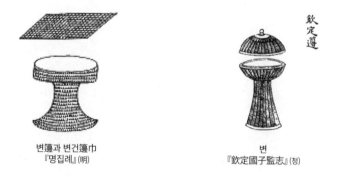

변籩과 변건籩巾　　　　　　　　　　변
『명집례』(明)　　　　　　　　　『欽定國子監志』(청)

③『의례』「향사례(鄕射禮)」에 ~ 하였다: 『의례』「향사례」의 원문은 다음
과 같다. "말린 고기[脯]를 올릴 때에는 변[籩: 대나무 제기]을 사용하는

데 다섯 조각을 세로 방향으로 담고, 고수레 할 때 사용할 반 조각을 그 위에 가로 방향으로 얹는다. 고기젓갈[醯]은 두[豆: 나무 제기]에 담는데, 동쪽 방[東房]에서 꺼내 와 진상한다. 말린 고기 조각은 길이가 1척 2촌이다.[薦脯用籩, 五臟, 祭半臟, 橫于上. 醯以豆, 出自東房. 臟長尺二寸.]"

변건(籩巾: 대나무 제기를 덮는 수건)[1]은 격[綌: 거친 갈포]으로 만드는데, 변건의 바깥쪽은 검은색이고 안쪽은 분홍색이며, 둘레가 1폭이다. 원형이며 (크기는) 1폭(幅)이다.

[籩巾用綌, 玄被纁裏, 圓一幅.]

① 변건(籩巾): 변(籩: 대나무 제기)을 덮는 수건으로 「삼례도목록」에 "대사
(大祀)에는 두와 변 각각 12개를 진설하고, 중사(中祀)에는 각각 9개를
진설하며, 소사(小祀)에는 각각 8개를 진설한다."고 하였다. '변'은 주로
마른 음식을 담아 놓는 그릇이며, 대나무로 만든다. 이것을 덮는 수건
을 변건이라 하였다. 한편 송대 진상도(陳祥道)의 『예서』에는 변건이 방
형으로 되어 있다. 이후 변건의 형태는 방형 또는 원형으로 시대에 따
라 다르게 묘사되어 있다.

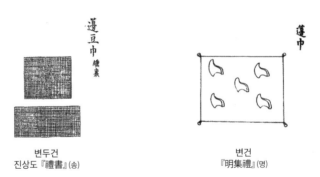

변두건
진상도 『禮書』(송)

변건
『明集禮』(명)

양정(梁正)과 완심(阮諶)의 『삼례도』에 "등(登: 질그릇 제기)①은 고깃국을 담는 그릇이다. 질그릇으로 만들며, 용량은 1두 2승이다. 입지름은 1척 2촌, 다리 지름은 1척 8촌, 높이는 2척 4촌이다. 몸체가 작고 뚜껑이 있으며, 두(豆)의 형상과 같다."라고 하였다. 이 『삼례도』에 기록된 (등의) 형태와 양식은 모두 예문(禮文)에는 없다. 같은 종류인 두(豆)와 비교해 보면 형태가 너무 크고,② 풍(豐: 술잔 받침대)③·점(坫: 받침대)④과 비교해 보아도 또 높이가 서로 다르다. 정통 경전이 아니므로 의거할 수 없다.

신(臣) 섭숭의가 살펴보건대, 『이아』「석기(釋器)」에 "나무로 만든 제기를 '두(豆)'라고 하고, 대나무로 만든 제기를 '변(籩)'이라 하며, 질그릇으로 만든 제기를 '등(登)'이라 한다."고 하였다. 『시』「대아(大雅)·생민(生民)」에 "두(豆)에 담고 등(登)에 담는다."라고 하였고, 「모전(毛傳)」에는 "나무로 만든 것을 '두'라고 하고 질그릇으로 만든 것을 '등'이라 한다.[木曰豆, 瓦曰登.]"라고 하였다. 『주례』「고공기·방인(旊人)」에는 "방인(旊人: 질그릇을 굽는 사람)은 질그릇으로 두를 만든다. 용량은 4승, 높이는 1척, 구멍 지름[空徑]은 2촌, 두께는 반 촌이다."라고 하였다.

또 『시』「대아·생민」편 「모전(毛傳)」에 "두(豆)에는 야채절임과 고기 젓갈[菹醢]을 올리고, 등(登)에는 나물을 넣지 않은 고깃국[大羹]을 담는다."고 하였다. 고깃국을 담기 때문에 뚜껑이 있다. 그러므로 질그릇[瓦]·나무[木]·대나무[竹]로 만든 3가지 두는 재료에 따라 만들어 이름을 달리하지만 그 형태와 크기는 다를 바 없다. 하물며 이 『삼례도』는 삼례(三禮)를 명목으로 하고 있다. 그런데 양정과 완심 두 사람은 스스로 그렇게 삼례를 제목으로 삼았으면서 어찌 이와 같이 정통 경전(의 서술)은 버리고 다른 주장을 따를 수 있단 말인가? 전고(典故)를 따르는 것을 귀중히 여겨야지 어찌 시시비비 논란이 될 만한 일을 좋아한단 말인가? 이제 『주례』「고공기·방인」의 제도에 의거하여 (등의) 제도를 확정한다.

[梁正·阮氏圖云, "登, 盛湆, 以瓦爲之, 受斗二升, 口徑尺二寸, 足徑尺八寸, 高二尺四寸, 小身, 有蓋, 似豆狀." 所記制度, 並非禮文. 類之於豆, 則形制全大, 比之豐·坫, 又高下相殊. 旣非正經, 不可依據. 臣崇義案『爾雅』云, "木豆謂之豆, 竹豆謂之籩, 瓦豆謂之登." 「大雅·生民」篇曰, "于豆于登." 毛傳云, "木曰豆, 瓦曰登." 其在『周禮』"旅人爲瓦豆, 而實四升, 高一尺, 空徑二寸, 厚半寸." 又「生民」傳云, "豆薦菹醢, 登盛大羹." 以其盛湆, 故有蓋也. 然則瓦木竹之三豆, 隨材造作, 殊名, 其制大小無異. 況此圖以三禮爲目, 梁·阮二氏自題, 又何捨此正經, 別資他說? 貴從典故, 豈好是非! 今依『周禮』「旅人」制度爲定.]

① 등(㽅: 질그릇 제기): 흙을 구워서 만든 제기로서, '등(鐙)'이라고도 한다.
『의례』「공사대부례」에는 '鐙'으로 되어 있는데, 정현과 가공언 모두
"질그릇으로 만든 제기를 '鐙'이라 한다.[瓦豆謂之'鐙']고 하였다. 『이
아』에는 '㽅'으로 되어 있다. 『이아』「석기(釋器)」에 "나무로 만든 제기
를 '豆'라 하고, 대나무로 만든 제기를 '籩'이라 하고, 질그릇으로 만든
제기를 '㽅'이라 한다.[木豆謂之'豆', 竹豆謂之'籩', 瓦豆謂之'㽅'.]"고 하
였다. 『시』「대아·생민(生民)」「모전(毛傳)」에는 "두(豆)에는 야채절임
과 고기젓갈을 담고, 등(㽅)에는 나물을 넣지 않은 고깃국을 담는다.[豆,
薦菹醢, 㽅, 大羹也.]"고 하였다. 섭숭의는 옛 『삼례도』를 따르지 않고
『주례』「고공기·방인」에 따라 "용량 4승, 높이 1척, 입지름[空徑]은
2촌, 두께는 반 촌"으로 규정하고 있다.
② 같은 종류인 두(豆)와 ~ 형태가 너무 크고: 두(豆)의 경우 섭숭의의 『삼
례도』에 "높이가 1척 2촌"이라 하여 양정과 완심의 『삼례도』에 "높이
가 2척 4촌"이라고 한 것과 차이가 남을 말한다.
③ 풍(豐: 술잔 받침대): 『삼례도목록』에 "이 '풍(豐)'은 옛 『삼례도』에는 모

풍
통지당본 『삼례도집주』

두 사람이 물그릇을 머리에 이고 있는 형상을 그려 넣었으니, 또한 경
계를 드리우게 할 수 있는 것이다."라고 하였다.

④ 점(坫: 받침대): 점은 『삼례도목록』에 "예문(禮文)에는 받침대[坫]에 두
가지가 있다. 술잔을 되돌려 놓는 받침대는 작고, 홀[圭]을 떠받치는 받
침대는 크다."라고 하였다. 『삼례도』 권14 「준이도」에 '작점' 항목이
있다. 작점의 전체 높이는 1척이라 하였는데, 『개원의감』이나 『오례정
의』에는 3척으로 되어 있다.

작점
『삼례도집주』

『예기』「명당위(明堂位)」에서 "유우씨(有虞氏: 순임금)는 조(俎: 희생제기)①로 '관(梡)'을 사용하였다."라고 하였다. 정현의 주에서는 "'관조'는 나무를 잘라서 네 개의 다리를 붙였을 뿐이다."라고 하였고, 공영달(孔穎達)의 소에서는 "유우씨 시대의 조는 '관'이라고 칭했다. 관조의 형태는 다리 4개가 마치 책상과 같다. 유우씨는 질박함을 숭상하여 아직 다른 장식이 없었다. 그러므로 단지 4개의 다리가 있는 책상과 같았을 뿐임을 알 수 있다."라고 하였다.

신 섭숭의가 또 생각건대, 옛『삼례도』에는 "조의 길이는 2척 4촌②이고, 너비는 1척 2촌이고, 높이는 1척이며, 양쪽 끝에는 붉은 칠을 하고 중앙에는 검은 칠을 한다."고 하였다. 그렇다면 (유우씨·하·은·주) 4대의 조는 비록 서로 조금 차이는 있지만 높이와 길이의 치수 및 칠 장식은 모두 같았던 것이다.

[『禮記』「明堂位」曰, "俎, 有虞氏以梡." 鄭注云, "梡, 斷木爲四足而已." 孔疏云, "虞俎名梡. 梡形, 足四如案. 以有虞氏尙質, 未有餘飾, 故知但四足如案耳." 臣崇義又案舊圖云, "俎長二尺四寸, 廣尺二寸, 高一尺, 漆兩端赤, 中央黑." 然則四代之俎, 其間雖有小異, 高下長短尺寸漆飾幷同.]

① 조(俎: 희생제기): '조(俎)'는 제사용 희생고기를 올려놓은 제기를 말한다. 『주례』「천관·내옹」에 "왕에게 음식을 올릴 때에는 정(鼎: 세발솥)과 조(俎: 희생 제기)를 진설하고 희생고기를 그곳에 담는다.[王擧, 則陳其鼎俎, 以牲體實之.]"고 하였다. 이에 대해 정현은 "희생고기를 확(鑊: 가마솥)에서 건져 내어 정(鼎)에 담고, 다시 정에서 꺼내어 조 위에 올려놓는다. 정에 담는 것을 '증(脀)'이라 하고, 조 위에 올려놓는 것을 '재(載)'라고 한다.[取於鑊以實鼎, 取於鼎以實俎, 實鼎曰脀, 實俎曰載.]"고 하였다. 가마솥[鑊] 안에서 희생고기를 삶는데, 그것이 익으면 건져 내어 세발솥[鼎]에 담아 넣는다. 행사할 때가 되면 다시 세발솥에서 꺼내어 희생제기 위에 올려놓고 진설한다.(錢玄, 『三禮辭典』, 527쪽 참조.)

② 조의 길이는 2척 4촌: 길이 2척4촌은 한척(漢尺: 23cm)으로 하면 23×2.4=55.2cm, 당척(唐尺: 29.7cm)으로 하면 29.7×2.4=71.28cm이다. 너비 1척 2촌은 한척으로 하면 23×1.2=27.6cm, 당척으로 하면 29.7×1.2=35.64cm이다. 높이 1척은 한척으로는 23cm, 당척으로는 29.7cm이다.

살펴보건대, 『예기』「명당위」에 "하후씨는 조(俎: 희생제기)로 '궐(蕨)'
을 사용하였다."라고 하였다. 정현의 주에서는 "'관조'는 처음에 4개의 다
리가 있었는데, 궐조는 거기에 가로막이[距]①를 만든 것이다."라고 하였
고, 공영달의 소에서는 "유우씨는 질박함을 숭상하였기 때문에 처음에 단
지 4개의 다리만 있었다. 하나라 시대에는 점차 문식을 가하였으니, '궐조'
는 비록 '관조'와 유사했지만 횡목을 덧대어 다리의 중간에 가로막이를 만
들었다."고 하였다. 그러므로 정현은 또 '궐(蕨)'은 '궐(蹶: 쓰러지다)'의 뜻으
로 읽는다고 하였다. 조[俎]의 다리가 바로 서 있지 않기 때문에 다시 다리
의 중앙에 횡목으로 서로 막이가 되게 한 것이니, 닭에 며느리발톱이 있어
외물을 막아 내는 것을 형상한 것이다. 그러므로 『의례』「소뢰궤사례」에
서 "창자[腸] 세 마디와 위(胃) 세 조각은 (길이가) 모두 조[俎]의 가로막이까
지 늘어지게 올려놓는다."라고 한 것이 이것이다.

　　신 섭숭의가 살펴보건대, 유우씨의 관조는 다리가 4개인데 책상과 같
고, 궐조 이하는 모두 받침대[舟]②가 있어야 마땅하다. 지금 종묘에서 사
용하는 조[俎]에는 모두 받침대가 있고, 양 끝이 모두 둥근 다리를 하고 있
으니, 한 시대의 법이 된다.

[案「明堂位」曰, "俎, 夏后氏以嶡", 鄭上[1]注云, "梡, 始有四足, 嶡爲之距", 疏云, "以有虞氏尚質, 但始有四足, 以夏時漸文, 嶡雖似梡, 而增以橫木爲距于足中也." 故鄭又讀'嶡'爲'蹷', 以俎足不正, 更于足中央以橫木相距, 象鷄有距以距外物也. 故「少牢禮」曰, "腸三, 胃三, 皆及俎距[2]", 是也. 臣崇義案, 有虞氏梡俎四足如案, 自嶡俎已下皆宜有舟. 今宗廟之俎皆有舟, 兩端皆圓足. 爲一法.]

1   上: 저본에는 '上'자가 있으나 通志堂藏板本에 의거하여 연문으로 처리하였다.
2   皆及俎距: 현행본 『儀禮』 「少牢饋食禮」에는 "腸三胃三, 長皆及俎拒."라고 하여 '三' 다음에 '長' 한 글자가 더 있으며, '距'는 '拒' 즉 '막는다'는 뜻의 글자로 되어 있다.

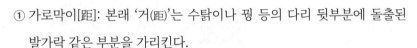
① 가로막이[距]: 본래 '거(距)'는 수탉이나 꿩 등의 다리 뒷부분에 돌출된 발가락 같은 부분을 가리킨다.

② 받침대[舟]: '주(舟)'는 원래 잔이나 술동이 등을 받쳐 놓는 받침대를 가리키는데, 섭숭의는 조에도 받침대가 있다고 하였다. 그런데 진상도의 『예서』와 청대 『흠정예기의소』에는 그림과 같이 가로막대가 중간에 있는 것이 아닌 받침대 형식으로 양쪽 2개의 다리를 고정해 주는 형태로 묘사하고 있다.

궐조
『欽定禮記義疏』(청)

棋
俎

　　살펴보건대, 옛 『삼례도』에서 "'구(棋)'는 은나라의 조(俎: 희생제기)이다. '구(棋)'는 구(矩)의 뜻으로 읽으니, 그 다리를 구부리고 휘어지게 한 것이다."라고 하였다.

　　신 섭숭의가 살펴보건대, 『예기』「명당위」에 "은나라에서는 구(棋)를 사용하였다."라고 하였다. 정현의 주에서는 "'구'라는 글자는 탱자나무①를 뜻하는데, 구부러지고 휘어진 것을 말한다."라고 하였고, 공영달의 소에서는 "탱자나무는 그 가지가 많이 구부러지고 휘어져 있다. 은나라의 조는 다리가 구부러져 있으니 이 탱자나무와 유사하다."라고 하였다. 또 육기(陸璣)②의 『초목소(草木疏)』에서는 "탱자나무는 구부러져 있으니, 새가 날아와서 깃든다. 은나라 조의 다리가 이와 유사하다."라고 하였다.

　[案舊圖云, "棋, 殷俎也. 棋, 讀曰矩. 曲橈其足." 臣崇義案「明堂位」曰, "殷以棋." 鄭注云, "棋之言枳棋也, 謂曲橈之也." 孔疏云, "枳棋之樹, 其枝多曲橈. 殷俎, 足曲橈似之." 又陸璣『草木疏』云, "棋曲來巢, 殷俎足似之."]

① 탱자나무(枳): 갈매나무과 헛개나무를 말한다. 호깨나무, 호로깨나무라
고도 한다. 한자로는 지구자(枳椇子), 괴조(拐棗), 목밀(木蜜), 목산호(木珊
瑚) 등으로 불리었다. 명대 이시진(李時珍)이 쓴 『본초강목(本草綱目)』에
는 "열매는 숙취를 덜게 하고 간을 보호해 주는 약효가 있다. 나무 조각
을 술독에 넣으면 술이 물로 된다."고 했다. 옛 『삼례도』와 정현의 주
에서 말했듯이, 탱자나무의 속성이 잘 구부러지고 휘어지기 때문에 '구
조'라고 이름 붙인 것이다. 아래 그림은 청대 『흠정예기의소』인데, 다
리가 휘어진 형태로 묘사되어 있다.

구조
『흠정예기의소』(청)

② 육기(陸璣): 삼국시대 오나라의 학자이다. 자는 원각(元恪)으로, 오군(吳
郡) 사람이다. 태자중서자(太子中庶子), 오정령(烏程令)을 지냈다. 저서에
『모시초목조수충어소(毛詩草木鳥獸蟲魚疏)』 2권이 있는데, 삼례도에서
말한 『초목소(草木疏)』가 바로 그것이다. 『모시(毛詩)』 중의 동물·식물
의 명칭을 상세하게 고증하였다. 중국 고대 비교적 이른 시기의 생물학
저작 중의 하나다.

방조(房俎)①는 주나라의 조(俎: 희생제기)이다. 『예기』「명당위」에 "주
나라에서는 방조를 사용하였다."고 하였다. 정현의 주에서는 "'방(房)'은
다리 아래의 발 받침[跗]을 뜻하는 것으로, 위와 아래 사이가 방(房)과 유사
함이 있음을 가리킨다."고 하였고, 공영달의 소에서는 "정현의 이러한 말
대로라면 조(俎: 희생제기)의 끝에 각각 두 개의 다리가 있고, 그 다리 아래
에 각각 따로 발 받침을 붙이는데, 다리 사이를 가로지르는 것이 당에 가
로지르는 벽이 있는 것과 같고 아래의 두 개의 발 받침은 당(堂)의 동서 양
끝에 각각 방(房)이 있는 것과 같다."고 하였다.

　신 섭숭의가 또 살펴보건대, 『시』「노송(魯頌)·비궁(閟宮)」에서 "변두
(籩豆)와 대방(大房)을 진설하네."라고 하였는데, 정현의 전(箋)에서는 "'대
방'은 옥으로 장식한 희생제기이다. 그 형태는 다리 사이에 횡목을 덧대었
고 그 바닥에는 발 받침이 있으니, 마치 당 뒤쪽에 방이 있는 것과 유사하
다."라고 하였고, 공영달의 소에서는 "조(俎)를 대방(大房)이라 하는 것은
그것이 옥으로 장식을 하여 그 기물을 찬미하고 존중했기 때문이다. 그러
므로 '대(大: 존중하다)'라고 칭한 것이다. 옥으로 장식했음을 알 수 있는 것
은 조(俎: 희생제기)와 두(豆: 나무 제기)는 서로 유사한 기물인데, 『예기』「명
당위」에서 주공의 예를 설명하면서 '제물을 올릴 때에는 옥으로 장식한

두(豆)를 사용한다.'라고 하였으니, 두(豆)를 옥으로 장식하므로 조(俎) 역시 옥으로 장식한다는 것이 분명하기 때문이다."라고 하였다. '그 형태가 다리 사이에 횡목을 덧대고 그 바닥에는 발 받침이 있다.'고 말한 것은 『예기』「명당위」 문장의 차서가 그러하기 때문인데, 발 받침 위에 횡목을 덧댄 것이 당 위쪽에 방이 있는 것과 유사하다. 이러한 설명이 조금 더 낫다.

삼가 살펴보건대, (오늘날) 제사 기물 가운데 희생제기[俎]는 양 끝이 모두 둥글고 그 장식 또한 다르지만, 오직 다리에 발 받침이 있고 가로막이를 하는 것은 이 방조와 유사하다. 이제 비록 (유우씨·하·은·주) 4대의 희생제기를 갖추어 기록하였지만, 이 가운데 선택하여 사용하기를 청한다.

[房俎, 周俎也. 「明堂位」曰, "周以房俎." 鄭注云, "房, 謂足下跗, 上下兩間, 有似于房." 孔疏云, "如鄭此言, 則俎頭各有兩足, 足下各別爲跗, 足間橫者似堂之壁橫, 下二跗似堂之東西兩頭各有房也." 又案『詩』「魯頌」曰, "籩豆大房." 箋云, "大房, 玉飾俎也. 其制足間有橫, 下有跗, 似乎堂後有房然." 『詩』疏云, "俎, 大房者, 以其用玉飾之, 美大其器, 故稱大也. 知用玉飾者, 以俎 豆相類之物, 「明堂位」說周公之禮云, '薦用玉豆', 豆以玉飾, 明俎亦用玉飾也." 云'其制足間橫, 其下有跗', 以「明堂位」文差次爲然, 跗上有橫, 似于堂上有房, 故謂之房, 此說稍長. 窃見祭器內俎兩端皆圓, 其飾亦異, 唯跗足與距則此房俎. 今雖具四代之俎, 請擇而用之.]

① 방조(房俎): 주나라의 희생제기로 '대방(大房)'이라고도 칭한다. 그 양 끝에 다리 및 횡목의 형태가 건축물의 당(堂) 뒤쪽으로 중앙에 실(室)과 좌우에 방(房)이 있는 것과 같기 때문에 그 같은 이름이 되었다. 아래 황이주의 도해가 경전의 주소를 비교적 상세하게 묘사하였다.

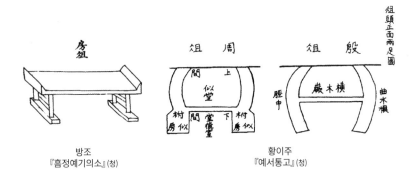

방조
『흠정예기의소』(청)

황이주
『예서통고』(청)

三禮圖集注

尊彝圖

권14 준이도

—

역주 문정희

계이(鷄彝: 닭의 문양을 장식한 술동이)[1]는 용량이 3두(斗)이며, 종묘에서 사용하는 제기이다. 이것으로 명수(明水)[2]를 담는다. 이(彝)라는 것은 법(法: 표준)이다. 여러 술동이 가운데 표준이 된다는 말이다. 신 섭숭의는 이전에 정현의 『삼례도(三禮圖)』에서 이와 같은 형태의 그림을 본 적이 있다. 옛 『삼례도』에 "육이(六彝) 중에 계이(鷄彝), 조이(鳥彝), 호이(虎彝), 유이(蜼彝) 네 가지 이(彝)는 모두 나무를 깎아 만든다."라고 하였다. 옛 『삼례도』에는 닭, 봉황, 호랑이, 긴꼬리원숭이(蜼) 네 마리 동물의 형태가 그려져 있었다. 제기마다 몸통 위에 술동이를 짊어지고 있으며, 둥근 원형의 그릇 위에 세워져 있었다. 제기의 다리는 세 발이며, 제기의 속을 붉은색으로 칠하였다. 그 모양이 마치 화로(火爐)와 같다. 어느 정도 담을 수 있는지 그 용량은 말하였지만 어떤 물건을 담는지는 말하지 않았다.

요즘 제기 중에 이러한 그림과 같은 형태의 것을 볼 수 있는데, 그 제기에는 닭과 봉황 배 아래에 별도로 철각거(鐵脚距)[3]를 만들고 네모난 판[方板] 위에 세워 구별하였다. 그렇다면 가이(斝彝)[4]와 황이(黃彝)[5] 두 제기 위에는 별도로 벼 이삭과 눈을 그려 술동이를 장식한단 말인가? 이렇듯 형태가 제각각이어서 실제 모습이 아니다. 『주례』「춘관·사준이(司尊

彝)」를 살펴보면, "(종묘의) 봄 제사[祠]와 여름 제사[禴]를 지낼 때 강신(降神)하면서 계이(鷄彝)와 조이(鳥彝)를 사용한다."고 하였다. 후정(後鄭: 鄭玄)은 "제기에 닭과 봉황의 형태를 그려 넣으며, 술동이 위에 부착시킨다"라고 하였다. 설명과 형상을 자세히 상고하여 살펴보면 그 법제는 매우 분명하다. 이제 서척[黍寸之尺]⑥에 따라 계산해 보면, 입지름은 9촌, 밑바닥 지름은 7촌, 몸통 위 아래 구멍의 지름은 높이 1척, 다리 높이는 2촌, 아래 지름은 8촌이다. 육이(六彝)의 장식은 각각 제기마다 해당 그림을 그려 넣는다. 형태는 다를지 모르나 용량은 모두 같다.

[鷄彝, 受三斗, 宗廟器, 盛明水. 彝者, 法也. 言與諸尊爲法也. 臣崇義先覽鄭『圖』形制如此. 案舊『圖』云, "於六彝之間, 唯鷄·鳥·虎·蜼四彝皆云刻木爲之." 其圖乃畫鷄·鳳·虎·蜼四物之形, 各於背上負尊, 皆立一圓器之上. 其器三足, 漆赤中, 如火爐狀. 雖言容受之數, 並不說所盛之物. 今見祭器中有如圖內形狀, 仍於鷄鳳腹下別作鐵脚距, 立在方板爲別. 如其然, 則斝彝·黃彝二器之上, 又何特畫禾稼眼目以飾尊乎? 形制二三皆非典實. 又案周禮司尊彝云, "春祠-夏禴, 祼用鷄彝鳥彝." 後鄭云, "謂刻而畫之爲鷄鳳皇之形, 著於尊上." 考文審象法制甚明. 今以黍寸之尺依而計之, 口圓徑九寸, 底徑七寸, 其腹上下空徑高一尺, 足高二寸, 下徑八寸. 其六彝所飾, 各畫本象. 雖別其形制, 容受皆同.]

① 계이(鷄彝: 닭의 문양을 장식한 술동이): 육이(六彝) 중의 하나이다. 울창주와 명수 등을 담아 강신례를 행할 때 사용한다. 정현과 섭숭의는 계이를 닭을 그려 넣은 것으로 파악하였는데, 최근 출토 유물 중 1988년 太原 金勝村 춘추시대 묘에서는 새 모양의 술동이가 출토되어 계이 혹은 조이로 추정하였다. 이것을 근거로 정정(丁鼎)은 닭 모양을 새겨 넣은 것이 아닌 제기 자체가 닭 또는 새 모양이었을 것으로 파악하였다.(丁鼎点校, 『新定三禮圖』, 淸華大學出版社, 2006, 443쪽) 하지만 역대 육이에 관한 도상은 모두 정현과 섭숭의가 해석한 대로 그림을 그려 넣은 형태로 계승되었다.

太原 金勝村 M251 鳥尊
冀瑞寶, 「太原金勝村M251 出土靑銅器初步硏究」(2015)

② 명수(明水): 고대 제사 때 사용하던 감로수이다. 보통 동감(銅鑒)에 모아 놓은 물을 사용하기 때문에 '明水'라 한다. 일반적으로 명수는 '현주(玄酒)'라 하여 정화수를 의미한다.

③ 철각거(鐵脚距): 철로 만든 다리 모양의 기물이다. 距의 의미는 조류의 발톱 중 곁다리로 붙어 있는 발톱, 즉 며느리발톱을 말한다.

④ 가이(稼彝): 육이 중의 하나이다. 벼이삭을 그려 넣어 가을 수확을 상징한다. 황이와 짝을 이뤄 가을 제사[秋嘗]와 겨울 제사[冬烝]에 사용한다.

⑤ 황이(黃彝): 육이 중의 하나이다. 황목(黃目)을 그려 넣어 표시한다. 가이와 함께 짝을 이뤄 가을 제사와 겨울 제사에 사용한다.

⑥ 서척[黍寸之尺]: '서척(黍尺)'은 기장 알갱이 100개를 늘어놓아 1촌으로 삼는 길이의 단위이다.

舟彝鷄

『주례』「춘관·사준이(司尊彝)」에, "(종묘) 봄 제사[祠]와 여름 제사[禴]를 지낼 때 강신하면서 계이(雞彝)와 조이(鳥彝)를 쓰는데 (계이와 조이) 모두 받침대[舟]①가 있다."라고 하였다. 정중(鄭衆)은 "술동이[尊] 아래 대(臺)가 있는데, 오늘날 받침대[承槃]와 같은 것이다."라고 하였다. 신 섭숭의는 일전에 정현의 『(삼례)도』를 본 적이 있는데 그 규격에 대해서 상세히 적혀 있었다. 받침대는 겉과 속을 칠하였는데, 그 속은 특히 붉은색으로 칠하였다. 지금 서척(黍尺)②으로 계산해 보면 받침대의 입지름은 1척 4촌이고 그 둘레의 높이와 두께는 각각 반 촌이다. 받침대 아래는 (위 아래로) (똑같이) 둘로 나누었을 때 좁아졌다가 (그 아래로는) 점차 넓어진다. 둥근 바둑판 다리[局足]는 받침대[槃]를 포함하여 높이가 1척이며 다리 아래 구멍의 가로지름은 1척 2촌이다. 육이(六彝) 아래의 받침대 형태와 규격은 모두 같다. (육이의) 받침대는 각 술동이에 따라 같은 종류의 문양을 새겨 장식한다.③ 받침대 속은 붉은색으로 칠하는데, 다만 바둑판 다리 표면에는 기름칠[靑油]하고④ 닭을 그려 넣어 장식한다. 그 형태와 규격은 계이와 같으며 울창주를 담는 데 사용한다.

[『周禮』「司尊彝」云, "春祠·夏禴, 祼用雞彝·鳥彝, 皆有舟." 先鄭云, "尊下臺, 若今承槃." 臣崇義先覽鄭圖, 頗詳制度. 其舟外漆朱中. 今以黍寸之尺審而計之, 槃口圓徑尺四寸, 其周高厚各半寸. 槃下刻殺二等而漸大. 圓局足與槃通高一尺, 足下空徑橫尺二寸. 六彝下舟形制皆同. 其舟足則各隨尊刻畫其類以飾之. 此舟漆赤中, 唯局足內靑油畫雞爲飾. 制度容受同雞彝, 用盛鬱鬯.]

① 받침대[舟]: 술동이[尊]을 받치는 받침대를 말한다. 규찬(圭瓚)과 장찬(璋
瓚) 등 찬(瓚)에 부속된 쟁반을 찬반(瓚盤)이라 하는데, 찬반이 찬을 받치
는 기능을 한다면 주(舟)는 술동이를 받치는 기능을 한다.

② 서척(黍尺): 기장 알갱이 100개를 늘어놓아 1촌으로 삼는 길이의 단위.
상세한 내용은 앞의 주 참조.

③ 받침대는 ~ 문양을 새겨 장식한다: 계이(닭)·조이(봉황)·호이(호랑이)·유
이(원숭이)·가이(벼이삭)·황이(황목)의 문양을 받침대도 같이 새겨 장식한
다는 말이다.

④ 기름칠[青油]: 여기에서 청유(青油)는 기름칠을 말한다. 받침대 속은 붉
은색으로 칠하는 것에 대비하여 기름칠한 것을 청유라고 한 것이므로
푸른 색감을 가리키는 것이 아닌 '기름칠'을 색감으로 표현한 것이다.

　　『주례』「춘관·사준이(司尊彝)」에 "(종묘) 봄 제사[祠]와 여름 제사[禴]를 지낼 때 강신하면서 계이와 조이를 사용한다."라고 하였다. 이것은 봄과 여름에 제사 지낼 때 음악을 연주하여 강신한 다음 왕이 먼저 규찬(圭瓚)을 사용하여 조이(鳥彝: 봉황의 문양을 장식한 술동이)에 담긴 울창주를 떠서 시동에게 바쳐 강신의 예를 행하고[獻尸祼神]① (왕)후(后)②도 장찬(璋瓚)을 사용하여 울창주를 떠서 두 번째로 바쳐 강신의 예를 행하는[亞祼] 것을 말한다.③ 이제 이 두 강신례의 경우 모두 신좌에 바친다[奠].④

　　경문에서 '조이(鳥彝)'라고 하였는데, 정현은 봉황(鳳皇)의 형상을 술동이에 그려 넣은 것으로 보았다. 이 새가 봉황임을 알 수 있는 것은 살펴보건대 『상서(尚書)』「군석(君奭)」에 "우리는 우는 (봉황) 새 소리를 듣지 못하네.[我則鳴鳥不聞]"라고 하였으니, 이때 저 우는 새가 봉황이므로 이 조이 역시 봉황임을 알 수 있다고 하였기 때문이다.

　　조이와 그 받침대는 모두 옻칠을 하되 그 속을 붉은색으로 칠을 한다. 앞서 계이와 (그) 받침대는 정해진 규격을 보여 주고 싶었기에 (장을 달리하

여) 각각 다른 곳에 그렸다. 조이 이하는 술동이와 그 받침대를 서로 이어

진 것으로 그리고 나머지는 생략하였다.

[司尊彝云, "春祠·夏禴, 祼用雞彝·鳥彝." 謂春夏將祭, 先於奏樂降神之

後, 王始以圭瓚酌此鳥彝鬱鬯, 以獻尸祼神, 后亦以璋瓚酌鬱鬯亞祼. 今二祼

並奠於神座. 經云"鳥彝", 後鄭以爲畫鳳皇形於尊上. 知鳥是鳳皇者, 案尙書

君奭云, "我則鳴鳥不聞." 彼鳴鳥是鳳皇, 故知此鳥彝亦鳳皇也. 其與舟俱漆,

並赤中. 前雞彝與舟欲見法度, 故圖之異處. 自鳥彝已下, 尊與舟相連圖之, 貴

省略也.]

① 시동에게 바쳐 강신의 예를 행하고[獻尸祼神]: 울창주를 떠서 시동에게 바치면 그 술을 받아 땅에 흘려 예를 행하는 것을 한마디로 '관(祼)'이라고 한다. '관(祼)'은 왕과 왕후 그리고 재상격의 대신이 각각 초헌·아헌·삼헌을 한다.

② (왕)후(后): 어떤 곳은 이 '后'를 '국군(國君)'으로 해석한 곳도 있으나(丁鼎, 『신정삼례도』, 446쪽) 『주례』 「사준이」 가공언의 소에 의하면, 강신의 예에는 왕과 왕후 두 가지 절차가 있고 왕후가 행하는 강신례를 아헌이라고 하였다. 특히 가공언은 왕후가 강신례를 행할 때에는 內宰가 돕는다고 보았으며 그 증거로 「內宰」職에 "후가 강신례를 할 때 도우며 瑤爵도 이와 같이 한다."고 한 구절을 내세웠다. 또한 朝踐, 饋食禮 그리고 요작을 사용하는 예를 행할 때에도 모두 내재가 돕는다고 추정하였다.

③ 왕후 ~ 말한다: 여기까지는 『주례』 「사준이」 가공언의 소를 요약한 것이다.

④ 이제 두 강신례의 경우 ~ 신좌에 바친다[奠]: 『주례』 「사준이」 정현의 주에 "이제 『의례』 「특생(궤사례)」 「소뢰(궤사례)」 편의 제례로 말하면 두 강신례로 '전(奠: 고수레)'을 하고 시동은 7차례 (제주를) 마신다. 왕이 신하들에게 술을 줄 수 있다.(以今祭禮「特牲」「小牢」言之, 二祼爲奠, 而尸飮七矣, 王可以獻諸臣)"이라고 한 것을 요약하여 설명한 것이다. 가공언의 소는 '二祼爲奠'에 대해 '왕과 왕후는 강신례로 고수레만 하고 술을 마시지 않는다(二祼爲奠不飮)'라고 풀이하였다.

【尊彝圖14：04-斝彝가이(下有舟)】

　가이(斝彝: 벼 이삭 문양을 장식한 술동이)에는 명수(明水)를 담는다. 선정(先
鄭: 정중鄭衆)은 '가(斝)'①를 '가(稼: 벼 이삭)'로 읽었다. 다시 말해 술동이에 벼
이삭을 그려 넣었기 때문에 술동이의 이름이 되었다고 한 것이다. 그러므
로 가화(嘉禾: 열매가 많이 달려 있어 상서롭게 여기는 벼이삭)②로 장식을 해야 한
다. 가이와 받침대는 모두 그 속을 붉은색으로 칠하며 바둑판 모양의 다리
에도 칠을 하고 벼 이삭을 그려 넣어 장식한다.

　[斝彝盛明水. 先鄭讀'斝'爲'稼'. 謂畫禾稼於尊, 因爲尊名. 然則宜畫嘉禾
以爲飾. 其彝與舟並漆赤中, 其局足內亦漆畫禾稼爲飾.]

① 가(斝): 고대 주로 술을 데울 때 사용하던 주기(酒器)이다. 신석기 시대 대문구문화 이전부터 도기로 제작된 가가 출토될 정도로 매우 오래전부터 사용되었던 예기이다. 고(觚)와 작(爵)과 함께 세트로 사용되었으며 후대에는 주로 청동기로 제작되었다. 형태는 삼족, 손잡이는 하나에 두 개의 기둥을 가지고 있다. 섭숭의의 『삼례도』에서 말하는 斝彝와 斝는 용도에 있어서 차이가 있어 보인다(丁鼎, 447쪽). 즉 가(斝)는 작과 같이 술을 담거나 데우는 주기이고 『삼례도』에서 말하는 가이(斝彝)는 벼 이삭이 그려진 술그릇으로 설명하고 있어 차이가 난다.

은허 대사공촌 동가

② 가화(嘉禾: 열매가 많이 달려 있어 상서롭게 여기는 벼 이삭): 고대 봉황과 기린처럼 상서로움을 상징하는 길조로 여겼다. 『한서』 권57상 「사마상여전(司馬相如傳)」에 "導一莖六穗於庖"의 '一莖六穗', 즉 한 줄기에 여섯

가닥의 벼 이삭이 핀 것으로 그 자체가 풍년을 상징하며 동시에 상서로운 징조이기 때문에 이것을 가지고 제사에 쓴다고 하였다.(顔師古注에 인용된 "鄭氏曰：導, 擇也. 一莖六穗, 謂嘉禾之米, 於庖廚以供祭祀也.")

황이(黃彝: 황금의 눈을 장식한 술동이)에는 울창주를 담는다. 『주례』「춘관·사준이(司尊彝)」에 "(종묘) 가을 제사[嘗]와 겨울 제사[烝]①를 지낼 때 강신하면서 가이(斝彝)와 황이(黃彝)를 사용하는데, 모두 받침대[舟]가 있다."라고 하였다. 왕은 규찬(圭瓚)②을 사용하여 술을 떠 시동에게 바치며 강신의 예를 행하고 (왕)후는 장찬(璋瓚)③을 사용하여 아헌(亞獻)을 한다. 정현은 "황이(黃彝)는 황목(黃目)을 말하며 황금으로 눈을 새긴 것이다."라고 하였다. 『예기』「교특생(郊特牲)」에 "황목(黃目)은 울창주의 향기를 담는 (주기 중) 최상위 술동이[上尊]④이다. 황(黃)이란 가운데[中]를 말한다.⑤ 목(目)이란 기운의 맑고 밝음을 드러내는 곳이다. 가운데에서 술을 떠서 밖으로 청명한 기운을 드러내는 것을 말한다."라고 하였다. 황이와 그 받침대는 모두 황금색으로 칠을 한다.

[黃彝盛鬱鬯. 「司尊彝」云, "秋嘗冬烝, 祼用斝彝·黃彝, 皆有舟." 王以圭瓚酌獻尸禮神, 后以璋瓚亞獻. 後鄭云, "黃彝, 謂黃目, 以黃金爲目也." 「郊特牲」曰, "黃目, 鬱氣之上尊也. 黃者, 中也. 目者, 氣之淸明者也. 言酌於中, 而淸明於外也." 其彝與舟並以金漆通漆.]

① 가을 제사[嘗]와 겨울 제사[烝]: 『예기』「제통(祭統)」에 "사계절마다 제
사를 지내는데, 봄 제사는 약, 여름 제사는 체, 가을 제사는 상, 겨울 제
사는 증이라고 한다.[凡祭有四時, 春祭曰礿, 夏祭曰禘, 秋祭曰嘗, 冬祭曰
烝.]"라고 하였다. 사계절마다 제사 이름을 달리하였고 그 의미에 대해
서는 "상과 증이라 함은 음의 속성을 의미한다. 상이란 음이 왕성한 것
을 말한다.[嘗·烝, 陰義也. 嘗者陰之盛也.]"라고 하였다.

② 규찬(圭瓚): 울창주를 뜰 때 사용하는 도구이다. 울창주로 강신례를 행
할 때 사용하는 것을 총칭하여 관규(祼圭)라고 하는데, 규찬은 그러한
규에 술그릇[瓚]이 달려 있는 것을 말한다. 손잡이의 형태에 따라 규가
달린 圭瓚과 장이 달린 璋瓚으로 구분되고, 또 사용자의 신분에 따라
왕은 규찬, 왕후는 장찬으로 구분하여 사용한다.

규찬圭瓚
劉績, 『三禮圖』(명)

③ 장찬(璋瓚): 규찬과 함께 울창주를 뜰 때 사용하는 도구이다. 왕후가 울

창주를 떠서 시에게 바쳐 예를 갖출 때 사용한다. 형태는 규찬과 같지
만 자루가 장(璋)으로 되어 있고 용기가 조금 작다.

장찬璋瓚
劉績, 『三禮圖』(명)

④ 최상위 술동이[上尊]: 『예기』「교특생(郊特牲)」 공영달의 소는 '상준(上
　尊)'에 대해 "제사 때 진열하는 여러 술동이 중 가장 위에 있기 때문에
　'상(上)'이라 한 것이다.[祭祀時列之, 最在諸尊之上, 故云上也.]"라고 하
　였다. 그런데 또 『예기』「문왕세자(文王世子)」의 "以及取爵於上尊也"
　의 '上尊'에 대해서는 '堂上之尊' 즉 '당 위의 술동이'라고 하였으니, 술
　동이를 어디에 두느냐에 따라서도 존비가 구분됨을 알 수 있다.
⑤ 황(黃)이란 가운데[中]를 말한다.: 목화토금수 오행 중 토는 방위로는 중
　앙, 즉 가운데에 해당하고 색깔로는 황색에 해당한다.

【尊彝圖14 : 06-虎彝호이(下有舟)】

호이(虎彝: 호랑이 문양을 장식한 술동이)①는 술동이에 호랑이를 그려 넣었
으며 명수(明水)를 담는다. 호이와 그 받침대는 모두 칠하는데, 그 속은 붉
은색으로 칠하며, 바둑판 다리 역시 호랑이를 그려 넣고 칠하여 장식한다.
옛『삼례도』에서 말한 형태와 규격은 정현의 뜻과는 이미 달라져서 오늘
날에도 받아들일 수 없다. (그 형태와 규격에 대해서는) 이미 계이 뒤에 해설을
하였다.②

[虎彝, 畫虎於尊, 盛明水. 其尊與舟並漆赤中, 其局足內亦漆及畫虎爲飾.
舊圖形制旣非鄭義, 今亦不取. 於雞彝下已有解說.]

① 호이(虎彝: 호랑이 문양을 장식한 술동이): 육이 중 하나이며, 호랑이를 그려 넣었기 때문에 '호이'라고 한다. 『주례』「춘관·사준이」 가공언의 소에 의하면 '호이(虎彝)'는 '유이(蜼彝)'와 함께 "유우씨(有虞氏: 순 임금) 시대의 술동이"이라고 하였다. 도상에는 호랑이 특성이 명확하게 드러나지 않았는데, 청대 황이주의 '호이'는 매우 명확하게 묘사하고 있다.

호이
황이주 『예서통고』(청)

② (그 형태와 규격에 대해서는) 이미 계이 뒤에 해설을 하였다: '계이' 항목에서 "입지름은 9촌, 밑바닥 지름은 7촌, 몸통 위 아래 구멍의 지름은 높이 1척, 다리 높이는 2촌, 아래 지름은 8촌"이라고 한 것을 말한다. 육이의 문양은 각각 다르지만 용량은 모두 같기 때문이다.

유이(蜼彝: 원숭이 문양을 장식한 술동이)에는 울창주를 담는다. 『주례』「춘관·사준이(司尊彝)」에 "추향(追享)과 조향(朝享)①을 지낼 때 강신하면서 호이와 유이를 쓰는데, 둘 모두 받침대(舟)가 있다."라고 하였다. 왕은 또한 규찬(圭瓚)으로 울창주를 떠서 시(尸)에게 바치고 예를 행하며, 왕후 역시 장찬(璋瓚)으로 아헌(亞獻)을 행한다. (유이의) 형태가 『삼례도』와 다르다는 점을 이미 앞에서 풀이하였다. 유이와 받침대는 모두 그 속을 붉은색으로 칠하고, 바둑판 모양 다리 안쪽 또한 원숭이를 그려 넣고 칠을 해서 장식한다.

살펴보건대, 『이아(爾雅)』에 "유(蜼)는 들창코에 긴 꼬리를 가지고 있다."라고 하였고, 곽박(郭璞)은 "유는 원숭이와 생김새가 같지만 몸집이 더 크다. (털은) 황흑색이고 꼬리가 수 척이며 수달의 꼬리와 비슷하나 끝이 갈라져 있다. 콧구멍은 드러나 위를 향해 있어 비가 오면 곧바로 나무에 매달려 자기 꼬리로 코를 막거나 혹은 양 손가락으로 막는다. (지금) 강동(江東) 사람들② 역시 유를 잡아 키우는데, 생김새가 날래고 건장하다."라고 하였다.③

[蜼彝盛鬱鬯. 司尊彝云, "追享朝享, 祼用虎彝蜼彝, 皆有舟." 王亦以圭瓚
酌鬱鬯以獻尸禮神, 后亦以璋瓚亞獻. 其形制亦與圖不同, 已在上解. 其彝與
舟皆漆赤中, 其局足內亦漆畫蜼以爲飾. 案爾雅云, "蜼, 卬鼻而長尾." 郭云,
"蜼似獼猴而大, 黃黑色, 尾長數尺, 似獺尾, 末有岐. 鼻露向上, 雨卽自縣於
樹, 以尾塞鼻, 或以兩指. 江東人亦取養之, 爲物捷健."]

① 추향(追享)과 조향(朝享):『주례』「춘관·사준이」정현의 주에 인용된 정 사농(鄭司農)은 "추향과 조향은 체협 제사를 말한다.[追享, 朝享, 謂禘祫 也.]"라고 하여 종묘 대제(大祭)로 보았는 데 반해 정현은 "추향은 체천 한 묘의 신주에게 기원할 일이 있을 때 추모하여 제사 지내는 것을 말 한다. 조향은 종묘에서 고하며 정령(政令)을 받는 것을 말한다.[追享, 謂 追祭遷廟之主, 以事有所請禱. 朝享, 謂朝受政於廟.]"라고 하여 조향(朝 享)을 일종의 곡삭(告朔) 혹은 시조(視朝)의 예(禮)로 해석하였다.

② 강동(江東) 사람들: 강동은 양자강 이동을 가리키며, '강좌(江左)'라고도 한다. 위진남북조시대부터 강동이 개발되면서 귀족문화가 꽃 피웠고 당대에 이르러서는 '강남' 개념으로 대체되었다.

③ 살펴보건대『이아(爾雅)』에 ~ 라고 하였다: 모두 가공언(賈公彦)의 소를 재인용한 것이다. 유이에 관한 설명은『이아(爾雅)』「석수(釋獸)」편에 나온다. '호이'와 마찬가지로 '유이'의 문양이 명확치 않은데, 황이주는 섭숭의가 정현의 도상을 따르지 않 고「이아」곽박 주에 따른 것으로 보 았다.(『예서통고』권49, 2420쪽) 황이주 역시『이아』곽박의 '유'에 대한 설 명을 도상에 충실히 반영하고 있다.

雄彝

유이
황이주『예서통고』(청)

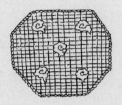

巾 布 畫

살펴보건대, 『주례』「천관·멱인(冪人)」에 "화포건(畫布巾: 고운 베로 만든 덮개 보)①으로 육이(六彝)를 덮는다."라고 하였다. 정현의 주에서 "종묘는 문(식)을 숭상하므로 오색구름 모양을 그려 넣은 베[畫布]를 사용한다."라고 하였고, 가공언의 소에서는 "화(畫)란 오색 운기(雲氣)를 그려 넣은 것이다.② 종묘의 육이(六彝)③는 울창(鬱鬯)주를 담는데, 화포(건)로 덮는다. 종묘에는 또 팔준(八尊)④이 있는데, 이 또한 화포(건)로 덮는다."라고 하였다.

옛 『삼례도』에 변건(邊巾)⑤은 "둥글며 1폭이다."이라고 하였는데,⑥ 폭의 넓고 좁음(너비)에 대해서는 말하지 않았다. (그런데) 『예기』「왕제(王制)」 공영달(孔穎達)의 소에는 "베[布]의 폭과 너비는 2척 2촌이다."라고 하였고,⑦ (가공언의 소에서는) "비단[帛]의 폭과 너비는 2척 4촌이다."⑧라고 하였다. (그러므로) 화포건은 마땅히 폭이 2척 2촌인 것을 써야 하며 그 형태 또한 원형이어야 한다.⑨ 살펴보건대, 『의례』「소뢰궤사례」에 의하면 술 동이[尊]에는 모두 뚜껑 덮개가 있다.⑩

[案「天官·冪人」云, "以畫布巾冪六彝." 後鄭云, "宗廟尙文, 故用畫布." 賈疏云, "畫者, 畫五色雲氣也. 宗廟六彝盛鬱鬯以畫布冪之. 宗廟亦有八尊 亦用畫布冪之." 案舊圖說邊巾云"圓一幅," 則不言幅之廣狹. 「王制」孔疏云,

“布幅廣二尺二寸,” “帛幅廣二尺四寸.” 此畫布當用二尺二寸之幅, 而亦圓也.

案「少牢禮」, 凡尊皆有蓋冪.]

① 화포건(畫布巾: 고운 베로 만든 덮개 보): 그림이 그려진 포[畫布]로 만든 술동이 덮개 보[冪]를 말한다. 다음 항목에 나오는 '소포건[疏布巾: 성근 베로 만든 술잔 덮개 보]'은 천지 제사에 사용하고 화포건은 종묘 제사에 사용한다. 그림도 정현은 '구름 모양'이라고 했지만, 송대 진상도(陳祥道)의 경우 주대(周代)에는 보불(黼黻) 무늬로 장식하였다고 보았다. 덮개의 형태는 원형과 방형 두 가지이다. 섭숭의의 『삼례도』에서는 소포건과 함께 원형이라고 했는데, 엄밀히 말하면 팔각형이다. 주희의 『석전의(釋奠儀)』에서는 "『삼례도(三禮圖)』에 포(布)의 폭(幅)은 2척 2촌인데 이를 둥글게 하였으나, 지금은 포(布) 1폭으로써 네모를 취하여 이를 만든다."라고 하여 송대에는 방형이었음을 알 수 있다. 양갑(陽甲)의 『육경도(六經圖)』도 원형으로 표현하였지만, 진상도의 『예서(禮書)』에는 방형으로 그려져 병존되었다가 『석전의』 이후 술동이 덮개 보[冪]는 대부분 방형으로 바뀌었는데, 청대 이르러 다시 원형으로 복귀하였다.(『欽定周官義疏』 그림 참조)

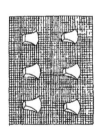

화포건
陳祥道, 『禮書』(송)

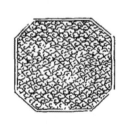

화포건
陽甲, 『六經圖』(송)

巾　畫

화포건
『欽定周官義疏』(청)

② 정현의 주에서 ~ 그려 넣은 것이다: 정현의 주에서 "종묘는 문(식)을 숭상하므로 화포를 사용한다"고 하였는데, 정현의 주 원문은 "종묘는 문식(을 가한 제기)를 사용할 수 있다. '화(畫)'란 운기를 그려 넣은 것인가?(宗廟可以文. 畫者, 畫其雲氣與?)"라고 하여 추측성 주석을 가하고 있다. 뒤이어 가공언의 소는 그 이유에 대해서 『삼례』를 통틀어 보면 '화(畫)'라고 할 때에는 일반적으로 운기를 그려 넣은 것을 말하는데, 다만 경전에 정문이 없으므로 추측성 주석을 가한 것이라고 하였다.

③ 종묘의 육이(六彝): 울창주를 담는 6가지 종류의 술동이. 『주례(周禮)』에 의하면, 육이(六彝)는 계이(雞彝)·조이(鳥彝)·황이(黃彝)·호이(虎彝)·유이(蜼彝)·가이(斝彝)를 말한다. 이(彝)는 『설문해자주(說文解字注)』에 의하면, 종묘 제사에 쓰이는 대표적인 제기[常器]이다. 『주례』「천관·멱인(幎人)」에 의하면, 성글게 만든 포로 만든 덮개[疏布巾]로 팔준(八尊)을 덮고 운기를 그려 넣은 포로 만든 덮개[畫布巾]로 육이(六彝)를 덮는다고 하였으니, 종묘의 육이라 함은 종묘 제사에 사용되는 육이를 말하며, 뒤에 언급한 종묘의 팔준 또한 종묘 제사에 사용되는 팔준을 말한다.

④ 팔준(八尊): 8가지 종류의 술을 담는 술동이. 육이의 경우처럼 술동이[尊]의 종류를 말하는 것이 아니라 다섯 가지 술[五齊]과 3종의 술[三酒]을 종류별로 담는 술동이를 뜻한다. 『주례』「천관·주정(酒正)」에는 술의 종류를 '오제삼주(五齊三酒)'로 구분하였다. '오제(五齊)'는 범제(泛齊)·예제(醴齊)·앙제(盎齊)·제제(緹齊)·침제(沈齊)이며, '삼주(三酒)'는 사주(事酒)·석주(昔酒)·청주(清酒)이다. 오제는 삼주에 비해 상대적으로 탁한 술을 가리킨다. 여기에서 말한 팔준은 이와 같이 8가지 종류의 술을 담은 술동이를 말한다. 섭숭의의 『삼례도』에는 사준(獻尊)·상준(象尊)·착준

(著尊)·호준(壺尊)·태준(太尊)·산준(山尊) 도합 육준(六尊)이 열거되어 있다. 그러므로 여기에서 말한 팔준은 육준의 오자로 보기도 한다.

⑤ 변건(籩巾): 제기 변과 두를 덮는 보(袱)를 말한다. 인용의 출처는 『의례』「사상례(士喪禮)」의 "東方之饌, …兩籩無縢, 布巾, 其實栗, 不擇. 脯四脡"에 대한 정현의 주에, "포건은 변을 덮는 보, 즉 변건이다. 변과 두가 갖추어지고 거기에 보를 두는 것은 성대하게 하는 것이다. 「특생궤사례」에 변건이 있다고 하였다(布巾, 籩巾也. 籩豆具而有巾, 盛之也. 「特牲饋食禮」有籩巾)"이다. 옛 『(삼례)도』가 그 형태에 대해서 "둥글며 1폭이다(圓一幅)"라고 하였다. 주희의 『석전의(釋奠儀)』의 '변건'과 진상도의 『예서』의 '변두건'의 모양이 아래 도상과 같이 다르게 표현되어 있다.

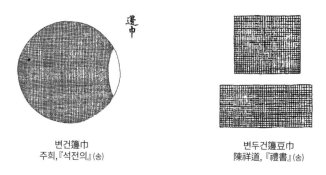

변건籩巾
주희,『석전의』(송)

변두건籩豆巾
陳祥道, 『禮書』(송)

⑥ 옛 『삼례도』에 ~ 하였는데: 여기에서 "둥글며~" 즉 원형이라 함은 『의례』「사상례」의 "布巾, 環幅, 不鑿"에 대한 정현의 주에, "'환폭(環幅)'은 너비와 길이가 같다는 것이다"라고 한 주석에 근거한 것으로 보인다. 그런데 정현은 환폭을 너비와 길이가 같은 것으로 설명하였고, 가공언의 소 또한 "云'廣袤等也'者, 布幅二尺二寸, 鄭計布廣狹例, 除邊幅二寸, 以二尺爲率, 則此廣袤等亦二尺也"라고 하여 포의 너비를 계

산할 때 변두리 폭 2촌을 빼고 2척을 기준으로 하면 여기에서 말한 너비와 길이도 똑같이 2척이 되는 정사각형이 되는 것으로 설명하였다. 『삼례도』는 '環'을 '圓'으로 고쳐 정사각형에서 변두리를 제외한 팔각형 형태의 원형으로 해석하였던 것이다. 『삼례도집주』는 이것을 근거로 포건의 형태가 원형이라고 파악한 듯하다. 그런데 『석전의』와 진상도의 『예서』에서 방형이라고 한 이후에는 방형을 취하다가 청대에 이르러 다시 원형으로 묘사되고 있다.

⑦ 『예기』 「왕제(王制)」 공영달(孔穎達)의 소에는 ~ 하였고: 여기에서 말한 『예기』 「왕제」 해당 구절은 "用器不中度, 不粥於市. 兵車不中度, 不粥於市. 布帛精粗不中數, 幅廣狹不中量, 不粥於市. 奸色亂正色, 不粥於市"이다. 이에 대한 공영달의 소는, "云'廣狹'者, 布廣二尺二寸, 帛則未聞"이라고 하여, '포의 너비가 2척 2촌[布廣二尺二寸]'이라고만 하고 비단(帛)에 대해서는 들어 보지 못했다고 하였다.

⑧ 비단의 폭과 너비는 2척 4촌이다: 『예기』 「왕제」 공영달의 소에서 비단의 폭과 너비는 들어 보지 못했다고 했는데, 여기에서 2척 4촌이라고 한 근거는 『주례』 「지관(地官)·사시(司市)」의 "凡市僞飾之禁, 在民者十有二, 在商者十有二, 在賈者十有二, 在工者十有二" 구절에서 정현이 「왕제」편을 인용하여 같은 맥락이라고 설명하였는데, 이에 대한 가공언의 소에 나온다. 가공언은 "云'廣狹不中量'者, 布幅則廣二尺二寸. 共繒幅則依朝貢禮, 廣二尺四寸"라고 하여 포의 폭은 너비가 2척 2촌, 여기에서 帛은 繒이라고 하였고 그 폭은 조공례에 의거하여 너비 2척 4촌으로 한다고 하였다.

⑨ 화포건은 마땅히 ~ 형태 또한 원형이어야 한다: 화포건은 베[布]로 만든 덮개이므로 2척 2촌이 되어야 하며 그 근거로 앞에서 『예기』 「왕

제」편의 공영달의 소를 제시하였고, 형태는 원형이어야 한다는 것은 옛 『(삼례)도』를 근거로 제시하였다.

⑩ 「소뢰궤사례(少牢禮)」에 의하면 ~ 있다: 여기에서 말한 「소뢰례(少牢禮)」는 『의례』「小牢饋食禮」의 "사궁(司宮)은 … 두 술동이의 덮개[蓋]와 덮개 보[冪]를 벗긴 후 술동이 받침대[梡] 위에 놓는다.[司宮…乃啓二尊之蓋冪, 奠於梡上]"는 구절로, '두 술동이의 덮개와 덮개 보'를 언급한 것을 말한다.

勺　龍

옛 『삼례도』에 "(용삭의) 손잡이[柄] 길이는 2척 4촌이며 용량은 5두(斗)이다. 사대부는 (용삭의) 속을 붉은색으로 칠하고 제후는 백금으로 장식을 하며 천자는 황금으로 장식한다."라고 하였다.[①]

신 섭숭의가 살펴보건대 『주례』「고공기・재인(梓人)」에 "삭(勺)[②]은 1승(升), 작(爵)은 1승"이라고 하였고, 정현의 주에는 "삭(勺)은 술동이에서 술을 뜨는 국자[斗(升)]이다."라고 하였다.[③] 『예기』「명당위(明堂位)」에 "하후씨는 용삭으로 술을 뜬다."라고 하였고, 정현의 주에는 "(용은) 용머리이다."라고 하였다.

그러므로 지금 서척(黍尺)으로 계산해 보면, 손잡이 길이는 1척 2촌이고, (삭의) 주둥이 세로 지름은 4촌 반, 중앙의 가로 지름은 4촌이며, 두 머리 가로 지름은 각각 2촌이다.

또 역대 선유(先儒)들이 전한 바에 의하면 모두 삭의 머리에 용머리 형상을 새겼다고 한다. 그리고 (후한) 완심(阮諶)의 『삼례도』는 포삭(蒲勺)[④]의 머리가 물오리 머리와 같다고 말하였으니, 용삭의 머리 또한 용의 머리[⑤]와 같았음이 분명하다. 다만 현재 『삼례도』와 제기(祭器)에는 이와 같은 삭의 모양이 없으므로 별도로 위에 그려 넣었다. 육이(六彝)의 울창주를 떠서 규찬(圭瓚)⑥에 따를 때 사용한다.

[舊『圖』云, "柄長二尺四寸, 受五升. 士大夫漆赤中, 諸侯以白金飾, 天子以黃金飾." 臣崇義謹案『周禮』「梓人」云, "勺一升, 爵一升." 注云, "勺, 酌尊升也."[1] 又「明堂位」曰, "夏后氏以龍勺." 注云, "爲龍頭."[2] 今以黍寸之尺計之, 柄長尺二寸, 口縱徑四寸半, 中央橫徑四寸, 兩頭橫徑各二寸. 又師儒相傳, 皆以刻勺頭爲龍頭狀. 又案阮氏圖說蒲勺頭如鳧頭, 卽知龍勺頭亦如龍頭明矣. 但以今圖與祭器內無此勺形, 故特圖於右. 用挹六彝之鬱鬯, 以注圭瓚.]

---

1 『周禮』「考工記·梓人」정현의 주에 "勺, 尊升也"라고 하여 '酌'자가 빠져 있다.
2 『禮記』「明堂位」 원문은 "其勺, 夏后氏以龍勺, 殷以疏勺, 周以蒲勺"이고, 이에 대해 정현의 주는 "龍, 龍頭也"라고 하였다.

① 용삭(龍勺: 용의 머리로 장식한 술 국자): 용의 머리 모양으로 장식된 국자로,
종묘 제사 때 바치는 울창주를 뜰 때 천자가 사용한다. 그 형태는 자루
부분에 용머리 형상을 한 것과 국자 부분에 용의 머리 형상을 새겨넣은
것으로 다양하다.

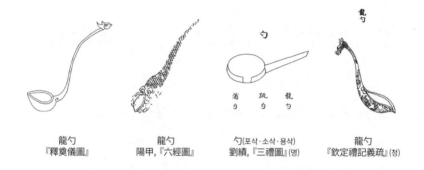

龍勺　　　　　　龍勺　　　　　勺(포삭·소삭·용삭)　　　　龍勺
『釋奠儀圖』　　陽甲,『六經圖』　劉績,『三禮圖』(명)　　『欽定禮記義疏』(청)

② 삭(勺): 『예기』「명당위(明堂位)」 정현의 주에 "勺, 市灼反"이라 하였고,
『주례』「고공기·재인(梓人)」 정현의 주에 "勺, 上灼反"라고 하여 '삭'
으로 발음하였다.

③ 정현의 주에는 ~ 라고 하였다: 단옥재의 『주례한독고(周禮漢讀考)』에는
'尊斗'로 되어 있고, '斗'는 '枓(주두)'와 같다. 『설문(說文)』에 '枓'는 '勺'
이라고 하였다. 현행본에 '尊升'으로 되어 있는 것은 위진(魏晉) 시대 사
람들이 '斗' 자를 '升' 자로 많이 잘못 썼던 까닭에 와전된 것이라고 한
다. 아래 도상은 안양에서 출토된 '삭'과 주초 쌍수문양이 그려진 '삭'

그리고 송대 여대림(呂大臨)의 『고고도(考古圖)』의 '斗'이다. 이른바 술을 뜨는 국자를 총칭하여 두(斗)라고 하며, 술을 담는 부위를 삭(勺), 삭에 연결된 손잡이를 병(柄)이라고 한다.

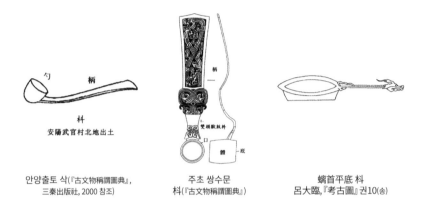

안양출토 삭(『古文物稱謂圖典』,
三秦出版社, 2000 참조)

주초 쌍수문
斗(『古文物稱謂圖典』)

螭首平底 斗
呂大臨,『考古圖』권10(송)

④ 포삭(蒲勺): 주나라에서 사용하던 술 뜨는 국자. 『예기(禮記)』「명당위(明堂位)」에 "其勺, 夏后氏以龍勺, 殷以疏勺, 周以蒲勺"이라 하여, 하후씨가 용삭을 사용하였고, 주나라는 포삭을 사용하였다고 하였다. 정현의 주에 의하면, "포는 부들을 엮어서 만든 것이 오리 머리 모양과 같은 것이다(蒲, 合蒲如鳧頭也)"라고 하였다.

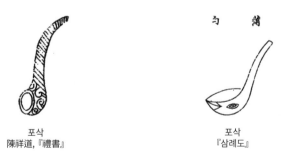

포삭
陳祥道,『禮書』

포삭
『삼례도』

⑤ 용의 머리(龍頭): 섭숭의는 용두, 즉 용의 머리를 삭(국자 부위)에 새겨 넣은 것으로 해석하였는데, 출토 유물은 이와 같은 해석과는 조금 다르다. 아래 도상과 같이 대부분 손잡이 부분에 장식을 가한 것이 많다. ①의 주희의 『석전의도』와 청대 용삭의 도상도 마찬가지이다.

龍紋枓
美國大都會博物館藏品

용무늬 두
(『古文物稱謂圖典』)

兩頭龍紋枓
上海博物館藏品

두 마리 용무늬 두
(『古文物稱謂圖典』)

⑥ 규찬(圭瓚): 손잡이를 옥[圭]으로 만든 술을 뜨는 도구이며, 제사에 사용되는 울창주를 담는 주기(酒器)이다. 『尙書』「文侯之命」의 “平王錫晉文侯秬鬯圭瓚”에 대한 孔傳에, “以圭爲杓柄, 謂之圭瓚”이라 하였고, 『예기(禮記)』「왕제(王制)」의 “諸侯賜圭瓚, 然後爲鬯, 未賜圭瓚, 則資鬯於天子”에 대한 정현의 주에 “圭瓚, 鬯爵也”이라고 하였다. 그 형태는 【尊彝圖14 : 10-圭瓚】 참조.

瓚　圭

『주례』「고공기·옥인(玉人)」에 "강신할 때 사용하는 관규(祼圭)②는 1척 2촌이고 찬(瓚)이 달려 있으며, 종묘 제사에 사용한다."라고 하였다. 정현은 (「춘관·사준이」의 주에서) "관(祼)이란 규찬으로 울창주를 떠서 시(尸)에게 바치는 것이다."라고 하였고, (「고공기·옥인」의 주에서) "찬(瓚)은 쟁반과 같다."고 하였으며, (「춘관·전서」의 주에서) "용량은 5두이며, 주둥이(입구)의 지름은 8촌, 깊이는 2촌이다."라고 하였고, (「고공기·옥인」의 주에서) "(찬의) 손잡이에는 옥을 사용하며 유(流)가 있어 그 앞으로 술을 따른다."라고 하였다.③ 유(流)는 코[鼻]를 말한다. 그러므로 그 아래(「고공기·옥인」의) 주에서 "비(鼻)는 국자[勺]의 코[流]이다. 무릇 (국자의) 코[流]는 모두 용의 아가리 모양으로 만든다."라고 하였다.

또 『시』「대아(大雅)·한록(旱麓)」정현의 전[鄭箋]에서는 "규찬의 형태는 규를 가지고 자루를 삼고 황금으로 국자(勺)를 만들며, 청금으로 바깥을 장식하고 가운데를 붉은색으로 칠한다."라고 하였다.④ 규는 대개 그 너비가 3촌이다.⑤ 또한 『주례』「춘관·사사(肆師)」에 "대사에 옥백과 희생을 쓰며, 중사에 희생과 폐백을 쓰며, 소사에 희생을 쓴다."라고 하였고, 정현의 주에서는 "대사란 천지 제사와 종묘 제사이다."라고 하였다.⑥

신 섭숭의가 주소의 해석을 상세히 살펴보니, 창벽(蒼璧)으로 호천에 예를 갖춰 제사한다는 구절에서부터 여기 규찬으로 종묘에 제사한다[7]는 구절에 이르기까지 신에게 예를 갖추는 데 있어서는 옥백과 희생으로 제사를 하는 것 이외에 또 옥백과 희생의 신체 일부를 불태우거나 땅에 묻는 경우도 있다. 일월성신(日月星辰)과 사직(社稷)의 제사에는 단지 신에게 예를 갖추는 옥만 있을 뿐 불태우거나 묻는 옥은 없다. 종묘 제사는 비록 대사이지만 강신례할 때 사용하는 관규를 가지고 신에게 예를 갖춘다고 하였을 뿐 역시 옥을 불태우는 법은 없다.[8]

지금 여러 학자들의 『삼례도』를 살펴보아도 역시 이러한 설이 없으므로 그 형태와 관련된 제도가 서로 어긋나고 잘못되어 있다. 그러므로 규로 된 자루와 황금으로 만든 국자(삭)는 이미 다르며, 그 자웅(앞뒤)이 서로 맞물리는 곳에 있어서는 길이가 3촌, 두께가 1촌, 너비가 2촌 반 정도 될 수 있다. 주둥이 코로 연결되는 공간의 지름은 5푼 정도 된다. 이하 삼장(三璋)의 삭도 모두 이와 같다.[9]

[「玉人」云, "祼圭尺有二寸, 有瓚, 以祀廟." 後鄭云, "祼, 謂以圭瓚酌鬱鬯以獻尸也." "瓚, 如槃." "大五升, 口徑八寸, 深二寸." "其柄用圭, 有流, 前注." 流, 謂鼻也. 故下注云, "鼻, 勺流也. 凡流, 皆爲龍口." 又案「大雅·旱麓」箋云, "圭瓚之狀, 以圭爲柄, 黃金爲勺, 靑金爲外, 朱中央." 凡圭, 博三寸. 又「肆師職」云, "大祀用玉帛牲牷, 次祀用牲幣, 小祀用牲." 後鄭云, "大祀, 天地宗廟." 臣崇義謹詳疏義, 自蒼璧以禮昊天, 至此圭瓚以祀宗廟. 於禮神玉帛牲牷之外, 別有燔瘞玉帛牲體. 其日月星辰社稷, 但有禮神之玉, 無燔瘞之玉也. 其宗廟雖在大祀, 惟說祼圭以禮神, 亦無所燔之玉. 今案諸家「禮圖」, 並無此說, 故形制差誤. 然圭柄金勺旣異, 其牝牡相合處長可三寸, 厚一寸, 博二寸半. 流道空徑可五分, 其下三璋之勺皆類此.]

① 규찬(圭瓚): 울창주를 뜰 때 사용하는 도구이다. 울창주로 강신례를 행할 때 사용하는 것을 관규(祼圭)라고 하는데, 규찬은 그러한 규에 술그릇[瓚]이 달려 있는 것을 말한다. 손잡이의 형태에 따라 규찬(圭瓚)과 장찬(璋瓚)으로 구분되고, 사용자의 신분에 따라 왕은 규찬, 왕후는 장찬으로 구분하여 사용한다.

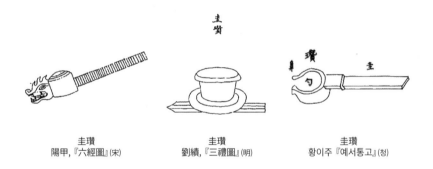

圭瓚
陽甲, 『六經圖』(宋)

圭瓚
劉績, 『三禮圖』(明)

圭瓚
황이주 『예서통고』(청)

② 관규(祼圭): 강신례를 행할 때 술을 뜨는 국자(勺 또는 瓚) (의 손잡이)를 말한다. 그 손잡이가 홀[圭]처럼 생겼기 때문에 관규라고 한다. 정현은 "강신례를 할 때 규찬으로 울창주를 떠서 시에게 바친다"라고 하여 '관'과 '규찬'을 분리하여 해석하였으나, 『주례』 「춘관(春官)·전서(典瑞)」의 사규유저(四圭有邸), 양규유저(兩圭有邸)와 「옥인(玉人)」의 사규(四圭), 대규(大圭), 토규(土圭) 등과 함께 천지 제사와 종묘 제사, 산천 제사에 따라 사용되는 규찬과 함께 열거되고 있다.

裸圭
王應電,『周禮圖說』(明)

③ 정현은 ~ 라고 하였다: 이 단락에서 섭숭의는 「고공기·옥인」에 대한 정현의 주인 것처럼 인용하고 있지만, 『주례』 다른 편의 정현의 주를 부분 발췌하여 설명하고 있다. 예를 들어 "관(裸)은 규찬으로 울창주를 떠서 시(尸)에게 바치는 것이다"라는 주는 「사준이(司尊彝)」의 정현 주이고, "용량은 5두이며, 주둥이(입구)의 지름은 8촌, 깊이는 2촌이다"라는 주는 「전서(典瑞)」의 정현 주이다. 비슷한 구절이 『송회요집고(宋會要輯稿)』 「예(禮)」 15 휘종 大觀 4년조 의례국의 상서문에 보이는데, 다음과 같다. "『주례』 「전서」에 '찬이 달려 있는 관규로 선왕에 바친다'라고 한 구절에 대해서 어떤 이는 천지 제사 때 신에게 예를 갖추는 옥은 있으되, 울창주는 바치지 않으며, 종묘제사 때 울창주를 바치지만 신에게 예를 갖추는 옥은 없다고 하였다. 그러므로 종묘 제사에 사용되는 옥은 관규뿐이다. 규찬의 규격은 규를 가지고 자루[枘]로 삼고 (규의) 길이는 1척 2촌이며 황금으로 국자를 만들고 청금으로 그 바깥을 장식하며 안은 붉은색으로 칠한다. 그 용량은 5두이고 지름은 8촌이다. 국자의 코는 용머리로 만들며 거기로 울창주를 내보낸다. 또 그 아래에는 반(槃)이 있는데, 지름은 1척으로 찬을 받치는 데 쓴다. 현재 태묘에서 황제가 친히 제사할 때에는 금은으로 도금된 (규)찬을 쓰고 유사가 섭사할 때에는 동으로 된 규찬을 쓰고 있어, 그 크기의 규격은 모두 예에 규정된 것과 같지 않다." 여기에 언급된 관규의 용량과 규격이 섭숭의가

언급한 것과 같음을 알 수 있다.

④ 「대아(大雅)·한록(旱麓)」:『시』「文王之什·旱麓」의 "치밀한 저 옥찬에 누런 울창주가 들어 있네(瑟彼玉瓚, 黃流在中)"에 대한 鄭玄의 箋이다.

⑤ 규는 ~ 그 너비가 3촌이다: 규의 너비가 3촌(三寸)이라 한 근거는,『예기』「잡기 하」에 인용된『찬대행(贊大行)』의 다음 구절이다. "규(의 길이)는 공은 9촌, 후백은 7촌, 자남은 5촌이고, 너비는 3촌, 두께는 반 촌이며, 규의 위쪽 좌우를 1.5촌씩 깎은 것이다. (재료는) 옥이다(圭, 公九寸, 侯·伯七寸, 子·男五寸, 博三寸, 厚半寸, 剡上左右各寸半, 玉也)."『찬대행』은 정현의 주에 의하면 대행의 직무를 서술한 책인데, 전하지 않는다고 하였다. 이밖에『의례』「빙례(聘禮)」에도 "圭與繅皆九寸, 剡上寸半, 厚半寸, 博三寸, 繅三采六等"이라 하였으므로, 규의 너비는 대개 3촌이라 하였던 것이다.

⑥ 정현의 주에서는 ~ 라고 하였다:『주례』「춘관·사사(肆師)」 구절에 대한 원주는 "정사농은 말한다. 대사는 천지(제사)이고 그 다음 제사는 일월성신 (제사)이다. 소사는 사명 이하이다. 정현은 말하기를, 대사에는 종묘 제사도 있다. 중사에는 또 사직, 오사, 오악 제사가 있고, 소사에는 또 사중, 풍사, 우사, 산천, 백물 제사가 있다(鄭司農云 : 大祀, 天地. 次祀, 日月星辰. 小祀, 司命已下. 玄謂大祀又有宗廟, 次祀又有社稷·五祀·五嶽, 小祀又有司中·風師·雨師·山川·百物)"라고 하여 정사농(鄭司農)이 대사(大祀)에 천지(제사)만 언급한 것을 정현은 종묘(제사)까지 포함시켰다. 그러므로 이 둘을 합쳐 대사는 천지·종묘라고 말하고 있다.

⑦ 창벽(蒼璧)으로 호천에 ~ 규찬으로 종묘에 제사한다: 창벽으로 호천에 제사한다는 구절은『주례』「春官·大宗伯」의 "창벽으로 천에 제사하고 황종으로 지에 제사하며 청규로 동방에 제사하고 적장으로 남방에

제사하며 현황으로 북방에 제사한다(以蒼璧禮天, 以黃琮禮地, 以靑圭禮東方, 以赤璋禮南方, 以白琥禮西方, 以玄璜禮北方)"는 것을 말한다. 또한 규찬으로 종묘에 제사한다는 구절은 『삼례도』 본문에 인용된 『주례』 「고공기·옥인」의 "관규는 1척 2촌이며 찬이 달려 있고 종묘 제사 때 사용한다(祼圭尺有二寸, 有瓚, 以祀廟)"라고 한 구절을 말한다.

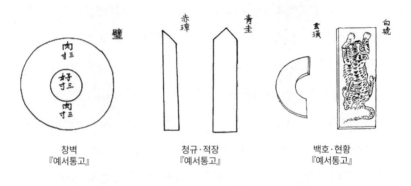

| 창벽 | 청규·적장 | 백호·현황 |
| 『예서통고』 | 『예서통고』 | 『예서통고』 |

⑧ 신에게 예를 갖추는 ~ 옥을 불태우는 법은 없다: 이 부분은 『주례』 「춘관·사사(肆師)」의 가공언의 소를 포괄적으로 풀어 서술한 것이다. 가공언의 소는, "경에서 '대사에 옥백과 희생을 사용한다'고 한 것은 천신 가운데 옥백과 희생을 불태워 그 연기를 피워 올리는 예 이외에도 신에게 예를 갖출 때 사용하는 옥도 있음을 말한 것이다. 지기 가운데 옥백과 희생만 묻는 것 이외에도 아울러 신에게 옥백과 희생으로 예를 갖추기도 함을 말한 것이다. 종묘에는 연기를 피워 올리거나 묻는 의식이 없고 단지 옥백과 희생으로 신에게 예를 갖추기만 하며, 또한 신에게 예를 갖출 때 옥을 사용한다는 구절은 볼 수 없다. 혹자는 관규를 가지고 신에게 예를 갖추는 옥이라 할 수 있다고 하는데 이 또한 가능한 해석이다. '차사에 희생과 폐백을 사용한다'고 한 것은 천신 중 일월성신

제사와 지기 중 사직 오사 오악에 지내는 혈제를 말한다. 종묘 제사와 차사 이하는 대사와 마찬가지로 신에게 예를 갖출 때 폐백만 사용할 뿐이다.[經言'立大祀用玉帛牲牷'者, 天神中, 非直有升煙玉帛牲, 亦有禮神者也. 地示中, 非直瘞埋中有玉帛牲, 亦兼有禮神玉帛牲也. 宗廟中無煙瘞埋, 直有禮神幣帛與牲, 又不見有禮神之玉, 或可以灌圭爲禮神之玉, 亦通一塗. '立次祀用牲幣'者, 天神日月星辰, 地示血祭社稷五祀五嶽是也. 宗廟次祀已下與大祀同, 亦直有禮神幣帛而已]"라고 하고 있다.

⑨ 이하 삼장(三璋)의 삭 ~ 같다: 여기에서 말한 삼장三璋이란 『주례』 「옥인(玉人)」에서 말한 대장(大璋)·중장(中璋)·변장(邊璋)을 말하며, 정현의 주는 이에 대해 "삼장의 삭은 그 형태가 규찬과 같다(三璋之勺, 形如圭瓚)"라고 하였다. 이에 대해 가공언의 소는 정현이 "삭의 형태가 규찬과 같다.[形如圭瓚]"고 한 것은 삼장의 국자[勺]로 규찬의 형태를 나타내 보이고자 하였기 때문이라고 해석하였다. 다만 삼장의 국자가 비록 규찬과 같다고 말했지만, 규찬의 형태는 『한례』의 문장에 따르면 그 형태는 큰데, 삼장의 삭은 지름은 4촌이니, (『한례』에서 말한 규찬보다는) 크기가 작은 것으로 추정된다.[「玉人職」云大璋·中璋·邊璋, 下云"黃金勺, 靑金外, 朱中, 鼻寸, 衡四寸." 鄭注云 : "三璋之勺, 形如圭瓚". 「玉人」不見圭瓚之形, 而云"形如圭瓚"者, 鄭欲因三璋勺, 見出圭瓚之形, 但三璋勺雖形如圭瓚, 圭瓚之形卽此『漢禮』文, 其形則大, 三璋之勺, 徑四寸所容蓋似小也.]고 하였다. 섭숭의의 『삼례도』에는 권12 「포작도(匏爵圖)」편에 '大璋瓚'(삭), '中璋瓚'(삭), '邊璋瓚'(삭)으로 나열하고 있다.

槃　瓚

『주례』「춘관·전서(典瑞)」 정현의 주에 "『한례(漢禮)』②에 찬(瓚)의 크기(즉 용량)는 5승(升)이며, 입 지름은 8촌이고, 그 아래에 쟁반이 있으며 (쟁반의) 입 지름은 1척이다."라고 하였다. 신 섭숭의가 이 주를 상세히 살펴보니, 쟁반의 입 지름의 크기에 대해서는 말했지만, 『주례』 경문③과 『시』「한록(旱麓)」 정현의 주를 두루 검토해 보아도 쟁반의 재료나 장식에 대해서는 말한 것이 없다. 살펴보건대, 『주례』「천관·옥부(玉府)」에서 "제후와 회맹할 때 주반(朱槃)과 옥대(玉敦)④를 제공한다."라고 하였고, 정현의 주에서는 "대(敦)와 반(槃)은 구슬[珠]로 장식한다."라고 하였으며, 가공언의 소에서는 "이 반과 대는 나무로 만들어야 하며, 구슬과 옥을 사용하여 장식하였을 뿐이다."라고 하였다. 그런즉 이 찬 아래에 달려 있는 반 역시 황금(黃金)과 청금(靑金)을 사용하여 바깥을 두르는 것 이외에 그 가운데는 붉은색으로 칠해야 한다. 규찬의 깊이가 2촌이라 하였으니, 이 반은 깊이는 1촌, 밑지름은 8촌, 높이는 2촌이 되어야 마땅하다.⑤

[「典瑞」注云, "漢禮, 瓚大五升, 口徑八寸, 下有槃, 口徑一尺." 臣崇義詳此注, 雖言槃口徑尺寸, 遍檢周禮正經及旱麓之詩箋注, 並不說槃之材飾. 今案玉府云, "若合諸侯, 則供朱槃玉敦." 注云, "敦槃, 珠以爲飾." 疏云, "此槃敦應以木爲之, 用珠玉爲飾耳." 然則此瓚下之槃, 亦宜用黃金靑金爲外, 朱中央. 圭瓚既深二寸, 此槃宜深一寸, 足徑八寸, 高二寸.]

① 찬반(瓚盤): 규찬(圭瓚)과 장찬(璋瓚) 등 찬에 부속된 쟁반으로 찬을 받치는 역할을 한다. 쟁반의 입 지름은 1척이고 쟁반 아래 다리가 있으며, 다리의 지름은 8촌, 높이는 2촌이라고 하였다. 쟁반의 재질은 나무이며, 바깥을 황금 또는 청금을 사용하여 장식하고 그 속은 붉은색으로 칠한다. 문원각본 사고전서 『신정삼례도』 '찬반'과 도상이 약간 다르다.

瓚盤
(문원각본 『삼례도』)

② 『한례(漢禮)』: 가공언의 소에 의하면, 숙손통(叔孫通)이 지은 『예기제도(禮器制度)』를 말하며, 정현이 주에서 자주 전거로 인용하고 있다. 현재 전해지지 않는 서책이다.

③ 『주례』 경문: 찬반에 대해 언급한 『주례』 경문은 「고공기·옥부(玉府)」의 "제후와 회합할 때 주반과 옥대를 제공한다.[若合諸侯, 則供朱槃玉敦]" 뿐이다. 이외에는 「사준이(司尊彝)」「옥인(玉人)」「전서(典瑞)」 등의 정현의 주를 말한다.

④ 옥대(玉敦): '敦'는 음이 '대(對)'이다. 정현의 주에 의하면, "옛날에는 반(槃)에 (희생의) 피를 담고 대(敦)에 음식을 담았다.[古者以槃盛血, 以敦盛

食.]"라고 하였다.

⑤ 규찬의 깊이가 ~ 마땅하다: '규찬의 깊이가 2촌'이라 함은 『주례』 정현의 주에는 보이지 않는다. "深二寸"과 관련한 기사로는, 『孟子』 「離婁」上의 "今也欲無敵於天下而不以仁, 是猶執熱而不以濯也"에 대한 疏에 인용된 鄭玄의 注이다. 소에 인용된 정현의 주는, "정현이 말하기를, 관은 규찬으로 울창주를 떠서 시에게 바치는 것을 말한다. 찬은 반과 크기가 같은데, (용량은) 5승이고 입 지름은 8촌, 깊이는 2촌이다. 찬의 자루에 규를 쓴다(鄭云, 祼謂以圭瓚酌鬱鬯以獻尸也. 瓚如槃大, 五升, 口徑八寸, 深二寸, 其柄用圭)"라고 되어 있다. 하지만 『주례』 「천관·전서(典瑞)」의 해당 구절에 대한 정현의 주에는 '深二寸'이란 구절은 없다. 자루로서의 규와 술을 담는 용기로서의 반(槃)의 형태는 명대 유적(劉績)의 『삼례도』에 시각적으로 잘 구현되어 있다. 다만 섭숭의의 『삼례도』에 묘사된 찬반의 다리 부분이 보이지 않는 점이 다르다 하겠다.

圭瓚
劉績, 『三禮圖』(明)

璋　瓚

　　장찬(璋瓚)①이란 황후가 울창주를 떠서 시(尸)에게 바쳐 신에게 예를 갖출 때 사용하는 그릇이다. 그 형태와 규격은 규찬(圭瓚)과 동일하지만, 장(璋)을 사용하여 자루를 만들고 그릇이 조금 작을 뿐이다. 그러므로 『주례』「춘관·사준이(司尊彝)」 정현의 주에는 "관이란 규찬을 사용하여 울창주를 떠서 처음으로 시(尸)에게 바치는 것을 말한다. (왕)후는 이때 장찬으로 술을 떠 두 번째 강신례[亞裸]②를 올린다."라고 하였다. 이 장찬의 입지름 역시 4촌이며 깊이는 2촌, 자루의 길이는 9촌이고 그 아래 또한 반(槃)이 달려 있다. (반의) 입지름은 6촌, 깊이는 1촌, 다리 높이는 1촌, (밑)지름은 4촌으로 규찬의 반(槃)과 형태나 규격이 같다.

　　[璋瓚者, 皇后酌鬱鬯, 獻尸禮神之器也. 其制一同圭瓚, 但用璋爲柄, 器差小耳. 故司尊彝注云, "裸, 謂以圭瓚酌鬱鬯, 始獻尸也. 后於是以璋瓚酌亞裸." 是此璋瓚口徑亦四寸, 深二寸, 柄長九寸, 其下亦宜有槃. 口徑六寸, 深一寸, 足高一寸, 徑四寸, 一如圭瓚槃形制.]

① 장찬(璋瓚): 규찬과 함께 울창주를 뜰 때 사용하는 도구이다. 왕후가 울
창주를 떠서 시에게 바쳐 예를 갖출 때 사용한다. 형태는 규찬과 같지
만 자루가 장(璋)으로 되어 있고 그릇의 크기가 조금 작다. '장(璋)'은
『주례』「춘관·대종백(大宗伯)」 정현의 주에 "규(圭)는 날카로우니 봄에
만물이 처음 자라나는 것을 상징하며, 규를 절반으로 한 것이 장(璋)이
니, 여름에 만물이 절반은 죽는 것을 상징한다.[圭銳象春物初生. 半圭曰
璋, 象夏物半死.]"고 하여, 규를 절반으로 나눈 것을 장이라고 하였다.
섭숭의는 [준이도(尊彝圖) 14]에 규찬과 장찬을 실었을 뿐만 아니라 【匏

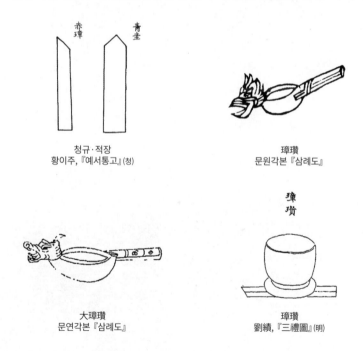

청규·적장
황이주, 『예서통고』(청)

璋瓚
문원각본 『삼례도』

大璋瓚
문연각본 『삼례도』

璋瓚
劉績, 『三禮圖』(明)

爵圖 12 : 07-大璋瓚】에 삼장(瓚) 중 대장(瓚)이란 항목으로 그림을 싣고 있는데, 장찬에 관한 설명은 같으나 그림에 있어서는 약간 차이가 난다. 손잡이 부분(璋)에 문양이 있어 [준이도 14]의 장찬과 조금 다른 것이 주목된다.

② 두 번째 강신례[亞祼]: 【匏爵圖 12 : 07-大璋瓚】에는 "종묘 제사의 경우 왕후가 아헌을 하는데 이때 이 장찬으로 시에게 강신례를 행한다. 왕후에게 변고가 있을 때 대종백이 대신 아관한다.[若祭宗廟, 王后亞獻, 卽執此璋瓚以祼尸. 后有故, 則大宗伯執以亞祼.]"라고 하였다. 즉 아관은 천자 다음으로 술을 떠서 강신례하고 시에게 바치는 것을 말하는데, 이때 천자는 규찬을 사용하고 왕후는 장찬을 사용하여 예의 등급을 나타내었다.

【尊彝圖14：13-獻尊사준(阮氏)·獻尊사준(鄭氏)】

살펴보건대, 『예기』「명당위(明堂位)」에서는 "사[獻](준)과 상(준)은 주나라 술동이이다"①라고 하고, 『주례』「춘관·사준이(司尊彝)」에서는 "(종묘) 봄 제사와 여름 제사에서 조천(朝踐)②할 때 2개의 사준(獻尊)을 사용한다."③라고 하였다. 하나는 현주(玄酒)④를 담고 또 하나는 예제(醴齊)⑤를 담는데,⑥ 왕이 옥작(玉爵)에 예제를 따라서 시(尸)에게 바친다.⑦ 『예기』「예기(禮器)」에 "묘당의 위에 희준(犧尊)은 서쪽에 둔다."라고 하였고, 정현의 주에서는 "희(犧)는 『주례』에 '사[獻]'로 되어 있다."라고 하였다.

또한 『시(詩)』「(노)송(頌)」의 「모전(毛傳)」에는 "사우(沙羽)를 사용하여 술동이를 장식한다."라고 하였다.⑧ 그러므로 「모전」과 정현은 '獻'와 '沙' 두 글자를 파사(婆娑)⑨의 사(娑)와 같다고 보아 봉황의 형상을 술동이에 새겨 그 형태가 파사와 같다고 말한 것이다.

또한 『시』「모전(毛傳)」과 그 소(疏)를 보면, 왕숙이 예(禮)(완심의 『삼례도』)에 주를 달기를, 희준과 상준은 소와 코끼리의 형상을 본떴고 등을 뚫어 술동이를 만들었다고 하였다.⑩

현재 제기를 보면 소와 코끼리의 형상을 한 것이 있고 등 위에 연화좌

(蓮華座)를 새겨 넣고 있어 술동이와 서로 이어져 있지는 않지만 왕숙의 설명과 대동소이하다. 완심의 『삼례도』를 살펴보면, 희준은 소로 장식되어 있다. 또 말하기를, "제후는 주둥이를 상아로 장식하고 천자는 옥으로 장식한다"라고 하였다. (완심의) 『삼례도』에 실려 있는 희준의 형태 역시 술동이에 소를 그려 넣어 장식하였다. 그러므로 왕숙이 말한 것과는 완전히 다르다. 상식을 헤아려 하나의 기준으로 삼을 만하다. 이제 정현의 설 또한 오른쪽에 그림으로 두니 선택해서 사용하기 바란다.

[案「明堂位」云, "獻·象, 周尊也." 「司尊彝」云, "春祠·夏禴, 其朝踐用兩獻尊." 一盛玄酒, 一盛醴齊. 王以玉爵酌醴齊以獻尸也. 「禮器」曰, "廟堂之上, 犧尊在西." 注云, "犧, 『周禮』作獻." 又『詩』「頌」毛傳說, "用沙羽以飾尊." 然則毛·鄭獻沙二字讀與婆娑之娑義同, 皆謂刻鳳皇之象於尊, 其形婆娑然. 又『詩』傳疏說王肅注禮, 以犧·象二尊並全刻牛·象之形, 鑿背爲尊. 今見祭器內有作牛·象之形, 背上各刻蓮華座, 又與尊不相連比, 與王義大同而小異. 案阮氏『圖』, 其犧尊飾以牛. 又云, "諸侯飾口以象骨, 天子飾以玉." 其圖中形制, 亦於尊上畫牛爲飾. 則與王肅所說全殊. 揆之人情, 可爲一法. 今與鄭義並圖於右, 請擇而用之.]

① 『예기』「명당위(明堂位)」에는 ~ 주나라 술동이이다: 『예기』「명당위」 원문은 "犧·象, 周尊也"이라 하여 '獻'이 '犧'로 되어 있다. 이때 '獻'은 음이 파사의 '사'이다. 육덕명(陸德明)의 『경전석문(經典釋文)』권8, 「주례음의(周禮音義)」에서도 '獻'은 '犧'와 같은 글자로, 음은 '素'와 '何'의 반절, 즉 '사'라고 하였다.("'獻', 本或作'戲', 注作犧同, 素何反.")

② 조천(朝踐): 천자와 제후의 종묘 제사에서 처음에 제사를 시작할 때 하는 의절로, 朝事라고도 한다. 곧 降神의 예[祼]를 하고 나서 이후 절차대로 醴酒를 따라 올리고[獻醴], 피와 날고기를 올리는[薦血腥] 의절을 말한다. 『周禮』「春官·司尊彝」의 "朝踐의 예에 2개의 사준(獻尊)을 쓴다.[其朝踐用兩獻尊]"에 대한 정현의 주에 "朝踐은 피와 날고기를 올리고 예주를 따라 올려 제사를 시작하는 것을 말한다(朝踐, 謂薦血腥, 酌醴, 始行祭事)"라고 하였다. 공영달의 소에는 朝踐의 과정과 그 의미에 대해 상세히 설명되어 있다.

③ 『주례』「춘관·사준이(司尊彝)」에서는 ~ 사용한다: 『주례』「춘관·사준이」의 원문은 "봄 제사와 여름 제사에 강신할 때 계이와 조이를 사용하는데, 모두 받침대[舟]가 있다. 조천할 때 2개의 사준을 사용한다.[春祠·夏禴, 祼用雞彝·鳥彝, 皆有舟. 其朝踐, 用兩獻尊]"라고 하였다. 또 『주례』「춘관·사준이」의 "육이와 육준의 술을 따를 때에는 울제(울창주)는 즙을 내 따르고, 예제는 (띠풀에) 걸러서 따르고, 앙제는 (청주를) 섞어 따르며, 범주는 물을 타 따른다(凡六彝六尊之酌, 鬱齊獻酌, 醴齊縮酌, 盎

齊涗酌, 凡酒脩酌)”의 정현의 주에 “이 네가지는 강신례에 울창주를 쓰고
조천할 때 예제를 쓰며 궤사례 때 앙제를 쓰며, 신하들이 술을 따를 때
에는 범주를 사용한다.[凡此四者, 祼用鬱齊, 朝用醴齊, 饋用盎齊, 諸臣
自酢用凡酒].”라고 하여 조천의 예에 예제(醴齊)를 사용한다고 한 것을
두고 한 말이다.(朝用醴齊)

④ 현주(玄酒): 현주와 명수 모두 정화수를 말하는데, 대비하여 말하면 현
주와 명수로 구별하고 통틀어 말할 때는 현주라고 한다. 비교해서 말하
자면 울창 오제(五齊)는 명수로 배합하고 삼주(三酒)는 현주로 배합한다.
이때 명주는 달밤에 대합에서 얻은 물을 말하고 현주는 우물물이다. 출
처는 『주례』「추관·사훼씨」의 “사훼씨는 부수를 가지고 해에서 불(명
화)을 취하고 청동 거울을 가지고 달에게서 물(명수)을 취해 제사에 소
용되는 명자와 명촉으로, 명수로 제공한다.[司烜氏掌以夫遂取明火於
日, 以鑒取明水於月, 以共祭祀之明齍·明燭, 共明水.]”의 정현 주에 “해
에게서 불을 취하고 달에게서 물을 취하는 것은 음양의 깨끗한 기운
을 얻고자 함이다. 명촉으로 찬반을 비추고 명수를 진열하여 현주로 삼
는다.[取日之火, 月之水, 欲得陰陽之潔氣也. 明燭以照饌, 陳明水以爲玄
酒.]”라고 하였고, 가공언의 소에 “명수로 현주를 삼는다는 것은 울창
오제를 명수와 배합하고 삼주를 현주에 배합하는 것을 말한다. 현주는
우물물이다. 현주를 명수와 구별했는데, 명수를 현주로 삼았다고 말한
것은 대비하여 구별한 것이고 통칭할 때에는 현주라고 한다.['明水以爲
玄酒'者, 鬱鬯五齊, 以明水配, 三酒, 以玄酒配. 玄酒, 井水也. 玄酒與明水
別, 而云明水以爲玄酒者, 對則異, 散文通謂之玄酒.]”라고 하였다.

⑤ 예제(醴齊): 발효 정도가 가장 낮아 쌀알이 동동 뜬 동동주(단술)를 말한
다. 예제(醴齊)는 흔히 간단히 예(醴)라고도 한다.

⑥ 또 하나는 예제(醴齊)를 담는데: 이 구절은 『예기』「예기(禮器)」 공영달의 소에 인용된 왕숙(王肅)의 주이다.(『玉海』 권90 '周獻尊' 조에 인용.)

⑦ 왕이 옥작(玉爵)에 예제를 따라서 시(尸)에게 바친다: 『주례』「사준이」의 가공언의 소이다.

⑧ 『시(詩)』「송(頌)」 모전(毛傳): 『시』「노송(魯頌)·비궁(閟宮)」장을 말한다.「비궁(閟宮)」의 "희고 흰 희생과 붉디붉은 희생에, 소 문양이 그려진 술동이 성대하네(白牡騂剛, 犧尊將將)" 구절에 대해 정현은 "희준은 봉황이 날개짓하는 모양을 장식한 것이다(犧尊, 有沙飾也)"라고 하였다. 『삼례도』 본문에서 말한 파사의 '사'로 해석하여 날아오르는 봉황의 형상을 그려 넣은 것으로 해석하였다.

⑨ 파사(婆娑): 춤추는 소매가 나부끼는 모양을 말하며, 여기에서는 봉황이 날개짓하고 날아오르는 형상을 말한다. 아래 그림과 같이 봉황의 날개로 사준을 묘사하고 있다.

사준
황이주 『예서통고』

⑩ 또한 『시(詩)』 모전(毛傳)과 그 소(疏)를 ~ 하였다: 孔穎達의 疏는 다음과 같이 말한다. "犧尊은 『춘관·사준이』에는 '獻尊'으로 되어 있다. 정사농은 '헌(獻)은 희(犧)로 읽는다. 희준은 비취로 장식하는데, 술동이를 봉황의 형상으로 만든다. 혹자는 코끼리로 술동이를 장식한다고 하였다'

라고 하였다. 이「모전」에서 말한 희준은 사우(沙羽)로 장식하며 정사농
이 비취로 장식한다고 한 것과 같은 의미이니, 모두 '사'로 읽는다.「모
전」에서 말한 사(沙) 자는 바로 사(娑)이다. 완심(阮諶)의『삼례도』에는
'희준은 소의 형상으로 장식하고 상준은 코끼리 형상으로 장식한다. 술
동이 배 부분에 소와 코끼리 형상을 그려 넣는다'라고 하였다. 왕숙은
'장장(將將)은 성대한 모양을 말한다. (위 조예 명제) 太和 연간(227~233)에
노군의 땅 속에서 제나라 대부 자미(子尾)가 딸에게 보낸 청동기를 얻었
는데, 그중에 희준이 있었다. 희준은 소의 형상으로 되어 있었으므로 상
준은 코끼리 형상일 것이다'라고 하였다. 왕숙의 이 말은 희준과 상준이
소와 코끼리의 형상으로 되어 있고 등 위에 술동이를 얹은 것으로 보았
기 때문에 희준(犧尊)의 '犧(희)'를 '義(희)'로 읽은 것이다. 왕숙은「모전」
과 정현설과는 다른데, 누가 맞는지 모르겠다.['犧尊'之字,「春官·司尊
彝」作'獻尊', 鄭司農云 : '獻讀爲犧. 犧尊飾以翡翠, 象尊以象鳳皇, 或曰以
象骨飾尊.' 此傳言犧尊者, 沙羽飾, 與司農飾以翡翠意同, 則皆讀爲娑. 傳
言沙, 卽娑之字也. 阮諶『禮圖』云, '犧尊飾以牛, 象尊飾以象. 於尊腹之上,
畵爲牛象之形.' 王肅云, '將將, 盛美也. 大和中, 魯郡於地中得齊大夫子尾
送女器, 有犧尊, 以犧牛爲尊. 然則象尊, 尊爲象形也.' 王肅此言, 以二尊
形如牛象, 而背上負尊, 皆讀犧爲義, 與毛·鄭義異, 未知孰是.]"

희준·상준
완심『삼례도』

【尊彝圖14 : 14−象尊상준(阮氏)·象尊상준(鄭氏)】

　　『주례』「춘관·사준이(司尊彝)」에 "(종묘) 봄 제사[祠]와 여름 제사[禴]①
를 지내면서 재헌(再獻)의 예를 행할 때 2개의 상준(象尊)을 쓴다"라고 하였
다. 하나에는 현주(玄酒)를 담고 또 하나에는 앙제(盎齊)②를 담는다.③ 왕이
옥작(玉爵)에 술(앙제)을 따라 시(尸)에게 바친다.④ (이에 대해) 정현은 "상준
(象尊)은 상아로 술동이를 장식한다"라고 하였다.⑤ 양정(梁正)⑥과 완심(阮
諶)은 코끼리를 그려 넣어 술동이를 장식한 것으로 보았다.⑦ 이제 두 가지
그림을 오른쪽에 나란히 두니 이 또한 선택해서 사용하기를 바란다.

　　[『周禮·司尊彝』云, "春祠夏禴, 其再獻用兩象尊." 一盛玄酒, 一盛盎齊.
王以玉爵酌獻尸. 後鄭云, "象尊以象骨飾尊." 梁正阮氏則以畫象飾尊. 今並
圖於右, 亦請擇而用之.]

① (종묘) 봄 제사[祠]와 여름 제사[禴]: 『예기(禮記)』「제통(祭統)」에는 "凡
祭有四時, 春祭曰礿, 夏祭曰禘, 秋祭曰嘗, 冬祭曰烝"라고 하여, 봄 제
사는 약(礿), 여름 제사는 체(禘)라고 하여 제사 명칭이 다르다. 그 의미
에 대해서는 약(礿)과 체(禘)는 양의 속성을 가지고 있고, 체(禘)는 양이
왕성한 상태를 말한다.[礿禘, 陽義也. 禘者, 陽之盛也.]고 하였다.

② 앙제(盎齊): 제사용으로 빚은 술의 일종이다. 술은 농도 진한 순서대로
5가지로 구분하는데, 앙제는 범제와 예제 다음으로 세 번째에 해당된
다. 『주례』「천관·주정(酒正)」 참조.

③ 하나에는 현주(玄酒)를 담고 ~ 담는다: 이 구절은 『예기』「예기(禮器)」
가공언의 소에 인용된 왕숙(王肅)의 주에 나오는 말이다. 『玉海』 권90
'周獻尊' 조에 인용.

④ 왕이 옥작(玉爵)에 ~ 바친다: 상준 이전의 사준(獻尊)에서는 "(사준) 하나
에는 현주를 담고 또 하나에는 예주를 담는다. 왕은 옥작에 예제를 따
라 시에게 바친다.[一盛玄酒, 一盛醴齊. 王以玉爵酌醴齊以獻尸也.]"라고
하여 옥작에 醴齊를 따라 시에게 바친다고 하였는데, 상준의 경우 예제
대신 앙제를 담는다. 이 구절에서는 『周禮』「春官·內宰」"大祭祀, 後
祼獻, 則贊, 瑤爵亦如之"에 대한 주소를 인용하여, 전체적으로 朝獻과
再獻의 절차를 설명하고 있다. 조천의 예에서 왕이 옥작에 예제를 따라
시에게 바쳤다면 조천의 예가 끝난 다음에는 옥작에 앙제를 따라 시에
바친다. 왕후 역시 왕을 따라 옥작에 앙제를 따라 시에게 바치는데, 이

절차를 궤헌(饋獻)이라고 한다. 시가 식사후에 왕이 옥작에 조천의 예제를 따라 시에게 바치는 것을 조헌(朝獻)이라고 한다. 그 뒤에 왕후 또한 요작에 궤헌의 예 때 사용하던 앙제를 따라 시에게 바치는 것을 재헌(再獻)이라고 하는데, 이것을 후아헌(后亞獻)이라고 한다.["此二者是堂上朝踐饋獻之節, 室中二灌訖, 王出迎牲時, 祝延尸於戶外之西, 南面, 後薦八豆八籩, 王牽牲入, 以血毛告訖, 以此腥其俎薦於神前, 王以玉爵酌醴齊以獻尸, 后亦以玉爵酌醴齊以獻尸也. 朝踐訖, 乃孰其殽, 薦於神前, 王以玉爵酌盎齊以獻尸, 后亦玉爵酌盎齊以獻尸, 名爲饋獻. 云'瑤爵, 謂尸卒食, 王旣酳尸, 後亞獻之'者, 案『儀禮』鄭注云 : '諸侯尸十三飯, 天子尸十五飯.' 尸食後, 王以玉爵酌朝踐醴齊以酳尸, 謂之朝獻. 后亦於後以瑤爵酌饋獻時盎齊以酳尸, 謂之再獻, 故云后亞獻也."]

⑤ 정현은 ~ 하였다:『주례』「춘관·사준이」 정현의 주에 "상준은 봉황을 장식한 것이다. 혹자는 상아로 술동이를 장식한 것이라고 하였다(象尊以象鳳皇, 或曰以象骨飾尊)"라고 하였다. 황이주는 정현의 설에 따라 상준을 다음과 같이 그렸다.(황이주,『예서통고』권49, 2425쪽)

상준
황이주『예서통고』

⑥ 양정(梁正, 미상):『양씨삼례도(梁氏三禮圖)』1권(저자 양정)이『옥함산방집일서(玉函山房輯佚書)』에 수록되어 있다.『宋史』권431「儒林傳: 섭숭

의」에 양정에 대해 짧게 언급하고 있다. 양정은 전대의 삼례도와 거기에 적힌 기록을 수집한 뒤 상세한 의론을 덧붙인 다음 『삼례도』란 제목을 붙였다고 하였다. 그리고 양정이 어느 시대 사람인지는 알 수 없으나 섭숭의보다 이전 사람이라고 하였다. 또한 양정의 설을 취한 완심의 『삼례도』에 대해 정현의 해석과는 많이 달랐다고 비평하고 있다.["四部書目內有三禮圖十二卷, 是隋開皇中敕禮官修撰, 其圖第一·第二題云「梁氏」, 第十後題云「鄭氏」, 又稱不知梁氏·鄭氏名位所出. 今書府有三禮圖, 亦題「梁氏·鄭氏」, 不言名位. 厥後有梁正者, 集前代圖記更加詳議, 題三禮圖曰 :「陳留阮士信受禮學於穎川綦冊君, 取其說爲圖三卷, 多不按禮文而引漢事, 與鄭君之文違錯.」正刪爲二卷, 其阮士信卽諶也. 如梁正之言, 可知諶之紕謬. 兼三卷禮圖刪爲二卷, 應在今禮圖之內, 亦無改祭玉之說."]

⑦ 코끼리를 그려 넣어 ~ 보았다: 이 구절은 『左傳』「定公 10년」 조의 "且犧象不出門, 嘉樂不野合"에 대한 공영달의 소에 "완심의 『삼례도』는 희준에 소를 그려 넣어 장식하였고 상준에 코끼리를 그려 넣어 장식하였다 하였으니, 술동이 배 위에 소와 코끼리의 형상을 그려 넣었던 것이다. 그런데 왕숙은 희준과 상준이 소와 코끼리의 형상으로 배 위에

희준
주희 『석전의』

상준
주희 『석전의』

술동이를 짊어지고 있는 것으로 보았다.[阮諶三禮圖, 犧尊畫牛以飾, 象尊畫象以飾. 當尊腹上畫牛象之形. 王肅以爲犧尊象尊爲牛象之形背上負尊.]"라고 한 데 따른 것이다. 왕숙의 해설에 따른 도상은 다음과 같다. 주희의 『석전의도』에는 왕숙의 해설에 따라 소와 코끼리의 형상으로 만든 술동이를 그려 놓고 있다.

착준(著尊: 다리가 없는 술동이)①은 용량이 5두(斗)이며 그 속은 붉은색으로 칠한다. 옛『삼례도』에 붉은 띠를 두른 것이 있는데, 그것은 개준(槪尊: 붉은 띠 장식의 술동이)②과 상관 있고, 착준의 형식은 아닌 것 같다.『주례』「춘관·사준이(司尊彝)」에 "(종묘) 가을 제사[嘗]와 겨울 제사[烝]를 지내면서 조헌(朝獻)할 때 2개의 착준을 사용한다. 하나에는 현주(玄酒)를 담고 또 하나에는 예제(醴齊)를 담는다. 왕이 옥작(玉爵)에 따라 시(尸)에게 바친다."라고 하였다.『예기』「명당위(明堂位)」에 "착(著)은 은나라 때 술동이"라고 하였고, 정현의 주에서는 "착(著)은 땅에 붙어 있어 다리가 없는 것을 말한다."라고 하였다. 현재 서척으로 계산하면 둥근 입지름은 1척 2촌, 밑바닥 지름은 8촌이며, 위 아래 구멍의 지름은 1척 5푼이다. (착준은) 사준(獻尊)과 상준(象尊)의 형태나 제작방식 그리고 용량과 비교할 때 모두 같지만 다리와 장식이 없을 뿐이다.

　[著尊受五斗, 漆赤中. 舊圖有朱帶者, 與槪尊相涉. 恐非其制.『周禮』「司尊彝」云, "秋嘗冬烝, 其朝獻用兩著尊, 一盛玄酒, 一盛醴齊. 王以玉爵酌獻尸."「明堂位」日, "著, 殷尊也." 注云, "著, 著地無足." 今以黍寸之尺計之, 口圓徑一尺二寸, 底徑八寸, 上下空徑一尺五分, 與獻尊象尊形制容受並同, 但無足及飾耳.]

① 착준(著尊: 다리가 없는 술동이): 육준(六尊) 가운데 하나로, 다리가 없이 (술동이의) 밑바닥이 땅에 붙어 있어[著] 착준이라 하였다. 가을과 겨울의 종묘 제사에서 시(尸)에게 술을 올릴 때 사용한다. 진상도의 『예서』에는 '착준'과 '호준' 모두 주둥이가 좁고 별도로 술을 따르는 코[注]가 있는 것으로 묘사되어 있다.

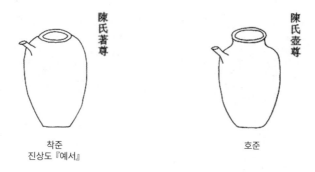

陳氏著尊

陳氏壺尊

착준
진상도『예서』

호준

② 개준(槩尊: 붉은 띠 장식의 술동이): (술동이) 가운데 배 부위를 붉은 띠로 장식하여 두른 술동이를 말한다. 개준은 [준이도 14]가 아닌 [포작도 12]에 실려 있다. 『삼례목록』에 의하면 "산림과 천택에 제사할 때에는 개준을 사용한다. 『개원례』에 '동지에 원구에서 하늘에 제사 지내는데, 성(星)의 외관(外官)을 진설하고, 길 사이마다 각각 개준 2개를 진설한다.'고 하였다." 【匏爵圖 12 : 04-槩尊】 참조.

概尊

개준
황이주『예서통고』

【尊彝圖14：16-壺尊호준】

壺尊

　　호준(壺尊: 호리병 모양의 술동이)①은 용량이 5두이다. 『주례』「춘관·사준이(司尊彝)」에 "(종묘의) 가을 제사[嘗]와 겨울 제사[烝]에서 궤헌(饋獻)②의 예를 행할 때 2개의 호준을 사용한다."라고 하였다. 하나에는 현주(玄酒)를 담고 또 하나에는 앙제(盎齊)를 담는다. 왕은 옥작(玉爵)에 술을 따라 시(尸)에게 바친다. 정현의 주에서는 "호준(壺尊)은 호리병 모양의 술동이이다. 『좌전(左傳)』③에서 '술동이로 노나라 호준을 사용하였다'[尊以魯壺]라고 한 그것이다."라고 하였다.④ 현재 서척으로 계산하면 주둥이의 둥근 지름은 8촌, 목구멍[脰]은 높이가 2촌이며 (목구멍의) 중간 부분은 6촌 반, 목구멍 아래 가로지름은 8촌이고 배 아래[腹下]⑤ 가로지름은 1척 1촌, 밑바닥 지름은 8촌, 배의 아래 위 구멍의 지름은 1척 2촌, 다리의 높이는 2촌, 아래 가로지름은 9촌이며, 그 속은 붉은색으로 칠한다. 옛 『삼례도』의 문장이 소략하여 (호준에 관한) 형태와 치수의 기준에 대해 들어본 적이 없다. 육준(六尊)의 용도가 같으므로 (술을) 담는 용량이 다르기가 어렵다.

　　[壺尊受五斗. 『周禮』「司尊彝」云, "秋嘗冬烝, 其饋獻用兩壺尊." 一盛玄

酒, 一盛盎齊. 王以玉爵酌獻尸. 注云, "壺尊, 以壺爲尊也. 『左傳』曰, '尊以魯壺.'" 今以黍寸之尺計之, 口圓徑八寸, 脰高二寸, 中徑六寸半, 脰下橫徑八寸, 腹下橫徑一尺一寸, 底徑八寸, 腹上下空徑一尺二寸, 足高二寸, 下橫徑九寸, 漆赤中. 舊圖文略, 制度之法無聞. 六尊用同, 盛受之數難異.]

① 호준(壺尊: 호리병 모양의 술동이): 육준의 하나로 종묘의 가을 제사와 겨울 제사에 사용되었다. 그 이유에 대해서는 『예서(禮書)』에 "착준은 양(陽) 이 땅에 내려와 붙는 것을 형상화하고, 호준(壺尊)은 음(陰)이 주위를 둘러싸 만물을 간직하는 것을 형상화하니, 이것이 선왕이 가을 제사와 겨울 제사에 사용했던 까닭이다"라고 하였다.

② 궤헌(饋獻): 『주례』「춘관·사준이(司尊彝)」정현의 주에 "궤헌은 익힌 것을 올릴 때를 말한다. 그리하여 뒤에 궤식의 변두를 올리는 것을 말한다.[饋獻, 謂薦孰時. 後於是薦饋食之豆籩.]"라고 하였다. 가공언의 소에는 "여기서 말한 궤헌은 경전에서 말한 가을과 겨울 제사의 의절을 말한다. 문장의 선후를 살펴보면, 봄 제사와 여름 제사 때의 재헌을 바꾸어 궤헌이라고 했음을 알 수 있다. 사실 궤헌을 한 뒤에 재헌한다. 궤헌은 조천 뒤에 하는데 시가 입실하기 전에 해당하고 재헌은 왕이 시에게 헌주한 뒤의 의절이니, 정현은 '궤헌은 익힌 것을 올릴 때'라고 말한 것이다.[此言饋獻, 當經秋冬祭之節. 其春夏言再獻, 至此秋冬言饋獻, 據文爲先後, 故云變再獻言饋獻. 其實先饋獻後再獻也. 以其饋獻在朝踐後, 亦在當尸未入室, 再獻是王王酳尸後節也, 是以云饋獻謂薦熟時也. 此卽「禮運」云'熟其殽', 鄭注云'體解而爓之'是也.]"라고 하였다.

③ 『좌전(左傳)』: 정현의 주 원문에는 『춘추전(春秋傳)』으로 되어 있다.

④ 『좌전(左傳)』에서 ~ 라고 하였다.: 가공언의 소에 의하면, 여기에서 말한 『춘추전』은 『좌전』「소공(昭公) 15년」의 일을 말한다. 그해 12월에

진나라 순역(荀躒)이 주나라에 가서 목후(穆后)를 장례지냈는데 적담이
부사로 따랐다. (주왕이) 진문백(순역)과 연회를 가지면서 노나라가 바친
호준을 썼다.[云『春秋傳』者, 昭十五年『左傳』云"六月乙丑, 王太子壽卒.
秋八月戊寅, 王穆后崩. 十二月晉荀躒如周, 葬穆后, 籍談爲介. 以文伯宴,
尊以魯壺."] 정현이 이것을 인용한 것은 호준이 의례용 술동이임을 밝
히기 위해서이다.

⑤ 배 아래[腹下]: 문연각 사고전서본 『삼례도』에는 '腹下'로 되어 있으나
문원각본(文園閣本)에는 '腹中'으로 되어 있다. 정정(丁鼎)의 지적대로 '복
하'는 '복중'의 잘못으로 보인다.(丁鼎,『新定三禮圖集注』, 441쪽 주 ④ 참조)

【尊彝圖14：17－太尊태준】

　태준(太尊: 질그릇 술동이)은 용량이 5두이다. 『주례』「춘관·사준이(司尊彝)」에 "추향(追享)과 조향(朝享)①의 제사에 조천(朝踐)의 예를 행할 때 2개의 태준을 사용한다"라고 하였다. 하나에는 현주(玄酒)를 담고 또 하나에는 예제(醴齊)를 담는다. 왕은 옥작(玉爵)을 사용하여 예제를 따라서 시에게 바친다. 정현의 주에서는 "태준(太尊)은 태고 시절 질그릇으로 만든 술동이이다. 『예기』「명당위(明堂位)」에 '태(준)은 유우씨(有虞氏)② 때 술동이'라고 하였다."

　현재 서척으로 계산하면, 주둥이의 둥근 지름은 1척, 목구멍(脰)의 높이는 3촌, 중간 부분의 가로지름은 9촌, 목구멍 아래 가장 큰 가로지름은 1척 2촌, 밑바닥 지름은 8촌, 배의 아래 위 구멍의 지름은 1척 5푼이며, 두께는 반 촌, 주둥이의 둘레[脣]③는 1촌, 밑바닥은 평평하고 그 두께는 1촌이다. 와무(瓦甒: 질그릇으로 만든 술동이)④의 형태와 규격 그리고 용량에 있어서 모두 같다.

　[太尊受五斗. 『周禮』「司尊彝」云, "追享·朝享, 其朝踐用兩太尊." 一盛玄酒, 一盛醴齊. 王用玉爵酌醴齊獻尸. 注云, "太尊, 太古之瓦尊也. 「明堂

位」曰, '泰, 有虞氏之尊也.'" 今以黍寸之尺計之, 口圓徑一尺, 脰高三寸, 中橫徑九寸, 脰下大橫徑一尺二寸, 底徑八寸, 腹上下空徑一尺五分, 厚半寸, 脣寸, 底平, 厚寸, 與瓦甒形制容受皆同.]

① 추향(追享)과 조향(朝享): 『주례』「춘관·사준이」 정현의 주를 보면, 정
사농(鄭司農)은 종묘 제사인 체협으로 보았다.[追享, 朝享, 謂禘祫也.] 반
면 정현은 "追享, 謂追祭遷廟之主, 以事有所請禱. 朝享, 謂朝受政於
廟"라고 하여 추향은 무슨 일이 있을 때 이미 체천한 신주에게까지 기
도를 올려 기원하는 제사로 보아 오년재은(五年再殷)의 정기적인 종묘
제사로 해석하지 않았다. 또한 조향은 가공언의 소에 따르면 천자가 명
당에서 행하는 곡삭례(告朔禮)로 해석하였다.

② 유우씨(有虞氏): 순 임금을 가리킨다. 조상이 우(虞)에서 일어났기 때문
에 유우씨라 하였다. 사서에서는 '우순(虞舜)'이라고도 한다.

③ 주둥이의 둘레[脣]: 『釋名』에 의하면, "脣, 緣也, 口之緣也"라고 하였다.

④ 와무(瓦甒: 질그릇으로 만든 술동이): 와대(瓦大)라고도 한다. '泰'(『예기』「명
당위(明堂位)」), '瓦甒'(『의례』「연례(燕禮)」) 혹은 '大尊'(『주례』「사준이」)이
라고도 한다. 『주례』「춘관·司尊彝」의 정현의 주에서 鄭司農의 말을
인용하여 "大尊은 태고시대의 瓦尊이다"고 하였다. 또한 『예기』「명
당위」의 "泰는 有虞氏의 술동이다"에 대해 정현은 "泰는 질그릇으로
만들며, 땅에 붙어 있고 다리가 없다."고 하였다. 瓦甒의 '甒'는 목이 짧
고 배가 볼록한 술동이를 말한다.

산준(山尊: 산과 구름 문양의 술동이)은 용량이 5두이다. 『주례』 「춘관·사준이(司尊彝)」에 "추향(追享)과 조향(朝享)의 제사에 재헌(再獻)[1]의 예를 행할 때 2개의 산준을 쓴다."라고 하였다. 하나에는 현주(玄酒)를 담고 또 하나에는 앙제(盎齊)[2]를 담는다. 왕은 옥작(玉爵)[3]에 앙제를 따라서 시에게 바친다. 정현의 주에서는 "산준(山尊)은 산뢰(山罍)이다. 『예기』 「명당위(明堂位)」에 '산뢰(山罍)는 하후씨(夏后氏)의 술동이이다.'라고 하였다. 산준에는 또 그림을 새겨 그려 넣었는데, 산과 구름의 형상이다."라고 하였다.[4]

현재 서척(黍尺)으로 계산하면 주둥이 둥근 지름은 9촌, 볼록하게 나온 부분[腹高]이 3촌, 중간 가로지름이 8촌, 목구멍[脰] 아래 큰 가로지름이 1척 2촌(9+3), 밑지름이 8촌, 배의 아래 위 빈 구멍의 지름이 1척 5푼, 다리의 높이가 2촌, 아래 지름이 9촌이다. 용량이 5두임을 알 수 있는 까닭은 곽박(郭璞)이 "뢰(罍)의 형태는 호(壺)와 비슷한데 큰 것은 1곡(斛)을 담을 수 있다."라고 한 것[5]과 현재 산뢰(山罍)는 중간 크기의 술동이에 속한 것을 감안하면, (산준의) 용량이 5두임을 알 수 있다.

[山尊受五斗. 『周禮』「司尊彝」云, "追享·朝享, 其再獻用兩山尊." 一盛玄酒, 一盛盎齊. 王用玉爵酌盎齊以獻尸. 注云, "山尊, 山罍也. 「明堂位」曰, '山罍, 夏后氏之尊.' 亦刻而畫之, 爲山雲之形." 今以黍寸之尺計之, 口圓徑九寸, 腹高三寸, 中橫徑八寸, 脰下大橫徑尺二寸, 底徑八寸, 腹上下空徑一尺五分, 足高二寸, 下徑九寸. 知受五斗者, 案郭璞云, "罍形似壺, 大者受一斛," 今山罍旣在中尊之列受, 受五斗可知也.]

① 재헌(再獻): 『주례』「춘관·사준이」 가공언의 소에 의하면, 천자와 제후의 종묘 제사에서 처음에 제사를 시작할 때 하는 의절을 '조천'이라 하고 그다음 순서가 '궤헌', 식후 첫 번째 헌주를 '조헌', 두 번째 헌주를 '재헌' 또는 왕후가 한다고 해서 '후아헌(后亞獻)'이라고도 한다.

② 앙제(盎齊): 제사용으로 빚은 술의 일종이다. 술은 농도 진한 순서대로 5가지로 구분하는데, 앙제는 범제와 예제 다음으로 세 번째에 해당된다.(『주례』「천관·주정(酒正)」 정현의 주 참조.)

③ 옥작(玉爵): 옥으로 장식하여 만든 술잔으로, '옥잔(玉琖)' 혹은 '옥배(玉杯)'라고도 한다. 종묘 제사나 조근(朝覲)의 예에서 사용한다. 용량과 형태에 관한 자세한 내용은 【尊彝圖 14 : 20-玉爵】 참조.

④ 정현의 주에서는 ~ 하였다: 정현은 산준을 산뢰라고 하고 산과 구름 모양으로 장식한 술동이로 해석하였는데, 가공언은 그 이유에 대해 '뢰'(罍, 술동이) 자와는 상관 없고 '뢰'(雷, 번개)와 소리가 같아 운뢰(雲雷)로 해석하였기 때문이라고 풀이하였다. 즉 번개는 소리만 있지 형태가 없지만 구름은 산에서 만들어지기 때문에 산과 구름 문양을 새긴 것이라고 하였다.[山罍, 亦刻而畫之, 爲山雲之形者, 罍之字, 於義無所取, 字雖與雷別, 以聲同, 故以雲雷解之. 以其雷有聲無形, 但雷起於雲, 雲出於山, 故本而釋之, 以刻畫山雲之形者也.] 송대 주희가 편찬하였다고 전해진 『석전의도(釋奠儀圖)』'산준'도 산과 구름 모양으로 장식되었으나 술동이의 형태는 조금 달라 보여 주목된다. 한편 송대 진상도의 『예서』

에는 술을 따르는 코가 있는 것으로 묘사되어 있다.

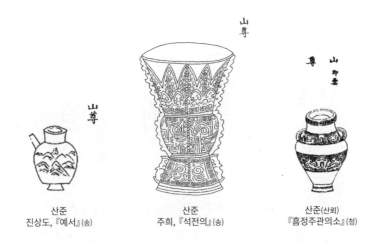

산준
진상도, 『예서』(송)

산준
주희, 『석전의』(송)

산준(산뢰)
『흠정주관의소』(청)

⑤ 곽박(郭璞)이 ~ 한 것:「춘관·사준이」정현의 주에 인용된 정사농은 산
준을 산뢰(山罍)라고 해석하였는데, 그 근거로 『이아』의 "이·유·뢰는
그릇이다.[彝·卣·罍, 器也.]"라는 설명을 인용하였다. 곽박은 『이아』
제6「釋器」편에서 '뢰'에 대해 형태는 호와 비슷하며 용량은 큰 것은
1곡까지 담을 수 있다고 하였다.

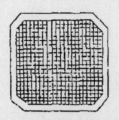

천지(天地)에 제사 지낼 때 소포건(疏布巾: 거친 베로 만든 덮개 보)①으로 팔준(八尊)②을 덮는다. 『주례』「천관·멱인(冪人)」 정현의 주에는 "수건으로 물건을 덮는 것을 멱(冪)이라 한다."라고 하였고,③ "천지의 신령은 질박함을 중시하기" 때문에 "소포건을 사용한다."라고 하였다.④ 가공언(賈公彦)의 소(疏)에서는 "천지 제사에는 강신례[祼]가 없으므로 오제(五齊)⑤와 삼주(三酒)⑥를 팔준에 채울 뿐이다. 이는 (원래 규정된) 정준(正尊)에 준해서 한 말이고 만약 오제에 명수(明水)를 더하거나 삼주에 현주(玄酒)를 더할 경우⑦ 16개의 준에 모두 소포건으로 덮는다"라고 풀이하였다.

천지 제사에는 울창주를 담는 술동이[彝]가 없지만 이 역시 (팔준을) 소포건으로 덮는다. 사망(四望)·산천(山川)·사직(社稷)·산림천택[林澤]의 제사에도 역시 소포건을 사용하는데, 이는 질박함을 중시하기 때문이다. 이 소포건 역시 폭이 2척 2촌인 것을 사용하고 형태는 원형이다. 『예(禮)』에 멱건 중에 갈포[絺綌]를 사용하는 것이 있다고 하였는데,⑧ 수건[帨巾]에도 (소)포를 사용한다. 현재 『당례(唐禮)』에도 포를 사용하거나 능라견을 사용할 뿐이다.⑨

[祭天地, 以疏布巾冪八尊. 後鄭注冪人云, "以巾覆物曰冪." "天地之神尙質", 故 "用疏布巾也." 賈義云, "天地無祼, 唯有五齊三酒實於八尊. 此據正尊

而言. 若五齊加明水, 三酒加玄酒, 則十六尊皆以疏布冪之." 天地雖無鬱鬯之

彝, 亦用疏布冪之. 其四望山川社稷林澤, 亦用疏布, 是尚質也. 此巾亦用二尺

二寸之幅而圓也. 『禮』冪巾有用絺綌者, 至於帨巾亦用布. 今唐禮亦用布或

羅絹而已.]

① 소포건(疏布巾): 거친 베로 만든 덮개 보[疏布巾]를 말한다. 화포건[尊彝
圖14 : 08-畫布巾]이 그림을 그려 넣은 고운 베[畫布]로 만든 덮개 보로
종묘 제사에 사용된다고 한다면, 소포건은 천지 제사에 사용되는 팔준
을 덮는 덮개 보이다. 덮개의 형태는 원형이다. 섭숭의의 『삼례도』에
서는 화포건과 소포건은 모두 원형이라고 했는데, 그림 상에서는 사방
모서리를 깎은 팔각형 모양이다. 주희의 『석전의(釋奠儀)』에서는 "『삼
례도(三禮圖)』에 포(布)의 폭(幅)은 2척 2촌인데 이를 둥글게 하였으나,
지금은 포(布) 1폭으로써 네모를 취(取)하여 이를 만든다"라고 하여 송
대에는 방형이었음을 알 수 있다. 송대 양갑(楊甲)의 『육경도(六經圖)』도
원형으로 표현하였지만, 진상도(陳祥道)의 『예서(禮書)』에는 방형으로
그려져 병존되었다가 『석전의(釋奠儀)』 이후 술잔 덮개[羃]는 대부분 방
형으로 바뀌었을 것으로 보인다. 그러다가 청대 이르러 다시 원형으로
복귀하였다. 자세한 내용은 【尊彝圖14 : 08-畫布巾】 역주 참조.

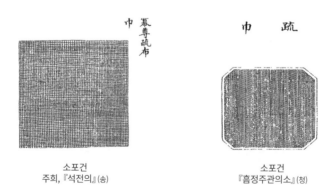

소포건
주희, 『석전의』(송)

소포건
『흠정주관의소』(청)

② 팔준(八尊): 8가지 종류의 술을 담는 술동이. 육이(六彝)와 같이 술동이 [尊]의 종류를 말하는 것이 아니라 다섯 가지 술(五齊)과 3가지 술(三酒)을 종류별로 담는 술동이를 뜻한다. 『주례(周禮)』「천관(天官)·주정(酒正)」에는 술을 '五齊三酒'로 구분하고 '五齊'를 범제(泛齊)·예제(醴齊)·앙제(盎齊)·제제(緹齊)·침제(沈齊)라고 하며, '三酒'는 사주(事酒)·석주(昔酒)·청주(清酒) 3종류로 구분하였다. 오제는 삼주에 비해 상대적으로 탁한 술을 가리킨다. 여기에서 말한 팔준은 이 8가지 술을 담은 술동이를 말한다. 그런데 『삼례도』에는 사준(獻尊), 상준(象尊), 착준(著尊), 호준(壺尊), 태준(太尊), 산준(山尊) 도합 육준(六尊)이 나열되어 있다. 그러므로 여기에서 말한 팔준은 육준의 誤字로 보기도 한다.

③ 정현의 주에는 ~ 하였고: 『주례』「천관·멱인」원문은 "멱인은 수건과 멱을 제공하는 일을 담당한다.[冪人掌共巾冪]"이다. 이에 대해 정현의 주는 "수건을 제공하여 물건을 덮을 수 있다.[共巾可以覆物]"고 하였다.

④ 『주례』「천관·멱인(冪人)」정현의 주는 ~ 라고 하였다.: 이 구절은 『주례』「천관·멱인」의 "祭祀, 以疏布巾冪八尊"에 대해 정현의 주에 "以疏布者, 天地之神尙質"이라고 한 것을 섭숭의가 임의대로 풀어 인용한 것이다.

⑤ 오제(五齊): 5가지 종류의 제사에 사용하는 술이다. 그 이름은 『주례』「천관·주정(酒正)」에 범제(泛齊)·예제(醴齊)·앙제(盎齊)·제제(緹齊)·침제(沈齊)라고 하여 술이 탁한 순서대로 언급하였다. 정현의 주에서는 제사 때마다 제사에 상응하는 술을 만든 것이라고 설명하고 있다.

⑥ 삼주(三酒): 3가지 종류의 제사에 사용되는 술이다. 그 이름은 『주례』「천관·주정」에 사주·석주·청주라고 하였다.[『周禮』「天官·酒正」, "辨三酒之物, 一曰事酒, 二曰昔酒, 三曰清酒.] 술 이름에 대해 정사농은 술

이 사용되는 상황에 따라 붙여진 이름으로 해석하였는데, 예를 들면 사주는 일이 있을 때 마시는 술, 석주는 일이 없을 때 마시는 술, 청주는 제사 때 사용하는 술이라고 하였다.[鄭司農云, 事酒, 有事而飮也. 昔酒, 無事而飮也. 淸酒, 祭祀之酒.] 이에 대해 정현은 모두 제주(祭酒)로 보고 제사 때 제사와 관련된 사람[有事者]과 관련이 없는 사람[無事者]으로 구분하고 있다. 그리고 오제와 마찬가지로 숙성의 정도에 따라 사주·석주·청주로 구분하고 있다.[玄謂事酒, 酌有事者之酒, 其酒則今之醳酒也. 昔酒, 今之酋久白酒, 所謂舊醳者也. 淸酒, 今中山冬釀, 接夏而成.]

⑦ 명수와 현주: 모두 정화수를 말하며, 다른 것과 배합할 때 구분하는데, 예를 들어 울창오제는 명수로 배합하고 삼주는 현주로 배합한다. 이때 명수는 달밤에 대합에서 채취한 물을 말하고 현주는 우물물이다.(『周禮』「秋官·司烜氏」 정현의 주와 가공언의 소 참조)

⑧ 『예(禮)』에 ~ 갈포[絺紿]를 사용하는 것: 『의례』「사우례(士虞禮)」에 "덮개 보[冪]는 거친 갈포로 만든 것을 사용하며, 그 위에 삭(勺: 술 뜨는 기구)을 얹어 두는데, 손잡이를 남쪽으로 한다[冪用絺布, 加勺, 南枋]"라고 한 것을 두고 한 말이다. 정현은 치포를 칡과 같이 거친 갈포로 만든 것이라고 하였다.

⑨ 현재 『당례(唐禮)』에도 ~ 사용할 뿐이다: 여기에서 말하는 『당례(唐禮)』는 『대당개원례』를 말한다. 『신당서』 권20 「예악지 10」 '흉례(凶禮)'에도 같은 구절이 실려 있다. 전(奠)을 동당 아래 진설할 때 "…물동이와 손 씻는 대야와 함께 포건을 둔다(設奠於東堂下, 甒二, 實以醴·酒, 觶二, 角柶一·少牢·腊三, 籩·豆俎各八. 設盆盥於饌東, 布巾)"고 하였다.

『주례』「천관·태재(太宰)」에 "선왕을 제사할 때 (왕을 도와) 옥작(玉爵)을 사용한다."①고 하였고, 정현은 "종묘 제사에서 술을 바칠 때 옥작을 사용한다."고 하였다. (옥작의) 용량은 1승(升)이다.② 현재 서척으로 비교해보면 입지름은 4촌, 밑바닥 지름은 2촌, 상하 지름은 2촌 2푼이며 다리는 둥글다. 양정(梁正)이 정리한 완심의 『삼례도』에 "작(爵)은 꼬리의 길이는 6촌이고 너비는 2촌이다. 날개를 부착했고 다리는 방형이다. 그 속을 붉은색으로 칠하며, 붉은 운기(雲氣) 문양을 그려 넣는다."라고 하였다. 이것은 종묘 제사 때 시(尸)에게 헌주할 때 사용하는 작이 아니다. 현재 제기(祭器)중에는 나무로 참새 모양을 조각하여 배 아래에 별도로 철로 된 다리와 발톱을 만들어 네모난 판에 세워둔 것이 있는데, 계이와 조이의 형상과 비슷하다. 이 역시 잘못되었다.

신 섭숭의는 『한서(漢書)』「율력지(律曆志)」에서 말한 곡(斛)에 관한 제도를 살펴보니, (곡의 형태는) 주둥이와 다리가 모두 원형이고 두 귀가 있으며 그 형상이 작(爵)과 같다고 하였다.③ 또 살펴보건대 『의례』「사우례(士虞禮)」에는 "빈장(賓長)④이 억작(繶爵)을 씻어 (시에게) 삼헌을 한다."⑤라고 하였고, 정현의 주에서는 "억작(繶爵)⑥은 주둥이와 다리 사이에 전문(篆文)

으로 된 장식이 있다.”⑦고 하였다. 지금 「율력지」 '가량(嘉量)'조와 정강성이 해석한 역작의 설명에 근거해서 이러한 작의 형태를 그린다면 아마도 사실에 근접할 수 있을 것이다.

그런데 이전 시대에 천체의 형상을 보고 그것을 모범으로 삼아[觀象垂範]⑧ 기물과 복식을 제정하는 데 있어서 그 의미를 해석하는 방법은 모두 같지 않았다. 어떤 때에는 명칭에만 의거하여 사물을 그리거나 혹은 사물의 종류에 따라 (명칭과) 반반 그 형태를 새기기도 한다. 그러므로 계이(鷄彝)와 조이(鳥彝) 이하 육이(六彝)의 경우와 휘의【褘衣: 褘의 음은 휘揮】⑨와 요적【褕翟: 褕의 음은 요搖】⑩의 청색과 소색 두 바탕은 전적으로 사물을 그려 복식과 기물에 부착시킨 경우이다.⑪ 옥작(玉爵)과 병척(柄尺: 길이가 1척인 받침)⑫과 같은 유와 용삭(龍勺: 용머리 국자)과 포삭(蒲勺: 부들 모양 국자)과 같은 부류는 반은 그 형태를 종류에 따라 그릇에 장식하여 그것으로 이름을 삼은 경우이다. 이처럼 말하자면 희(사)준과 상준은 말 그대로 (소와 코끼리 상을) 그려서 장식한 것이다. 하나라의 구정(九鼎)이 청동을 주조하여 사물을 본떠 그 이름과 의미를 취한 것 또한 이러한 유이다.

[「太宰職」云, “享先王, 贊玉爵.” 後鄭云, “宗廟獻用玉爵.” 受一升. 今以黍寸之尺校之, 口徑四寸, 底徑二寸, 上下徑二寸二分, 圓足. 案梁正阮氏圖云, “爵尾長六寸, 博二寸, 傅翼, 方足, 漆赤中, 畫赤雲氣.” 此非宗廟獻尸之爵也. 今見祭器內有刻木爲雀形, 腹下別以鐵作脚距, 立在方板, 一同鷄彝鳥彝之狀, 亦失之矣. 臣崇義案『漢書』「律曆志」說斛之制, 口足皆圓, 有兩耳, 而云其狀似爵. 又案「士虞禮」云, “賓長洗繶爵, 三獻尸.” 鄭云, “繶爵, 口足之間有篆飾.” 今取「律曆志」'嘉量'之說, 原康成解繶爵之言, 圖此爵形, 近得其實. 而況前代垂範觀象以制器服, 義非一揆, 或假名全畫其物, 或取類半刻其形. 則鷄鳥已下六彝, 褘褕【上音揮, 下音搖】靑素二質, 是全畫其物, 著於服

器者也. 玉爵柄尺之類, 龍勺蒲勺之倫, 是半刻其形, 飾於器皿以類取名者也. 以此而言, 犧象二尊, 自然畫飾. 至於夏之九鼎, 鑄以象物, 取其名義, 亦斯類也.]

① 『주례』「천관·태재(太宰)」에~사용한다: 『주례』「천관·태재」의 원문
은 "享先王亦如之, 贊玉几·玉爵"인데, 이 구절을 "享先王, 贊玉爵"으
로 축약해서 말한 것이다. 「천관·태재」의 원문에서 '享先王亦如之'라
고 한 것은 가공언의 소에 의하면, 이 앞 구절에 언급한 왕이 성생(省牲)
의 예를 행할 때 (태재가) 보좌하는 것처럼 선왕에게 제사하면서 왕이 옥
작에 술을 따라 바칠 때 보좌한다는 의미다.

② 용량은 1승(升)이다: 이 구절은 『주례』「천관·태재」 정현의 주가 아닌
『의례』「사관례」 가공언의 소에 인용된 『한시외전(韓詩外傳)』의 "一升
曰爵, 二升曰觚, 三升曰觶, 四升曰角, 五升曰散"에 근거한 것이다. 이
것에 의하면 작은 가장 작은 잔으로 용량이 1승으로 되어 있다. 작 다음
에 고(2승)-치(3승)-각(4승)-산(5승)으로 되어 있다. 섭숭의는 이 순서에
따라 「포작도 12」를 서술하였다.

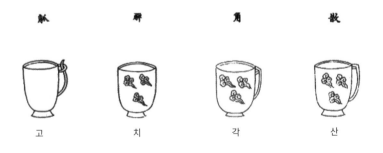

| 고 | 치 | 각 | 산 |

③ 『한서(漢書)』「율력지(律曆志)」에서 말한 곡에 관한 제도 ~ 하였다: 「정

조도(鼎俎圖) 13-01 : 곡(斛)」 항목에서 언급한 것을 말한다.『한서』「율력지」에 "양(量)은 약(龠)·합(合)·승(升)·두(斗)·곡(斛)이니, 많고 적음을 헤아리는 기구이다. … 약(龠) 2개가 합(合)이 되니, 10합이 1승이 되고, 10승이 1두가 되고, 10두가 1곡이 된다. 이렇게 5가지 도량형으로 용량을 재는 것이 올바르다. (곡을) 제작하는 방식은 청동으로 제작하는데, 사방 1척으로 만들어서 그 밖을 둥글게 하고, 옆쪽에 볼록 나온 귀가 있다. 그 곡을 위로 하여 1곡을 받고, 곡의 바닥을 뒤집어서 1두를 받는다. 왼쪽의 귀로 1승을 받고, 오른쪽의 귀 2개로 각각 1합과 1약을 받는다. 그 모양은 작(爵)의 술잔과 유사하며, 작위과 봉록을 세상에 흩뜨린다는 의미이다.[量者, 龠·合·升·斗·斛也, 所以量多少也. … (合)[兩]龠爲合, 十合爲升, 十升爲斗, 十斗爲斛, 而五量嘉矣. 其法用銅, 方尺而圜其外, 旁有庣焉. 其上爲斛, 其下爲斗, 左耳爲升, 右耳爲合·龠. 其狀似爵, 以麋爵祿.]"라고 하였다. 그런데「율력지」에는 그 모양이 작과 같다고 하고, 안은 네모나고 그 밖은 둥글다고 하였지, 주둥이와 다리가 둥글다는 표현은 없다. 황이주의『예서통고』에 '한량(漢量)'을 그림으로 표시한 것이 있는데, 이것과 비교해도「삼례도」의 '곡'의 그림과는 차이가 난다.

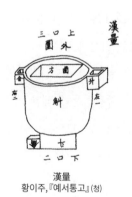

漢量
황이주,『예서통고』(청)

④ 빈장(賓長): 상빈(上賓)이라고도 하며, 제사를 지낼 때 초대받은 가장 존귀한 빈객을 말한다.

⑤ 『의례』「사우례」 원문에는 "三獻尸"의 '尸'자가 없다.

⑥ 억작(繶爵): 원래 억(繶)은 옆 볼과 바닥을 잇는 바느질 선 위에 덧대는 가느다랗고 둥근 끈 장식이다.(최연우, 『면복』, 문학동네, 2015, 67~68쪽 참조) 그 모양이 작에 전문(篆文)으로 장식한 것과 비슷하여 억작이라 한 것 같다.

⑦ 정현의 주는 ~ 있다. 정현의 주 원문은 "繶爵, 口足之間有篆文, 又彌飾"이다.

⑧ 천체의 형상을 보고 그것을 모범으로 삼아(觀象垂範): 觀象授時와 같은 표현이다. 고대에는 일월성신의 천체의 운행을 관찰하여 사계절의 운행에 따라 계절마다 행해야 하는 농사를 비롯한 일을 백성들에게 알려 주는 것을 천자의 제1임무로 여겼다. 이와 같이 천자의 제1임무에 빗대어 기물과 복식의 이름을 제정하는 방법을 말하는 점이 흥미롭다.

⑨ 휘의(褘衣): 『삼례도목록』에 인용된 당 『무덕령(武德令)』의 「의복령(衣服令)」에는 다음과 같이 규정하였다. "(휘의는) 짙은 푸른색 직물[織成]로 무늬를 만드는데, 훨훨 날아오르는 꿩[翬翟]의 형태를 표현한다. 소색의 바탕에 오채색으로 12줄의 무늬를 새겨 넣는다. 소색의 깁으로 만든 홑 속옷[素紗中單]을 입는데 백흑색으로 옷깃을 만들고[黼領], 성긴 비단[羅縠]으로 소맷부리[褾]와 옷단[襈]을 만드는데 모두 주색으로 가선장식을 한다. 폐슬을 착용하는데 색은 치마의 색을 따르고, 검붉은색[緅]으로 깃을 만들고, 훨훨 날아오르는 꿩의 무늬를 새겨 넣는데 3줄로 한다. 대대(大帶)의 색은 웃옷의 색에 따르는데, 안쪽은 주색으로 하고 그 바깥쪽에 가선장식을 하며, 위쪽은 주색의 비단으로 하고 아래쪽은

녹색의 비단으로 한다. 허리띠의 묶음 부분을 고정시키는 끈[紐約]은 청색의 비단 끈목을 사용한다. 청의(靑衣)를 입고, 혁대(革帶)를 두르고, 청색의 버선[襪]과 신발[舃]을 신는데 신발에는 금으로 장식을 한다. 백옥으로 만든 쌍패(雙珮)를 차고, 현색의 비단 끈목으로 만든 한 쌍의 대수(大綬)를 허리에 매는데, 무늬와 길이는 황제의 수(綬)와 동일하다. 수책(受冊)·조제(助祭)·조회(朝會) 등의 대사에 이 휘의를 착용한다.”

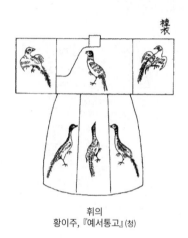

휘의
황이주, 『예서통고』(청)

⑩ 요적(褕翟): 「삼례도목록」에 의하면, “(요적은) 청색의 직물로 무늬를 만드는데, 움직이는 꿩[搖翟]의 형태를 표현한다. 청색의 바탕에 오채색으로 9줄의 무늬를 새겨 넣는다. 폐슬을 착용하는데, 움직이는 꿩의 무늬를 새겨 넣어 2줄로 한다. 대대(大帶)를 두르는데, 안쪽을 주색으로 한다. 이상은 모두 휘의와 동일하다. 또 유옥(瑜玉)으로 만든 쌍패(雙珮)를 찬다. 주색으로 가선장식을 한 한 쌍의 대수(大綬)는 무늬와 길이가 황태자(의 한 쌍의 대수)와 동일하다. 머리에는 대화(大花: 큰 꽃무늬)와 소화(小花: 작은 꽃무늬)를 꾸미는데, 모두 9개씩이며, 아울러 박빈(博鬢: 귀밑

머리 꾸미개)을 한다. 황태자비의 수책(受冊)·조제(助祭)·조회(朝會) 등의 대사에 이 요적을 착용한다. 황후의 요적은 제정하지 않았다."라고 하였다.

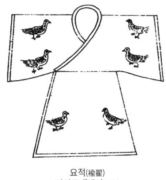

요적(褕翟)
진상도 『예서』(송)

⑪ 그러므로 계이(鷄彝)와 조이(鳥彝) 이하 ~ 복식과 기물에 부착시킨 경우이다: 계이와 조이 등 육이는 닭과 봉황의 형상을 기물에 드러낸 경우이고 휘의와 요적은 모두 꿩의 형상을 직물에 나타내었는데, 휘의의 경우 소색 바탕에 청색의 직물로 꿩의 형상을 나타내고 요적의 경우 청색 바탕에 오채색으로 움직이는 꿩의 무늬를 새겨 넣은 것을 말한다.

⑫ 병척(柄尺: 길이가 1척인 받침): 변(籩)과 두(豆)에 달린 길이가 1척 되는 받침을 말한다. 『禮記』「明堂位」의 "雕飾其柄"의 정현 주에 "籩, 籩屬. 雕者, 刻雕其直者也"라고 하였다. 이에 대해 『예기보주(禮記補注)』는 다음과 같이 말하였다. "살펴보건대, 정현의 주를 보면 이른바 '병(柄)'은 바로 변과 두 아래의 받침을 가리킨다. 『관자(管子)』「제자직(弟子職)」에 '병(柄)이 1척이면 무릎을 꿇지 않는다'라고 하였는데, 방현령(房玄齡)의 주에 '두(豆)에 길이가 1척인 병(柄)이 있으면 서서 올린다'라고

하였다. 「소의(少儀)」에 '조(俎)에 고기를 올릴 적에는 꿇어앉지 않는다'
라고 하였는데, 정현의 주에 '발이 있기 때문이니, 이 또한 병(柄)이 1척
인 따위이다'라고 하였다. 이것을 보면 병(柄)은 아래의 받침인 것이 매
우 분명하다.[按 : 以鄭註觀之, 所謂柄, 卽指籩·豆下跗.「弟子職」: "柄尺
不跪." 註 : "豆有柄長尺, 則立而進之."「少儀」: "進俎不坐." 鄭註 : "以其
有足, 亦柄尺之類." 據此則柄之爲下跗, 明甚.]"라고 하였다.

점(坫: 받침대)은 작(爵)을 받치고 또 술동이도 받친다. 예를 들어 연사례(燕射禮)[1] 때 사용하는 것은 풍(豐)【음은 '豐(풍)'이다.】이라고 한다. 이에 대해 가공언의 소는 "현재 경전에서 술동이[尊]와 술잔[爵]을 받치는 그릇으로 원래 글자인 '豐'을 쓰지 않고 풍년(豐年)의 '풍(豐)'자를 사용하는데, 두(豆)는 형태이고 풍(豐)은 소리이다."라고 하였다.[2] (이어) 그 이유는 무엇인가? "사계절이 조화로워 풍년이 들어 곡물[穀豆]은 많고 자성(粢盛: 제수)은 풍성하게 갖춰 (교묘 제사에 바치니)[3] 신령이 그 제사를 흠향하여 사람들이 신이 내린 복을 받기 때문이다."[4] 그러므로 정현은 "풍(豐)은 두(豆)와 모양이 비슷하면서 (두보다) 높이가 낮다."라고 하였다.[5] 모두 나무 하나를 통째로 깎아서 만들고 입지름이 약간 큰데, 그 지름은 1척 2촌이다. 그 둘레의 높이와 두께는 모두 8푼이다. (두) 가운데 곧은 부분과 그 둘레의 높이와 두께 모두 8촌이다. 가로지름은 8촌, 다리 높이는 2촌, 아래 가로지름은 1척 4촌이다. 그 속은 붉은색으로 옻칠을 하며 붉은색의 운기를 작에 맞춰 그려 넣어 장식한다. 현재 제기(祭器) 중에는 이러한 모양의 풍점(豐坫)[6]이 없어 간혹 조(俎)[6] 위에 작을 놓는다. 그러므로 오른쪽에 그림을 그려 놓으니 두고 사용하기 바란다.

[坫以致爵, 亦以承尊. 若施於燕射之禮, 則曰豐【音豐】. 賈義云, "今諸經承尊爵之器不用本字之豐, 皆用豐年之豐, 從豆爲形, 以豐爲聲也." 何者? "以其時和年豐, 穀豆多有, 粢盛豐備, 神歆其祀, 人受其福也." 故後鄭注云, "豐似豆而卑." 都斲一木爲之, 口圓微侈, 徑尺二寸, 其周高厚俱八分, 中央直者與周通高八寸, 橫徑八寸, 足高二寸, 下徑尺四寸, 漆赤中, 畫赤雲氣亦隨爵爲飾. 今祭器內無此豐坫, 或致爵於俎上. 故圖之於右, 請置用之.]

① 연사례(燕射禮): 『예기』「사의(射義)」편에 의하면 고대 제후의 射禮에는 먼저 燕禮를 행하였고 卿大夫의 射禮에는 먼저 鄕飮酒禮를 행하였다고 한다. 射禮에는 澤宮에서 행하는 大射, 교외에서 행하는 賓射, 燕寢에서 행하는 燕射가 있지만, 일반적으로 '사례[射]'는 연사례(燕射禮)를 가리킨다. 여기에서 섭숭의가 '연사례(燕射禮)'라고 말한 것은 『의례』「연례(燕禮)」의 "사궁(司宮)은 동영(東楹: 동쪽 기둥)의 서쪽에 술동이를 진설한다. 경·대부·사를 위한 술동이는 두 개의 방호(方壺)인데, 현주(玄酒: 물)를 담은 방호를 술을 담은 방호의 왼쪽(남쪽)에 놓아두어 남쪽을 윗자리로 삼는다. 군주[公]를 위해 진설하는 술동이는 2통의 와대(瓦大)인데 풍(豐) 위에 올려놓으며, 거친 갈포[綌]나 고운베로 만든 덮개 보[冪]로 그 위를 덮는다.[司宮尊於東楹之西, 兩方壺, 左玄酒, 南上. 公尊瓦大兩, 有豐, 冪用綌若錫]"라고 한 것과 「대사의(大射儀)」의 "다음날 날이 밝으면, 사궁(司宮)은 동영(東楹: 동쪽 기둥)의 서쪽에 술동이[尊]를 진설(陳設)하는데 두 개의 방호(方壺)로써 하며, 군주를 위한 술동이로 두 개의 무(甒)를 방호의 남쪽에 두고, 두 개의 무(甒) 아래에 모두 풍(豐)을 둔다.[厥明, 司宮尊於東楹之西, 兩方壺, 膳尊兩甒在南, 有豐]"라고 하여 두 군데 모두 '有豐'이라고 한 것을 두고 한 말이다.

② 이에 대해 가공언의 소는 ~ 라고 하였다: 『의례』「大射儀」의 정현의 주는 "풍으로 술동이[尊]를 받친다. 혹자는 풍이 우물의 녹로(鹿盧)처럼 생겼다고 했다. 풍의 글자는 두가 부수이고 풍이 소리를 이룬다. 두와

비슷한 형태인데 두보다는 크고 높이는 낮다.[豐以承尊也. 說者以爲若井鹿盧, 其爲字從豆, 𧯄聲, 近似豆, 大而卑矣.]"라고 하였다. 이에 대해 가공언의 소는 "'풍의 글자는 두가 부수이고 풍이 소리를 이룬다'는 것은 위는 소리 아래는 형상을 나타내는 글자를 말한다. 풍년이 들어 곡식을 담은 두가 많으니 두로 형태를 묘사한 것이다. '풍'은 술동이를 받치는 그릇이고 상형 자이다. 이 때문에 풍년이라 할 때의 글자는 𧯄 아래에 두를 붙인다. 오늘날 여러 경전에 술동이와 작을 받치는 𧯄를 원래 글자를 쓰지 않고 풍년할 때의 豐 자를 쓰기 때문에 정현이 다시 풍 자로 해석하였던 것이다.[云其爲字從豆𧯄聲者, 此謂上聲下形之字, 年和穀豆多有, 故從豆爲形也. '豐'者, 承尊之器, 象形也. 是以豐年之字, 𧯄下著豆, 今諸經皆以承尊爵之𧯄, 不用本字之𧯄, 而用豐年之豐, 故鄭還旅豐字解之, 故云其爲字從豆爲形, 以𧯄爲聲也.]"

③ (교묘 제사에 바치니): 원문에는 '粢盛豐備' 다음에 '以共郊廟' 4구가 있는데, 생략되어 있다.

④ "사계절이 ~ 때문이다": 『의례』「대사의」가공언의 소 원문은 다음과 같다. 풍년의 '풍' 자로 작점을 대신한 것은 풍년이 들어 정성을 다해 교묘에 제사를 지내 신들이 흠향하여 복을 내려 백성들은 집집마다 풍족하고 조정에서는 군신 상하의 예가 갖춰져 만민이 화락하기 때문이라고 풀이하였다.("必用豐年之豐爲坫者, 以其時和年豐, 萬物成孰, 粢盛豐備, 以共郊廟, 神歆其祀, 祝嘏其福, 至「鄕飮酒」・「鄕射」・「燕禮」・「大射」, 或君與臣下及四方之賓燕, 家富民足, 人情優暇, 旨酒嘉肴, 盈尊滿俎, 於以講道論政, 旣獻酬侑酢, 至無筭爵, 行禮交樂, 和上下相歡, 勸飮爲樂故也.") 이러한 내용을 섭숭의 식으로 요약한 것이다.

⑤ 그러므로 정현은 ~ 라고 하였다.: 정현의 원주는 "두와 흡사하며 크기

는 더 크되 높이는 낮다(近似豆, 大而卑矣)"라고 되어 있다. 앞의 '故'는 문맥상 맞지 않는데, 가공언의 소에 "두의 지름은 1척, 손잡이 역시 길이가 1척, 입지름은 작지만 또 높이는 더 높다. 술동이를 받치는 이 물건은 주둥이와 다리 지름이 각각 조금 넓어야 하고 가운데 부분 역시 커야 하니 모두 높이가 1척 정도는 되어야 하는데, 일반적인 두에 비하면 낮기 때문에 두와 비슷하지만 낮다고 한 것이다.[但豆口徑尺, 柄亦長尺, 口徑小而又高. 此承尊之物, 口足徑各宜差寬, 中央亦大, 共高尺, 比常豆而下, 故云近似豆而卑.]"라고 한 구절에서 '故云~' 이상의 앞부분을 생략한 채 인용하면서 '故'자를 그대로 두었기 때문이다.

⑥ 조(俎): 제사용 희생 고기를 올려놓은 제기를 말한다.『주례』「천관·내옹(內饔)」에 "왕에게 음식을 올릴 때에는 정(鼎: 세발솥)과 조(俎: 희생 제기)를 진설하고 희생 고기를 그곳에 담는다(王擧, 則陳其鼎俎, 以牲體實之)"고 하였다. 이에 대해 정현은 "희생 고기를 확(鑊: 가마솥)에서 건져 내어 정(鼎)에 담고, 다시 정에서 꺼내어 조 위에 올려놓는다. 정에 담는 것을 '증(脀)'이라 하고, 조 위에 올려놓는 것을 '재(載)'라고 한다.[取於鑊以實鼎, 取於鼎以實俎, 實鼎曰脀, 實俎曰載.]"고 하였다.『삼례도집주』에는 권13「鼎俎圖」에 관조(유우씨)·궐조(하)·구조(은)·방조(주) 4가지 조를 싣고 있다.

【尊彝圖14：22-罍뢰】

　　살펴보건대『주례』「춘관·사준이(司尊彝)」에 "(종묘) 봄 제사[祠]와 여름 제사[禴]를 지낼 때 강신례[祼]를 행하면서 계이(雞彝)와 조이(鳥彝)를 사용하는데, (계이와 조이) 모두 받침대[舟]가 있다.【육이(六彝)[①]는 모두 용량이 3두(斗)이다.】조천(朝踐)의 예를 행하면서 2개의 사준(獻尊)【('獻'의) 음은 素와 何의 반절(사)이다. 육준(六尊)은 모두 용량이 5두이다.】을 사용하는데, 신하들이 (여기의 술을 퍼) 술을 따를 때 사용한다."[②]라고 하였다. 장일(張鎰)[③]이 인용한 완심(阮諶)의『삼례도』에는 "(뇌는) 질그릇[瓦]으로 만들고 용량은 5두이다. 붉은색의 운기로 장식하고 산 문양을 그려 넣었다. 크기는 중간(大中身)이다. 위는 뾰족하고 바닥은 평평하다(銳平底). 뚜껑이 있다"라고 하였다.[④] 장일(張鎰)이 이 와뢰(瓦罍)를 신하들이 사용하는 술동이(罍)로 본 것은 매우 잘못되었다. 이 와뢰는 바로 사직에 제사 지낼 때 사용하는 태뢰(太罍)를 말한다.

　　또『대당개원례』에 "종묘(宗廟)의 봄 제사와 여름 제사 때 실(室)마다 계이(雞彝) 1개, 조이(鳥彝) 1개, 희준(犧尊) 2개, 상준(象尊) 2개, 산뢰(山罍)

2개를 쓴다"라고 하였다. 이것을 보면 뇌 앞에 산(山)자 하나만을 더하였지 용량이 얼마인지에 대해서는 말하지 않았다. 살펴보건대『주례』의 육준(六尊) 다음에 오직 뇌(罍)만 있지 산뢰(山罍)나 와뢰(瓦罍)의 명칭은 없다. 게다가 장일 등이 무엇을 근거로 이 산뢰와 와뢰를 신하들이 사용하는 것이라고 했는지 모르겠다. 하물며 이 육뢰(六罍)는 육준 사이 가장자리에 두었고 여기에 세 가지 종류 술[三酒]을 담았으며 육준에 비해 조금 먼 거리에 있었다.

살펴보건대『예기(禮記)』는 적음[少]을 귀히 여겼으니, 가까운 것은 적음이고 먼 것이 큰 것이다. 그런즉 이 뇌는 용량이 5두일 리가 없다. 또『이아(爾雅)』「석기(釋器)」에 "이(彝)·유(卣)·뇌(罍)는 그릇이다"라고 하였고, 곽박(郭璞)은 "모두 술을 담는 술동이이다."라고 하였다. 또 "소뢰(小罍)를 감(坎)이라고 한다."라고 하였는데, 그 주(注)에 "뇌(罍)의 형태는 호(壺)와 비슷하며 큰 것은 (용량이) 1곡(斛)이다"라고 하였다. 또한 "유(卣)는 중간 크기의 술동이 즉 중준(中尊)이다."라고 하였다. 이 말은 이(彝)가 상준(上尊)이고 뇌(罍)가 하준(下尊)임을 보여 주고자 한 것이다. 그런즉 육이(六彝)는 상(준)이며 용량은 3두, 육준(六尊)은 중준이며 용량은 5두, 육뢰(六罍)[5]는 하준이며 용량은 1곡(斛)이다. 이것이 그 차이점이다.

살펴보건대『시(詩)』「주남풍(周南風)」에 "내가 또 저 황금 술동이에서 술을 떠서[我姑酌彼金罍]"라고 한 구절[6]에 대해 공영달의 소와「모전(毛傳)」은 이 황금 술동이를 가리켜 신하들이 술을 따르는 뇌(罍)이며 용량은 1석(石)이라고 하였다. 또한『삼례도』를 인용하여 규정에 의하면 나무에 문양을 새겨 만든다고 하였다. 또한『주례』「춘관·사준이(司尊彝)」의 정현 주에는 "뇌(罍)는 (나무에) 산과 구름 문양을 새겨서 그려 넣는다"라고 하였다. 여기에서 '새겨서 그린다(刻畫)'고 하였으니 나무를 사용한 것이다. 또 (정현의 주에서) 『한시(韓詩)』에서 '사(士)는 가래나무(梓)를 사용하되 장식이 없다'라고 한 구절을 인용하여 (뇌가) 나무로 된 본체임을 말하였으니, 사(士) 이상은 모두 같이 가래나무를 사용하되 장식만 더하였을 뿐이다. 또한 「모전」은 황금 술동이[金罍]의 대자 용량이 1석이라고 보았고 『삼례도』 역시 대자가 1곡이라고 하였다. 「모전」이 말한 "신하들이 술을 따를 때 사용한다"라고 한 것은 『주례』와 같다. 천자는 황금으로 장식한다.

이제 공영달과 가공언의 소의 취지와 「모전」과 정현의 주에 의하면, 이 뇌는 나무로 만들었지 질그릇으로 만든 것이 아니며, 용량은 1석이지 5두가 아님이 분명하다. 조심스럽게 서척으로 계산해 보면, 입지름은 9촌 5푼이고 목구멍의 높이는 3촌, (목구멍의) 가운데 지름은 7촌 5푼, 목구멍의 아래 가로지름은 9촌, 밑지름은 9촌, 가운데 볼록한 부분의 가로지름은 1척 4촌, 위 아래 가운데 구멍 지름은 1척 6촌, 다리의 높이는 2촌, 아래 지름은 1척이다. 산과 구름의 문양이 그려져 있다.

[案「司尊彝」職云, "春祠夏禴, 祼用雞彝鳥彝, 皆有舟.【六彝皆受三斗.】朝踐用兩獻尊【音素何反, 六尊皆受五斗.】, 諸臣之所酢也." 張鎰引阮氏圖云, "瓦爲之, 受五斗, 赤雲氣, 畫山文, 大中身, 銳平底, 有蓋." 張鎰指此瓦罍爲諸臣所酢之罍, 誤之甚矣. 此瓦罍正謂祭祀之太罍也. 又『開元禮』云, "宗廟春夏每室雞彝一, 鳥彝一, 犧尊二, 象尊二, 山罍二." 但於罍上加一山字, 並不言容受之數. 案『周禮』六尊之下, 唯言皆有罍, 並無山罍瓦罍之名. 又不知張鎰等各何依據, 指此山瓦二罍, 以爲諸臣所酢者也. 況此六罍厠在六尊之間, 以盛三酒, 比於六尊設之稍遠. 案『禮記』以少爲貴, 則近者小, 而遠者大則此罍不得容五斗也. 又『爾雅』「釋器」云, "彝·卣·罍, 器也." 郭璞云, "皆盛酒尊." 又曰, "小罍, 謂之坎." 注云, "罍形似壺, 大者一斛." 又曰, "卣, 中尊也." 此欲

見彝爲上尊, 罍爲下尊也. 然則六彝爲上, 受三斗; 六尊爲中, 受五斗; 六罍爲下, 受一斛. 是其差也. 案『詩』「周南風」"我姑酌彼金罍," 孔疏毛傳指此諸臣所酢之罍, 而受一石者也. 又引『禮圖』, 依制度刻木爲之. 又鄭注「司尊彝」云, "罍, 刻而畫之爲山雲之形." 旣言刻畫, 則用木矣. 又引『韓詩』說士用梓無飾, 言其木體, 則士已上同用梓而加飾耳. 又毛以金罍大一石, 『禮圖』亦云大一斛. 毛說"諸臣之所酢"與『周禮』同. 天子用黃金爲飾. 今據孔賈疏義·毛鄭傳注, 此罍用木, 不用瓦, 受一石, 非五斗明矣. 謹以黍寸之尺依而計之, 口徑九寸五分, 脰高三寸, 中徑七寸五分, 脰下橫徑九寸, 底徑九寸, 腹中橫徑一尺四寸, 上下中徑一尺六寸, 足高二寸, 下徑一尺. 畫山雲之形.]

① 육이(六彝): 제사 때 사용하는 6가지 술그릇(酒器). 장식한 문양과 용도에 따라 계이(鷄彝)·조이(鳥彝)·가이(斝彝)·황이(黃彝)·호이(虎彝)·유이(蜼彝) 로 구분한다.

② 신하들이 술을 따를 때 사용한다: 원문 『주례』「춘관·사준이」 "諸臣 之所酢也." 이 구절에 대해 정현의 주는 "신하들이 바치는 술은 술동이 [罍]에서 떠서 직접 따르지, 감히 왕이 신령에게 바치는 술동이와 같이 하지 않는다.[諸臣獻者, 酌罍以自酢, 不敢與王之神靈共尊.]"라고 하였 고, 「천관·주정(酒正)」 가공언의 소에서는 "이 세 가지 술은 모두 당 아 래에 있는 술동이에서 담는다.[此三酒, 皆盛於罍尊在堂下.]"라고 하여 왕과 왕후가 사용하는 준이와 구별하여 당 아래에 두는 술동이라고 하 였다.

③ 장일(張鎰, ?~783): 자는 계권(季權) 또는 공도(公度)이다. 당대 중기 경학 가이자 재상이다. 吳郡 昆山縣(현재 江蘇省 昆山縣) 사람이다. 일찍이 음 서로 기가하여 德宗 建中 2년(781)에는 中書侍郎 同平章事에 제수되었 고 재상이 되었다. 저서에 『三禮圖』9권과 『五經微旨』14권, 『孟子音 義』3권이 있다. 저서 『三禮圖』는 현재 전하지 않는다.

④ 완심(阮諶)의 『삼례도』에는~라고 하였다.: 『예기』「禮器」 가공언의 소 에는 "『삼례도』를 인용하여 와(瓦:질그릇)의 크기는 용량이 5두이고 입 지름은 1척, 목의 높이는 2촌, 지름은 1촌이며 중간 크기이며 위는 뾰 족하고 아래는 평평하며(銳下平), 와무와 크기는 같다.[按禮圖, 瓦大, 受

五斗, 口徑尺, 頸高二寸, 徑尺, 大中身, 銳下平, 瓦甒與瓦大同.]"고 하였으니, 가공언이 인용한 『삼례도』는 장일이 인용한 완심의 『삼례도』임을 알 수 있다.

⑤ 육뢰(六罍): 섭숭의는 六彝, 六尊과 함께 六罍를 말하고 있는데, 엄밀히 말하면 여섯 가지 彝와 尊과 같이 여섯 종류의 罍는 경문과 주소에 보이지 않는다. 『주례』「춘관·사준이」에 의하면 時祭에는 모두 12개의 준(尊)을 사용한다고 하였고 이후 학자들이 彝 2개, 尊 4개, 罍 6개로 해석하였기 때문에 六罍라고 한 것이다.

⑥ 『시(詩)』「주남풍(周南風)」에 ~ 황금 술동이에서 술을 떠서: 『시』「주남풍·권이(卷耳)」장이다.

찾아보기

ㅊ

저자 소개

섭숭의聶崇義

섭숭의는 북송 초기 하남 낙양 출신으로, 예학 특히 '삼례(三禮)'에 정통했던 인물이다. 후한·후주·북송 등의 왕조에서 20년 동안 학관(學官)을 맡으면서 예전(禮典)의 일을 함께 관장했다. 후주 세종 현덕 3년에 당시까지 전해지던 각종 『삼례도』를 수집·고증하여 교(郊)·묘(廟)에 사용할 제기(祭器)와 옥기(玉器)를 도상으로 그리기 시작했다. 그 작엽은 북송 태조 건륭 2년에 완성되어 『삼례도』의 이름으로 상주되었으며, 이후 국자감의 강당 벽에까지 그려져 전국으로 유포되었다. 송대 이후 예도(禮圖) 나아가 예제(禮制)의 변화와 전개과정을 고찰하고자 할 때, 『삼례도집주』는 그 출발점이 된다. 또 송대 이전 대부분의 예도가 망실된 현 상황에서 이를 완정한 형태로 담고 있는 섭숭의 『삼례도집주』는 사료적 가치의 측면에서도 매우 귀중한 자료라고 할 수 있다.

역주자 소개

문정희 文貞喜

연세대학교 중국연구원 연구교수.
연세대학교 사학과를 졸업하고 동 대학원에서 「秦漢 祭禮와 國家
支配」로 박사학위를 받았다. 역서로 『天空의 玉座─중국고대제국
의 조정과 의례』(공역)와 『중국 고대 정사 예악지 역주: 사기·한
서·위서·남제서·수서』(공역), 『중국 정사 외국전 역주: 사기·한
서·위서·남제서』(공역), 『양한사상사』권1 상(공역), 「당송예악지
역주 총서: 구당서 예의지 1」, 「구당서 예의지 2」(공역), 「신당서
예악지 1」(공역), 「구오대사 예지·악지」(공역)이 있고, 논문으로
「고대 중국의 출행의식과 여행금기」, 「日書를 통해 본 고대 중국
의 질병관념과 제사습속」이 있다.

박윤미 朴潤美
숙명여자대학교에서 학사·석사·박사학위를 받았고, 태동고전 연구소에서 한학을 수학하였다. 연세대학교 국학연구원 연구교수를 역임하였으며, 현재 한림대학교 학술연구교수로 재직 중이다. 고려시대 외교의례에 관한 연구를 기반으로 고려·조선 및 중국 송·요·금·원·명의 국가의례에 대한 연구를 진행하고 있다. 역서로 『대의각미록』(공역, 2021)이 있으며, 논문으로 「고려전기 대송 외교의례와 '망궐'」(2021), 「여말선초 대명 요하례(망궐례)의 거행과 의식 구조 변화」(2022) 등이 있다.

역주자 소개

방향숙 方香淑

이화여자대학교에서 학사·석사, 서강대학교 사학과에서 박사 학위를 받았으며, 현재 연세대학교 중국연구원 연구교수로 재직 중이다. 저서로 『중국 한대 정치사 연구』(2018), 『한중관계사 상의 교역과 교통로』(공저, 2019), 역서로 『고대 동북아시아 교통사』(공역, 2020), 논문으로 「前漢의 外戚輔政과 王莽政權의 出現 背景」(1991), 「고대 '中國'과 '遼東'의 정치적 관계」(2017), 「唐代의 胡服과 服妖」(2022) 등이 있다.

최진묵 崔振默

현재 연세대학교 중국연구원 연구교수로 재직 중이다. 서울대학교 동양사학과를 졸업하고, 동 대학원에서 「한대 수술학(數術學) 연구」로 박사학위를 받았다. 서울대학교 인문학연구원에서 HK 연구교수로 문명연구를 수행하면서, 『제국, 문명의 거울』(공저), 『동서양의 접점: 이스탄불과 아나톨리아』(공저) 등을 출간하였다. 주요 논문으로 「오경과 육경: 악경의 위상과 관련하여」, 「상해박물관장 초죽서 '내례'를 통해 본 고대 인륜의 형성과정」, 「중국 고대 망기술(望氣術)의 논리와 그 활용」 등이 있다.